Das 2. große KrimiAbenteuerSpielBuch

Gerald Lientz/Milt Creighton

SHERLOCK HOLMES

Das 2. große KrimiAbenteuerSpielBuch

Einmalige Sonderausgabe

Thienemann

Zwei Bücher in einem Band:

Gerald Lientz

Dr. Watson unter Anklage

Ein KrimiAbenteuerSpielBuch
nach Sir Arthur Conan Doyle

Milt Creighton

Explosion in der U-Bahn

Ein KrimiAbenteuerSpielBuch
nach Sir Arthur Conan Doyle

Gerald Lientz

Dr. Watson unter Anklage

Ein KrimiAbenteuerSpielBuch nach
Sir Arthur Conan Doyle

Aus dem Amerikanischen
von Hans Bangerter

Thienemann

Einführung in die Welt von Sherlock Holmes

Holmes und Watson

Sherlock Holmes tauchte zum ersten Mal in „Eine Studie in Scharlachrot“ in Beetons Weihnachtsjahrbuch 1887 auf, und für einen Herrn von so fortgeschrittenem Alter ist er eine bemerkenswert lebendige und faszinierende Gestalt geblieben. Wohnung und Büro des Detektivs in der Londoner Baker Street Nr. 221 B sind heute zu berühmten Orten geworden und nicht mehr einfach die Räume, in denen Holmes schlief, Schlußfolgerungen zog und manchmal, wenn er die Bedeutung eines Hinweises oder das verzwickte Motiv eines Verbrechers nicht vollständig zu erkennen vermochte, auf der Geige spielte.

Über Sherlock Holmes persönlich wissen wir gleichzeitig sehr viel und sehr wenig. Als Sohn eines Landedelmannes (und Enkel der Schwester des französischen Künstlers Vernet) scheint Holmes bis zu seiner Studentenzeit wenig aufgefallen zu sein. Dann allerdings, an der Universität, brachte ihm sein außergewöhnliches Talent, kleine Rätsel mit Hilfe der Logik, der Beobachtung und des Schlußfolgerns zu lösen, den Ruf ein, so etwas wie ein Genie zu sein. Holmes tat das logisch Nächstliegende und eröffnete, wahrscheinlich im Jahr 1878, ein privates Detektivbüro. Vier Jahre später traf er Dr. John Watson, einen ehemaligen Militärarzt, und machte ihn zu seinem Partner. Aus vier Romanen und sechsundfünfzig Erzählungen stammt unser gesamtes Wissen über das ungleiche Paar und seine außergewöhnlichen Abenteuer.

Holmes war weniger eine in sich stimmige Persönlichkeit als vielmehr eine Sammlung widersprüchlicher und ungewöhnlicher Charakterzüge. Körperliche Ertüchtigung betrieb er sel-

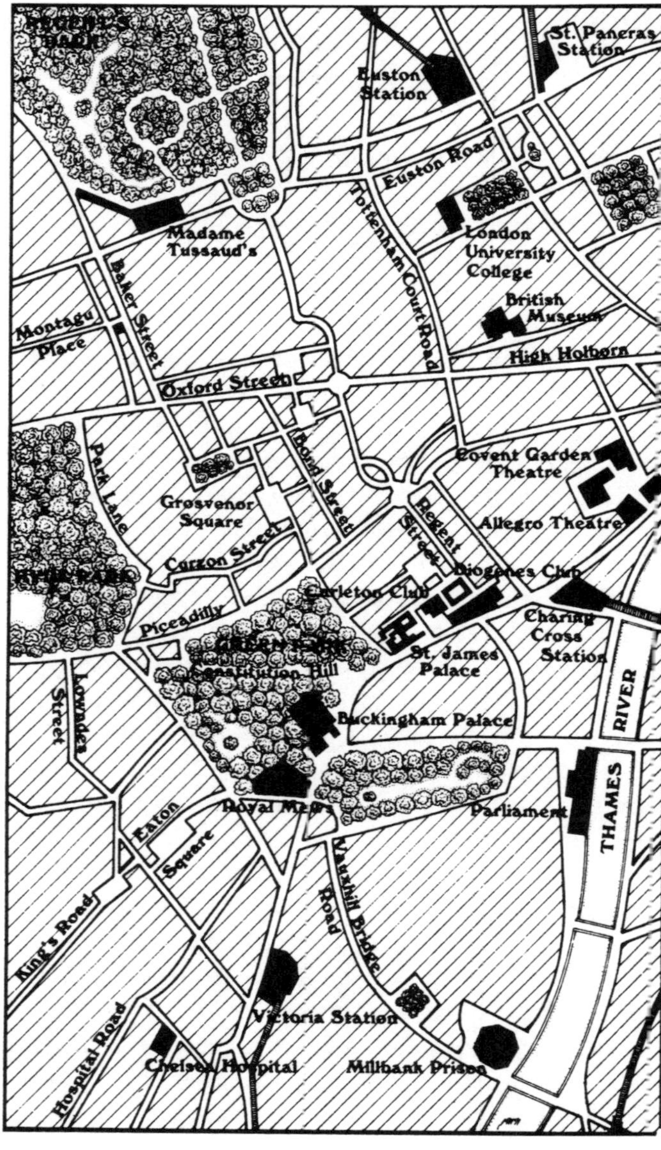
St. Pancras Station
Euston Station
Euston Road
Madame Tussaud's
Tottenham Court Road
London University College
British Museum
Montagu Place
Baker Street
High Holborn
Oxford Street
Park Lane
Bond Street
Covent Garden Theatre
Grosvenor Square
Regent Street
Allegro Theatre
Curzon Street
Diogenes Club
Carleton Club
Piccadilly
Charing Cross Station
Constitution Hill
St. James Palace
Street
Lowndes
Buckingham Palace
RIVER
THAMES
Royal Mews
Parliament
Eaton
Square
Vauxhill Bridge Road
King's Road
Victoria Station
Hospital Road
Chelsea Hospital
Millbank Prison

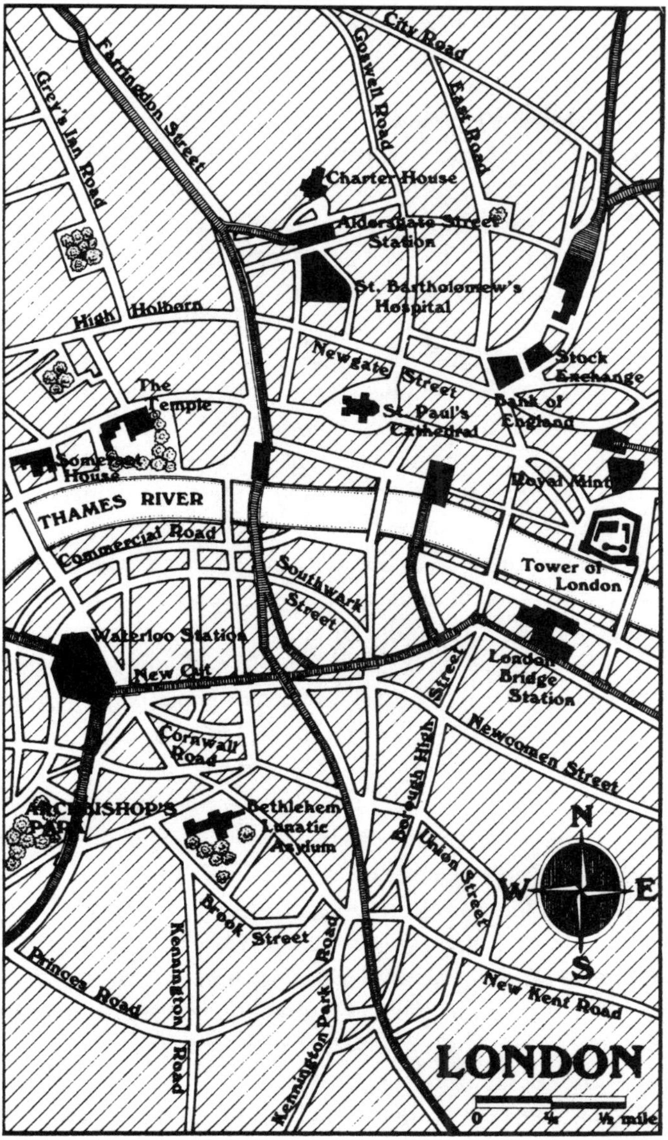

LONDON
City Road
Goswell Road
East Road
Farringdon Street
Grey's Inn Road
Charter House
Aldersgate Street Station
St. Bartholomew's Hospital
High Holborn
Newgate Street
Stock Exchange
Bank of England
The Temple
St. Paul's Cathedral
Somerset House
Royal Mint
THAMES RIVER
Commercial Road
Tower of London
Southwark Street
Waterloo Station
London Bridge Station
New Cut
Cornwall Road
Newcomen Street
Borough High Street
ARCHBISHOP'S PARK
Bethlehem Lunatic Asylum
Union Street
Brook Street
Kennington Road
Kennington Park Road
Princes Road
New Kent Road
N
S
E
W
0
¼
½ mile

ten, war aber trotzdem ein leistungsfähiger Mann, der mit erstaunlicher Geschwindigkeit große Wegstrecken bewältigen konnte. Oft arbeitete er tagelang wie besessen an einem Fall, gönnte sich keine Pause und nur wenig Nahrung; wenn es allerdings nichts zu tun gab, konnte es vorkommen, daß er sich tagelang weigerte, das Bett zu verlassen. Sein vielleicht vielsagendster Ausspruch erschien in „Der blaue Karfunkel":

> „Ich bin ein Gehirn, Watson. Der Rest von mir ist nichts weiter als ein Anhängsel."

Auf abstraktes Wissen gab Holmes wenig: Einmal soll er gesagt haben, daß es für ihn keine Bedeutung habe, ob die Erde die Sonne umkreise oder umgekehrt. Aber er konnte Dutzende verschiedener Sorten von Tabakasche oder Parfüm mit den Augen bzw. der Nase unterscheiden. Von Verbrechern und ihrer Vorgehensweise war er besessen; minutiös studierte er die Londoner Sensationspresse.

Als Meister der Verkleidungskunst gab sich der Detektiv erfolgreich als älterer italienischer Priester, als betrunkener Pferdeknecht und sogar als alte Frau aus! Der ständig verblüffte Watson ist der perfekte Kontrast zu Holmes, der ein besonderes Vergnügen darin zu finden scheint, seinen oft begriffsstutzigen, aber immer gutmütigen Begleiter in Erstaunen zu versetzen.

In „Das Zeichen der Vier" notierte Holmes kurz die Eigenschaften, die jeder gute Detektiv in reichlichem Maß besitzen sollte (und zwar möglichst instinktiv): Eine erhöhte Fähigkeit zum Beobachten und Schlußfolgern und ein breites Spektrum genauen (und oft ungewöhnlichen) Wissens. In diesem **Sherlock Holmes-KrimiAbenteuerSpielBuch** wirst du reichlich Gelegenheit bekommen, dich selbst auf diesen Gebieten zu prüfen und deine Fähigkeiten als Detektiv zu verbessern, indem du das Abenteuer mehrmals durchspielst.

Obwohl Sherlock Holmes durch sein Talent und seine Hingabe an seinen Beruf beeindruckte, war er keineswegs vollkommen. Nachdem er von Irene Adler ausgetrickst worden war, gestand Holmes in „Skandal in Böhmen" bereitwillig die Niederlage ein, die ihm „die Frau" bereitet hatte. 1887 gab er Watson gegenüber zu, daß drei Männer ihn (und Scotland Yard) überlistet hatten. Die Konsequenz, die Holmes selbst aus diesen Mißerfolgen zog, war bezeichnend:

> „Wenn ein Mensch, wie ich, über besonderes Wissen und besondere Fähigkeiten verfügt, dann ermutigt ihn das möglicherweise, nach einer komplexen Erklärung zu forschen, wo eine einfachere die Lösung wäre."

Lerne also, deinen eigenen Beobachtungen und Schlußfolgerungen zu trauen – wo sie einen Sinn ergeben und wo sie den wahrnehmbaren Gegebenheiten und den Aussagen vertrauenswürdiger Personen entsprechen. Fälle keine voreiligen Urteile, und wenn du Lust hast und der Gang des Abenteuers es erlaubt, bitte Holmes oder Watson um Rat und Hilfe.

Das viktorianische London

Als Holmes in London lebte und arbeitete, von den frühen 80er Jahren des 19. Jahrhunderts bis 1903, war das viktorianische Zeitalter viel mehr als nur Gegenstand von Studien oder von Belustigung. Königin Viktoria herrschte mehr als 60 Jahre lang über England, eine unerhört lange Regierungszeit; ihre Vorlieben und Abneigungen spiegelten und formten den Geschmack der englischen Gesellschaft. Im Gefolge der Industriellen Revolution (ungefähr die Zeit zwischen 1750 und 1850) suchte sich England, manchmal in großen Sprüngen und manchmal eher stolpernd, seinen Weg von einer vorwiegend bäuerlichen Gesellschaft zu einer mächtigen, aber problembeladenen Fabriknation. (Die Romane von Charles Dickens beschreiben dramatisch diese grausame und erregende Periode des plötzlichen sozialen Wandels.) Nach Übersee – Afrika, Indien und in den Fernen Osten, darunter auch Afghanistan, wo Dr. Watson diente und verwundet wurde – exportierte der Imperialismus sowohl den Union Jack (die britische Flagge) als auch englische Sitten und Gebräuche.

Weltoffen und doch zurückhaltend, zählte London im späten neunzehnten Jahrhundert über sechs Millionen Einwohner, von denen viele aus aller Herren Länder kamen; es prahlte mit der „High Society" aus der Park Lane und beherbergte doch gleichzeitig das schäbige Chinesenviertel, wo man Opium wie Tee erwerben und konsumieren konnte. Zu deiner Orientierung solltest du dir klarmachen, daß die Baker Street gleich südlich des Regent's Park in der Nähe des Zoologischen Gartens verläuft, im Herzen des vornehmen West Ends der Londoner City. Eisenbahn und Pferdekutschen waren die bevorzugten Verkehrsmittel; die Menschen gingen viel zu Fuß, und auch Diebe waren oft auf Schusters Rappen angewiesen, um von einem Ort zum anderen zu kommen.

Die Jagd ist eröffnet!

Jetzt kannst du mit dem größten Privatdetektiv der Welt deine Kräfte messen. Und keine Bange – wenn es nicht gleich klappt, beginne einfach noch einmal von vorne! Am besten merkst du dir Holmes' Rat für Watson und alle, die gerne Detektive sein möchten:

> „Einer meiner alten Grundsätze lautet: Wenn man das Unmögliche ausgeschlossen hat, dann muß das, was übrigbleibt – und wenn es noch so unbegreiflich ist – die Wahrheit sein."

Und jetzt: Viel Glück und eine gute Spürnase!

LISTE DER HINWEISE

- ☐ A Schlg der Uhr um 9^{00} Uhr
- ☐ B Tisch liegt Watsen hätte Leiche sehen müssen
- ☐ C kleiner Holztisch verschwand niemand aus Zimmer
- ☐ D Mr. Milton sozusagen ein Gauner
- ☐ E
- ☐ F
- ☐ G
- ☐ H
- ☐ I Zettel mit Botschaft
- ☐ J
- ☐ K
- ☐ L
- ☐ M
- ☐ N
- ☐ O
- ☐ P
- ☐ Q
- ☐ R Zusammenhag zwischen Z. in. Billiaz.
- ☐ S
- ☐ T
- ☐ U
- ☐ V
- ☐ W
- ☐ X
- ☐ Y
- ☐ Z

liegt was auf Billiard-tisch

LISTE DER ENTSCHEIDUNGEN UND FOLGERUNGEN

- ☐ 1 ______
- ☐ 2 ______
- ☐ 3 ______
- ☐ 4 ______
- ☐ 5 ______
- ☐ 6 ______
- ☐ 7 ______
- ☐ 8 ______
- ☐ 9 ______
- ☐ 10 ______
- ☐ 11 ______
- ☐ 12 ______
- ☐ 13 ______
- ☐ 14 ______
- ☐ 15 ______
- ☐ 16 ______
- ☐ 17 ______
- ☐ 18 ______
- ☐ 19 ______
- ☐ 20 ______
- ☐ 21 Zusammenhang mit Zettel in Billiartzim.
- ☐ 22 ______
- ☐ 23 ______
- ☐ 24 ______
- ☐ 25 ______

LISTE DER ENTSCHEIDUNGEN UND FOLGERUNGEN

☐ 26 ______

☐ 27 ______

☐ 28 ______

☐ 29 ______

PERSÖNLICHKEITS-MERKMALE

Name: *Wolfgang Müller*

Fähigkeit	Punkte
Fitneß	*+ 1*
Schlauheit	*+ 1*
Instinkt	*+ 1*
Kommunikation	*+ 1*
Beobachtung	*+ 1*
Wissen	*+ 1*

Geld:

______	Pennies
30	Schilling
______	Guineen
4	Pfund

Ausrüstung:

1) *Notizbuch*
2) *Bleistift*
3) *Taschenmesser*
4)
5)
6)
7)
8)
9)
10)
11)

Notizen:

PERSÖNLICHKEITS-MERKMALE

Name:

Fähigkeit	Punkte	Ausrüstung:
Fitneß	2+	1) Taschenmesser
Schlauheit	3+	2) Bleistift
Instinkt	2+	3) Notizbuch
Kommunikation	2+	4)
Beobachtung	1+	5)
Wissen	2+	6)
		7)
Geld: ____ Pennies		8)
10 Schilling		9)
____ Guineen		10)
5 Pfund		11)

Notizen:

Das Spielsystem der Sherlock Holmes-KrimiAbenteuerSpielBücher

Das Spielbuch

In diesem Spielbuch werden Situationen, Örtlichkeiten, Bedingungen, Gefahren und Risiken beschrieben, denen du dich auf deinen Abenteuern gegenübersiehst. Beim Lesen der Textabschnitte mußt du dich entscheiden, welche Maßnahmen du ergreifen möchtest. Welchen Abschnitt du liest, hängt immer von den Anweisungen im Text und von Erfolg oder Mißerfolg dieser Maßnahmen ab.

Die Abschnitte sind mit dreistelligen Zahlen gekennzeichnet (z. B. „365“). Lies jeden Abschnitt nur dann, wenn du im Text dazu aufgefordert wirst.

Wahl einer Zahl

Im Verlauf deiner Abenteuer in diesem Spielbuch wirst du öfters eine Zahl (zwischen 2 und 12) wählen müssen. Das kannst du auf eine der beiden folgenden Arten tun:

1. Schlage das Buch an irgendeiner zufälligen Stelle auf und sieh nach, welche Zahl in der unteren inneren Ecke der Seite in einem Quadrat steht. Diese Zahl hast du gewählt.

2. Würfle mit zwei Würfeln. Die Summe der beiden gewürfelten Zahlen ist deine gewählte Zahl. (Du kannst auch mit einem Würfel zweimal würfeln und die beiden Würfe zusammenzählen.)

Oft wird es vorkommen, daß du die Anweisung erhältst, eine Zahl zu wählen und eine bestimmte Anzahl von Punkten zu addieren. Dabei darf aber die Summe nicht größer als 12 oder kleiner als 2 werden. Zahlen, die größer sind als 12, zählen also als „12“, und solche, die kleiner sind als 2, zählen als „2“.

Informationen und Hinweise, die dir bei der Lösung des Rätsels helfen

Beim Spiel wirst du gewisse Hinweise entdecken (z. B. eine Fußspur, die Mordwaffe, einen Zeitungsausschnitt) und bestimmte Entscheidungen treffen und Schlußfolgerungen ziehen (z. B. entscheidest du dich, jemandem zu folgen, oder du folgerst, daß der Butler der Täter war). Der Text wird dir oft eine der folgenden Anweisungen geben:

Notiere Hinweis xx oder
Notiere Entscheidung xx oder
Notiere Folgerung xx.

„xx“ ist bei Hinweisen ein Buchstabe und bei Entscheidungen und Folgerungen eine Zahl. Wenn das vorkommt, mußt du die entsprechende Zeile in der „Liste der Hinweise“ (S. 11) bzw. der „Liste der Entscheidungen und Folgerungen“ (S. 12/13) am Anfang des Buches abhaken. Die Informationen, die du bekommen hast, und die Nummer des Abschnitts, aus der sie stammen, solltest du in der jeweiligen Zeile notieren. Diese Listen kannst du auch, bevor du etwas in sie einträgst, für deinen Gebrauch abschreiben oder fotokopieren.

Vielleicht wirst du andere nützliche Informationen im Text finden, bei denen du nicht speziell aufgefordert wirst, sie zu „notieren“. Du wirst dir vielleicht trotzdem Notizen machen wollen, und dafür ist auf deiner Liste der „Persönlichkeits-Merkmale“ (S. 15) Platz vorgesehen. Beachte, daß einige der Hinweise und Informationen, die du bekommst, sinnlos oder unwichtig sein können (falsche Fährten oder Sackgassen).

2

Ausrüstung und Geld

Immer, wenn du Geld oder Ausrüstungsgegenstände bekommst, trägst du das in deiner Liste der „Persönlichkeits-Merkmale“ in den dafür jeweils vorgesehenen Zeilen ein. Da deine Abenteuer im England des vorigen Jahrhunderts spielen, brauchst du natürlich das damals gültige englische Geld: Penny, Schilling, Pfund und Guinee.

12 Pennies	=	1 Schilling
20 Schilling	=	1 Pfund
21 Schilling	=	1 Guinee.

Auf deinen Abenteuern kannst du das Geld benutzen, um damit Essen, Unterkunft, Transport, Bestechungsgelder usw. zu bezahlen. Bestimmte Ausrüstungsgegenstände wirken sich auf deine Möglichkeiten so aus, wie es jeweils im Text angegeben wird.

Zu Beginn des Abenteuers hast du so viel Geld, wie in der als Beispiel vorgefertigten Liste der „Persönlichkeits-Merkmale“ (S. 14) am Anfang des Buches eingetragen ist.

Die Festlegung deiner „Persönlichkeit“

Deine „Persönlichkeit“ kannst du auf zwei verschiedene Arten festlegen:

1. Du kannst die bereits festgelegte „Persönlichkeit“ aus der Liste am Anfang des Buches (S. 14) übernehmen.
2. Du kannst dir deine eigene „Persönlichkeit“ schaffen, indem du die Anweisungen zur „Persönlichkeits“-Festlegung im nächsten Abschnitt befolgst.

Nachdem du die obigen Regeln gelesen und deine Spiel-„Persönlichkeit“ festgelegt hast, steht deinem Start ins Abenteuer nichts mehr im Wege: Lies die **Einleitung**, die sich an den

Regel-Teil des Buches anschließt. Anschließend liest du immer die Abschnitte, auf die du im Text verwiesen wirst.

So schaffst du deine eigene „Persönlichkeit"

Wenn du beschlossen hast, dir deine eigene „Persönlichkeit" zu schaffen, dann handle nach den Anweisungen, die im folgenden gegeben werden. Halte die Eintragungen in deiner Liste der „Persönlichkeits-Merkmale" am Anfang des Buches immer auf dem laufenden. Es ist ratsam, diese Eintragungen mit Bleistift vorzunehmen, so daß sie ausradiert und ergänzt werden können. Auch diese Liste kannst du für deinen Gebrauch abschreiben oder fotokopieren.

Wenn du nun deine „Persönlichkeits-Merkmale" festlegst, kannst du dir dabei die im voraus festgelegte „Persönlichkeit" aus der Liste am Anfang des Buches als Beispiel anschauen.

Fähigkeiten

Die folgenden sechs Fähigkeits-Bereiche beeinflussen deine Möglichkeiten, gewisse Maßnahmen während deiner Abenteuer durchzuführen.

1) Fitneß (dazu gehören allgemeine körperliche Leistungsfähigkeit, Geschicklichkeit, Mut, Kampfeslust und Schlagkraft): Von dieser Fähigkeit hängt es ab, inwieweit du in der Lage bist, Aktionen und Manöver auszuführen, die Stärke, Ausgeglichenheit, Koordination, Schnelligkeit und Beweglichkeit erfordern. Zu solchen Aktionen gehören z. B. Nahkämpfe, das Abwehren von Angriffen, Laufen, Klettern, Reiten und Schwimmen.

2) Schlauheit (dazu gehören Verschlagenheit, List, Verkleidungskunst und die Fähigkeit zum Beschatten und Belauschen): Diese Fähigkeit brauchst du, wenn du dich bewegen mußt, ohne gesehen oder gehört zu werden; wenn du etwas stehlen, ein Schloß öffnen oder dich verkleiden willst; wenn du versuchst, dich von Fesseln zu befreien, oder bei vielen ähnlichen Aktionen.

3) Instinkt (dazu gehören Einfühlungs-, Folgerungs- und Abwägungsvermögen, Scharfblick und eine glückliche Hand): An dieser Fähigkeit zeigt sich, ob du Informationen, Hinweise usw. verstehen und verknüpfen kannst. Hierher gehört auch, ob du dunkle Zusammenhänge intuitiv richtig erraten oder erahnen kannst.

4) Kommunikation (dazu gehören das Führen von Gesprächen, Verhören und Verhandlungen, die Schauspielkunst, das unauffällige Sich-Bewegen unter Fremden, Kontaktfreudigkeit und diplomatisches Geschick): Diese Fähigkeit faßt alles zusammen, was zum Reden, Kommunizieren und Informationsvermitteln zwischen Menschen gehört. Auch die Art deines Auftretens und deine soziale Anpassungsfähigkeit sind hier wichtig, sowie das Ausmaß, in dem es dir gelingt, in fremde Rollen zu schlüpfen und deine eigenen Gefühle und Gedanken zu verbergen.

5) Beobachtung (dazu gehören Wahrnehmungsfähigkeit und Aufmerksamkeit): In dieser Fähigkeit spiegelt sich wieder, wieviel Information du durch visuelle Wahrnehmung aufnehmen kannst.

6) Wissen (dazu gehören Schulbildung, naturwissenschaftliche Kenntnisse, Überblick über die Tagesereignisse und Sprachenbeherrschung): Diese Fähigkeit zeigt, inwieweit du dich auf verschiedenen Wissensgebieten auskennst: Fremdsprachen, Kunst, Geschichte, aktuelle Tagesfragen, Chemie, Tabakkunde, Biologie usw.

Fähigkeits-Punkte

Für jede dieser sechs Fähigkeiten hast du eine bestimmte Anzahl an Fähigkeits-Punkten zur Verfügung, die gebraucht werden, wenn du gewisse Maßnahmen ergreifst. Im Text wirst du öfters Anweisungen finden, die eine oder andere Sorte dieser Punkte, z. B. deine Beobachtungs-Punkte, zu einer anderen Zahl zu addieren. Beachte, daß diese Punktzahl sowohl positiv als auch negativ sein kann.

Nun lege deine „Persönlichkeit" fest. Schätze dich selbst nach bestem Wissen und Gewissen ein und mache dich an die Arbeit: Du kannst **insgesamt sechs Pluspunkte** auf deine sechs Fähigkeiten verteilen. Du darfst jeweils mehr als einen, aber höchstens drei Pluspunkte zuteilen. Eine Fähigkeit wird dann also mit „+1", „+2" oder „+3" bezeichnet. Diese Zahlen notierst du in den entsprechenden Zeilen auf der Liste deiner „Persönlichkeits-Merkmale".

Diejenigen Fähigkeiten, für die von den sechs möglichen Pluspunkten keine mehr übrigbleiben, bekommen **je zwei Minuspunkte** zugeteilt. Sie werden mit „−2" in den entsprechenden Zeilen notiert.

So, fertig ist deine „Persönlichkeit" – jedenfalls für den Spielbeginn. Während des Spiels kann es vorkommen, daß du Ausrüstungsgegenstände erhältst oder dir Verletzungen zuziehst, die eine positive oder negative Wirkung auf bestimmte Fähigkeits-Punkte haben. Diese Ergänzungen notierst du dann in den entsprechenden Zeilen der Liste.

6

Die Personen der Handlung

Bobby Chambers: Diener im „Drei-Kontinente-Club".
Lord Grayson: Sohn des Earl of Waynesborough; Mitglied des „Drei-Kontinente-Clubs".
Sir George Grant: Clubmitglied.
Mycroft Holmes: Bruder des verstorbenen Sherlock Holmes.
John Howard: Clubmitglied.
Lord Howard: Clubmitglied.
Edwin Johnson: Butler im Club.
Captain Edward Lawrence: Armeeoffizier; Clubmitglied.
Alexander Lewis: Clubmitglied.
Captain Sherwood Locke: Offizier der Militärpolizei; Freund von Mycroft Holmes.
Thomas Martin: Clubmitglied.
Christopher Marshall: Freund von Dr. Watson; Clubmitglied.
Inspektor Alec McDonald: Detektiv von Scotland Yard, der mit der Ermittlung beauftragt wurde.
Sir Terrence Milton, Baronet: Geschäftsmann; Clubmitglied; Mordopfer.
Perkins: Diener von Sir Terrence Milton.
Miss Ellen Phipps: mit Dr. Watson befreundet.
John Strickland: Vorsitzender des Clubs.
Thomas Sullivan: Clubmitglied.
John Symington: Londoner Geschäftsmann.
Earl of Waynesborough: Clubmitglied.

Vorbemerkung

In diesem Fall ist der Leser und Detektiv ein ehemaliger, unregelmäßiger Mitarbeiter von Sherlock Holmes. Von seinem berühmten Vorbild inspiriert, hat er genügend Wissen erworben, um nun selbst in bescheidenem Rahmen als Detektiv zu arbeiten.

Der Fall spielt Anfang des Jahres 1894. Vor zweieinhalb Jahren hat der Leser/Detektiv die schockierende Nachricht von Sherlock Holmes' Tod bei einem Unfall in der Schweiz gelesen – eine Meldung, die kürzlich bestätigt wurde, als Dr. Watson die Erzählung „Sherlock Holmes' Untergang" veröffentlichte, worin er die Umstände von Holmes' Tod aufzeichnete. Obwohl er sich seiner unzulänglichen Fähigkeiten bewußt ist, versucht der Leser/Detektiv, das Verbrechen in London in der Tradition seines großen Lehrers zu bekämpfen.

Du hast ein Taschenmesser, ein Notizbuch, einen Bleistift sowie 5 Pfund und 10 Schilling Bargeld. Trage diese Ausrüstung in deine Liste der „Persönlichkeits-Merkmale" ein. Nun kannst du mit deiner Ermittlung beginnen. Viel Glück! Das Spiel beginnt.

4

Einleitung

An einem frischen Wintermorgen beschließt du während eines Streifzugs durch London, in Wiggins' Laden vorbeizuschauen – er ist der ehemalige Anführer der unregelmäßigen Mitarbeiter von Sherlock Holmes – und die Morgenzeitungen zu lesen. Dein alter Chef und Freund begrüßt dich fröhlich und macht dich dann auf eine Geschichte aufmerksam, die die Schlagzeilen mehrerer Zeitungen beherrscht. Auf sein Drängen liest du ein paar Berichte über einen Mord im „Drei-Kontinente-Club". Du erfährst, daß Sir Terrence Milton, ein bekannter und „in vielen Gebieten des Weltreiches engagierter" Geschäftsmann, das Opfer war. Wenn auch noch keine Verhaftung vorgenommen wurde, so gab Inspektor Alec McDonald von Scotland Yard doch bekannt, daß „die Polizei sorgfältig ermittelt und mit einer Festnahme in Kürze gerechnet werden kann, sobald alle Aspekte des Falles Berücksichtigung gefunden haben werden".

Du seufzt ein wenig. „Wahrscheinlich säße der Mörder inzwischen längst hinter Gittern, Wiggins", sagst du, „wenn Mr. Holmes noch bei uns wäre."

„Vielleicht", antwortet er, „aber vielleicht auch nicht. Einer meiner Kameraden von der alten Holmes-Mannschaft kam vorbei und hat mir ein bißchen von dem Fall erzählt. Er meinte, die Indizien deuteten geradewegs auf Dr. Watson, Mr. Holmes' alten Freund. Bei dieser Sachlage hätte Mr. Holmes vielleicht keine Lust gehabt, den entscheidenden Beweis zu erbringen, der dann seinen besten Freund dem Henker ausliefern würde."

„Dr. Watson!" rufst du erstaunt. „Wie kann *ihn* jemand verdächtigen, ein Verbrechen begangen zu haben? Er ist ein bekannter Schriftsteller und erfolgreicher Arzt."

„Mein Kamerad erzählte, die Indizien seien so überzeugend, daß der Doktor schon längst verhaftet worden wäre, wenn sich Inspektor McDonald nicht geweigert hätte, das zu tun. Der hat schon mit Holmes und Watson zusammengearbeitet, weißt du." Ihr unterhaltet euch noch eine Weile über den Fall, und dann gehst du nach Hause. Dort findest du zu deinem Erstaunen einen Brief von Mycroft Holmes vor, dem Bruder des verstorbenen Detektivs, der dich bittet, ihn in der Pall Mall aufzusuchen. Natürlich machst du dich sofort auf den Weg.

Mycroft selbst öffnet dir. Er ist ein großer, schwer gebauter Mann. Obwohl er viel massiger ist als sein Bruder Sherlock, kannst du doch eine große Ähnlichkeit zwischen den beiden erkennen. Er dankt dir für dein schnelles Kommen und erklärt dann, daß er wegen Renovierungsarbeiten in seinem Büro ein paar Tage lang seiner Arbeit für die Regierung nicht nachgehen könne. Dann stellt er dich einem anderen Gast vor, Inspektor Alec McDonald von Scotland Yard.

„Sie möchten also, daß ich mich mit dem Mordfall Milton beschäftige", sagst du mutig und hoffst, damit bei den beiden Eindruck zu schinden.

„Vielleicht haben Sie recht, Mr. Holmes", lacht McDonald. „Die Arbeitsweise des jungen Mannes erinnert mich an Ihren Bruder."

„Eine besonders brillante Schlußfolgerung war das ja nun nicht gerade", antwortet Mycroft. „Alle Zeitungen der Stadt schreiben ja darüber, daß Sie die Ermittlungen führen."

„Aber wieso brauchen Sie mich?" willst du wissen. „Wenn ich die Zeitungsartikel richtig interpretiere, rechnet man damit, daß Sie demnächst eine Verhaftung vornehmen werden."

„Das stimmt, junger Mann. Um so schlimmer!" antwortet McDonald. „Ich habe mir die Sache von allen Seiten besehen,

10

und die Indizien knüpfen immer nur um *einen* Hals einen Strick – und da liegt der Hund begraben."

„Mr. McDonald glaubt, daß die Indizien auf Dr. John Watson zeigen, Sherlocks alten Freund und Kameraden", mischt sich Mycroft ein. „Ich kann nicht glauben, daß er einen Mord begehen würde, und wegen meines Bruders möchte ich, daß der Fall von einem unabhängigen Augenpaar unter die Lupe genommen wird. Wenn der arme Sherlock noch bei uns wäre, würde er den Doktor sicher im Handumdrehen aus dieser Sache heraushauen."

„Vielleicht", lacht McDonald, „und ich wünschte, Mr. Holmes wäre noch in London, denn wenn er uns auch oft unsere Beschränktheit vor Augen geführt hat, so hat er doch andererseits auch verschiedene Halunken für uns geschnappt. Aber wenn Sie Interesse haben, in dieser Angelegenheit zu ermitteln", setzt er zu dir gewandt hinzu, „kann ich Ihnen ja in aller Kürze die Fakten schildern."

„Gewiß, Sir", antwortest du. „Soviel ich weiß, passierte der Mord im ‚Drei-Kontinente-Club'?"

„Jawohl, allerdings, und keine zwei Häuserblocks von hier entfernt", erwidert der Inspektor. „Gestern abend besuchten nicht viele Herren den Club – nur ein paar, die aus geschäftlichen Gründen noch in der Stadt waren. Vier von ihnen – Sir Terrence Milton, Dr. Watson, Mr. Christopher Marshall und Mr. Thomas Martin – spielten nach dem Abendessen ein paar Runden Whist. Als Dr. Watson und Mr. Marshall den entscheidenden Robber mit einem Schlemm in der letzten Hand gewannen, beschuldigte Sir Terrence Dr. Watson des Falschspiels und meinte, er habe wohl die höhere Kunst des Kartenspiels in der amerikanischen oder australischen Wildnis gelernt.

Nun, Dr. Watson nimmt so eine Bemerkung nicht so einfach hin, wie Sie vielleicht wissen, und er schrie Sir Terrence an und warf ihm vor, schon viele Leute mit Hilfe seiner dubiosen Beteiligungsfirmen betrogen zu haben. Meines Wissens hat Dr. Watson eine beträchtliche Summe verloren, als Sir Terrence' jüngstes Spekulationsobjekt, die *Goldminengesellschaft Elfenbeinküste*, in die Binsen ging. Seit ihrem Konkurs hat die Polizei diese Gesellschaft genau untersucht.

Jedenfalls antwortete Sir Terrence, wenn Watson weniger Zeit damit verbracht hätte, einer gewissen Sängerin die Sehenswürdigkeiten Londons zu zeigen und statt dessen den Prospekt gründlicher studiert hätte, dann hätte er ein hochspekulatives Risikokapitalunternehmen nicht mit einer totsicheren Investition verwechselt – aber mehr sagte er nicht", schließt der Inspektor, „denn als er soweit gekommen war, setzte ihm Dr. Watson seine Faust zwischen die Augen und legte ihn flach auf den Teppich."

„Was ist das für eine Geschichte mit dieser Frau?" fragt Mycroft. „Das hatten Sie bisher nicht erwähnt."

„Tut mir leid, Sir, das muß ich vergessen haben", versetzt McDonald. „Seinem Freund Marshall zufolge wurde Watson in letzter Zeit oft mit einer der Sängerinnen gesehen, die in der Prism Hall in Piccadilly auftreten. Da ist natürlich überhaupt nichts dabei – die Frau des Doktors starb vor über einem Jahr."

Mycroft nickt heftig. „Sherlock sagte immer, daß Watson ein Experte in Bezug auf Frauen sei. Und das hat ihn diesmal ganz schön in die Klemme gebracht." Er überlegt und wendet sich dann an dich. „Sie müssen den Tatort untersuchen und mit den Zeugen sprechen. Ich habe einen Freund, Captain Locke von der Militärpolizei, der sich im Nachtleben von London gut auskennt. Ich werde ihn bitten, sich nach dieser Frau umzuhören. Aber fahren Sie fort, Inspektor McDonald; Ihre Schilderung der Ereignisse im Club ist noch nicht beendet."

„Danke. Nun, die anderen Mitglieder unterbrachen den Kampf, und kurz vor neun Uhr ging Sir Terrence nach oben. Watson folgte ihm wenig später und setzte sich in ein Billardzimmer, um etwas zu trinken und sich zu beruhigen – so sagt er jedenfalls. Ungefähr um halb zehn verließ er das Zimmer, und sofort ging ein Diener hinein, um das leere Glas zu holen und Ordnung zu machen. Dieser Diener fand Sir Terrence, der mit eingeschlagenem Schädel in einer Ecke lag. Nach seiner Aussage kann niemand den Raum betreten haben, nachdem Watson ihn verlassen hatte. Schreiend rannte er in den Flur hinaus, die anderen Mitglieder eilten herbei und holten dann uns. Der Fall sieht in meinen Augen glasklar aus. Watson war der einzige Mensch im Raum, er hatte eben erst mit Milton gestritten, und er hatte noch andere Gründe, Milton zu hassen: Dessen Schwindelfirma hatte den Doktor einen Gutteil seines investierten Vermögens gekostet. Marshall und anderen Zeugen zufolge hatte es der Doktor in letzter Zeit ziemlich schwer: Holmes' Tod, der Tod seiner Frau, verschiedene finanzielle Probleme. Während der Krankheit seiner Frau hat er seine Arztpraxis ziemlich vernachlässigt. Seine Nebeneinkünfte durch das Schreiben über Mr. Holmes hat er ja nun auch verloren."

„Gehörte die Tatwaffe Dr. Watson?" fragst du.

„Nein, jeder, der im Raum war, hätte sie benutzen können", antwortet McDonald. „Der Mörder verwendete den Schürhaken vom Kamin als Waffe. Das Feuer brannte schwach, und es ist ein wenig verwunderlich, daß Watson nicht den Haken nahm, um es zu schüren. Weniger verwunderlich allerdings, wenn er den Schürhaken gerade dazu benutzt hatte, einen Mann zu töten!"

„Und was hat Dr. Watson nach seiner eigenen Aussage eine halbe Stunde lang in dem Zimmer getan?"

„Er sagt, er sei einfach am Feuer gesessen, habe Brandy getrunken und eine Zeitung gelesen", antwortet McDonald. „Er behauptet, schockiert gewesen zu sein, als ihm klar wurde, daß während dieser ganzen Zeitspanne ein Toter in der Ecke gelegen haben mußte."

Du nickst und versuchst, Widersprüche zwischen all den Informationen aufzudecken. Wenn du McDonald weitere Fragen stellst, weiter bei **159**. Andernfalls weiter bei **443**.

100

So schnell du kannst, rennst du dem Schurken hinterher und versuchst, ihn im Blickfeld zu behalten. Notiere Entscheidung 1. Wähle eine Zahl und zähle deine Fitneß-Punkte hinzu:

– Ist die Summe 2-6, weiter bei **113**.
– Ist die Summe 7-12, weiter bei **208**.

2

101

Du machst eine Pause und überlegst dir weitere Fragen an Captain Lawrence. Hält der Offizier den Schlüssel zur Lösung des Falles in der Hand? Solltest du ihn deshalb weiter befragen? Wenn du ihn fragst, was er tat, als er von dem Mord hörte, weiter bei **335**. Wenn du ihn nicht weiter befragst, weiter bei **436**. Andernfalls weiter bei **116**.

102

Ob Lewis wohl von der Geheimtür im Billardzimmer wußte? Wenn du ihn danach fragst, weiter bei **197**. Andernfalls weiter bei **311**.

103

Du nimmst eine Droschke und fährst zu dem Gebäude, in dem Symington sein Büro hat. Du steigst einen halben Block davor aus und gehst zu Fuß auf das Gebäude zu. Kann der Geschäftsmann dir bei der Lösung des Falles helfen? Wenn du Entscheidung 9 notiert hast, geht es weiter bei **363**. Andernfalls weiter bei **477**.

104

„Haben Sie bemerkt, daß im Billardzimmer eines der Tischchen umgefallen war?“ fragst du. „Ich meine das neben dem Sessel, der am nächsten bei den Fenstern steht.“

„Nein, Sir, ich fürchte, dort ist mir nichts aufgefallen“, erwidert er. „Ich hatte nur Augen für den Toten, Sir, bis Mr. Strickland uns verschiedene Anweisungen gab und wir alles für die Ankunft der Polizei vorbereiten mußten.“ Weiter bei **181**.

105

Während du vor Symingtons Tür lauschst, kracht ein Schuß. Von drinnen hörst du eine Reihe dumpfer Fall- oder Schlaggeräusche. Da du weißt, daß du jetzt nichts für Symington tun kannst, versteckst du dich am Ende des Flurs und beobachtest die Tür. Marshall kommt heraus und rennt die Treppe hinunter. Du gehst in das Büro. Symington liegt tot am Boden. Sein Hinterkopf ist mit einer Büste von Wellington zerschmettert worden. Du zweifelst nicht daran, daß Marshall nur mit der Büste zugeschlagen hat, um den Einschuß, den seine Pistole hinterlassen hat, zu vertuschen. Notiere Hinweis T. Weiter bei **546**.

106

„Ja, ich weiß, wer es war“, antwortest du und tastest nach der Wunde an deinem Kopf. „Es war Marshall. Er besuchte Symington, und ich folgte ihm, als er ihn verließ. Offensichtlich habe ich den Kürzeren gegen ihn gezogen.“

„Nun“, sagt der Inspektor grimmig, „das bedeutet den Strang für Mr. Marshall. Als ich hörte, was Ihnen zugestoßen ist, ging ich selbst zu Symington. Er war tot – durch den Kopf geschossen. Ich werde mir ein paar Männer nehmen und versuchen, Marshall hinter Schloß und Riegel zu bringen. Ruhen Sie sich aus und pflegen Sie Ihren armen Kopf. Das war ein brutaler Schlag, den Sie da einstecken mußten.“ Als der Polizeidetektiv gegangen ist, legst du dich zurück und versuchst, dich zu entspannen. Du hast bei dieser Ermittlung zwar nicht völlig versagt, aber andererseits hast du sie keineswegs erfolgreich abgeschlossen.

Wenn du den Fall nochmals beginnst, weiter bei der **Einleitung**. Wenn du ihn dir erklären lassen willst, weiter bei **435**.

107

Einige notwendige Besorgungen nehmen den Rest des Vormittags in Anspruch. Mittags gehst du kurz nach Hause, um deine Post durchzusehen. Neben Rechnungen und persönlichen Briefen findest du eine Nachricht von Mycroft Holmes, der

4

dich bittet, ihn sofort aufzusuchen. Gespannt, ob er wohl eine für den Fall entscheidende Entdeckung gemacht hat, eilst du zu ihm.

Mycroft begrüßt dich höflich wie immer. „Danke, daß Sie so schnell gekommen sind“, sagt er und führt dich in ein kleines Arbeitszimmer. „Captain Locke war bei seiner Untersuchung über die Vergangenheit der Dame erfolgreich, und ich dachte, Sie würden sicher gerne seinen Bericht hören.“

Als du zustimmend nickst, betritt ein Mann in der Uniform der Militärpolizei das Zimmer. Er ist groß und schlank; sein Gesicht wird von einem buschigen, angegrauten Backenbart, einem dicken Schnurrbart und dichten Augenbrauen beherrscht. Die dunklen Brillengläser, hinter denen er seine Augen versteckt, verschwinden fast in all dem Haar.

„Dies ist Captain Locke“, verkündet Mycroft. „Die Armee hat ihn und seine Dienste freundlicherweise zur Verfügung gestellt, und er hat seinen Teil der Untersuchung wirklich sehr schnell erledigt.“

„Was haben Sie über die Dame herausgefunden?“ fragst du.

Locke zieht seine Notizen zu Rate und spricht dann mit leiser, fast tonloser Stimme. „Die Dame ist eine Sängerin namens Ellen Phipps, die zur Zeit in der Prism Hall auftritt. Jeder, der sie kennt, sagt nur Gutes über sie. Sie ist verlobt und wird heiraten, sobald sie ihre laufenden Engagements beendet hat. Ihre Beziehungen zu Dr. Watson waren vollkommen unschuldiger Natur.“

„Tatsächlich?“ fragst du überrascht. „Einige der Herren, die darüber sprachen, glaubten, daß der Doktor sie heiraten würde.“

„Zu dieser Annahme besteht überhaupt kein Anlaß“, antwortet Locke. „Wenn man alle Hinweise sorgfältig analysiert, wird man feststellen, daß all diese Geschichten auf eine einzige Quelle zurückzuführen sind. Wahrscheinlich handelt es sich um

5

einen Freund Watsons, der die beiden zusammen sah und falsche Schlüsse zog. In Anbetracht von Watsons Interesse am schwachen Geschlecht war das vielleicht ein verständlicher Fehler."

„Aber wie war es wirklich?" willst du wissen.

„Miss Phipps ist eine alte Schulfreundin der verstorbenen Mrs. Watson", berichtet Locke und schaut wieder in seine Notizen. „Sie wollte ihre Freundin besuchen und mußte zu ihrem Kummer feststellen, daß sie gestorben war. Als Gentleman hat Watson seine Besucherin natürlich zum Abendessen ausgeführt. Ein paar Tage später ging Watson in die Prism Hall, um sie singen zu hören. Ein Betrunkener aus dem Publikum pöbelte sie an, und Watson kam ihr zu Hilfe. Er brachte sie sicher nach Hause, und das war das letzte Mal, daß sich die beiden sahen. Sie können sicher sein, daß die Dame mit dem Mord rein gar nichts zu tun hat." Notiere Folgerung 25. Wenn du Hinweis U notiert hast, geht es weiter bei **498**. Andernfalls weiter bei **244**.

108

Da Marshall erst vor ein paar Minuten Symingtons Büro verlassen hat, kannst du nicht glauben, daß Symingtons Tod ein Unfall war. Du beugst dich über den Leichnam, hebst die Büste auf und untersuchst sorgfältig Symingtons Kopf. Wie erwartet findest du eine Schußwunde. Du hast keinen Zweifel, wer Symington getötet hat, und schickst nach McDonald. Er kommt in Begleitung mehrerer Wachtmeister, hört sich deine Geschichte an und nickt zustimmend. „Es muß Marshall gewesen sein!" meint er. Mit McDonald und den Polizisten machst du dich schleunigst auf den Weg zu Marshalls Haus, in der Hoffnung, daß er die Stadt noch nicht verlassen hat. Notiere Folgerung 21. Weiter bei **338**.

109

Noch bevor der Captain zu seiner Erklärung ansetzt, fragst du dich, wie dieser Mann so einen komplizierten Fall so schnell lösen konnte. Als er zu sprechen beginnt, schaust du ihn eindringlich an. Wähle eine Zahl und zähle deine Beobachtungs-Punkte hinzu:

- Ist die Summe 2-7, weiter bei **382**.
- Ist die Summe 8-12, weiter bei **532**.

110

Symington wartet mit seiner Antwort fast eine Minute, dann lacht er leise. „Ein heimlicher Partner, sagen Sie. Erstaunlich, daß von jedem Geschäftsmann immer vermutet wird, er habe einen heimlichen Partner, der für seinen Erfolg verantwortlich sein soll. Sogar von mir ist so etwas schon behauptet worden. Niemand will zugeben, daß ein Mensch allein so tüchtig sein kann; lieber erfindet man ein geheimnisvolles Superhirn im Hintergrund." Wieder lacht er. Weiter bei **438**.

111

Locke hört sich deine Erklärung an und nickt dann. „Wenigstens haben Sie keinen schlüssigen Beweis, daß Marshall woanders war, und er ist der einzige ohne Alibi. Das wird genügen." Weiter bei **318**.

112

Du überlegst, ob Marshall dir mit wichtigen Informationen helfen kann. Wie mußt du deine Fragen stellen, um diese Informationen zu erhalten? Wenn du ihn fragst, was er tat, bis die Leiche entdeckt wurde, weiter bei **402**. Wenn du keine Fragen mehr an ihn hast, weiter bei **405**. Andernfalls weiter bei **308**.

7

113

Es stellt sich heraus, daß Marshall schneller laufen kann als du und sich in dieser Gegend sehr gut auskennt. Er biegt um eine Ecke, und als auch du dort ankommst, ist er verschwunden. Verzweifelt suchst du nach Spuren, die dir weiterhelfen könnten. Wähle eine Zahl und zähle deine Beobachtungs-Punkte hinzu:

- Ist die Summe 2-6, weiter bei **114**.
- Ist die Summe 7-12, weiter bei **119**.

114

Du kannst Marshall nirgendwo finden. Die Polizei kommt dazu, und nach gewissenhaftem Suchen und Fragen findet ihr heraus, daß Marshall mit einer Dampfbarkasse den Fluß hinunter gefahren ist. McDonald schickt die Wachtmeister zu Scotland Yard zurück mit der Anweisung, die notwendigen Schritte zu unternehmen, damit Marshall das Land nicht verlassen kann.

„Mr. Holmes wird Ihr Bericht nicht gefallen", kommentiert der Inspektor. Weiter bei **196**.

115

„Ich glaube, daß Christopher Marshall der Mörder ist", sagst du. Die drei Männer sehen dich an.

„Marshall?" fragt McDonald erstaunt. „Wie kann das sein? Er half uns bei unserer Untersuchung und bestand als einer der ersten darauf, daß Watson unschuldig sei, als sämtliche Indizien auf ihn als Mörder hinwiesen."

„Geduld, Mr. McDonald", sagt Captain Locke leise. „Der junge Mann hat sicherlich Beweise für seine Anschuldigung – Beweise für Motiv, Methode und Gelegenheit. Nun, fast jeder, der um neun Uhr im Billardzimmer war, kann diesen Schürhaken benutzt haben. Können Sie beweisen, daß Marshall dort gewesen ist, daß er die Gelegenheit hatte, Sir Terrence zu töten?"

Du ordnest in Gedanken die Indizien: Wenn du sowohl Hinweis M als auch Hinweis O notiert hast, weiter bei **300**. Wenn du nur Hinweis O notiert hast, weiter bei **111**. Andernfalls weiter bei **117**.

116

Du denkst über weitere Fragen an Captain Lawrence nach. Er ist offenbar ein Mann, den man vorsichtig behandeln muß. Wenn du Hinweis G notiert hast, geht es weiter bei **324**. Andernfalls weiter bei **436**.

117

Locke hört sich deine Erklärung an und schüttelt dann den Kopf. „Sie haben keinen Beweis dafür, daß er eine Gelegenheit hatte“, sagt er. „Sie müssen sich schon mehr anstrengen, wenn Sie eine schlüssige Beweisführung liefern wollen.“

Wenn du den Fall noch einmal von vorne aufrollen willst, geht es weiter bei der **Einleitung**. Wenn du weiter versuchen willst, Marshalls Schuld zu beweisen, weiter bei **318**.

118

Du schreist: „Haltet den Dieb!“, aber dein Ruf verhallt ungehört. Weiter bei **591**.

119

Neben einer kleinen Pfütze bemerkst du Wasserspritzer im Staub und folgst den nassen Fußabdrücken um eine Ecke. Marshall läuft offenbar in Richtung Fluß. Wieder rennst du los, denn du hoffst, ihn zu erwischen, bevor er mit einem Boot flüchten kann. Wähle eine Zahl und zähle deine Fitneß-Punkte hinzu:

- Ist die Summe 2-8, weiter bei **468**.
- Ist die Summe 9-12, weiter bei **120**.

120

Du kommst an einen kleinen Kanal, der in die Themse mündet. Eine Dampfbarkasse legt soeben von ihrem Dock ab. Mittschiffs siehst du Marshall stehen. Es ist ein kleines Boot mit einem offenen Deck. Nur die Maschine und der Kessel sind durch ein Verdeck geschützt. Ein kräftig gebauter Mann bedient das Ruder, während drei andere Männer Taue aufwickeln oder andere Arbeiten an Deck verrichten. Du hast nur einen Augenblick Zeit, zu entscheiden, wie du den Mörder dingfest machen willst. Wenn du versuchst, an Bord zu springen, weiter bei **122**. Andernfalls weiter bei **468**.

10

121

Du schaust die drei Männer an, schluckst schwer und sagst dann stockend: „Es tut mir leid, daß ich Ihr Vertrauen in mich enttäuschen muß, Gentlemen, aber ich habe als Ermittler versagt. Ich weiß nicht, wer Sir Terrence umgebracht hat."

Mycroft versucht, dich zu trösten. „Machen Sie sich keine Sorgen, junger Mann", sagt er mit Nachdruck, „keiner kann jeden Fall erfolgreich abschließen. Sogar mein Bruder hat einoder zweimal versagt." Weiter bei **525**.

122

Du rennst den Landungssteg hinunter und wagst einen Sprung in Richtung Boot, obwohl sich sein Abstand zum Ufer schon sehr vergrößert hat. Hoffentlich bis du weit genug gesprungen! Wähle eine Zahl und zähle deine Fitneß-Punkte hinzu:

- Ist die Summe 2-7, weiter bei **317**.
- Ist die Summe 8-12, weiter bei **191**.

123

Als du vor deiner Wohnung stehst, fällt dir Symington ein, der Mann, der sich mit derselben Sorte betrügerischer Geschäftsvermittlung befaßt wie Sir Terrence. Du überlegst, ob es der Mühe wert wäre, den Makler aufzusuchen. Wenn du zu Symington gehst, weiter bei **103**. Andernfalls weiter bei **107**.

124

Du eilst in die Wohnung von Mycroft Holmes, um mit ihm und Inspektor McDonald den Fall zu besprechen. Du hoffst, genug herausgebracht zu haben, um sie davon zu überzeugen, daß Watson unschuldig ist. Die beiden hören dir aufmerksam zu, als du das Beweismaterial erläuterst, das du zusammengetragen hast. Wenn du die Hinweise F *und* Q notiert hast, geht es weiter bei **189**. Andernfalls weiter bei **412**.

125

Dir fällt die Geheimtür im Boden des Billardzimmers ein, und du fragst dich, ob Martin davon wußte. Wenn du ihn danach fragst, weiter bei **340**. Andernfalls weiter bei **570**.

126

Du bist der Meinung, daß ein echter Detektiv bestimmt nicht darauf verzichten würde, diesen Ausgang auszukundschaften. Du zwängst dich durch die Türöffnung im Boden, gefolgt von einem verärgerten Strickland, der unentwegt jammert. Du läßt dich in einem Büroraum mit vergitterten Fenstern auf den Boden fallen. In einer Ecke steht ein großer Panzerschrank. Die Tür, die aus dem Raum hinausführt, ist verschlossen. „Wessen Büro ist das?“ fragst du Strickland.

„Dies ist das Büro des Clubsekretärs“, erwidert er. „Wir haben Gitter vor den Fenstern anbringen lassen, da wir oft große Geldsummen oder andere Wertgegenstände im Panzerschrank aufbewahren. Nur der Sekretär und ich besitzen Schlüssel zu dieser Tür. Zum Glück habe ich meinen dabei, ich würde nämlich nicht gerne wieder hinauf und durch diese lächerliche Geheimtür klettern. In diesem Raum gibt es keine anderen geheimen Ausgänge. Das haben wir sorgfältig überprüft, bevor wir den Panzerschrank hineinstellten.“ Er schließt die Tür auf und geht dir voraus in den Flur, von dem eine Treppe hinauf zum Billardzimmer führt. Wähle eine Zahl und zähle deine Instinkt-Punkte hinzu:

- Ist die Summe 2-7, weiter bei **277**.
- Ist die Summe 8-12, weiter bei **378**.

127

Strickland wippt mit den Zehen und hat offensichtlich wenig Geduld mit dir. „Nun, möchten Sie noch woanders suchen?“ fragt er kurz angebunden. „Vielleicht gibt es Indizien dafür, daß der Mörder ins Feuer gestiegen und den Kamin hinaufgeklettert ist."

Du betrachtest die langen Vorhänge und überlegst, ob jemand, der hinter ihnen stünde, vor den Blicken der anderen im Raum verborgen wäre. Wenn du Strickland um Hilfe bittest, geht es weiter bei **474**. Andernfalls weiter bei **350**.

128

Du schaust Howard an und überlegst dir, ob er etwas bemerkt haben könnte, was den anderen Zeugen entgangen ist. Wenn du ihn bittest, den Abend zu beschreiben, weiter bei **144**. Wenn du keine weiteren Fragen an ihn hast, weiter bei **129**. Andernfalls weiter bei **429**.

129

Du glaubst, nun alles Wissenswerte von John Howard erfahren zu haben. Du dankst ihm für seine Mühe und Hilfe, und er grüßt dich mit einem kurzen Nicken, bevor er geht. Weiter bei **407**.

130

Was könntest du Lord Howard noch fragen? Was tat er wohl gerade, als er Chambers' Hilferufe hörte? Wenn du ihn danach fragst, weiter bei **437**. Wenn du keine Fragen mehr hast, weiter bei **561**. Andernfalls weiter bei **508**.

131

Du hast dir zwar schon oft vorgenommen, schwimmen zu lernen, dich aber nie darum gekümmert. Jetzt ist es zu spät. Vom Gewicht deiner Kleider hinabgezogen, schaffst du es nicht bis ans Ufer. Ein unnötiger Tod durch Ertrinken beendet deine vielversprechende Karriere.

3

132

Du versuchst, dir weitere Fragen an Sir George einfallen zu lassen. Kann er dir noch andere brauchbare Informationen geben?

Wenn du keine Fragen mehr an ihn hast, geht es weiter bei **333**. Andernfalls wähle eine Zahl und zähle deine Instinkt-Punkte hinzu:

- Ist die Summe 2-6, weiter bei **184**.
- Ist die Summe 7-12, weiter bei **272**.

133

„Danke, daß Sie gekommen sind, Mylord“, beginnst du. „Ich versuche nicht nur, herauszufinden, was gestern abend passierte, sondern auch, warum es passierte.“

„Ah ja?“ antwortet er verwirrt und zieht die Augenbrauen hoch.

Du nickst ermutigend. „Ja, Mylord. Ich wüßte gerne von Ihnen, was für ein Mensch Sir Terrence war. Vielleicht gibt mir das einen Anhaltspunkt, warum er ermordet wurde.“

„Warum er ermordet wurde?“ amüsiert sich der Peer. „Er wurde ermordet, weil ihn jemand nicht mochte. *Warum* derjenige ihn nicht mochte, kann ich Ihnen nicht sagen, weil er eigentlich ein ganz netter Bursche war. Er kam natürlich aus einer guten Familie – sein Vater wurde für seine Dienste auf der Krim zum Baronet gemacht – und das hätte ihm eigentlich helfen sollen. Aber er war ein schauderhaft schlechter Geschäftsmann. Einige von uns verloren durch seine Firmen Geld, aber ein paar hundert Pfund Verlust sind wohl kaum Grund genug, jemandem den Schädel einzuschlagen.“ Weiter bei **295**.

134

Du überlegst, wer wohl in Holmes’ Aufzeichnungen aufgeführt ist. Gibt es Informationen über den Earl of Waynesborough?

4

Ein Blick ins Register verrät dir, daß der Name dort auftaucht. Wenn du unter dem Namen des Earl nachschlägst, weiter bei **331**. Wenn du deine Recherchen in der Baker Street abgeschlossen hast, weiter bei **148**. Andernfalls weiter bei **465**.

135

„Eine üble Sache", sagst du langsam, und McDonald und Mycroft nicken zustimmend.

„Ich gebe zu, daß selbst ich Zweifel an Watsons Unschuld habe", meint Mycroft. „Aber um Sherlocks willen muß ich sicherstellen, daß der Fall unabhängig von der Polizei untersucht wird. Ich hoffe, mit Ihnen habe ich eine gute Wahl getroffen." Während er mit McDonald plaudert, überlegst du, warum Watson eigentlich nicht verhaftet wurde. Wenn du McDonald danach fragst, geht es weiter bei **339**. Andernfalls weiter bei **152**.

136

Du erreichst Mrs. Hudsons Haus in der Baker Street Nr. 221 B und klopfst an die Tür. Mrs. Hudson, eine sehr angenehme, mütterliche Frau, öffnet selbst.

„Guten Tag", sagt sie erfreut. „Ich erinnere mich an Sie. Sie haben doch für Mr. Holmes gearbeitet. Was tun Sie denn jetzt?"

„Ich versuche mich in Mr. Holmes' Gewerbe als Privatdetektiv", antwortest du. „Zur Zeit beschäftige ich mich mit einer ziemlich wichtigen Sache, und Mr. Mycroft Holmes war so freundlich, mir zu erlauben, die Unterlagen seines Bruders einzusehen." Du zeigst Mrs. Hudson das Schreiben.

Nachdem sie es gelesen hat, lächelt sie und bringt dich nach oben. „Es freut mich, wenn jemand Mr. Holmes' Sachen benutzt", meint sie. „Es wäre doch dumm von Mr. Mycroft, mich für die Instandhaltung der Räume zu bezahlen, wenn sie fast nie betreten werden. Gelegentlich kommt sein Freund Captain Locke und stöbert in den Büchern, aber nicht oft."

Sie führt dich ins Wohnzimmer, und erstaunt siehst du dich um. Wenn Holmes noch lebte, könnte er hier morgen wieder einziehen. Der Raum sieht noch genau so aus, wie du ihn in Erinnerung hast: Große bequeme Sessel, stabile Arbeits- und Couchtische und all die anderen Dinge, die einem Junggesellen das Leben angenehm machen. Beim Kamin steht ein geräumiges Regal mit Holmes' Büchern und mit seinen großen Aufzeichnungsbüchern, in denen er Notizen und Zeitungsausschnitte gesammelt hat. Es fällt dir auf, daß Mrs. Hudson die Wand neu hat verputzen lassen, die Holmes durch Kugeleinschüsse in Form eines patriotischen „V. R." (d. h. *Victoria Regina* = Königin Viktoria) geschmückt hatte. Ohne Zeit zu verschwenden, setzt du dich und machst dich an die Aufzeichnungen. Mit einiger Anstrengung findest du das System heraus, wie das komplizierte Stichwortregister für die Aufzeichnungsbücher zu verwenden ist, und dann machst du dich daran, die Namen der Leute nachzuschlagen, die in diesen Fall verwickelt sind.

Notiere Hinweis U. Wenn du Sir Terrence nachschlägst, geht es weiter bei **158**. Andernfalls weiter bei **134**.

137

Strickland kritzelt einen Moment auf seinem Stück Papier herum. „Der Nächste, mit dem Sie reden könnten", meint er dann, „ist Mr. John Howard, ein Clubmitglied und früherer Marineoffizier. Möchten Sie ihn sprechen?" Wenn du mit John Howard sprichst, weiter bei **192**. Andernfalls weiter bei **407**.

138

Du siehst McDonald an. „Inspektor", sagst du, „dies beweist, daß Marshall Symingtons Partner war. Da wir wissen, daß er Sir

Terrence' Firmen ein paar von seinen Freunden empfohlen hat, können wir wohl annehmen, daß er auch Sir Terrence' heimlicher Partner war. Am besten verhaften wir ihn sofort." Weiter bei **485**.

139

Du kannst den Mann nicht erkennen und überlegst, was du jetzt tun sollst. Vielleicht hat er mit dem Fall gar nichts zu tun. Aus dem Adreßbuch weißt du, daß in den oberen Stockwerken nur Symington sein Büro hat, also muß dieser Mann auf dem Weg zu ihm sein.

- Wenn du fortgehst und in einer Stunde wiederkommst, weiter bei **265**.
- Wenn du dich versteckst und wartest, bis der Mann wieder geht, weiter bei **165**.
- Wenn du dem Mann nach oben folgst, weiter bei **584**.

140

Du gehst an Bord – gerade in dem Augenblick, als das Boot ablegt. Ein Mann, offenbar der Kapitän, hält dich an der Schulter fest und fragt: „Was soll das, Mister? Das hier ist kein öffentlicher Vergnügungsdampfer." Marshall steht nur ein paar Schritte entfernt und starrt dich ungläubig an. Wenn du dich vom Kapitän losreißt, um Marshall zu packen, weiter bei **145**. Wenn du den Kapitän bittest, Marshall festzuhalten, weiter bei **572**.

141

Watson gratuliert dir und bedankt sich beim Kapitän, während Inspektor McDonald in die Baker Street eilt, um Mycroft Holmes und Captain Locke Bericht zu erstatten. Weiter bei **591**.

7

142

„Wußten Sie, daß sich im Fußboden des Billardzimmers eine Geheimtür befindet?“ fragst du.

„Tatsächlich?“ erwidert Lord Howard. „Nein. Sie machen sich einen Spaß mit mir, nicht wahr? Dies ist ein Londoner Club und kein geheimnisvolles Landhaus. Einen Moment lang hätte ich Ihnen fast geglaubt.“ Die bloße Idee scheint ihn zum Lachen zu reizen. Weiter bei **561**.

143

Du holst tief Luft, atmest wieder aus und siehst Strickland an. Ihr lächelt einander zu. „Ich bin froh, daß Sie mir geholfen haben“, sagst du zu ihm. „Ich weiß, daß es für einen vielbeschäftigten Mann eine große Belastung sein muß, einen Nachmittag lang auf einen Amateurdetektiv aufzupassen.“

„Hoffentlich wird das Ergebnis die Mühe rechtfertigen“, antwortet er. „Ich mag Dr. Watson, und wenn die Indizien auch gegen ihn sprechen, würde ich mich doch freuen, wenn Sie seine Unschuld beweisen könnten.“

Noch einmal dankst du Strickland für seine Hilfe und verläßt den „Drei-Kontinente-Club“, wobei du den Türsteher beim Hinausgehen grüßt. Draußen blickst du dich um. Keine Droschke ist in Sicht, und du beschließt, zu Mycrofts Wohnung zu Fuß zu gehen. Ein Durcheinander von Menschen bevölkert die Straßen, da sich die riesige Stadt anschickt, den Übergang vom Tag zum Abend zu vollziehen. An einer Ecke gegenüber dem Club bemerkst du einen zerlumpt aussehenden Mann mit ein paar Zetteln in der Hand, die er den Vorbeieilenden anbietet. Wähle eine Zahl und zähle deine Instinkt-Punkte hinzu:

- Ist die Summe 2-5, weiter bei **124**.
- Ist die Summe 6-12, weiter bei **251**.

8

144

„Können Sie mir die Ereignisse von gestern abend schildern?" fragst du Howard.

„Natürlich, kann ich das, Sir, natürlich", erwidert er. „Darum geht es ja schließlich, nicht wahr? Wie ich es mitbekommen habe, begann alles beim Kartenspiel; Sir Terrence beleidigte Dr. Watson, und dieser schlug ihn nieder. Diesen Streit habe ich selbst nicht miterlebt, aber danach sah ich Sir Terrence, und er hatte eine Beule direkt zwischen den Augen. Er plauderte mit einigen von uns, nachdem es passiert war, sah dann auf die Uhr, entschuldigte sich und ging nach oben."

„Und wann war das?" fragst du.

„Kurz vor neun. Er benahm sich so auffällig wie jemand, der eine Verabredung hatte, daß selbst ich auf die Zeit achtete. Nachdem er gegangen war, saßen ein paar von uns noch beisammen und redeten, bis Chambers um Hilfe schrie, weil er die Leiche gefunden hatte." Weiter bei **429**.

145

Du versuchst, dem Griff des Kapitäns zu entkommen und dich auf Marshall zu stürzen, aber der Mann ist zu stark. „Was haben Sie vor?" knurrt er und schüttelt dich. „Jonesey und Pete, helft mir, diese Ratte über Bord zu werfen." Zwei kräftige Matrosen ergreifen dich und werfen dich ins Wasser. Weiter bei **317**.

146

Du verlangsamst deinen Schritt. Marshall hat einen deutlichen Vorsprung. Du hättest eine Chance, ihm den Weg abzuschneiden, wenn du sein Ziel voraussehen könntest. Wähle eine Zahl und zähle deine Wissens-Punkte hinzu:

– Ist die Summe 2-5, weiter bei **147**.
– Ist die Summe 6-8, weiter bei **151**.
– Ist die Summe 9-12, weiter bei **173**.

9

147

Du hast keine Ahnung, welches Ziel Marshall haben könnte. Du läufst noch schneller auf die Stelle zu, an der du Marshall zuletzt sahst. Dabei versuchst du, Spuren ausfindig zu machen, die er vielleicht hinterlassen hat. Wähle eine Zahl und zähle deine Beobachtungs-Punkte hinzu:

- Ist die Summe 2-9, weiter bei **114**.
- Ist die Summe 10-12, weiter bei **119**.

148

Du räumst alles auf und achtest darauf, daß du das Zimmer so verläßt, wie du es vorgefunden hast. Dann dankst du Mrs. Hudson für ihre Hilfe, wünschst ihr einen guten Tag und verläßt die Baker Street. Wenn du Entscheidung 22 notiert hast, geht es weiter bei **123**. Andernfalls weiter bei **107**.

149

Du folgst Marshall und achtest dabei darauf, daß er nicht merkt, daß er verfolgt wird. Wo er wohl hingeht? Wähle eine Zahl und zähle deine Schlauheits-Punkte hinzu:

- Ist die Summe 2-7, weiter bei **373**.
- Ist die Summe 8-12, weiter bei **483**.

150

Du überlegst, ob er vielleicht etwas von der Anwesenheit einer dritten Person außer Sir Terrence und Dr. Watson bemerkte. Wenn du Chambers nach Zeichen der Anwesenheit anderer fragst, geht es weiter bei **266**. Wenn du keine Fragen mehr an ihn hast, weiter bei **439**. Andernfalls weiter bei **507**.

151

Da du dich in London gut auskennst, weißt du, daß Marshall Richtung Themse läuft. Du erinnerst dich, daß es in der Nähe einen kleinen Kanal gibt, der in den Fluß mündet. Wahrscheinlich hat Marshall eine Dampfbarkasse bezahlt, damit sie im Notfall dort für ihn bereitsteht. Du kennst den Weg zum nächsten Dock und rennst so schnell du kannst, damit du ihn noch erwischst, bevor sein Boot ablegen kann. Wähle eine Zahl und zähle deine Fitneß-Punkte hinzu:

- Ist die Summe 2-6, weiter bei **120**.
- Ist die Summe 7-12, weiter bei **166**.

152

Du fragst dich, ob dir McDonald noch andere Informationen liefern kann. Ob er wohl etwas Nützliches über den Charakter von Sir Terrence berichten kann? Wenn du McDonald nach Sir Terrence fragst, geht es weiter bei **563**. Andernfalls weiter bei **443**.

153

Die Männer hören aufmerksam zu, als du die Zusammenhänge erklärst. Mycroft und McDonald tauschen einen Blick und nikken dann. „Sie haben etwas herausgefunden", sagt McDonald. „Ich würde nicht sagen, daß Sie Watsons Unschuld bewiesen haben, aber Sie haben Indizien dafür gefunden, daß sich ein anderer Mann im Zimmer versteckt hatte, während Watson sich dort aufhielt. Das gibt mir die Möglichkeit, die Verhaftung Dr. Watsons auszusetzen und weitere Untersuchungsergebnisse abzuwarten." Du seufzt erleichtert auf – deine Recherchen haben wenigstens einen Teilerfolg gebracht. Weiter bei **404**.

154

Du trittst vor die Tür und schaust dir den neuen Tag an: Es ist ein angenehmer, sonniger Morgen – frisch, aber nicht kalt. Du überlegst noch einen Augenblick, was du heute als erstes tun sollttest. Wenn du Entscheidung 17 notiert hast, geht es weiter bei **502**. Andernfalls weiter bei **345**.

155

„Jetzt überlegen Sie mal, so scharf Sie können, Mann", sagst du zu Chambers und lehnst dich vor, „Sie müssen sich daran erinnern, ob der Tisch umgeworfen war!"

Chambers zuckt zurück und schüttelt dann nach einem Moment den Kopf. „Nein, Sir", sagt er, „ich weiß einfach gar nichts von einem Tischchen. Wie soll ich mich an ein Tischchen erinnern, wenn da ein armer Mensch tot am Boden lag? Bitte, Mr. Strickland, erlauben Sie nicht, daß er mir was tut, bloß weil ich mich nicht an den dummen Tisch erinnern kann."

„Nun, nun, Chambers, beruhigen Sie sich", sagt Strickland. „Sie können jetzt gehen. Der Tisch ist gar nicht so wichtig." Strickland wendet sich an dich und sagt:„ Und Ihnen wäre ich dankbar, Sir, wenn Sie mit den Clubmitgliedern nicht so umspringen würden, wie Sie mit dem armen Chambers umgesprungen sind. Ansonsten werde ich Sie vor die Tür setzen lassen. Aber erst, nachdem das Mitglied, das Sie beleidigt haben, Ihnen eine Tracht Prügel verpaßt hat!" Weiter bei **515**.

156

McDonald sieht sich den Zettel kurz an und meint: „Diesen Kode habe ich schon einmal gesehen, und zwar, als Mr. Sherlock Holmes und ich den Birlstone-Mord untersuchten. Die Zahlen beziehen sich auf Worte in einem Dokument oder Buch, aber es gibt keine Möglichkeit, herauszufinden, um welches Buch es sich handelt. Sehr hilfreich ist das nicht, aber immerhin läßt es vermuten, daß Symington mit Dingen zu tun hatte, die er lieber geheimhielt." Weiter bei **484**.

12

157

Mycroft hustet und bricht damit das Schweigen und fragt dich: „Nun, Sir, da Sie jetzt alles erfahren haben, was wir über die Verdächtigen in diesem Fall wissen, was werden Sie im weiteren tun? Schließlich gibt es immer noch einen cleveren Mörder, der frei herumläuft." Du überdenkst deine nächsten Schritte. Wenn du Hinweis I notiert hast, weiter bei **473**. Wenn du Folgerung 14, aber nicht Hinweis I notiert hast, weiter bei **187**. Andernfalls weiter bei **213**.

158

Holmes hat Datenmaterial über Sir Terrence. Es gibt einige Zeitungsausschnitte, die das Fehlschlagen seiner ersten zwei Firmen beschreiben. In einer Randnotiz bemerkt Holmes dazu, daß Sir Terrence einen Partner gehabt haben muß, der das nötige Geld beigesteuert hat. Die Notiz erwähnt aber keinen Namen. Du überlegst, über wen du in den Büchern noch nachlesen könntest. Wenn du den Earl of Waynesborough nachschlägst, weiter bei **331**. Wenn du mit deinen Nachforschungen in der Baker Street fertig bist, weiter bei **148**. Andernfalls weiter bei **465**.

159

„Entschuldigen Sie, Inspektor", sagst du, nachdem du einen Augenblick überlegt hast. „Könnten Sie mir einige Fragen beantworten, bevor ich mit meiner Ermittlung anfange?"

„Sicherlich", antwortet McDonald, „ich gebe Ihnen mit Vergnügen jede mögliche Hilfestellung, Sir. Es würde mich selbst freuen, wenn sich herausstellen würde, daß meine bisherigen Überlegungen falsch waren." Wenn du ihn bittest, den zeitlichen Tathergang genauer zu schildern, geht es weiter bei **418**. Andernfalls weiter bei **456**.

160

„Was sahen Sie, als Sie ins Billardzimmer kamen?“ fragst du Johnson. „Ist Ihnen irgend etwas aufgefallen?“

„Nun“, antwortet er ruhig, „selbst in diesem Club ist ein toter Baronet auf dem Fußboden nichts Alltägliches, und die Leiche lenkte meine Aufmerksamkeit von der Umgebung ab. Als Mr. Strickland und ich hineingelaufen kamen, standen einige Männer um den Billardtisch herum, und Dr. Watson erhob sich gerade, denn er hatte Sir Terrence untersucht. Gerade, als wir dazukamen, sagte er, daß Sir Terrence tot sei.“ Wenn du Hinweis C notiert hast, geht es weiter bei **104**. Andernfalls weiter bei **181**.

161

„Mr. Howard, was sahen Sie, als Chambers schrie und Sie hinaufliefen?“

Howard denkt nur kurz nach und erzählt dann: „Wir alle, die wir uns unterhalten hatten, rannten hinauf und ins Billardzimmer. Als wir hineinkamen, waren Sullivan und Grant schon dort. Sie standen, und Watson kniete über der Leiche – wahrscheinlich um festzustellen, ob Sir Terrence wirklich tot war. Er hatte die anderen gebeten, zurückzutreten, damit keine Spuren verwischt würden, und Sullivan war so weit zurückgetreten, daß er wohl einen kleinen Tisch umgeworfen hatte, der auf halbem Weg im Zimmer stand. Jedenfalls lag der Tisch auf der Seite, und Sullivan stand dicht daneben. Ich behielt dann Watson im Auge, weil ich nicht sicher war, ob er tatsächlich Spuren sichern oder nicht vielmehr uns fernhalten wollte, um seine eigenen Spuren zu verwischen.“

Wenn du fragst, mit wem er sich unten unterhalten hatte, weiter bei **299**. Andernfalls weiter bei **190**.

162

Unter dem Billardtisch findest du eine geschickt im Fußboden versteckte Geheimtür und machst Strickland darauf aufmerksam. Er macht ein verblüfftes Gesicht und fragt dann: „Wollen Sie etwa Ihre Zeit damit vergeuden, sie aufzumachen und nachzuschauen, wohin sie führt?“ Notiere Hinweis G. Wenn du durch die Falltür gehst, weiter bei **126**. Andernfalls weiter bei **336**.

163

Du holst tief Luft und fragst dich, ob dies jetzt wirklich die richtige Entscheidung ist, dann stehst du auf und zeigst direkt auf Marshall. Er bleibt stehen und schaut fragend zu dir. Schließlich sagst du: „Christopher Marshall, Sie haben gestern abend Sir Terrence ermordet. Das ist der einzige Grund, den Sie gehabt haben können, in dieser Angelegenheit zu lügen.“

Marshall erbleicht und starrt dich an. Die Anschuldigung ist offenbar das letzte, womit er gerechnet hat. Wähle eine Zahl und zähle deine Kommunikations-Punkte hinzu:

- Ist die Summe 2-10, weiter bei **355**.
- Ist die Summe 11-12, weiter bei **576**.

164

Du zündest noch ein Streichholz an und untersuchst das Regal genau. Es schwingt auf wie eine Tür, und du siehst einen Tunnel, der hinunter führt. Du folgst ihm und stellst fest, daß er in einem Schuppen im Hinterhof endet. Eine Tür auf der Rückseite des Schuppens führt direkt auf die Straße hinter dem Haus. Notiere Hinweis Y. Weiter bei **323**.

165

An einem lebhaften Werktagvormittag gibt es in einer verkehrsreichen Londoner Straße nicht viele Möglichkeiten, sich zu verstecken. Schließlich nimmst du eine Zeitung und lehnst dich an ein Gebäude. Du versuchst, dein Gesicht hinter der Zeitung zu verstecken und gleichzeitig aufzupassen, ob Symingtons Besucher das Haus wieder verläßt. Wähle eine Zahl und zähle deine Schlauheits-Punkte hinzu:

- Ist die Summe 2-7, weiter bei **316**.
- Ist die Summe 8-12, weiter bei **342**.

166

Als du zum Dock kommst, siehst du Marshall, der gerade aus einer anderen Straße gerannt kommt und auf ein wartendes Boot springt. Sofort beginnt die Mannschaft, die Leinen loszumachen. Das Boot ist offensichtlich startbereit. Wie kannst du Marshall fangen? Wenn du hinter ihm auf das Boot läufst, geht es weiter bei **140**. Wenn du zusiehst, wie das Boot ablegt, weiter bei **468**.

167

„Danke, daß Sie sich die Zeit nehmen", sagst du zu Johnson. „Können Sie mir etwas über den Streit gestern abend im Spielzimmer sagen – ich meine den zwischen Dr. Watson und Sir Terrence Milton?"

„Es gab zwar einen Streit", antwortet er ruhig, „aber ich weiß nichts darüber. Die Mitglieder dieses Clubs sind sehr temperamentvoll, und wenn es beim Kartenspiel zu Handgreiflichkeiten kommt, ist das kaum der Rede wert." Weiter bei **397**.

168

Du mußt immerzu daran denken, wie seltsam dich die Räume in der Baker Street berührt haben. Es gibt nur eine logische Antwort, aber die scheint unmöglich. Die Berichte über Sherlock Holmes' Tod waren klar und eindeutig, aber plötzlich kommt dir der Gedanke, daß der große Detektiv vielleicht noch am Leben ist. Das wäre der einzig vernünftige Grund für seinen Bruder, die Wohnung in der Baker Street zu behalten. Wenn du fragst, ob Sherlock noch lebt, weiter bei **237**. Andernfalls weiter bei **244**.

169

Du kannst das Gesicht des Mannes nicht sehen und überlegst dir, wohin er geht und was er vorhat. Er biegt in eine Gasse ein, und du läufst schneller, um ihn einzuholen. Als du zu der Gasse kommst, ist er verschwunden. Die Gasse wird von der nackten Rückwand eines Gebäudes auf der einen und einem hohen Zaun auf der anderen Seite gebildet. Wähle eine Zahl und zähle deine Beobachtungs-Punkte hinzu:
– Ist die Summe 2-7, weiter bei **233**.
– Ist die Summe 8-9, weiter bei **466**.
– Ist die Summe 10-12, weiter bei **490**.

170

Beiläufig blätterst du eines oder zwei der Aufzeichnungsbücher durch. Erstaunlich, wie viele Informationen Sherlock Holmes im Lauf der Jahre angesammelt hat! Sowohl die Materialmenge als auch das breite Spektrum der erwähnten Gegenstände und Fälle erklären den großen Erfolg, den der größte Privatdetektiv der Welt genießen konnte. Neben Ereignissen in England findest du auch Berichte über Vorfälle in Amerika wie zum Beispiel die Borden-Morde in Massachusetts oder den Tod der Dalton-Bande in Kansas, sowie Verbrechen von allen anderen Kontinenten. Wähle eine Zahl und zähle deine Wissens-Punkte hinzu:
– Ist die Summe 2-7, weiter bei **148**.
– Ist die Summe 8-12, weiter bei **476**.

171

Als der Inspektor die Scherben der Büste von Symingtons eingeschlagenem Schädel fortnimmt, bemerkst du plötzlich etwas. „Warten Sie, Inspektor!" sagst du aufgeregt, beugst dich über den Toten und zeigst auf eine Stelle in der Fleischwunde, die teilweise von Gipsstaub verdeckt ist. „Sieht das nicht wie ein Einschuß aus?"

McDonald schaut genauer hin und nickt grimmig. „Ja, junger Mann", erwidert er. „Der Arme wurde erschossen, und dann hat man ihm die Büste über den Schädel geschlagen, um den Einschuß verschwinden zu lassen. In den Hinterkopf geschossen – ein kaltblütiger Mord." Notiere Folgerung 21. Weiter bei **353**.

172

„Um zu verstehen, warum Sir Terrence getötet wurde", erklärst du, „muß ich wissen, was für ein Mensch er war. Könnten Sie mir sagen, was Sie von ihm wissen?"

„Sir Terrence war ein durchaus angenehmer Mensch", antwortet Howard. „Wenn er allerdings erregt war, konnte er eine sehr böse Zunge haben. Aber er war ein guter Clubkamerad – immer zu einem kleinen Schwatz oder einer Runde Whist aufgelegt."

„Standen Sie in geschäftlicher Verbindung mit ihm?"

„Nein, nein", erwidert er, „das wäre nicht klug gewesen. Wenn er eine Firma betrieb, die groß genug war, daß sich eine Beteiligung gelohnt hätte, dann führte er sie so schlecht, daß kein vernünftiger Mensch dabei sein Geld hätte riskieren wollen."

„Er war also ein schlechter Geschäftsmann?"

„Ja, zumindest hoffe ich das. Denn wenn nicht, dann war er ein Betrüger. Es gab Gerüchte über ihn, aber etwas Sicheres wußte man nie. Ich mochte seine Kameradschaftlichkeit, aber

4

ich vermied es, bei ihm Geld aufs Spiel zu setzen." Wähle eine Zahl und zähle deine Instinkt-Punkte hinzu:
- Ist die Summe 2-6, weiter bei **128**.
- Ist die Summe 7-12, weiter bei **267**.

173

Da du dich in London gut auskennst, weißt du, daß Marshall Richtung Themse läuft. Du erinnerst dich, daß es in der Nähe einen kleinen Kanal gibt, der in den Fluß mündet. Vielleicht hat Marshall eine Dampfbarkasse bezahlt, damit sie in genau so einem Notfall dort für ihn bereitsteht. Du kennst den Weg zum nächsten Dock und erinnerst dich, daß der Kanal unter einer Fußgängerbrücke hindurchführt, bevor er die Themse erreicht. Du läufst los und mußt entscheiden, wohin. Wenn du versuchst, Marshall beim Boot abzufangen, geht es weiter bei **178**. Wenn du zur Brücke läufst, weiter bei **509**.

174

Du nickst dem Polizisten und dem Ladenbesitzer zu und folgst dem Mann, der Symington besucht hat. Du mußt dich beeilen, um ihn im Auge zu behalten, aber andererseits darfst du seine Aufmerksamkeit nicht auf dich ziehen. Wähle eine Zahl und zähle deine Schlauheits-Punkte hinzu:
- Ist die Summe 2-8, weiter bei **169**.
- Ist die Summe 9-12, weiter bei **424**.

175

„Es tut mir leid, wenn ich beleidigend war", sagst du behutsam. „Könnten Sie mir berichten, was Sie zur Mordzeit sahen und hörten?"

„Ich kann Ihnen wirklich nichts Brauchbares erzählen", antwortet er steif. „Ich unterhielt mich hier unten mit einigen Herren, bis der Diener anfing, Zeter und Mordio zu schreien. Natürlich rannten wir hinauf, und da lag der Arme. Dr. Watson sagte, er sei tot. Es gibt sonst wirklich nichts, was ich Ihnen sagen könnte." Es ist offensichtlich, daß der Captain wütend auf dich ist, so daß es keinen Sinn mehr zu haben scheint, ihn nach weiteren Einzelheiten zu fragen. Oder kannst du doch noch etwas von ihm erfahren? Wenn du Hinweis G notiert hast, geht es weiter bei **368**. Andernfalls weiter bei **436**.

176

Du kommst in den „Drei-Kontinente-Club", der in einer Querstraße der Pall Mall angesiedelt ist. Deine Kenntnisse über die Stadt bringen dich zu dem Schluß, daß das Haus einstmals die Londoner Residenz eines Adligen gewesen sein muß, die dann wohl an den Club verkauft wurde, als die ererbten Vermögen mit den modernen Lebenshaltungskosten nicht mehr Schritt halten konnten. Als du an der Tür dein Schreiben von Inspektor McDonald vorweist, bringt dich ein Diener ins Büro von John Strickland, dem Vorsitzenden des Clubs.

„Wie ich sehe, sind Sie hergekommen, um diese unselige Affäre von gestern abend zu untersuchen", sagt er, und du merkst, daß er nicht allzu begeistert darüber ist. „Nun, ich hoffe, damit wird die Geschichte endlich erledigt sein. Ich werde den Butler bitten, die Leute zu holen, die gestern abend hier waren, damit Sie mit ihnen sprechen können. Inzwischen werde ich mit Ihnen ins Billardzimmer hinaufgehen, wo Sie sich den Tatort anschauen können. Warum Sie allerdings glauben, etwas finden zu können, das der Polizei entgangen ist, das entzieht sich meiner Kenntnis." Nach ein paar Worten zu einem Diener führt Strickland dich über eine Hintertreppe in einen kleinen Flur hinauf, der auf jeder Seite zwei oder drei Türen aufweist. Er erklärt dir, daß nur das Billardzimmer, ein kleines Arbeitszimmer und der Waschraum in der Ecke benutzt werden. Vor dem Billardzimmer steht ein Wachtmeister, aber als

der Vorsitzende ihm McDonalds Brief zeigt, läßt er euch hinein.

Du betrittst das Billardzimmer und siehst dich um. (Du kannst dir den Grundriß dieses Raumes in Station **205** jederzeit anschauen.) Es ist ein gemütlicher Aufenthaltsraum. Der große offene Kamin ist von Sesseln flankiert; diagonal in der Mitte des Zimmers steht ein Sofa. Vorhänge, die von der Decke bis zum Fußboden reichen, verbergen drei Fenster an der Längsseite des Zimmers gegenüber der Tür. In einer Ecke steht der Billardtisch, umgeben von Queue-Haltern und anderem Zubehör. Ein Queue liegt quer über dem Tisch, aber die Kugeln ruhen ordentlich in dem Triangel und machen nicht den

Eindruck, als habe kürzlich jemand gespielt. Wenn du Hinweis C notiert hast, geht es weiter bei **273**. Andernfalls weiter bei **245**.

177

Du untersuchst die Leiche. Dieser merkwürdige Unfall macht dich mißtrauisch. Es ist schon ein grausamer Zufall, daß ein Mann, dessen Namen du im Zusammenhang mit deiner Ermittlung gehört hast, so plötzlich ums Leben gekommen ist. Wähle eine Zahl und zähle deine Beobachtungs-Punkte hinzu:

- Ist die Summe 2-5, weiter bei **288**.
- Ist die Summe 6-12, weiter bei **188**.

178

Schnell läufst du zum Dock, wo du Marshall zu erwischen hoffst. Wähle eine Zahl und zähle deine Fitneß-Punkte hinzu:

- Ist die Summe 2-6, weiter bei **120**.
- Ist die Summe 7-12, weiter bei **166**.

179

Als du Symingtons Namen im Register siehst, schöpfst du Hoffnung, aber in den Büchern findest du nur einen kleinen Zeitungsausschnitt. Ein kurzer Abschnitt beschreibt die erste Firma, die von Symington gegründet worden war. Daneben steht folgende Randbemerkung: „Firma verdächtig. Bisher kein gesetzeswidriges Verhalten, keine Beweise." Du stellst das Buch ins Regal zurück. Weiter bei **458**.

180

Als du mit deinen Erklärungen fertig bist, schüttelt Locke den Kopf. „Sie haben kein Motiv nachgewiesen", sagt er. „Ich habe Zweifel, ob die Geschworenen ihn auf der Basis dieser Indizien verurteilen würden. Was Sie herausgebracht haben, genügt nicht." Wenn du noch einmal von vorne anfängst, geht es weiter bei der **Einleitung**. Wenn du eine Erklärung des Falles hören willst, weiter bei **499**.

181

Du bist der Meinung, daß dir der Butler alles gesagt hat, was er weiß. Du dankst ihm für die Beantwortung deiner Fragen und wünschst ihm einen guten Tag. Weiter bei **447**.

182

Erfreut schnippst du mit den Fingern, als du dich erinnerst, wie diese Art von Kode funktioniert. Es muß ein Schriftstück geben, das den Schlüssel zu dieser Botschaft enthält. Wenn man die Worte des Schriftstücks durchnumeriert, entspricht jede Zahl in der kodierten Botschaft einem Wort. Und das Schriftstück, das am wahrscheinlichsten als Schlüssel fungieren könnte, ist der Werbe-Handzettel für Sir Terrence' Gesellschaft. (Du kannst dir diesen Handzettel in Station **204** ansehen.) Das würde erklären, warum Sir Terrence immer eine Kopie davon bei sich trug. Weiter bei **479**.

183

„Käpt'n! Käpt'n!" schreist du zum Boot hinunter. „Sofort anhalten!"

Der bullige Kapitän der Barkasse schaut erstaunt zu dir hinauf. „Warum denn?" fragt er herausfordernd.

„Der Mann da ist ein Mörder!" sagst du. „Die Polizei versucht verzweifelt, ihn zu erwischen." Marshall schüttelt heftig den Kopf und fängt an, auf den Kapitän einzureden. Wähle eine Zahl und zähle deine Kommunikations-Punkte hinzu:

- Ist die Summe 2-6, weiter bei **577**.
- Ist die Summe 7-12, weiter bei **587**.

184

Du überlegst dir weitere Fragen an Sir George. Wann wirst du einmal eine wirklich nützliche Information in diesem Fall bekommen? Wenn du Hinweis C notiert hast, weiter bei **230**. Wenn du Grants Befragung beendest, weiter bei **333**. Andernfalls weiter bei **351**.

185

Du balancierst auf dem Brückengeländer und versuchst, den richtigen Moment abzupassen und auf die Barkasse hinunterzuspringen, wenn sie unter der Brücke hindurchfährt. Wähle eine Zahl und zähle deine Fitneß-Punkte hinzu:

- Ist die Summe 2-5, weiter bei **317**.
- Ist die Summe 6-12, weiter bei **191**.

186

„Zur Polizei haben Sie gesagt, daß Dr. Watson Punkt neun Uhr ins Billardzimmer hinaufging“, sagst du, und der Butler nickt. „Wie kommt es, daß Sie eine so präzise Angabe machen können?“

Der Butler zuckt kurz mit den Schultern. „Nachdem die Leiche gefunden worden war, konnte ich mich gut daran erinnern“, erwidert er. „Der Doktor war zu mir gekommen und hatte mich um einen guten starken Brandy gebeten, da er sich ein wenig beruhigen müsse, und er erwähnte auch den Streit mit Sir Terrence. Als ich ihm den Brandy brachte, sagte er, er würde ins Billardzimmer gehen und die Zeitung lesen, um ein bißchen zur Ruhe zu kommen. Er ließ die Flurtür offen, und ich sah ihn genau in dem Augenblick die Treppe hinaufgehen, als die Uhr im Rauchzimmer zur vollen Stunde schlug. Wir achten darauf, daß diese Uhr immer pünktlich geht. Das hat heute morgen auch der Inspektor überprüft, nachdem er mit mir gesprochen hatte.“ Weiter bei **260**.

187

Mit einem tiefen Seufzer und müde von dem langen Tag versuchst du, dir weitere Informationsquellen für deine Recherchen einfallen zu lassen. Wähle eine Zahl und zähle deine Instinkt-Punkte hinzu:

- Ist die Summe 2-7, weiter bei **542**.
- Ist die Summe 8-12, weiter bei **248**.

188

Bei der Untersuchung der Leiche findest du heraus, daß die durch die Büste verursachte Wunde einen Einschuß verbirgt. Symington ist in den Hinterkopf geschossen worden. Du versuchst, zu entscheiden, was du jetzt tun sollst. Notiere Entscheidung 21. Wenn du sofort die Polizei holst, weiter bei **391**. Wenn du das Büro durchsuchst, weiter bei **428**.

189

Sorgfältig erläuterst du dein Beweismaterial und hoffst, daß es Mycroft und McDonald ebenso überzeugt wie dich selbst. „Sehen Sie“, faßt du zusammen, „der Straßenverkäufer sah einen Mann, der sich zwischen den Vorhängen und dem Fenster versteckte, und ich habe festgestellt, daß er dort vom Zimmer aus nicht hätte gesehen werden können. Der Mann stand die ganze Zeit dort, während Watson im Zimmer war. Es ist klar, daß er der Mörder sein muß. Er hat Sir Terrence getötet, und bevor er das Zimmer verlassen konnte, hörte er Watson den Flur entlang kommen und mußte sich deshalb verstecken.“

Mycroft nickt heftig, sichtlich erfreut. „Ihr Ermittlungsergebnis erleichtert mich sehr“, meint er. „Ich fürchtete schon, Inspektor McDonald würde Watson heute abend festnehmen. Jetzt sieht es ganz so aus, als sei Watson unschuldig und der Mann im Versteck der Mörder.“ Notiere Folgerung 10. Weiter bei **404**.

12

190

Du denkst scharf nach, welche Fragen du Howard noch stellen könntest. Wenn du Hinweis G notiert hast, weiter bei **510**. Andernfalls weiter bei **129**.

191

Du landest an Bord der Barkasse, wenn auch nicht gerade elegant. Während Marshall dich erschrocken anstarrt, packt dich ein bulliger Mann und stellt dich grob wieder auf die Füße. „Was soll das?“ schreit er dich an. „Ich habe keine Zeit für solchen Unsinn. Ich sollte Sie über Bord werfen!“ Du mußt sofort entscheiden, was du tun willst. Wenn du versuchst, dich loszureißen, um Marshall dingfest zu machen, weiter bei **145**. Wenn du den Kapitän bittest, Marshall festzuhalten, weiter bei **572**.

192

John Howard kommt herein. Er ist ein großer Mann mit hartem Gesicht, der seit seinen Marinetagen fett geworden ist. Aber trotz seines Gewichtes bewegt er sich voller Leichtigkeit, und seine scharfen Augen lassen vermuten, daß sein Verstand nicht unter einer zügellosen Lebensführung gelitten hat.

„Danke, daß Sie auf mich gewartet haben“, beginnst du zu sprechen. „Ich weiß, daß Sie sehr beschäftigt sind, Mr. Howard.“

„Ich habe genügend Zeit, meinen Verpflichtungen gegenüber Mr. Strickland nachzukommen“, erwidert er, „obwohl doch wohl alles eine ziemliche Zeitverschwendung ist. Wie man hört, deuten alle Indizien auf John Watson.“ Du überlegst, auf welche Aspekte des Falles er wohl ein neues Licht werfen könnte. Wenn du ihn nach seiner Meinung über Sir Terrence fragst, weiter bei **172**. Andernfalls weiter bei **128**.

4

193

Symington sieht dich zögernd an. „Wenn ich es Ihnen erzähle, versprechen Sie mir, es nicht weiterzusagen?“ Du nickst zustimmend.

Symington überlegt noch eine Weile und sagt schließlich: „Nun gut. Es gibt einen Mann namens Christopher Marshall, der sowohl mich als auch Sir Terrence unterstützte. Er lieh mir Geld, und ich zahlte es ihm zehnfach zurück. Er pflegte auch einigen seiner Freunde zu raten, ihr Geld bei uns zu investieren. Er wollte nicht auf mich hören, als ich ihm sagte, Sir Terrence sei ein zu großer Narr, als daß man ihm trauen könne. Es ist für uns beide von Vorteil, daß Sir Terrence ermordet wurde, bevor er zuviel reden konnte.“ Notiere Folgerung 27. Weiter bei **438**.

194

Du zermarterst dein Gehirn auf der Suche nach einer Methode, wie du Chambers' Gedächtnis auf die Sprünge helfen und beweisen könntest, daß das Tischchen umgestoßen war. Wähle eine Zahl und zähle deine Instinkt-Punkte hinzu:

- Ist die Summe 2-6, weiter bei **500**.
- Ist die Summe 7-12, weiter bei **578**.

195

Locke sieht dich und McDonald mit seinen grauen Augen scharf an. „Meine Herren, Sie müssen Marshall sofort verhaften. McDonald, Sie und unser junger Freund sollten am Morgen zu seinem Haus gehen. Ich wünsche Ihnen viel Erfolg.“

Es ist kaum sieben Uhr am nächsten Morgen, als McDonald an deiner Tür klopft. Du bist schon angezogen und bereit, und ihr macht euch auf den Weg in den Westen der Stadt zu Marshalls Haus. Weiter bei **338**.

196

Mit McDonald fährst du in einer Droschke in die Pall Mall, um über euren Mißerfolg zu berichten. Wäre die Strecke doch hundert Meilen lang statt nur zwei! Als ihr die Treppen zu Mycrofts Wohnung hinaufgestiegen seid und geklopft habt, öffnet euch Mycroft seufzend die Tür. „Er ist also entkommen“, sagt er. „Nun, treten Sie ein und erzählen Sie, wie der Schuft es fertiggebracht hat. Ich hätte ihn lieber geständig und hinter Gittern gesehen, um ganz sicher zu sein, daß Watson keine Gefahr mehr droht. Aber vielleicht fängt ihn ja noch die Polizei, wenn er versucht, das Land zu verlassen.“

Langsam und verlegen wegen eures Fehlschlags erläuterst du, wie Marshall entwischt ist. Wenn du Entscheidung 26 notiert hast, geht es weiter bei **199**. Andernfalls weiter bei **202**.

197

„Wußten Sie, daß es im Billardzimmer eine Geheimtür gibt?“ fragst du Lewis.

Einen Augenblick lang sitzt er da wie vom Donner gerührt, dann schüttelt er sich und lächelt. „Großer Gott“, sagt er, „es ist doch was Wahres dran an den Geschichten, die man über euch Detektive hört. Jetzt entdecken Sie doch tatsächlich diese Geheimtür! Ich hatte zwanzig Jahre lang nicht mehr an sie gedacht. Als ich noch ein Junge war, brachte mein Vater mich hierher, wenn er den Earl of Waynesborough besuchte, und Lord Grayson und ich spielten hier oft und benutzten die Tür dabei. Ich glaube, heute würde ich sie selbst nicht mehr finden.“ Notiere die Folgerungen 7 und 29. Weiter bei **311**.

198

Die Polizisten klopfen an die Tür – keine Reaktion. Nach ein paar Minuten bricht McDonald die Hintertür auf und durchsucht das Haus. Kopfschüttelnd kommt er wieder heraus. „Der

Vogel ist ausgeflogen", meint er. „Er muß Verdacht geschöpft haben, daß wir ihm auf die Schliche gekommen sind, und unverzüglich getürmt sein. So wie es drinnen aussieht, hat er nur das Allernötigste und sein verfügbares Bargeld mitgenommen." Weiter bei **196**.

199

Locke hört sich deine Erklärung an und schüttelt dann bedauernd den Kopf. „Der Fuchs war also nicht mehr in seinem Bau, als Sie hinkamen", sagt er. „Ich frage mich, warum er geflohen ist." Er überlegt einen Augenblick und fragt dich dann: „Haben Sie bei Ihrer Durchsuchung darauf geachtet, alles in seinem Haus so zurückzulassen, wie Sie es vorgefunden hatten?"

Du schüttelst den Kopf. „Nein, Sir", antwortest du. „Ich wollte nicht riskieren, daß Marshall mich in seinem Haus findet. Er muß meine Durchsuchung bemerkt haben und sofort geflohen sein."

Locke nickt. „Wenn man seine Ermittlung auf eine oder zwei Personen zugespitzt hat, darf man sie nicht merken lassen, daß man sie verdächtigt. Veranlassen Sie nie einen Menschen zur Flucht, wenn Sie nicht schon das Fangnetz für ihn ausgespannt haben. Das nächste Mal werden Sie diesen Fehler nicht mehr machen." Dieser Fall ist für dich zu Ende.

200

Du reißt die Tür auf und stürzt ins Zimmer. Marshall dreht sich zu dir um; Symington wirft sich auf den Fußboden. Marshalls Pistole ist auf dich gerichtet; du machst einen verzweifelten Sprung auf die Seite, um aus der Schußlinie zu kommen. Bevor du dir überlegen kannst, wie du ihn am besten unschädlich machst, ist Marshall zur Tür hinausgerannt. Du hörst seine Schritte die Treppe hinunterpoltern.

6

„Gott sei Dank sind Sie gekommen!" stöhnt Symington und steht auf. „Sonst hätte er mich erschossen." Weiter bei **546**.

201

Du erinnerst dich, daß deine zwei Gesprächspartner einen Mann namens Symington als möglichen Mörder erwähnt, dann aber wieder von dieser Vermutung abgelassen hatten. Wenn du sie nach weiteren Informationen über Symington fragst, geht es weiter bei **579**. Andernfalls weiter bei **445**.

202

McDonald erklärt, daß Marshall durch den geheimen Tunnel aus seinem Haus entkommen ist. „Dann hatte er diese Barkasse, die mit laufenden Maschinen auf ihn wartete, Captain. Wir waren einfach nicht schnell genug, ihn abzufangen."

Locke nickt. „Marshall ist ein schlauer Fuchs", gibt er zu. „Ich hätte Ihnen sagen sollen, daß er eine Vorliebe für geheime Tunnel und Ausgänge hat. Über das Thema hat er eine Abhandlung geschrieben. Nun, Sie werden denselben Fehler nicht noch einmal machen. Ihr nächster Fall wird ein noch größerer Erfolg werden." Während ihr mit Mycroft eine kleine Mahlzeit einnehmt, gehen dir ständig diese Zauberworte durch den Kopf – dein „nächster Fall". Welche Abenteuer werden dich da erwarten? Dieser Fall aber ist zu Ende.

203

Sullivan ist ein hochgewachsener, breit gebauter Mann und macht einen aufmerksamen, scharfäugigen Eindruck. Höflich nimmt er es zur Kenntnis, als Strickland dich ihm vorstellt, und lehnt sich dann in Erwartung deiner Fragen zurück.

„Ich hätte gerne, daß Sie mir sagen, was gestern abend passierte", sagst du zu Sullivan. „Lassen Sie sich Zeit und erzählen Sie mir alles, was Sie sahen und hörten."

Sullivan lächelt. „Ich hörte, daß ich einen Großteil der Aufregung verpaßt habe, als Watson und Sir Terrence unten einen sauberen Streit ausfochten. Doch ich bemerkte von all dem gar nichts, bis Chambers zu schreien anfing. Wie Sie sicherlich wissen, spielte ich mit Sir George Grant Schach, und wir rannten beide hinaus in den Flur und folgten Chambers ins Billardzimmer. Chambers zeigte auf die Stelle, wo Sir Terrence lag, und wir standen herum und sprachen darüber, was passiert sein konnte, besonders, nachdem die anderen Mitglieder dazugekommen waren. Als ich hereinkam, blickte ich mich um, aber ich sah niemanden, der Milton getötet haben konnte."

Wenn du fragst, was Watson nach dem Alarm tat, weiter bei **314**. Wenn du keine Fragen mehr an Sullivan hast, weiter bei **448**. Andernfalls weiter bei **337**.

204

Die Goldminengesellschaft Elfenbeinküste

Die Goldminengesellschaft Elfenbeinküste ist das vielversprechendste Spekulationsobjekt, das der Öffentlichkeit in letzter Zeit angeboten wurde. Der legendäre Reichtum der Elfenbeinküste, Experten seit tausend Jahren bekannt, kann nun wieder ausgebeutet werden. Für einige Investoren besteht die Möglichkeit, an diesem Reichtum Anteil zu haben – für Männer, die willens sind, sich vorzuwagen und das Risiko auf sich zu nehmen, ein Vermögen zu gewinnen. Diejenigen dagegen, die sich feige abwenden, stillschweigen und zaghaft bleiben, wenn der Ruf der Stunde Mut verlangt, werden es nie zu wahrer Größe bringen.

Die wagemutigsten Männer Europas reisten ursprünglich an die Elfenbeinküste, um Goldgeschäfte zu machen. Das mit dem Sklavenhandel leichtverdiente Geld lenkte sie dann davon ab, die Minen wirklich aufzuspüren. Durch das Studium der ältesten Dokumente wurde die Lage der Minen nun ausfindig gemacht. Die Entdeckung wurde von den eingeborenen Geschichtenerzählern der ortsansässigen Stämme bestätigt – Männer, die die Geschichte ihres Volkes lebendig halten, indem sie weitererzählen, was seit Hunderten von Jahren vom Vater auf den Sohn überliefert wurde.

Kommt, Ihr Söhne Englands, nehmt Euren Mut zusammen und stellt Euch der neuen Herausforderung! Wir, die Geschäftsführer der Gesellschaft, wissen, daß jeder echte Mann, der bis hierher gelesen hat, mehr als bereit sein wird, sein Geld mit uns in diesem Wagnis zu riskieren. Schließt Euch uns an!

Vereinbaren Sie ein Treffen mit uns, damit wir Ihnen die Einzelheiten dieses Unternehmens erklären können. Eine Gelegenheit wie diese bekommen Sie nur einmal im Leben.

Sir Terrence Milton, Vorsitzender
Mr. Robert Cotton, Sekretär

205

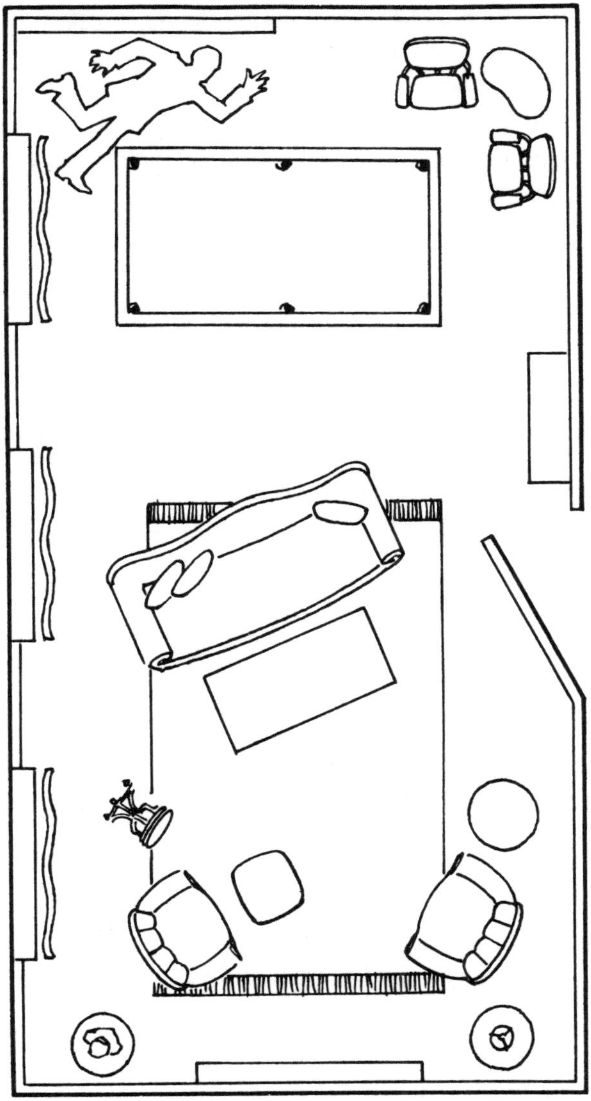

9

206

„Sie sagen, Watson hat den Raum verlassen?“ fragst du Marshall. „Das ist merkwürdig. Jemand sagte mir, Sie hätten ihn hinausgebracht.“

Marshall lächelt. „Oh ihr Detektive“, sagt er scherzhaft, „ihr stürzt euch aber auch auf jeden winzigen Unterschied zwischen zwei Zeugenaussagen. Ich vergewisserte mich, daß Watson sicher aus dem Zimmer gekommen war, kam dann zurück und plauderte mit den anderen, bis Chambers wegen des Toten zu brüllen begann.“ Notiere Hinweis M. Wenn du Hinweis O notiert hast, weiter bei **503**. Andernfalls weiter bei **308**.

207

Was dachte Strickland wohl über Sir Terrence? Wenn du ihn nach seiner Meinung fragst, geht es weiter bei **472**. Wenn du seine Befragung beendest, weiter bei **228**.

208

Trotz seiner Anstrengungen gelingt es dir, Marshall in Sichtweite zu behalten. Er läuft zu einem kleinen Kanal bei der Themse und springt auf eine wartende Dampfbarkasse. Die Matrosen machen sofort die Leinen los – offenbar wollen sie gleich ablegen. Was sollst du tun? Wenn du das Boot ablegen läßt, geht es weiter bei **468**. Willst du ebenfalls an Bord springen, weiter bei **140**.

209

9	9:00								
238	214	108	MICH	26	126	74	231	70	19
104	118	207	142	SICHER	52	153	GENUG		

7

210

„Bitte erinnern Sie sich daran, wie es war, als Sie im Zimmer saßen", sagst du zu Watson. „Haben Sie ein umgestürztes Tischchen bemerkt?"

„Ein Tischchen?" fragt er zurück. „Nein, ich kann nicht sagen, daß ich mich an so etwas erinnere. Wenn es mir aufgefallen wäre, hätte ich es aufgehoben. Man kann doch in seinem Club kein umgestürztes Mobiliar herumliegen lassen." Weiter bei **332**.

211

„Wie hat Watson auf all das reagiert?" fragst du. „Schien er sich normal zu verhalten?"

„Kommen Sie, Sir", antwortet Grant. „Niemand verhält sich normal, wenn ein Ermordeter auf dem Boden liegt. Watson machte einen schockierten Eindruck. Er sagte, er habe sich eine halbe Stunde lang in dem Raum aufgehalten, und er könne nicht verstehen, wie Sir Terrence dort hingekommen sei. Nachdem er den Toten untersucht hatte, schien er sich aber etwas beruhigt zu haben. Ich glaube, wenn man seine beruflichen Pflichten ausübt, fällt es einem in einer Krisensituation leichter, sein inneres Gleichgewicht zu bewahren. Watson stellte fest, daß Milton schon seit einer Weile tot sei und daß er schon dort gelegen haben müsse, als er ins Zimmer kam."

„Glaubten Sie ihm?" fragst du.

„Ich wußte nicht, was ich glauben sollte", erwidert er. „Ich fragte John, ob er es getan habe, und er sagte nein. Er war natürlich sehr empört, allein schon über den Gedanken." Weiter bei **132**.

11

212

Du betrachtest den schönen Holzfußboden des Zimmers sehr sorgfältig und suchst überall nach einer Geheimtür. Diese Aufgabe wird durch die kleinen bunten Teppiche erschwert, die verstreut überall im Zimmer liegen. Wähle eine Zahl und zähle deine Beobachtungs-Punkte hinzu:

- Ist die Summe 2–8, weiter bei **326**.
- Ist die Summe 9–12, weiter bei **162**.

213

„Die Sache mit dem Zettel ist schön und gut", sagt Mycroft, „aber verrät sie uns irgend etwas Wichtiges über den Fall?"

„Das kann ich nicht gerade behaupten", erwidert McDonald. „Was Sie angeht, ist es sogar noch schlimmer."

„Wie meinen Sie das?" fragt Mycroft.

„Nun, offensichtlich könnte dieser Zettel Dr. Watson direkt belasten", sagt McDonald. „Diese Sorte Kode habe ich kennengelernt, als ich mit Ihrem Bruder den Birlstone-Fall bearbeitete. Es liegt nahe, daß auch Watson ihn von damals kennt. Wenn der Zettel eine Verabredung für Sir Terrence ist, wer könnte ihn eher geschrieben haben als ein Mann, der direkt nach Sir Terrence ins Billardzimmer hinaufging? In diesem Fall hätte er die Verabredung eingehalten und dann Sir Terrence ermordet." Weiter bei **247**.

214

Der Earl scheint über den Fall nachzudenken und schüttelt dann den Kopf. „Ich möchte in dieser Angelegenheit keine Spekulationen anstellen. Ich weiß, daß einige ihn nicht mochten, aber ich wüßte nicht, daß ihn jemand so haßte, daß er ihn umbringen würde."

„Könnten Sie die Namen einiger seiner Feinde nennen?" drängst du.

„Nein, ich denke, das sollte ich nicht", antwortet er. „Ich habe keine Beweise, und ich weiß, daß auch ich es heftig ablehnen würde, wenn mich jemand als potentiellen Mörder hinstellte. Ich denke, ich habe genug gesagt." Weiter bei **441**.

215

„Sie haben also kein Geld bei Sir Terrence investiert", fährst du fort. „Wissen Sie, ob andere Clubmitglieder Ihre Ansichten über Sir Terrence' Fähigkeiten teilten? Haben andere bei ihm investiert?"

„Ob Sie meine Ansichten teilten?" antwortet er und lacht rauh. „Es wäre ein wirklich langweiliger Club, wenn alle Mitglieder in solchen Dingen gleicher Ansicht wären. Nein, ich glaube, ein paar von ihnen hat er schon davon überzeugen können, bei ihm zu investieren. Er wußte, wie er seine Unternehmungen anpreisen mußte, selbst wenn er nicht wußte, wie er sie betreiben sollte, nachdem er das Geld zusammenhatte."

„Wissen Sie, wer bei ihm investierte?" fährst du fort.

„Oh, das waren eine ganze Menge", erwidert er. „Dr. Watson verlor etwas bei seiner letzten Gesellschaft; der Earl of Waynesborough war einer von ihnen; und ich glaube, Alexander Lewis machte sogar den Fehler, Sir Terrence zweimal zu vertrauen. Und dann ist da natürlich noch Christopher Marshall. Ich bin sicher, daß er einiges bei Sir Terrence investiert hat. Auf alle Fälle hat er genug andere Leute gedrängt, es zu tun." Notiere die Folgerungen 8 und 13. Weiter bei **128**.

216

„Können Sie sich erinnern, wie Sie von diesem Unternehmen gehört haben?" fragst du.

„Oh, ich weiß nicht mehr", antwortet er. „Ich muß im Club davon gehört haben." Er überlegt kurz. „Oh, jetzt erinnere ich mich, ich hatte meinem Freund Marshall erzählt, daß ich nach einer günstigen Investitionsmöglichkeit suchte, und er berichtete mir, daß Sir Terrence mit dem Aufbau einer Firma beschäftigt war. Marshall war sehr bestürzt, als die Investition fehlging." Notiere Hinweis E. Weiter bei **332**.

217

„Sie waren unten und unterhielten sich, als Sie von dem Mord hörten", sagst du langsam und schaust absichtlich ein wenig wichtigtuerisch deine Notizen durch. Lawrence nickt ungeduldig. „Erinnern Sie sich, mit wem Sie sprachen?" fragst du.

Er denkt kurz nach, als sortiere er geistig die Fakten. „Als der Diener schrie, sprach ich gerade mit zwei Herren", sagt er schließlich, „Lord Howard und Mr. Howard. Es waren auch noch andere dabei gewesen, aber sie waren schon vorher gegangen. Wir drei rannten zusammen hinauf, als der Diener losbrüllte." Notiere Hinweis O. Weiter bei **569**.

218

Du folgst Marshall die Straße hinunter und hältst genug Abstand, so daß er dich nicht bemerkt. Er geht einen oder zwei Blocks weit, bleibt dann stehen und ruft eine Droschke. Die einzige Droschke weit und breit nimmt ihn auf und rattert mit ihm davon. Wenn du zu Symington zurückkehren willst, geht es weiter bei **234**. Andernfalls weiter bei **520**.

219

„Johnson", fährst du fort, „würden Sie mir bitte sagen, was Sie gerade taten, als Sie von dem Mord hörten?"

Bei dieser Frage muß er fast lächeln. „Verzeihen Sie, Sir, aber ‚hörten' ist nicht das richtige Wort. Bobby Chambers rannte oben in den Flur und schrie ‚MORD, MORD!', so laut er konnte. In diesem Augenblick war ich mit Mr. Strickland im Speisezimmer; wir schauten nach, ob das Buffet für das späte

10

Abendessen ordentlich vorbereitet war. Wir liefen dann natürlich beide nach oben." Weiter bei **496**.

220

Eine Stufe knarrt unter deinem Gewicht und zu zögerst, aber die Schritte des Mannes sind weiterhin zu hören. Du glaubst, daß er jetzt im Flur angekommen ist. Als du hörst, wie eine Tür geöffnet wird, gehst du hinauf und stellst dich vor Symingtons Büro.

Du kannst nicht alles verstehen, was im Büro gesprochen wird, aber die Unterhaltung klingt nicht unfreundlich. Schließlich hast du den Eindruck, daß sich das Gespräch dem Ende nähert. Du gehst zum Ende des Flurs, behältst aber die Tür über den Rand deiner Zeitung im Auge. Ein paar Sekunden später kommt Marshall heraus und läuft die Treppe hinunter. Notiere Hinweis T. Wenn du Marshall folgst, weiter bei **218**. Wenn du mit Symington sprichst, weiter bei **477**.

221

„Ich glaube, der Earl of Waynesborough hat Sir Terrence ermordet", sagst du. „Er hatte ein Motiv, da Sir Terrence ihn hereinlegte und sich außerdem gegenüber seiner Frau ungeschickte Annäherungsversuche erlaubte. Und früher gehörte das Clubhaus dem Earl. Er war in der Lage, ein Versteck zu finden und dann zu verschwinden, als sich alle anderen um die Leiche kümmerten."

Die anderen hören sich deine Erklärung an und schütteln dann ihre Köpfe. McDonald meint: „Der Earl hätte in London sein müssen, um das Verbrechen zu begehen. Ich habe mich erkundigt, er war den ganzen Abend über in seinem Landhaus. Er kann es nicht gewesen sein." Weiter bei **525**.

222

Du spitzt deine Ohren, als Marshall berichtet, Watson hätte nach dem Streit das Zimmer verlassen. Jemand hat dir nämlich gesagt, Marshall hätte Watson aus dem Zimmer geleitet. Ob Marshall wohl diese offensichtliche Diskrepanz auflösen kann? Wenn du Marshall danach fragst, weiter bei **206**. Wenn du keine Fragen mehr an Marshall hast, weiter bei **405**. Andernfalls weiter bei **112**.

223

Du durchsuchst Symingtons Schreibtisch systematisch. Jede Schublade öffnest du und schaust dir ihren Inhalt an. Du findest zwar Unterlagen über seine Geschäfte und viele Briefe über die unterschiedlichsten Themen, aber es gibt keine Hinweise auf heimliche Partner bei seinen Operationen. Wähle eine Zahl und zähle deine Schlauheits-Punkte hinzu:

- Ist die Summe 2–6, weiter bei **469**.
- Ist die Summe 7–12, weiter bei **478**.

224

Mit sorgfältig gewählten Worten fragst du Watson: „Mr. McDonald hat erwähnt, daß Sir Terrence während Ihres Streits eine Dame beleidigte. Könnte das in der Angelegenheit eine Rolle spielen?“ Wähle eine Zahl und zähle deine Kommunikations-Punkte hinzu:

- Ist die Summe 2–8, weiter bei **375**.
- Ist die Summe 9–12, weiter bei **427**.

225

Da dir klar ist, daß dies wahrscheinlich deine einzige Chance ist, in Symingtons Büro wichtige Indizien zu sammeln, beschließt du, den Schreibtisch zu durchsuchen. Du siehst alle Unterlagen durch und schaust auch alle anderen Gegenstände an, aber du findest nichts Brauchbares. Noch einmal kontrollierst du den Schreibtisch. In diesem Zimmer muß doch etwas zu finden sein! Wähle eine Zahl und zähle deine Schlauheits-Punkte hinzu:

– Ist die Summe 2–7, weiter bei **280**.
– Ist die Summe 8–12, weiter bei **419**.

226

„Ich hoffe, in Sir Terrence' Papieren Hinweise auf seinen Mörder zu finden", erklärst du. „Wenn sie noch niemand angeschaut hat, wüßte ich es sehr zu schätzen, wenn Sie mir erlauben würden, einen Blick hineinzuwerfen."

„Die Polizei hat sich nicht darum gekümmert", antwortet Perkins und reibt sich ein Auge. „Sehen Sie sich nur die Papiere an und lassen Sie sich Zeit dabei." Er führt dich in ein Arbeitszimmer und zeigt dir, wo Sir Terrence seine Akten aufbewahrte. „Machen Sie es sich bequem – ich besorge Ihnen inzwischen einen Tee." Weiter bei **575**.

227

Mit einem Trick, den dir Holmes beigebracht hat, als du noch ein unregelmäßiger Mitarbeiter der Baker Street warst, gelingt es dir, das Fenster aufzustemmen. Überzeugt, daß niemand dich sehen kann, schlüpfst du durch die Öffnung in den Keller und verriegelst hinter dir das Fenster. Du zündest ein Streichholz an und siehst dich um. Wähle eine Zahl und zähle deine Beobachtungs-Punkte hinzu:

– Ist die Summe 2–7, weiter bei **323**.
– Ist die Summe 8–12, weiter bei **541**.

228

„Ich danke Ihnen, daß Sie meine Fragen beantwortet haben", sagst du zu Strickland, denn du merkst, daß du weiter nichts mehr von ihm erfahren kannst. „Sie waren mir bei meiner Ermittlung eine große Hilfe." Weiter bei **352**.

229

Du überlegst, ob Lord Howard weitere Informationen hat, die dir nützlich sein könnten, und ob er sich auch daran erinnert, wenn er danach gefragt wird. Wenn du Hinweis C notiert hast, weiter bei **289**. Wenn du Lord Howard nichts mehr fragen willst, weiter bei **561**. Andernfalls weiter bei **508**.

230

„Als Sie ins Billardzimmer kamen, haben Sie da bemerkt, ob eines der Tischchen umgeworfen war?" fragst du.

„Tisch?" antwortet Grant vage. „Ich habe mich nicht im Raum umgesehen; ich war viel zu beschäftigt damit, den armen Milton anzuschauen. Grauenvoller Anblick!" Weiter bei **351**.

231

Eine Kutsche bringt dich und McDonald in die Pall Mall, und ihr geht schnell in die Wohnung Mycrofts hinauf. Lächelnd öffnet er die Tür. „Ich konnte schon an Ihrem Klopfen erkennen, daß Sie den Schurken erwischt haben", sagt er. „Ich gratuliere! Kommen Sie herein und erzählen Sie Captain Locke und mir von der Verfolgungsjagd."

Mycroft hält Tee und eine kleine Mahlzeit für euch bereit. Er und Captain Locke hören aufmerksam zu, als du von deiner Mörderjagd berichtest. Du sonnst dich im Ruhm deines Erfolges und träumst gleichzeitig schon wieder von deinem nächsten Fall. Dieser jedoch ist hiermit zu Ende.

232

Du entscheidest, daß es mehr als taktlos wäre, Watson über die Dame auszufragen, überlegst dir aber, ob er irgendwelche

Theorien darüber hat, wer Sir Terrence getötet haben könnte. Wenn du ihn danach fragst, geht es weiter bei **442**. Andernfalls weiter bei **263**.

233

Ohne Vorwarnung kracht ein schwerer Stock auf deinen Hinterkopf, und du fällst bewußtlos aufs Pflaster.

In einem Krankenhausbett kommst du wieder zu dir und bist erstaunt, Inspektor McDonald neben dir sitzen zu sehen.

„Nun, junger Mann“, sagt er, „endlich sind Sie aufgewacht. Da hat Ihnen jemand wirklich einen üblen Hieb verpaßt. Wissen Sie, wer es war?“ Wenn du Hinweis T notiert hast, geht es weiter bei **106**. Andernfalls weiter bei **423**.

234

Du kehrst zu Symingtons Büro zurück und überlegst, was Marshall wohl mit ihm zu tun hatte. Ob Marshall wohl deine Schritte auf der Treppe gehört hat? Vielleicht hat ihn das zu einer Änderung seiner Pläne veranlaßt? Als du in die Straße kommst, in der Symingtons Büro liegt, siehst du aus der Tür seines Hauses einen Mann mit einem prall gefüllten Koffer eilen. Bevor du mit ihm sprechen kannst, springt er in eine Droschke und fährt davon.

Du fragst dich, ob das Symington war, und läufst die Treppe zu seinem Büro hinauf. Die Tür steht offen, und das einfache Zimmer sieht aus, als ob ein Wirbelsturm darin gewütet hätte. Die Schubladen von Wandschrank und Schreibtisch stehen offen; mehrere Bücher liegen auf dem Fußboden verstreut. Es ist klar, daß Symington so schnell er konnte gepackt hat und geflohen ist. Sorgfältig durchsuchst du das Büro, findest aber nichts Interessantes. Weiter bei **315**.

235

Du mußt entscheiden, ob es sinnvoll ist, Martin noch weitere Fragen zu stellen. Über den Tatort im Billardzimmer kann er dir nichts sagen, weil er den Club verließ, bevor die Leiche entdeckt wurde. Wenn du Hinweis G notiert hast, geht es weiter bei **125**. Andernfalls weiter bei **570**.

236

„Gehört?" erwidert er. „Nein, ich weiß nicht mehr, ob ich etwas gehört habe oder nicht. Wir haben uns natürlich auf das Spiel konzentriert." Notiere Hinweis K. Weiter bei **184**.

237

„Mr. Holmes", fragst du Mycroft, „diese Frage könnte unter Umständen Ihr Vertrauen in meine Fähigkeiten zerstören, ich muß sie aber trotzdem stellen. Lebt Ihr Bruder Sherlock?"

Mycroft sitzt unbeweglich da, so als ob ihn deine Frage schockiert hätte und er nicht wüßte, was er antworten solle. Dann sieht er dich und Captain Locke scharf an. „Was ich Ihnen jetzt verrate, ist ein Geheimnis", sagt er schließlich, „und ich möchte, daß Sie beide mir versprechen, niemandem davon zu erzählen – besonders Dr. Watson nicht – bis ich Ihnen die Erlaubnis dazu gebe."

Von Mycrofts Ernst beeindruckt, erklärt ihr beide euch hastig mit seiner Forderung einverstanden. „Nun gut", fährt dieser daraufhin fort, „Sie haben eines der am sorgfältigsten gehüteten Geheimnisse ganz Englands gelüftet. Mein Bruder Sherlock lebt, hält sich aber in Frankreich versteckt. Die meisten Menschen, die in seinen letzten Fall verwickelt waren, sind tot oder im Gefängnis, aber einer der gefährlichsten Männer konnte keines Verbrechens angeklagt werden. Er hat geschworen, meinen Bruder zu töten. Solange er noch frei herumläuft, kann sich mein Bruder in London nicht blicken lassen. Nicht

12

einmal Sherlock könnte im Bewußtsein, daß einer der besten Gewehrschützen des ganzen Weltreiches es auf ihn abgesehen hat, sicher durch die Straßen Londons gehen. Bis dieser Mann einen Fehler macht, der zu seiner Verhaftung führt, kann Sherlock nicht zurückkommen."

„Aber wenn sein Feind doch weiß, daß Sherlock noch lebt, warum muß dieser dann den Toten spielen?" fragst du verwirrt.

„Das ist der Preis der Berühmtheit", antwortet Locke. „Andere würden Mr. Holmes aufspüren, wenn sie wüßten, daß er lebt, und sie würden den Killer auf seine Spur bringen." Wähle eine Zahl und zähle deine Beobachtungs-Punkte hinzu:

- Ist die Summe 2–8, weiter bei **244**.
- Ist die Summe 9–12, weiter bei **430**.

238

Du erinnerst dich daran, daß Watsons Freund Marshall dich angelogen hat. Du fragst dich, ob Holmes Material über Marshall gesammelt hat. Wenn du den Namen Marshall nachschlagen willst, geht es weiter bei **512**. Andernfalls weiter bei **170**.

239

Strickland steht auf, streckt sich und macht ein paar Schritte im Zimmer auf und ab. Nach dieser kleinen Übung kehrt er zu seinem Stuhl zurück, nimmt seine Liste zur Hand und sagt dir, daß Alexander Lewis der nächste Zeuge sei. Wenn du mit Lewis redest, weiter bei **568**. Andernfalls weiter bei **306**.

240

Da sich Sullivan der Unschuld Watsons so sicher ist, könnte es sein, daß er jemand anderen verdächtigt. Wenn du ihn fragst, wen er verdächtigt, weiter bei **426**. Wenn du keine Fragen mehr an ihn hast, weiter bei **448**. Andernfalls weiter bei **337**.

241

Sorgfältig siehst du dir den Tisch und die aufgezeichneten Umrisse der Leiche dahinter an, aber du findest nichts Interessantes mehr. Weiter bei **558**.

242

Am nächsten Morgen stehst du früh auf, frühstückst schnell und verläßt das Haus, um dich an die Arbeit zu machen. Du bist voller Eifer, denn heute wird sich zeigen, ob du diesen Mordfall lösen kannst oder nicht. Du mußt entscheiden, womit du anfängst. Wenn du Folgerung 14 *und* Entscheidung 17 notiert hast, geht es weiter bei **536**. Andernfalls weiter bei **154**.

243

„Nun, haben Sie noch weitere Fragen?" sagt Watson ungehalten und offensichtlich irritiert.

„Haben Sie eine Idee, wer Interesse daran gehabt haben könnte, Sir Terrence zu töten?" fragst du. Wähle eine Zahl und zähle deine Kombinations-Punkte hinzu:

- Ist die Summe 2–9, weiter bei **425**.
- Ist die Summe 10–12, weiter bei **461**.

244

Du dankst Mycroft und Locke für ihre Hilfe und erklärst ihnen, wie du die Ermittlung durchführen willst. Mycroft hört zu und nickt, während Locke uninteressiert zu dir herüberschaut.

„Kommen Sie wieder zu mir, sobald Sie fertig sind", drängt Mycroft. „Heute abend wird McDonald hier sein, und ich denke, auch Captain Locke sollte dabei sein. Gemeinsam sollten wir dann in der Lage sein, das Material, das Sie bis dahin gesammelt haben, zu interpretieren." Voller Eifer, deine Ermittlung abzuschließen, verläßt du Mycrofts Wohnung. Wenn

6

du zu Sir Terrence' Haus gehst, weiter bei **559**. Andernfalls weiter bei **262**.

245

Bevor du die Stelle genauer untersuchst, wo die Leiche gefunden wurde, schaust du dich aufmerksam im Billardzimmer um. Wähle eine Zahl und zähle deine Beobachtungs-Punkte hinzu:
– Ist die Summe 2–8, weiter bei **497**.
– Ist die Summe 9–12, weiter bei **250**.

246

Ob Lewis wohl noch weitere Informationen hat? Es ist natürlich sinnlos, ihn nach den Geschehnissen am Tatort zu fragen, da er ja den Club verließ, bevor der Tote entdeckt wurde. Wenn du Hinweis G notiert hast, geht es weiter bei **102**. Andernfalls weiter bei **311**.

247

Du denkst über die Indizien nach, und Mycroft und McDonald fragen dich, ob sie dir noch mit weiteren Auskünften dienen können. Wähle eine Zahl und zähle deine Instinkt-Punkte hinzu:
– Ist die Summe 2–6, weiter bei **187**.
– Ist die Summe 7–12, weiter bei **539**.

248

„Mr. Holmes“, beginnst du vorsichtig, „aus meinen Tagen als unregelmäßiger Mitarbeiter erinnere ich mich, daß Ihr Bruder riesige Verzeichnisse und Aufzeichnungsbücher angelegt hatte, in denen Informationen über alle möglichen Menschen aus allen gesellschaftlichen Schichten Londons festgehalten waren. Existiert dieses Material noch?“

Mycroft scheint die Frage zu erstaunen, aber dann nickt er.

„Ja, das ist alles noch in seinen alten Räumen in der Baker Street. Ich habe Mrs. Hudson dafür bezahlt, es für mich aufzubewahren. Eines Tages, wenn die Situation des Landes einmal weniger dringlich ist, werde ich das Material durchsehen und entscheiden, was ich damit tun werde."

„Könnten Sie mir eine Notiz für Mrs. Hudson geben mit der Erlaubnis, die Bücher einzusehen?" fragst du. „Sie könnten mir als nützliche Informationsquelle dienen."

Mycroft zögert wieder, entschließt sich aber dann. Er kritzelt eine Nachricht und gibt sie dir. „Sherlock wäre sicher damit einverstanden, daß sein Material dafür benutzt wird, um Dr. Watson zu helfen", sagt er. Notiere Entscheidung 17. Weiter bei **542**.

249

Trotz deiner Anstrengungen gelingt es dir nicht, das widerspenstige Fenster zu öffnen. Du untersuchst es und schüttelst den Kopf. Selbst wenn du den Lärm riskieren und die Scheibe einschlagen würdest, könntest du nicht hineinklettern, weil der Rahmen so breit ist. Verlegen steigst du über die Mauer und machst dich davon. Wenigstens hat die Polizei dich bei deinem Einbruchsversuch nicht ertappt. Weiter bei **560**.

250

Es fällt dir auf, daß das Tischchen neben dem hinteren Sessel umgeworfen wurde, und du fragst dich, wann das wohl passiert ist. Notiere Hinweis C. Weiter bei **259**.

251

Du überlegst dir, ob der Mann wohl jeden Abend an derselben Ecke steht. Wenn ja, könnte es sein, daß er gestern abend etwas Wichtiges gesehen hat. Du gehst zu ihm, und er hält dir einen Handzettel mit Werbung für eine Musik-Show vor die Nase.

„Diese Show sollten Sie nicht versäumen!“ ruft er, als du den Handzettel betrachtest. „Beste Show von ganz London, jeden Abend drei Vorstellungen – um sieben, um neun und um elf Uhr.“ Wenn du mit dem Mann redest, geht es weiter bei **462**. Andernfalls weiter bei **124**.

252

Du denkst an die anderen Indizien, die du schon zusammengetragen hast, und erinnerst dich plötzlich, daß Sir Terrence ein Darlehen über dreitausend Pfund an Marshall zurückgezahlt hat. Der Scheck beweist, daß Marshall ihm nur dreihundert geliehen hatte. Du denkst nach und verstehst dann: Marshall hat Sir Terrence das Geld für die Firmengründung gegeben. Dafür erhielt Marshall einen großen Anteil des rechtswidrigen Profits, den Sir Terrence mit dem betrügerischen Projekt einheimste. Marshall und Sir Terrence waren richtige Partner! Notiere Folgerung 27. Weiter bei **348**.

253

„Schauen Sie sich das an, Inspektor“, sagst du aufgeregt. „Ist das nicht ein ähnlicher Kode wie der auf dem Zettel, den ich im Billardzimmer gefunden habe? Auch die Handschrift ist ähnlich – ich erinnere mich noch gut, daß die Vierer auf dem Zettel seltsam geschrieben waren.“

„Da haben Sie recht, junger Mann“, stimmt McDonald erfreut zu. „Diesmal haben wir allerdings keine Chance, die Botschaft zu entschlüsseln. Ich wüßte gar nicht, wo ich anfangen sollte zu raten, welchen Schlüssel dieser Kode hat.“

„Aber es beweist, daß Sir Terrence und Symington mit demselben Mann zu tun gehabt haben“, sagst du. „Ein heimlicher Partner!“ Notiere Hinweis R. Wenn du Folgerung 21 notiert hast, geht es weiter bei **464**. Andernfalls weiter bei **454**.

254

Locke hört sich deine Erklärung an, denkt nach und nickt dann sehr langsam. „Ja“, sagt er schließlich, „das deutet darauf hin, daß Marshall Miltons Partner gewesen sein könnte. Da gegen Sir Terrence ermittelt wurde, ist es schon möglich, daß Marshall sich zu einem Mord hinreißen ließ, um einer Strafverfolgung als Beteiligter in einem betrügerischen Unternehmen zu entgehen.“ Wenn du Hinweis S notiert hast, geht es weiter bei **372**. Andernfalls weiter bei **195**.

255

Captain Lawrence starrt dich an, und sein breiter Rücken scheint sich noch mehr zu versteifen. „Sir“, sagt er scharf, „wenn Captain Edward Lawrence von den Ingenieuren Ihrer Majestät der Königin sagt, daß er von einer Sache nichts weiß, dann weiß er nichts von der Sache. Und ich verwahre mich gegen die bloße Annahme, ich könnte irgend etwas anderes als die Wahrheit sagen. Ich sehe, daß Sie es als Detektiv nicht weit bringen werden.“

Er ist so zornig, daß du zögerst, ihm noch weitere Fragen zu stellen. Wenn du ihn trotzdem fragst, was er während des Mordes sah und hörte, geht es weiter bei **175**. Andernfalls weiter bei **585**.

256

„Bitte überlegen Sie, was Sie von ihm wußten – was denken Sie über Sir Terrence?“ fragst du Watson. „Was für ein Mensch war er?“ Wähle eine Zahl und zähle deine Kommunikations-Punkte hinzu:

- Ist die Summe 2–7, weiter bei **566**.
- Ist die Summe 8–12, weiter bei **556**.

257

„Wann haben Sie von dem Streit erfahren?“ fragst du.

„Ich hörte davon, als wir oben bei dem Toten waren“, erwidert Strickland, nachdem er einen Moment überlegt hat. „Wir waren alle ziemlich davon mitgenommen, den armen Sir Terrence tot zu sehen, und dann machte Christopher Marshall ungefähr folgende Bemerkung: ‚Wirklich ein schlimmer Abend für den armen Burschen – erst schlägt John Watson ihn nieder, und dann schlägt ihm jemand anderer den Schädel ein!‘ Wie es aussieht, könnte beides Watson getan haben.“ Weiter bei **301**.

258

„Sir Terrence“, sagt Symington nachdenklich. „Nun, Sie scheinen mir ein diskreter junger Mann zu sein. Was ich Ihnen sage, ist nicht für andere Ohren bestimmt, verstanden?“

„Wenn Sie es wünschen, Sir“, antwortest du.

Symington nickt. „Also gut. Ich habe Sir Terrence verachtet, um es direkt zu sagen. Er tat sehr vornehm, weil sein Vater ein Baronet war, aber er selbst war ein Lump. Und, schlimmer noch, er war dumm. Die meisten von uns, die wir hochriskante Firmen gründen, treffen gewisse Vorsichtsmaßnahmen, indem wir wenigstens den Versuch unternehmen, die Firma auch zu führen. Sir Terrence pflegte es so zu machen: Erst eine Firma gründen, dann ein paar Monate nichts tun und abwarten, und schließlich ihren Bankrott verkünden. So ein Mensch ist für Männer wie mich gefährlich, weil die Polizei selten mit der Festnahme eines Schuldigen zufrieden ist. Nachdem sie ihn festgenommen hätte, hätte sie in den Angelegenheiten anderer Männer herumgestöbert. Wenn ich Mord nicht prinzipiell ablehnen würde, würde ich seinen Tod begrüßen.“

Notiere Folgerung 24. Wenn du ihn nach Sir Terrence’ Partnern fragst, weiter bei **410**. Wenn du keine weiteren Fragen mehr stellst, weiter bei **438**.

259

Du gehst zu dem Tischchen hinüber und siehst dich um. Der Tisch selbst hat nichts Ungewöhnliches an sich, aber von dort aus kannst du die Umrisse der Leiche sehen, die hinter dem Billardtisch mit Kreide auf den Boden gezeichnet sind. Wenn Watson den Tisch umgeworfen hätte, dann hätte er gewiß die Leiche gesehen. Weiter bei **275**.

260

Du überlegst, ob du noch etwas Aufschlußreiches von Johnson erfahren kannst. Wenn du ihn fragst, wo er war, als er von dem Mord hörte, weiter bei **219**. Wenn du ihn nicht weiter befragst, weiter bei **181**. Andernfalls weiter bei **496**.

261

„Ich habe erfahren, daß Sir Terrence ein Konkurrent von Ihnen war“, beginnst du. „Was für ein Mensch war er? Man sagt ja, daß die Gegner eines Menschen oft mehr über ihn wissen als seine Freunde.“ Wähle eine Zahl und zähle deine Kommunikations-Punkte hinzu:

- Ist die Summe 2–7, weiter bei **552**.
- Ist die Summe 8–12, weiter bei **258**.

262

Du versuchst in Gedanken, die Ereignisse zu ordnen. Wo noch könntest du Indizien für diesen Fall finden? Wenn du Folgerung 19, Hinweis S *oder* Hinweis X notiert hast, geht es weiter bei **293**. Andernfalls weiter bei **560**.

263

„Danke, daß Sie mit mir geredet haben, Doktor", sagst du ruhig. „Ich versichere Ihnen, daß ich alles in meiner Macht stehende tun werde, um den Mann zu finden, der Sir Terrence umgebracht hat. Aber wie auch immer die Indizien aussehen – nicht einmal die Polizei glaubt, daß Sie der Mörder sind." Du verläßt Watsons Haus und überlegst, was du als nächstes tun willst.

Du erinnerst dich an Mycroft Holmes' Rat, Watsons Freund Marshall aufzusuchen, aber der ist nicht zu Hause. Du wirst später im Club mit ihm reden müssen. Von seinem Haus aus gehst du in den „Drei-Kontinente-Club". Weiter bei **176**.

264

Du findest, daß ein wenig Hintergrundwissen deiner Ermittlung nicht schaden könnte. Deshalb machst du dich zu Fuß auf den Weg in die Baker Street und genießt dabei den morgendlichen Sonnenschein. Notiere Entscheidung 22. Weiter bei **136**.

265

Du klopfst an der Tür von Symingtons Büro, bekommst aber keine Antwort. Noch einmal klopfst du – keine Reaktion. Erstaunt drehst du am Türknopf. Die Tür ist unverschlossen, aber du bist nicht sicher, ob du ohne Erlaubnis eintreten sollst. Wenn du hineingehst, weiter bei **565**. Andernfalls weiter bei **315**.

266

„Haben Sie im Zimmer irgend etwas bemerkt, was auf andere Personen hindeutete?" fragst du Chambers. „Außer Sir Terrence und Dr. Watson? Zum Beispiel andere Gläser oder dergleichen?"

„Oh, so etwas war dort gar nicht", sagt er. „Das einzige Glas gehörte Dr. Watson. Ich bin froh, daß ich niemand gesehen habe, denn wenn dort jemand versteckt war, muß das ja der

Mörder gewesen sein, und wenn ich ihn gesehen hätte, dann hätte er mich auch umgebracht." Weiter bei **507**.

267

Du fragst dich, ob andere Mitglieder des „Drei-Kontinente-Clubs" Howards Ansichten über Sir Terrence' Geschäftsmethoden teilten. Wenn du fragst, ob andere Clubmitglieder sich an Sir Terrence' Geschäften beteiligt haben, geht es weiter bei **215**. Andernfalls weiter bei **128**.

268

Nachdem er sich jede Schlußfolgerung angehört hat, die du aus den Indizien ziehen kannst, steht McDonald auf und schüttelt den Kopf. „Es tut mir sehr leid", sagt er, „aber ich kann die Verhaftung auf Grund der von Ihnen gefundenen Indizien nicht länger aufschieben. Ich muß Dr. Watson heute abend noch festnehmen." Dann geht er. Mutlos folgst du ihm. Du hast als Ermittler versagt.

Wenn du willst, kannst du zur **Einleitung** zurückkehren und dich noch einmal an dem Fall versuchen. Diese Ermittlung aber ist für dich zu Ende.

269

Du fragst dich, ob Holmes Informationen über diesen anderen skrupellosen Geschäftsmann gesammelt hat – John Symington. Wenn du unter dem Namen Symington nachschlägst, weiter bei **179**. Wenn du bereit bist, die Baker Street wieder zu verlassen, weiter bei **148**. Andernfalls weiter bei **458**.

270

Nachdem ihr euch noch ein Weilchen unterhalten habt, ist dir klar, daß du alles Nützliche erfahren hast, was McDonald und Mycroft über den Earl of Waynesborough wissen. Du denkst über die anderen Verdächtigen nach. Wissen deine Gesprächspartner etwas über sie? Wenn du sie nach Lewis fragst, geht es weiter bei **494**. Andernfalls weiter bei **201**.

271

Lord Howard erweckt bei dir sofort den Eindruck, daß er das Glück gehabt hat, ein Vermögen zu erben. Er ist groß und gutaussehend mit seinen vornehm wirkenden grauen Haaren, aber offenbar nicht gerade der klügste Mann Londons. Er trägt eine gelassene Überlegenheit zur Schau, mit der die Adligen oft mangelnde Intelligenz überspielen. Du bezweifelst, daß er am gestrigen Abend Einzelheiten der Geschehnisse beobachtet hat. Aber vielleicht kann er eine brauchbare Aussage über Sir Terrence liefern.

Wenn du ihn nach seiner Meinung über Sir Terrence fragst, geht es weiter bei **133**. Andernfalls weiter bei **295**.

272

„Wann haben Sie mit Ihrem Schachspiel begonnen?" fragst du Grant.

„Wir fingen ungefähr um acht Uhr an", antwortet Sir George. „Mit dem ersten Spiel waren wir schnell fertig und begannen sofort ein zweites."

„Haben Sie vor Chambers' Schreien irgend etwas Ungewöhnliches gehört?" fährst du fort. Wähle eine Zahl und zähle deine Kommunikations-Punkte hinzu:

- Ist die Summe 2–6, weiter bei **236**.
- Ist die Summe 7–12, weiter bei **385**.

273

Du bemerkst das umgefallene Tischchen, das McDonald erwähnt hat. Es liegt in der Nähe des Sessels, der am weitesten von der Tür entfernt ist. Weiter bei **259**.

274

„Schade, daß Sie nicht mehr darüber wissen", meinst du beiläufig. „Kennen Sie jemanden, der über die Geheimnisse dieses Hauses Bescheid wissen könnte?"

Sir George lächelt. „Nun, sicher bin ich natürlich nicht, ich kann es nur vermuten, verstehen Sie."

„Ich verstehe", beeilst du dich zu antworten. „Ich werde natürlich diskret sein, falls es nötig sein sollte, Ihre Vermutung bestätigen zu lassen."

„Nun", fährt Sir George fort, „vielleicht ist Ihnen bekannt, daß zwei unserer Mitglieder, der Earl of Waynesborough und sein Sohn Lord Grayson, dieses Haus kurz nach der Gründung des Clubs an diesen verkauft haben. Es war seit vielen Jahren das Stadthaus ihrer Familie gewesen, aber sein Unterhalt wurde ihnen zu teuer. Keiner von beiden war gestern abend hier – sie geben für alle Mitglieder eine nette kleine Wochenendparty auf ihrem Landsitz in Kent." Notiere Folgerung 7. Weiter bei **333**.

275

Welche Geheimnisse das Billardzimmer wohl bergen mag? Wenn du Hinweis B notiert hast, geht es weiter bei **276**. Andernfalls weiter bei **459**.

276

Du erinnerst dich daran, daß McDonald den Raum nicht nach geheimen Ausgängen durchsucht hat. Du fragst dich, ob du es tun solltest – ein geheimer Ausgang könnte bei der Entlastung Watsons Wunder wirken. Wenn du nach einem Geheimausgang suchst, geht es weiter bei **307**. Andernfalls weiter bei **422**.

277

Du kommst zu dem Schluß, daß es für einen Mann möglich war, das Billardzimmer durch die Geheimtür zu verlassen, dann aus dem Büro zu schlüpfen und sich unter die anderen Clubmitglieder zu mischen. Weiter bei **282**.

278

Strickland sieht auf seine Liste, hat aber seine Entscheidung offensichtlich schon getroffen. „Als nächstes sollten Sie mit Thomas Sullivan sprechen", sagt er zu dir. „Er spielte mit Sir George Schach, als der Mord von Chambers entdeckt wurde." Wenn du mit Sullivan sprichst, geht es weiter bei **203**. Andernfalls weiter bei **513**.

279

„Als ich heute morgen in der Baker Street war", beginnst du, „war ich sehr erstaunt über den Zustand der Wohnung. Ich hatte erwartet, daß ich mich kaum in den Sachen Ihres Bruders würde zurechtfinden können, aber statt dessen machten die Räume den Eindruck, als warteten sie nur darauf, daß Ihr Bruder wieder einzieht. Warum geben Sie sich so viel Mühe damit?"

Mycroft scheint die Frage zu beunruhigen. Schließlich sagt er: „Ich weiß es selbst nicht genau. Wahrscheinlich liegt es an meiner exzentrischen Natur, verstärkt durch den Schmerz, den Sherlocks Tod verursacht hat. Seine Wohnung in Ordnung zu halten, hilft mir dabei, so zu tun, als hätte sich in meinem wohlgeordneten Leben nichts verändert." Weiter bei **504**.

280

Du untersuchst den Schreibtisch auf hohle Beine oder Geheimfächer, findest aber nichts. Widerstrebend mußt du zugeben, daß du hier alles getan hast, was du konntest, und läßt die Polizei holen. Weiter bei **391**.

281

Du denkst darüber nach, wie du dich im Billardzimmer verstekken würdest. Du siehst dich um und fragst dich, ob sich ein Mann wohl hinter den bodenlangen Fenstervorhängen verbergen könnte, ohne entdeckt zu werden. Wenn du Strickland bittest, sich zu verstecken, geht es weiter bei **474**. Andernfalls weiter bei **350**.

282

Strickland hat offensichtlich nicht mehr sehr viel Geduld mit dir. Du überlegst, ob du dir das Billardzimmer noch einmal ansehen oder jetzt lieber mit der Befragung der Zeugen beginnen sollst, die am Mordabend im Club waren. Wenn du dir das Zimmer noch einmal ansiehst, geht es weiter bei **284**. Andernfalls weiter bei **558**.

283

Deine Durchsuchung fördert nichts Brauchbares zu Tage. Als du gehen willst, bemerkst du mit Schrecken, daß du mehr als zwei Stunden hier gewesen bist. Du solltest das Haus schnell wieder verlassen, denn Marshall kann jeden Moment zurückkommen! Wenn du sofort gehst, weiter bei **365**. Wenn du dir die Zeit nimmst und alles so hinterläßt, wie du es vorgefunden hast, weiter bei **344**.

284

„Ich muß mir das Zimmer noch einmal ansehen", sagst du zu dem Vorsitzenden, und widerstrebend geht er wieder mit dir hinauf. Der Wachtmeister öffnet euch das Billardzimmer, allerdings mit einem Ausdruck höchsten Erstaunens auf seinem Gesicht. Notiere Folgerung 5. Weiter bei **281**.

285

„Darf ich zuerst Ihnen einige Fragen stellen, Mr. Strickland?" fragst du. „Das könnte mir helfen, die Abfolge der Ereignisse besser zu verstehen."

Strickland sieht dich erstaunt an, stimmt aber dann zu. „Nun gut, obwohl ich nicht mehr weiß, als ich schon gesagt habe." Wenn du ihn bittest, die Ereignisse zu beschreiben, geht es weiter bei **534**. Andernfalls weiter bei **207**.

286

Auf ein Wort von Strickland holt ein Diener Sir George Grant. Dieser ist ein kleiner, stämmiger Mann mit einem Heiligenschein aus luftigem, weißem Haar um seine Glatze. Du fragst dich, wieviel er an jenem Abend wohl mitbekommen hat. Er sieht eher so aus, als würde er nicht besonders achtgeben auf das, was um ihn herum passiert.

„Guten Abend, Sir", sagt er mit ausgesuchter Höflichkeit. „Wie ich gehört habe, untersuchen Sie die unselige Angelegenheit von gestern abend."

„Das stimmt, Sir George", erwiderst du und bietest ihm mit einer Handbewegung einen Stuhl an. „Ich weiß es sehr zu schätzen, daß Sie zur Zusammenarbeit mit mir bereit sind. Könnten Sie mir genau sagen, was gestern abend geschah und was Sie sahen?"

„Gern", antwortet er. „Als Chambers schrie, spielte ich gerade mit Mr. Sullivan Schach, und zwar in dem Zimmer auf der anderen Seite des Flurs im ersten Stock. Als Chambers aus Leibeskräften ‚Mord, Mord!' brüllte, sprangen wir beide auf und eilten in den Flur hinaus. Chambers brachte uns ins Billardzimmer, und da lag der arme Terry Milton hinter dem Billardtisch. John Watson kam direkt hinter uns, und da er Arzt ist, untersuchte er ihn kurz und bestätigte, was wir alle sehen konnten, nämlich daß Milton tot war."

Wenn du ihn fragst, wie sich Watson verhielt, weiter bei **211**. Wenn du ihm keine weiteren Fragen mehr stellst, weiter bei **333**. Andernfalls weiter bei **132**.

287

Das Spalier, an dem der Efeu emporwächst, scheint sich dir als Leiter anzubieten, aber als du dich daran hinaufziehst, hörst du eine Stimme schreien: „Haltet den Dieb! Polizei, Polizei!“ Du drehst den Kopf und siehst einen Mann, der sich aus einem Fenster des Nachbarhauses beugt. Schnell springst du wieder auf den Boden, läufst ums Haus herum und kletterst über die hintere Mauer. Du hast Glück, daß du entwischen kannst, ohne einem Polizisten zu begegnen. Weiter bei **560**.

288

Du schaust dir die Leiche an und versuchst dabei, keine Spuren zu verwischen. Du kannst keine Anzeichen von Mord entdekken und überlegst, was du nun tun sollst. Wenn du sofort die Polizei holst, geht es weiter bei **391**. Wenn du das Büro durchsuchst, weiter bei **428**.

289

„Bitte erinnern Sie sich an das Billardzimmer, als Sie es betraten“, sagst du. „Waren dort irgendwelche Möbel umgeworfen?“

„Möbel?“ Lord Howard explodiert fast. „Wie können Sie von mir erwarten, daß ich auf Möbel achte, wenn dort ein Mann tot am Boden liegt, den ich seit zehn Jahren kannte? Seien Sie doch kein solcher Idiot!“ Es vergehen ein paar ungemütliche Augenblicke, bis du dich vom Ausbruch des Lords erholt hast. Weiter bei **508**.

290

„Als Chambers die Leiche entdeckte und um Hilfe schrie, rannten Sie also nach oben ins Billardzimmer“, sagst du und siehst Marshall an. Er nickt. „Was sahen Sie, als Sie den Raum betraten? Überlegen Sie bitte gut; jedes Detail kann für die Ermittlung von größter Bedeutung sein.“

Marshall nimmt sich deinen Rat zu Herzen und denkt ein paar Sekunden nach, bevor er spricht. Dann meint er: „Das Auffälligste war natürlich die Leiche, die hinter dem Billardtisch ausgestreckt auf dem Boden lag. An den Kleidern erkannte ich, daß es Sir Terrence war. Daneben kniete Watson und erzählte jedem, er solle zurückbleiben, um keine etwaigen Spuren zu verwischen.“

„Erinnern Sie sich, wer dort war, als Sie hereinkamen?“ fährst du fort.

„Ich bin mir nicht sicher“, antwortet er, „weil so ein Geschrei und Durcheinander herrschte. Grant war da, und Sullivan, aber ich weiß nicht, ob vor mir noch andere Clubmitglieder im Raum waren. Dann sagte uns Watson, daß Sir Terrence tot sei, und Strickland ließ sofort die Polizei holen. Das ist alles, woran ich mich erinnern kann.“

Wenn du Hinweis C notiert hast, weiter bei **527**. Wenn du keine weiteren Fragen an ihn hast, weiter bei **405**. Andernfalls weiter bei **334**.

291

Als du Watson nervös mit den Zehen wippen siehst, beginnst du plötzlich zu zweifeln. Weiter bei **592**.

292

Die vorbeirasende Droschke hat dich schnell hinter sich gelassen. Atemlos und enttäuscht seufzt du und blickst ihr nach. Weiter bei **594**.

293

Du durchdenkst alles, was du über Marshalls Verknüpfung mit dem Fall und über sein verdächtiges Benehmen weißt. Sollst du es wagen, sein Haus zu durchsuchen, um weitere Hinweise aufzuspüren? Wenn du es tun willst, weiter bei **470**. Andernfalls weiter bei **560**.

294

„Als Sie Dr. Watson sahen, ist Ihnen da an seinem Verhalten irgend etwas aufgefallen?" fragst du.

„Verhalten, Sir?" fragt er verwirrt zurück. „Was meinen Sie mit seinem Verhalten, Sir?" Wähle eine Zahl und zähle deine Kommunikations-Punkte hinzu:

- Ist die Summe 2–7, weiter bei **408**.
- Ist die Summe 8–12, weiter bei **296**.

295

Du überlegst, ob er irgend etwas über den Streit zwischen Watson und Sir Terrence weiß, das du noch nicht gehört hast. Wenn du ihn nach dem Streit fragst, weiter bei **411**. Wenn du keine Fragen mehr an ihn hast, weiter bei **561**. Andernfalls weiter bei **130**.

296

„Ich meine, ob Dr. Watson einen verstörten Eindruck machte, als er das Billardzimmer verließ", erklärst du und hoffst, Chambers damit aus seiner Verwirrung zu helfen.

Chambers überlegt kurz, schüttelt dann den Kopf und erwidert: „Nein, Sir, er hat sich überhaupt nicht ungewöhnlich benommen, sondern so wie immer – er nickte mir höflich kurz zu und ging nach unten. Ich achte natürlich nicht sehr auf die Mitglieder, Sir. Das ist nicht meine Aufgabe." Weiter bei **370**.

297

Du schaust Marshall direkt und grimmig in die Augen, um ihm deine Unzufriedenheit zu zeigen. Er zuckt nicht mit der Wimper. „Mr. Marshall“, setzt du an, „ich weiß, daß Sie ein Freund Dr. Watsons sind, und ich bin sicher, daß Sie zur Aufklärung dieses Falles beitragen wollen. Deshalb kann ich nicht verstehen, warum Sie mir nicht die volle Wahrheit gesagt haben.“ Bei deinen Worten erbleicht Marshall kaum wahrnehmbar. Wähle eine Zahl und zähle deine Kommunikations-Punkte hinzu:

– Ist die Summe 2–9, weiter bei **355**.
– Ist die Summe 10–12, weiter bei **392**.

298

„Im Billardzimmer, in der Nähe der Fenster, wurde ein Tischchen umgeworfen“, sagst du zu Sullivan. „Haben Sie das zufällig gesehen, als Sie ins Zimmer kamen, oder ist erst später jemand darangestoßen, so daß es umfiel?“

Sullivan sitzt ganz still und konzentriert sich einen Augenblick, so als ob er im Geist eine Bestandsaufnahme aller Gegenstände macht, die er in dem Moment sah, als er das Zimmer betrat. „Sie meinen das Tischchen neben dem Sessel, der den Fenstern am nächsten steht?“ fragt er, und du nickst. „Das lag am Boden, als ich hereinkam“, sagt er entschlossen. „Ich habe kurz überlegt, was wohl damit passiert war. Chambers ist sicher nicht dort vorbeigekommen, als er aus dem Zimmer rannte, und weder Grant noch ich haben es angerührt, als wir hineineilten. Aber als wir hereinkamen, war es schon umgeworfen.“

„Haben Sie eine Idee, was damit geschehen sein könnte?“ fragst du.

„Nun, gerade hatte ich eine Idee“, erwidert er, „aber sie klingt ziemlich weit hergeholt. Wenn jemand Sir Terrence umbrachte, bevor Watson ins Zimmer kam, und sich dann hinter den Vorhängen versteckte, solange Watson dort saß, dann hätte er quer durchs Zimmer laufen und sich hinter der Tür verbergen können, als Chambers hinaus in den Flur rannte und um Hilfe schrie. Anschließend kann der Mörder sich unter uns gemischt haben oder in den Flur entwischt sein, als wir alle den Toten anschauten." Notiere Hinweis L. Weiter bei **455**.

299

„Können Sie sich erinnern, mit wem Sie sich unten unterhielten?" fragst du. „Ich meine, wer war bei Ihnen, als Chambers um Hilfe rief?"

„Das weiß ich noch genau, Sir", erwidert er. „Ich sprach mit Lord Howard und mit Edward Lawrence. Lewis und Martin waren ebenfalls bei uns gewesen, hatten aber wegen Verabredungen beide bereits den Club verlassen, bevor wir von dem Mord erfuhren. Wir drei rannten also zusammen die Treppe hinauf, und ich war der erste, der das Billardzimmer betrat." Notiere Hinweis O. Weiter bei **190**.

300

Locke hört sich deine Erklärung an und nickt dann. „Ich denke, das sind ausreichende Beweise", meint er. „Der Mann war nicht dort, wo er behauptet, gewesen zu sein. Wenn ein Mann ohne Alibi lügt, legt das auf jeden Fall nahe, daß er sich am Tatort aufgehalten und es getan haben kann. Und niemand hat erwähnt, daß er ins Billardzimmer gekommen ist – er kann sich versteckt und sich unter die anderen gemischt haben, als sie hereindrängten." Weiter bei **318**.

301

„Seien Sie jetzt bitte so präzise wie möglich", fährst du fort, „und sagen Sie mir genau, was Sie taten, als Sie von dem Mord hörten, und was Sie sahen, als Sie nach oben gingen."

„Ich war mit Johnson im Speisezimmer, als Chambers zu

4

schreien anfing“, sagt Strickland. „Wir waren gerade dabei, nachzuprüfen, ob der Tisch für das späte Abendessen ordentlich gedeckt war – wir servieren immer so gegen elf Uhr noch eine leichte Mahlzeit, da viele Mitglieder einen unregelmäßigen Tagesablauf haben. Als Chambers ‚Hilfe, Mord!‘ schrie, rannten wir hinauf ins Billardzimmer, aber wir waren wohl die letzten, die dort ankamen. Die anderen Mitglieder drängten sich bereits um den Billardtisch und schauten auf den Toten hinunter. Watson kniete neben ihm, und nachdem er bestätigt hatte, daß Sir Terrence tot war, forderte er die anderen auf, zurückzubleiben und nichts anzurühren.“

„Und alle Mitglieder waren da? Nach Ihnen kam niemand mehr ins Zimmer?“

„So ist es. Als mir klar war, daß wir es mit einem Mord zu tun hatten, sah ich mich um, und sie waren alle da. Ich bin sicher, daß nach Johnson und mir keiner mehr hereinkam.“ Wenn du Hinweis C notiert hast, weiter bei **457**. Wenn du keine weiteren Fragen an Strickland hast, weiter bei **228**. Andernfalls weiter bei **207**.

302

„Als ich das Billardzimmer untersuchte“, bemerkst du, „fand ich eine Geheimtür unter dem Billardtisch. Wußten Sie, daß es in diesem Haus so etwas gibt?“

„Eine Geheimtür?“ erwidert er. „Potztausend, wie verrückt! Sie meinen, dieses ehrwürdige alte Gebäude hat so etwas wirklich? Na ja, bei so alten Häusern gibt es das ja manchmal.“ Wähle eine Zahl und zähle deine Instinkt-Punkte hinzu:

- Ist die Summe 2–7, weiter bei **333**.
- Ist die Summe 8–12, weiter bei **367**.

5

303

„Ich sage nur sehr ungern, was ich Ihnen jetzt mitteilen muß", verkündest du, „denn es ist nicht die Lösung, die Sie, meine Herren, gerne hören würden. Ich bin aber gezwungen, den Schluß zu ziehen, daß Dr. Watson Sir Terrence umgebracht hat. Die Indizien, die auf ihn weisen, sind zu eindeutig. Wahrscheinlich hat er Sir Terrence durch einen unglücklichen Zufall im Billardzimmer wiedergetroffen, und ihr Streit begann von neuem. Schließlich konnte Dr. Watson die Provokationen von Sir Terrence nicht länger ertragen, nahm den Schürhaken und erschlug ihn damit."

Die drei Männer starren dich mit vor Verblüffung offenen Mündern an. Schließlich findet Captain Locke als erster seine Sprache wieder. „Unsinn!" faucht er so zornig, daß du zurückzuckst. „Hätte Watson einen Mann ermordet, dann hätte er sich nicht eine halbe Stunde lang in das Zimmer gesetzt und sein eigenes schmutziges Werk angegafft. Er hätte schnell den Raum verlassen, in der Hoffnung, daß ihn niemand sähe. Der Mann, der diesen Mord beging, hat ihn geplant und sich von hinten an Sir Terrence herangeschlichen. Wenn der Mörder im Verlauf eines Streits den Schürhaken gepackt und damit quer durchs Zimmer gestürmt wäre, dann hätte er Sir Terrence nicht auf den Hinterkopf schlagen können." Weiter bei **525**.

304

„Als ich im Billardzimmer war", sagst du, „fiel mir ein kleiner Tisch drüben bei den Fenstern auf, der umgeworfen war. Können Sie sich erinnern, ob er schon am Boden lag, als Sie hereinkamen? Sie scheinen ein Mann mit guter Beobachtungsgabe zu sein."

„Das Tischchen beim Lehnstuhl?" fragt er, und du nickst. „Ja, das habe ich gesehen, Sir. Es lag schon auf der Seite, als ich hereinkam. Thomas Sullivan stand daneben, und ich glaube, er muß es umgestoßen haben. Dr. Watson kniete neben der Leiche und sagte uns mehrmals, daß wir zurückbleiben sollten, damit wir keine Spuren verwischten. Als ob es in London einen Menschen gäbe, der solche Spuren finden könnte, jetzt, wo Sherlock Holmes tot ist! Von diesem Augenblick an behielt ich Watson und den Toten im Auge."

„Sahen Sie, daß er irgendwelche Spuren verwischte?"

„Nun, das nicht. Er bestätigte nur, daß Sir Terrence tot war. Dann fragte jemand, wie lange er schon tot sei, und Watson sagte, wenigstens ein paar Minuten, obwohl er keine genauen Angaben machen könne."

„Wurde noch etwas gesprochen?" fährst du fort.

„Nun ja, Watson benahm sich recht verwirrt und sagte, er sei selbst die letzte halbe Stunde in diesem Raum gewesen. Der Gedanke schien ihn zu schockieren, daß er eine halbe Stunde lang, ohne es zu wissen, mit einer Leiche im selben Zimmer gesessen hatte. Vielleicht war er aber auch schokkiert, daß er die Kaltschnäuzigkeit besessen hatte, so lange dort zu bleiben, nachdem er den Mann getötet hatte." Weiter bei **190**.

305

Du durchdenkst noch einmal alle Fakten des Falles, um zu entscheiden, was du Captain Lawrence fragen möchtest.

- Wenn du fragst, was vor dem Mord geschah, weiter bei **381**.
- Wenn du ihn nichts weiter fragen möchtest, weiter bei **436**.
- Wenn du einen Moment zum Nachdenken brauchst, weiter bei **101**.

306

Strickland stößt einen erleichterten Seufzer aus, schaut auf seine Liste und lächelt dir zu: „Es wird Sie freuen zu hören, daß Sie jetzt nur noch einen Zeugen befragen müssen."

„Und der wäre?“ fragst du, stehst auf und streckst dich, da du schon ein wenig steif vom vielen Sitzen geworden bist.

„Christopher Marshall, ein sehr guter Freund von Dr. Watson“, antwortet Strickland. „Er war auch am Whist beteiligt, wie Sie wissen. Als Johnson uns das Essen brachte, sagte er mir, daß Marshall gerade im Club angekommen sei. Er mußte in den Regierungsbüros noch einige Dinge erledigen, die nicht warten konnten.“

Du überlegst, ob du etwas Nützliches von Marshall erfahren könntest, oder ob es Zeitverschwendung wäre, mit ihm zu reden. Wenn du mit ihm sprichst, weiter bei **369**. Andernfalls weiter bei **143**.

307

Nach einer kurzen Erklärung an den Vorsitzenden beginnst du, nach einem geheimen Ausgang aus dem Raum zu suchen. Strickland ist sichtlich ungeduldig, aber davon läßt du dich nicht beeindrucken. Eine schnelle Prüfung der Wände ergibt, daß in ihnen keine Geheimtür verborgen sein kann, und mit aller Sorgfalt wendest du dich dem Fußboden zu. Wenn du ihn gründlich untersuchst, geht es weiter bei **212**. Wenn du die Suche abbrichst, weiter bei **422**.

308

Du überlegst, ob Marshall etwas bemerkte, was den anderen Zeugen entging, als er nach dem Mord das Billardzimmer betrat. Wenn du ihn fragst, geht es weiter bei **290**. Andernfalls weiter bei **310**.

309

Leise schleichst du die Treppe hinauf und hoffst, daß der Mann, den du verfolgst, dich weder hören noch sehen kann. Du wartest ab, bis du eine Bürotür auf- und zugehen hörst; dann läufst du den Gang hinunter, um von außen zu lauschen.

12

Die zwei Männer unterhalten sich gedämpft, aber bald wird das Gespräch heftig. Du hörst, daß einer der Männer Marshall ist und der andere Symington. Du kannst genug verstehen, um herauszufinden, daß die beiden Partner sind. Symingtons Stimme wird undeutlich, als hätte er sich von der Tür abgewandt, und du legst dein Ohr an die Tür, um besser hören zu können. Notiere Hinweis T. Wähle eine Zahl und zähle deine Beobachtungs-Punkte hinzu:

- Ist die Summe 2–7, weiter bei **105**.
- Ist die Summe 8–12, weiter bei **401**.

310

Du hast jetzt von Marshall das meiste erfahren, was er weiß, und überlegst, ob du wichtige Fragen vergessen hast. Was er wohl über Sir Terrence dachte? Wenn du ihn danach fragst, geht es weiter bei **346**. Andernfalls weiter bei **405**.

311

Obwohl du ihn schon alles gefragt hast, was du von ihm wissen wolltest, plaudert Lewis noch ein paar Minuten lang weiter und spinnt wilde Theorien darüber, wie der Mord passiert sein könnte. Schließlich gelingt es dir, ihm für seine Hilfe zu danken; ihr tauscht noch einige Artigkeiten aus, und endlich geht er. Weiter bei **306**.

312

„Sie sagten, Sie wollten das Feuer schüren", beginnst du vorsichtig. Chambers nickt. „War es kühl im Zimmer, als Sie hineinkamen? Hätte es sein können, daß Dr. Watson selbst den Wunsch hatte, das Feuer zu schüren?"

Chambers schüttelt den Kopf. „Nein, Sir, es war schön warm im Zimmer. Aber die Scheite waren schon kurz vor dem Auseinanderfallen, und wenn ich mich nicht darum gekümmert hätte, wäre es sicher bald ein bißchen kühl geworden. Und die Mitglieder kümmern sich selbst sowieso nicht viel um die Feuer – sogar wenn es ihnen kalt wird. Sie rufen eher nach einem von uns, als daß sie selbst etwas tun würden." Er wirft einen Blick auf Strickland und fügt hastig hinzu: „Das ist natürlich ganz in Ordnung so, Sir. Wir werden ja dafür bezahlt, daß wir es den Mitgliedern angenehm und bequem machen." Weiter bei **150**.

313

Locke hört sich deine Erklärung an, schaut zu Mycroft, und beide nicken. „Sehr gut", sagt Mycroft. „Sie haben eine enge Verbindung zwischen Sir Terrence und Mr. Marshall aufgedeckt. Angesichts der Geschäftspraktiken von Sir Terrence und der Tatsache, daß die Polizei gegen ihn ermitteln wollte, ist dies durchaus ein Mordmotiv." Wenn du Hinweis S notiert hast, geht es weiter bei **372**. Andernfalls weiter bei **195**.

314

„Sahen Sie Dr. Watson, als er ins Zimmer kam?" fragst du Sullivan.

„Ob ich ihn sah? Nun, ich habe in dem Augenblick, als er zur Tür hereinkam, nicht hingesehen, aber er muß sehr kurz nach uns eingetreten sein. Da er Arzt ist, baten wir ihn, Sir Terrence anzusehen, und er bestätigte, was wir uns schon gedacht hatten – nämlich daß Milton mausetot war."

„Und wie verhielt sich Watson?" hakst du nach.

„Den Umständen entsprechend war er sehr ruhig", antwortet Sullivan, „aber wenn er nicht ein Mensch mit einem kühlen Kopf wäre, hätte er nicht mit Sherlock Holmes zusammenarbeiten können. Ein paar der Männer glaubten tatsächlich, daß Watson der Mörder ist – können Sie sich das vorstellen?" Wähle eine Zahl und zähle deine Beobachtungs-Punkte hinzu:

8

– Ist die Summe 2–6, weiter bei **337**.
– Ist die Summe 7–12, weiter bei **538**.

315

Du hast deine Ermittlung in Symingtons Büro abgeschlossen. Ein paar Minuten lang ordnest du gedanklich die neuen Informationen; dann mußt du deine nächsten Schritte beschließen. Wenn du Entscheidung 23 notiert hast, geht es weiter bei **349**. Andernfalls weiter bei **107**.

316

Nach ein paar Minuten kommt ein Ladenbesitzer mit einem Wachtmeister zu dir und will von dir wissen, warum du in seiner Nachbarschaft herumlungerst. Du zeigst dem Wachtmeister das Schreiben von McDonald, aber während du die Sache regelst, tritt der Besucher wieder auf die Straße und geht davon. Als du ihm endlich folgen kannst, hat er schon einen guten Vorsprung.
– Wenn du ihm folgst, weiter bei **174**.
– Wenn du hinauf zu Symington gehst, weiter bei **265**.
– Wenn du findest, daß du schon genug Zeit in dieser Gegend verschwendet hast, weiter bei **518**.

317

Mit mächtigem Spritzen landest du, vom Gelächter der Bootsbesatzung begleitet, im Wasser. Verzweifelt versuchst du, ans Ufer zu schwimmen. Wähle eine Zahl und zähle deine Fitneß-Punkte hinzu:
– Ist die Summe 2–4, weiter bei **131**.
– Ist die Summe 5–12, weiter bei **491**.

318

„Nun, da wir Methode und Gelegenheit abgeklärt haben“, sagt Locke, „fehlt noch der Schlüsselfaktor: das Motiv. Warum sollte Marshall den Tod von Sir Terrence wünschen?“

- Wenn du Hinweis X oder Folgerung 27 notiert hast, weiter bei **313**.
- Wenn du Hinweis E oder Folgerung 8 und zusätzlich Folgerung 9 notiert hast, weiter bei **254**.
- Andernfalls weiter bei **180**.

319

„Wußten Sie, daß sich im Boden des Billardzimmers eine Geheimtür befindet, und zwar unter dem Billardtisch?“ fragst du Sullivan.

„Eine Geheimtür?“ versetzt er. „Was Sie nicht sagen! Wie seltsam. So etwas hätte ich in diesem Haus nie vermutet.“

„Haben Sie eine Ahnung, wer davon gewußt haben kann?“

„Nein, da kann ich Ihnen gar nicht helfen. Schließlich ist es schon ein ziemlich altes Haus.“ Weiter bei **448**.

320

„Nun, Chambers“, sagst du, „fiel Ihnen irgend etwas im Zimmer auf, was nicht in Ordnung war oder nicht an seinem Platz, als Sie hineinkamen? Außer dem Toten natürlich.“

Chambers schüttelt den Kopf und fragt, „Was meinen Sie, Sir? Hat jemand gesagt, daß etwas nicht so war, wie es sein sollte?“

„Ich denke dabei“, fährst du fort, „an das Tischchen an der Fensterseite, neben dem Sessel. Lag es auf dem Boden, als Sie ins Zimmer kamen?“

Chambers schüttelt den Kopf. „Ich weiß nicht, Sir. Ich kann mich nicht erinnern.“ Wie kannst du ihn zu einer Antwort bringen?

7

– Wenn du denkst, daß er es wirklich nicht weiß, weiter bei **439**.
– Wenn du ihn drängst, schärfer nachzudenken, weiter bei **379**.
– Wenn du versuchst, deine Frage besser zu stellen, weiter bei **194**.

321

„Sie sagen, daß die Beweise Sie zwingen werden, ihn zu verhaften", sagst du langsam. „Glauben Sie, daß Watson dieses Verbrechen begangen hat, Mr. McDonald?"

McDonald schüttelt den Kopf. „Das ist ein weiterer Grund, warum ich ihn nicht festgenommen habe. Ich kenne den Mann, und ich kann ihn mir als Mörder nicht vorstellen. Vor allen Dingen kann ich mir nicht vorstellen, daß er einen Mann umgebracht und dann eine halbe Stunde im selben Zimmer gesessen hat, während der Tote langsam kalt wurde. Wenn Sir Terrence ihn provoziert oder bedroht hat, mag Watson ihn vielleicht getötet haben. Aber er hätte ihm nicht mit einem Schürhaken den Schädel eingeschlagen."

„Warum ihn dann überhaupt festnehmen?" fragst du.

„Weil ich durch das Gesetz und die Last der Beweise gebunden bin", erwidert McDonald, „und die Indizien weisen so eindeutig auf Dr. Watson hin, daß mir guten Gewissens keine andere Wahl bleibt. Meine Vorgesetzten würden es auch nicht zulassen. Mr. Lestrade hat mich zum Tatort begleitet, als ich das erste Mal dort war", setzt er hinzu, „aber als wir einen ersten Eindruck von dem Fall gewonnen hatten, mußte er wieder gehen, denn sein Hexenschuß hatte sich so verschlimmert, daß der arme Mann sich kaum bewegen konnte. Ich habe natürlich sofort die Zusammenhänge verstanden. Lestrade ist seit Jahren mit Watson befreundet. In Anbetracht der Indizien, die Watson als Mörder erscheinen ließen, hat Lestrades Hexenschuß ihn davor bewahrt, seinen alten Freund festnehmen zu müssen." Weiter bei **152**.

322

Sorgfältig durchsuchst du Symingtons Büro. Schließlich, als du schon aufgeben willst, blätterst du noch die Bücher hinter seinem Schreibtisch durch. Aus einem von ihnen fällt ein Zettel. Du hebst ihn auf, schaust ihn an und bist verblüfft. Es ist ein sehr seltsames Schriftstück:

217	38	46	117	29	38	HAUS
12	2	202	146	88	199	300
OBEN	194	105	77	HOCH	200	64

Was das wohl bedeutet? Wenn du Hinweis I notiert hast, geht es weiter bei **360**. Andernfalls weiter bei **409**.

323

Vom Keller steigst du die Treppe ins Erdgeschoß hinauf und schaust dich dort um. Es gibt hier genau die Zimmer, die man erwarten würde: Salon, Eßzimmer und Küche. Aber es sieht nicht so aus, als hätte Marshall hier seine Papiere aufbewahrt.

Etwas unruhig, weil du dir über einen eventuellen Fluchtweg nicht sicher bist, gehst du hinauf ins nächste Stockwerk. Hier findest du zwei Schlafzimmer und ein kleines Arbeitszimmer, das Marshall offensichtlich als Büro benutzt. Du durchsuchst es so gründlich wie möglich, findest aber nichts außer uninteressanten Briefen und Geschäftsunterlagen. Wähle eine Zahl und zähle deine Beobachtungs-Punkte hinzu:

- Ist die Summe 2–7, weiter bei **283**.
- Ist die Summe 8–12, weiter bei **571**.

324

„Wußten Sie, daß sich unter dem Billardtisch eine Geheimtür befindet?“ fragst du.

Er sieht dich erstaunt an. „Sie haben Ihre Hausaufgaben ge-

9

macht, Sir", lacht er. „Aber diese Falltür führt nur ins Büro des Clubsekretärs, und niemand, der sich verstecken wollte, entkäme aus diesem Raum. Er könnte nicht wissen, ob jemand im Flur vor der Bürotür stünde, denn sie ist sehr massiv."

Strickland schaut Lawrence entsetzt an und fragt, „Edward, woher wußten Sie von dieser Geheimtür? Ich selbst habe erst heute davon erfahren."

Der Captain lacht selbstzufrieden. „Lord Grayson hat es mir erzählt", erklärt er, „als er eines Abends betrunken war. Er hatte die Idee, daß wir dem Sekretär einen Streich spielen sollten, aber es war uns dann zu umständlich." Notiere die Folgerungen 5 und 7. Weiter bei **436**.

325

Du erklärst die Verknüpfung zwischen den zwei Hinweisen. „Sehen Sie, meine Herren, da Chambers sich sicher ist, daß kein Tisch umgefallen war, und Mr. Sullivan schwört, daß das eine Tischchen auf der Seite lag, als er den Raum betrat, muß es jemand umgestoßen haben, nachdem Chambers hinausgerannt war und bevor er mit Sullivan und Grant wieder hereinkam."

„Ja", antwortet Mycroft, „das ist richtig. Es scheint jetzt klar zu sein, daß der Mann, der den Tisch umwarf, sich anschließend versteckte – vielleicht hinter der Tür. Und wer sich so verhalten hat, der war mit hoher Wahrscheinlichkeit der Mörder. Ich denke, Inspektor, das beweist, daß Watson Sir Terrence nicht umgebracht hat." Notiere Entscheidung 10. Weiter bei **404**.

326

Du kannst im Fußboden des Billardzimmers keine Anzeichen für eine Geheimtür finden. Du fragst dich, ob du etwas übersehen hast, was auf einen geheimen Ausgang deuten würde, aber du kannst jetzt nicht noch mehr Zeit mit der Suche verbringen. Weiter bei **127**.

11

327

„Wußten Sie, daß es im Fußboden des Billardzimmers eine Geheimtür gibt?“ fragst du.

„Eine Geheimtür? Nein, ich wußte nichts von einer Geheimtür“, antwortet er. „Aber ich muß zugeben, daß mich diese Nachricht auch nicht sonderlich überrascht. In diesen alten Gemäuern wimmelt es doch von allen möglichen geheimen Durchgängen und dergleichen. Das war sehr praktisch für Hausherren, die eine Geliebte hatten oder sich vor der Polizei verstecken mußten. Von den Clubmitgliedern, denke ich, wissen am ehesten Lord Grayson und sein Vater, der Earl of Waynesborough, über diese Geheimtür Bescheid. Der Earl hat ja das Haus dem Club verkauft, als der Unterhalt für ihn zu teuer wurde. Aber gestern abend war natürlich keiner von beiden weniger als vierzig Meilen vom Club entfernt.“ Notiere Folgerung 7. Weiter bei **129**.

328

Ob Lord Howard wohl etwas von der Geheimtür weiß, die du im Boden des Billardzimmers gefunden hast? Wenn du ihn danach fragst, geht es weiter bei **142**. Andernfalls weiter bei **561**.

329

An der Straßenecke siehst du einen Leierkastenmann. Ob ihm wohl an jenem Abend etwas aufgefallen ist? Weiter bei **595**.

330

Strickland bringt Edwin Johnson herein, den Butler des Clubs. Johnson ist ein großer, dünner Mann mit einem sehr ruhigen, würdevollen Gesichtsausdruck. Er ist ganz offensichtlich die Diskretion selbst. Wenn du ihn fragst, was er von dem Streit mitbekommen hat, geht es weiter bei **167**. Andernfalls weiter bei **397**.

331

Du findest einen Zeitungsausschnitt über Waynesborough, in dem über einen Mord berichtet wird, in den der Earl möglicherweise verstrickt war. Dem Bericht zufolge war ein Lakai, der der Cousine des Earls gegenüber Annäherungsversuche gemacht hatte, in einem Teich auf dem Grundstück des Earls ertrunken aufgefunden worden. Es war unklar, ob es sich um einen Unfall oder einen Mord handelte, und es kam nie zu einem Prozeß. Holmes' Notizen erwähnen, daß der Earl als Hitzkopf bekannt ist, und beschreiben ihn als leichte Beute für skrupellose Geschäftsleute. Weiter bei **465**.

6

332

Deine Neugier ist durch die vorsichtigen Bemerkungen Watsons über Sir Terrence geweckt worden, und du fragst dich, was er wirklich über den Toten dachte. Wenn du ihn nach seiner Meinung über Sir Terrence fragst, geht es weiter bei **256**. Andernfalls weiter bei **361**.

333

Du glaubst, nun alles von Sir George erfahren zu haben, was er zur Lösung des Falles beitragen kann, dankst ihm für seine Hilfe und schaust ihm nachdenklich hinterher, als er das Zimmer verläßt. Weiter bei **278**.

334

Ob Marshall wohl die Geheimtür im Billardzimmer kannte? Wenn du ihn fragst, weiter bei **416**. Wenn du keine Fragen mehr an ihn hast, weiter bei **405**. Andernfalls weiter bei **310**.

335

„Was taten Sie, als Sie den Diener schreien hörten?“ fragst du Lawrence.

Der Captain überlegt nur kurz. „Oh, ich war unten, Sir, und unterhielt mich mit ein paar anderen Mitgliedern, als wir den Mann schreien hörten. Natürlich sind wir alle nach oben gelaufen. Im Billardzimmer kniete Dr. Watson über dem Toten, wobei ihm einige andere Männer zusahen, aber ich konnte sogar aus zehn Fuß Entfernung sehen, daß Sir Terrence tot war. Von diesem Moment an behielt ich meine Clubkameraden im Auge, um zu sehen, ob sich einer von ihnen seltsam benahm. Ich fürchte, daß ich dem Tatort deswegen nur wenig Aufmerksamkeit geschenkt habe.“ Wenn du fragst, mit wem er unten gesprochen hatte, geht es weiter bei **217**. Andernfalls weiter bei **569**.

2

336

„Ich sehe keinen Sinn darin, diese Geheimtür zu benutzen“, sagst du zu Strickland. „Ich glaube nicht, daß jemand sie als Fluchtweg verwenden würde.“

„Es freut mich, daß Sie keine Zeit verschwenden“, erwidert er. „Auf jeden Fall hätte der Mörder den Raum darunter nicht ungesehen verlassen können.“

Du bemerkst die Vorhänge vor den Fenstern. Sie reichen bis auf den Fußboden hinab. Ob sich jemand dahinter verstecken könnte? Wenn du den Vorsitzenden bittest, sich zu verstecken, geht es weiter bei **474**. Andernfalls weiter bei **350**.

337

Du überlegst dir weitere Fragen an Sullivan.

– Wenn du Hinweis C notiert hast, weiter bei **521**.
– Wenn du keine weiteren Fragen mehr hast, weiter bei **448**.
– Wenn du noch mehr Zeit zum Überlegen brauchst, weiter bei **455**.

338

Mit zwei Droschken fahrt ihr zu sechst – McDonald, vier Wachtmeister und du – in eine Straße, die einen Block vom Haus Marshalls entfernt ist. Schnell gibt der Inspektor seine Instruktionen. „Moore und Lee“, sagt er zu zwei der Polizisten, „ihr geht zur Vordertür, klopft laut und ruft, daß er herauskommen soll. Wahrscheinlich wird er versuchen, durch die Hintertür zu entwischen. Dort werde ich mit Andrews warten. Reynolds“, er wendet sich an den vierten Polizisten, „du postierst dich an der Nordostecke des Blocks, dann hast du ihn im Blick, wenn er plötzlich vorne oder an der Ostseite hinausschlüpft. – Sie, Sir“, sagt er zu dir, „sollten die Rückseite im Westen im Auge behalten. Und nun, meine Herren, wollen wir alle unsere Posten einnehmen, und dann werden wir den Schurken schon erwischen.“

9

- Wenn du Entscheidung 26 notiert hast, weiter bei **198**.
- Wenn du Hinweis Y, aber nicht Entscheidung 26 notiert hast, weiter bei **492**.
- Wenn du weder Entscheidung 26 noch Hinweis Y notiert hast, weiter bei **388**.

339

„Inspektor McDonald", sagst du, und er wendet sich dir wieder zu, „wenn die Indizien so eindeutig gegen Dr. Watson sprechen, warum haben Sie ihn dann nicht festgenommen?"

McDonald blickt verlegen zur Seite. „Nun, Sir", antwortet er, „vielleicht ist das eine Vernachlässigung meiner Pflichten, aber es fällt mir einfach sehr schwer, einen Mann zu verhaften, den ich mag. Ich habe meine Vorgesetzten davon überzeugt, daß es besser ist, noch ein wenig zu warten, bis eindeutige Beweise vorliegen. Für einen Mann in seiner Position hätte eine Verhaftung katastrophale Folgen. Lang kann ich es allerdings nicht mehr hinauszögern. Wenn Sie mir bis heute abend kein schlüssiges Argument liefern, das meine Schlußfolgerungen widerlegt, muß ich Dr. Watson morgen verhaften." Wähle eine Zahl und zähle deine Instinkt-Punkte hinzu:
- Ist die Summe 2–5, weiter bei **152**.
- Ist die Summe 6–12, weiter bei **321**.

340

„Haben Sie schon gehört", fragst du Mr. Martin, „daß Mr. Strickland und ich bei der Untersuchung des Billardzimmers eine Geheimtür im Fußboden entdeckten? Wußten Sie davon?"

„Eine Geheimtür?" antwortet er mit sichtbarer Überraschung. „Wer hätte das gedacht! Nein, davon habe ich noch nie gehört. Aber ich kann Ihnen sagen, wer sich damit wahrscheinlich auskennt. Der Earl of Waynesborough hat das Haus dem

Club verkauft, und sein Sohn, Lord Grayson, ist auch Mitglied. Beide müßten darüber Bescheid wissen." Weiter bei **570**.

341

Du bist mit McDonald einig, daß eure Durchsuchung abgeschlossen ist, und ihr verlaßt Symingtons Büro. Als McDonalds Droschke dich zu Hause absetzt, verabredet ihr, daß ihr euch am nächsten Abend bei Mycroft treffen wollt, um die Ermittlungsergebnisse zu besprechen und die Verhaftung des Mörders vorzubereiten, falls du bis dahin seine Identität entdeckt hast. Weiter bei **475**.

342

Deine Geduld wird belohnt. Der Besucher verläßt das Haus, in dem Symingtons Büro ist, und läuft schnell die Straße entlang. Als er sich umdreht, kannst du sein Gesicht gut erkennen. Erschrocken stellst du fest, daß es Watsons Freund Christopher Marshall ist. Notiere Hinweis T. Wenn du Symington aufsuchen willst, geht es weiter bei **265**. Wenn du Marshall folgst, weiter bei **149**.

343

Dir kommt der Gedanke, daß dieser Mann vielleicht bereit ist, dir zu helfen, in Sir Terrence' Unterlagen einen entscheidenden Hinweis zu finden, falls es ein solches Dokument geben sollte.

„Würden Sie mir helfen, die Papiere durchzusehen?" fragst du Perkins. „Ihre Kenntnis über die Geschäfte und Gewohnheiten Ihres Herrn könnte darüber entscheiden, ob es uns gelingt, den Mörder zu fangen, oder ob wir ein wichtiges Beweisstück übersehen." Wähle eine Zahl und zähle deine Kommunikations-Punkte hinzu:

- Ist die Summe 2–4, weiter bei **523**.
- Ist die Summe 6–12, weiter bei **581**.

11

344

Du möchtest zwar auf keinen Fall, daß Marshall dich in seinem Haus erwischt, aber noch schlimmer wäre es, wenn er Spuren deines Besuches entdecken würde. Also räumst du alles wieder ordentlich auf und stellst die Möbel gerade. Dann eilst du hinunter, schlüpfst zur Hintertür hinaus und kletterst schließlich über die hintere Mauer. Als du auf dem Boden landest, hörst du, daß vor dem Haus eine Droschke vorfährt. Du hast dich gerade noch rechtzeitig davongemacht! Weiter bei **560**.

345

Das schöne Wetter versetzt dich in eine so gute Laune, daß du überzeugt bist, heute die entscheidenden Indizien zu finden. Wenn du Folgerung 14 notiert hast, geht es weiter bei **123**. Andernfalls weiter bei **107**.

346

„Sie kannten Sir Terrence natürlich", sagst du und schaust Marshall an. „Könnten Sie mir sagen, was Sie über den Mann dachten? Wenn ich mehr von ihm weiß, erkenne ich vielleicht den Grund, warum er umgebracht wurde."

„Selbstverständlich", antwortet Marshall, „Sie haben ganz recht. Sir Terrence war ein recht anständiger Bursche, obwohl er auch manchmal sehr grob werden konnte. Es gab Gerüchte, daß er anderen Männern gerne die Frauen ausspannte, aber ich weiß nicht, ob das jemals bewiesen wurde. Und durch seine geschäftlichen Mißerfolge machte er sich natürlich auch nicht gerade beliebt."

„War er ein schlechter Geschäftsmann?" fragst du.

„Die meisten würden ihn so nennen", antwortet Marshall, „und da er im letzten Jahrzehnt drei Firmen in den Bankrott geführt hat, müßte ich ihnen wohl auch zustimmen. Wenn er kein schlechter Geschäftsmann war, muß er ein unehrlicher gewesen sein. Natürlich versuchte er sich immer an hochriskanten Spekulationsobjekten, und so können seine Fehlschläge auch schlichtes Pech gewesen sein."

„Haben Sie jemals Geld bei ihm investiert?"

„O nein", erwidert Marshall lachend und schüttelt den Kopf. „Nein, wenn ich zum Spielen aufgelegt bin, halte ich mich an Karten oder Pferde. Als Investition hätte ich Sir Terrence' Projekte niemandem empfehlen wollen."

Wenn du Hinweis E oder Folgerung 8 notiert hast, geht es weiter bei **446**. Andernfalls weiter bei **405**.

347

Du denkst über weitere Fragen nach, die du Lewis stellen könntest. Was könnte er noch wissen? Wenn du ihn nach seiner Meinung über Sir Terrence fragst, weiter bei **358**. Wenn du keine Fragen mehr an ihn hast, weiter bei **311**. Andernfalls weiter bei **246**.

348

Überzeugt, daß du alles Notwendige untersucht hast, willst du nun Marshalls Haus wieder verlassen. Mit Schrecken stellst du fest, daß du mehr als zwei Stunden hier verbracht hast. Je schneller du gehst, desto besser. Du betrachtest die Unordnung, die du im Zimmer verursacht hast, und fragst dich, ob du es riskieren solltest, dir die Zeit zum Aufräumen zu nehmen. Wenn man dich in einem fremden Haus erwischt, wirst du schon eine sehr gute Ausrede brauchen! Wenn du aufräumst, bevor du gehst, weiter bei **344**. Andernfalls weiter bei **365**.

349

Du erinnerst dich an die Erlaubnis, Sherlock Holmes' Materialien und Aufzeichnungen in seinen ehemaligen Räumen in der Baker Street einzusehen. Ob du dort etwas finden könntest, was dir weiterhilft? Wenn du in die Baker Street gehst, weiter bei **136**. Andernfalls weiter bei **107**.

350

Strickland ist schon zu irritiert, als daß du es riskieren willst, ihn mit einer Bitte zu belästigen, die ihn noch mehr aufregen könnte. Weiter bei **583**.

351

Du denkst scharf nach. Was könntest du von Sir George noch erfahren? Wenn du Hinweis G notiert hast, geht es weiter bei **528**. Andernfalls weiter bei **333**.

352

„Am besten wäre es wohl, wenn Sie mit Johnson, dem Butler, sprechen würden“, meint Strickland, „falls Sie das wünschen. Ich weiß, daß er von halb neun Uhr bis zum Zeitpunkt, als die Leiche entdeckt wurde, unten war.“ Wenn du mit Johnson redest, geht es weiter bei **330**. Andernfalls weiter bei **447**.

353

Nachdem du Symingtons Leiche untersucht hast, stehst du auf und siehst dich um. Ob dieses Zimmer wohl irgendwelche Geheimnisse birgt, die dir helfen könnten, den Mord an Milton aufzuklären? Wenn du den Raum durchsuchst, weiter bei **434**. Wenn du das Zimmer verläßt, weiter bei **341**. Andernfalls weiter bei **440**.

354

„Was wissen wir über den Earl?“ fragst du. „Was für ein Mensch ist er?“

„Der Earl“, grübelt McDonald, „ich habe ihn kennengelernt, als wir wegen eines Einbruchs in seinem Haus ermittel-

12

ten. Er ist ein derber, aber herzlicher Mann, kann allerdings sehr böse werden, wenn ihm jemand Unrecht tut. Als ich herausfand, daß einer seiner Diener der Dieb war, mußten ihn zwei Männer davon abhalten, den armen Kerl zusammenzuschlagen. Es gibt noch andere Berichte über sein hitziges Temperament."

Wenn du Folgerung 7 notiert hast, geht es weiter bei **376**. Andernfalls weiter bei **471**.

355

Marshalls bleiches Gesicht wird plötzlich rot vor Zorn; er steht abrupt auf und tritt auf dich zu. Mit fast sichtbarer Willensanstrengung bleibt er stehen, schüttelt drohend seine Faust vor deinem Gesicht, dreht sich dann um und stürmt aus dem Zimmer. Über die Schulter ruft er noch zurück: „Ich weiß nicht, warum ich meine Zeit mit einem Menschen vergeuden soll, der eine Lüge nicht von der Wahrheit unterscheiden kann und einen Verbündeten wie einen Verbrecher behandelt! Wenn Sie noch einmal versuchen, mit mir zu reden, Sir, werde ich Ihnen eine gehörige Tracht Prügel verpassen!"

Strickland schaut dich kopfschüttelnd und mit offensichtlichem Abscheu an. Weiter bei **143**.

356

Chambers ist ein kleiner, schlanker Mann mit einem schmalen Gesicht und sandfarbenem Haar. Er zeigt eindeutige Zeichen von Nervosität und tritt von einem Fuß auf den anderen. „Setzen Sie sich doch und machen Sie es sich bequem", sagst du beruhigend. „Sie haben nichts zu befürchten, Chambers. Niemand glaubt, daß Sie etwas Falsches getan haben."

Chambers setzt sich auf eine Stuhlkante und sagt mit sehr leiser Stimme: „Vielen Dank, Sir. Die Polizei war gestern abend so grob mit mir, daß ich einen Schrecken bekam, als Mr.

Strickland mir sagte, ich müßte noch einmal mit jemandem darüber reden. Und es war auch wirklich schrecklich, den armen Herrn so zu finden."

„Das kann ich gut verstehen", sagst du. „Aber jetzt würde ich gerne wissen, warum Sie im oberen Stock waren, als Sie Sir Terrence fanden."

„Oh, es war meine Pflicht, oben zu sein", sagt er schnell. „Es gibt einen Waschraum und ein paar kleinere Zimmer, die von den Mitgliedern benutzt werden, und einer von uns ist jeden Abend oben und achtet darauf, daß alles so ist, wie es sein soll – gebrauchtes Geschirr muß weggeräumt werden, man muß nach dem Feuer sehen, und ähnliche Dinge, Sir."

Wenn du ihn fragst, ob er etwas bemerkt hat, als er Watson sah, weiter bei **398**. Wenn du keine Fragen mehr an ihn hast, weiter bei **439**. Andernfalls weiter bei **370**.

357

Du beschließt, Symington, den Rivalen von Sir Terrence, sofort aufzusuchen. Bei ihm könnte der Schlüssel für den ganzen Fall zu finden sein. Notiere Entscheidung 23. Weiter bei **103**.

358

„Sie kannten Sir Terrence seit einiger Zeit, nicht wahr?" fragst du, und Lewis nickt. „Könnten Sie mir bitte Ihre Meinung über ihn sagen? Was für ein Mensch war er?"

„Nun ja, vielleicht kann ich Ihnen Auskunft geben", meint er zögernd. „Aber kommen Sie bitte nicht auf falsche Gedanken, wenn es eigenartig klingt. Ich möchte nicht schlecht über Tote reden, aber vielleicht läßt sich dieser Eindruck nicht vermeiden."

„Ich verstehe", sagst du, und Strickland stimmt dir hastig zu.

„Nun gut", fährt Lewis fort, „das wollte ich vorab klarstellen, weil ich nicht sicher bin, ob meine Schilderung dem Mann gerecht wird. Sehen Sie, ich habe einen ziemlichen Batzen Geld in zwei von seinen Firmen verloren, und ich denke, daß man sich nur dann mit Geschäften befassen sollte, wenn man auch etwas davon versteht. Ich hatte gehört, daß beide Firmen ausgezeichnet liefen. Es waren Gelegenheiten, bei denen eigentlich gar nichts schiefgehen konnte. Also investierte ich recht viel und verlor fast alles.“ Wähle eine Zahl und zähle deine Instinkt-Punkte hinzu:

- Ist die Summe 2–6, weiter bei **246**.
- Ist die Summe 7–12, weiter bei **374**.

359

„Können Sie mir sagen, was letzte Nacht passiert ist?“ fragst du.

„Natürlich“, antwortet er. „Allerdings habe ich McDonald schon alles gesagt, was ich weiß. Gestern abend ging ich in den ‚Drei-Kontinente-Club‘ zum Abendessen und um ein paar Runden Whist zu spielen. Mein Partner Marshall und ich harmonierten im letzten Spiel perfekt miteinander und gewannen den Robber mit einem Schlemm. Nun, Sir Terrence regte sich auf, obwohl sein Verlust weniger als ein Pfund betrug, und beschuldigte mich, falsch gespielt zu haben. Wir stritten uns eine Zeitlang, dann wurde mir die Sache zu bunt und ich schlug ihn mit einem Fausthieb zwischen die Augen nieder.“

„Was taten Sie dann?“ fragst du. „Blieben Sie im Spielzimmer oder gingen Sie hinaus?“

„Oh, mein Freund Marshall bugsierte mich aus dem Zimmer“, antwortet er. „Er wollte keinen weiteren Ärger, obwohl man es im Club mit solchen Dingen nicht sehr genau nimmt. Er brachte mich in einen Salon, wo mir einer der Diener ein Glas Brandy gab. Dann ging ich hinauf in das kleine Billardzimmer, um dort den Brandy in Ruhe zu trinken.“

„Wann war das?“ fragst du.

„Ich weiß es wirklich nicht mehr“, antwortet er. „Ich habe nicht auf die Zeit geachtet. Ich saß eine Weile da, las und trank. Als ich fertig war, ging ich hinunter, aber bevor ich noch den Fuß der Treppe erreicht hatte, hörte ich einen der Diener schreien. Ich lief wieder hinauf und zurück ins Billardzimmer. Vor mir waren ein paar andere Mitglieder. Sir Terrence lag in der Ecke hinter dem Billardtisch. Jemand hatte ihm mit dem Schürhaken vom Kamin den Kopf eingeschlagen.“

„Konnten Sie feststellen, wie lange er schon tot war?“

„Nun, eine Autopsie habe ich nicht vorgenommen“, erwidert Watson gereizt, „aber er war bereits mindestens ein paar Minuten tot. Er mußte schon tot dort gelegen haben, als ich das Zimmer zum ersten Mal betrat. Das ist seltsam, weil ich vorher niemanden hatte herauskommen sehen, als ich mit meinem Brandy die Treppe hinauf und durch den Flur zur Tür gegangen war.“ Wenn du Hinweis C notiert hast, geht es weiter bei **210**. Andernfalls weiter bei **332**.

360

Du schaust den merkwürdigen Zettel an und dir fällt auf, daß er im selben Kode geschrieben ist wie der andere Zettel, den du im Billardzimmer gefunden hast. Du hast aber keine Möglichkeit, herauszufinden, welcher Text den Schlüssel für diese Botschaft darstellt, und jetzt hast du auch keine Zeit zum Experimentieren. Du steckst den Zettel ein und überlegst, was du als Nächstes tun sollst. Einerseits könnte Symingtons Schreibtisch nützliche Hinweise enthalten, andererseits solltest du den Todesfall sofort der Polizei melden. Notiere Hinweis R. Wenn du die Polizei rufst, geht es weiter bei **391**. Wenn du den Schreibtisch durchsuchst, weiter bei **225**.

361

Du erinnerst dich daran, daß Sir Terrence, als er sich mit Watson stritt, dessen Beziehung zu einer Frau erwähnt hatte. Wenn du Watson nach diesem Streit fragst, weiter bei **224**. Andernfalls weiter bei **232**.

362

Obwohl Marshall flüssig und selbstbewußt seine Aussage macht, merkst du, daß er dich anlügt. Irgend etwas paßt bei seiner Geschichte nicht zusammen. Wenn du eine Erklärung für seine Lügengeschichte verlangst, geht es weiter bei **297**. Andernfalls weiter bei **308**.

363

Du bist etwa einen halben Block von dem Gebäude entfernt, in dem Symington sein Büro hat. Der dichte Verkehr macht das Vorwärtskommen mühsam. Du bleibst einen Augenblick stehen und überlegst – du willst dir klar sein darüber, was du ihn fragen möchtest. Wenn du Entscheidung 22 notiert hast, weiter bei **265**. Andernfalls weiter bei **506**.

364

Der Club war früher einmal ein Privathaus, und du überlegst, ob es vielleicht irgendwo einen geheimen Ausgang gibt. Das könnte für Watson sehr entlastend sein. Wenn du danach suchst, geht es weiter bei **307**. Andernfalls weiter bei **422**.

365

Beunruhigt darüber, wie spät es schon ist, rennst du die Treppe hinunter und schlüpfst hinten zur Küchentür hinaus. Als du über den rückwärtigen Zaun kletterst, hörst du Hufgeklapper. Vor dem Haus verstummt es. Leise schleichst du dich durch die dunklen Sträßchen davon. Notiere Entscheidung 26. Weiter bei **560**.

366

Schnell ißt du zu Abend und überlegst, was du am nächsten Tag tun willst. Welche Informationen brauchst du, um einen entscheidenden Schluß ziehen zu können? Weiter bei **242**.

367

Grant weiß zwar offensichtlich nichts von der Geheimtür, aber vielleicht kann er dir sagen, wer sich mit den Geheimnissen des Hauses auskennt. Wenn du ihn danach fragst, weiter bei **274**. Andernfalls weiter bei **333**.

368

„Wußten Sie, daß es im Billardzimmer eine Geheimtür gibt?" fragst du in einem letzten Versuch, etwas von Captain Lawrence zu erfahren.

„Und was würde das schon ändern?" antwortet er schroff. „Sie führt ins Büro des Sekretärs, und auf diesem Weg könnte niemand unbemerkt entkommen. Er könnte nicht wissen, ob jemand im Flur wäre, wenn er das Büro verlassen wollte."

„Woher wußten Sie von der Geheimtür, Edward?" fragt Strickland schockiert.

„Ach, Lord Grayson hat mir eines Abends davon erzählt, als er ein bißchen zu viel getrunken hatte", erwidert Lawrence. „Er schlug vor, daß wir dem Sekretär einen Streich spielen sollten, aber das war uns dann doch zu mühsam." Notiere die Folgerungen 5 und 7. Weiter bei **436**.

369

Marshall betritt das Zimmer. Er ist ein nur mittelgroßer, aber sehr massiv gebauter Mann mit riesigen, kraftvollen Händen. Dein erster Eindruck von ihm wird aber durch sein offenes Lächeln abgeschwächt. Du erinnerst dich, daß er mit Watson und Sir Terrence an der Partie Whist beteiligt war, und fragst dich, was er wohl von dem Streit zu berichten weiß.

Wenn du ihn nach dem Streit fragst, geht es weiter bei **548**. Andernfalls weiter bei **112**.

370

„So, Chambers“, sagst du, „jetzt entspannen Sie sich und dann sagen Sie mir, was Sie sahen, als Sie die Leiche fanden.“

Chambers wird etwas lockerer und erzählt seine Geschichte, offensichtlich nicht das erste Mal. „Ich ging hinein, Sir, und begann aufzuräumen. Ich wollte das Feuer schüren, aber der Schürhaken war nicht an seinem Platz. Dann fiel mir drüben beim Billardtisch etwas auf, und ich lief hinüber, und da lag der arme Sir Terrence mit dem Gesicht nach unten. Sein Hinterkopf sah nicht sehr schön aus, und neben ihm lag der Schürhaken voller Blut. Na, als ich das sah, hab ich getan, was jeder getan hätte: Ich rannte in den Flur hinaus und schrie um Hilfe. Zum Glück waren die anderen Gentlemen gleich zur Stelle und kümmerten sich um alles.“ Wähle eine Zahl und zähle deine Instinkt-Punkte hinzu:

– Ist die Summe 2–7, weiter bei **150**.
– Ist die Summe 8–12, weiter bei **450**.

371

„Das müssen ja ziemlich arglose Spaßmacher sein, wenn man sie sogar von außen beobachten kann“, sagst du.

„Nein, nein, Sir, es ist ja dabei nicht notwendig, sich vor mir zu verstecken“, lächelt der Hausierer. „Und gestern abend zum Beispiel, da bin ich sicher, daß der Streich des Mannes gut geklappt hat, obwohl ich ihn gesehen hab.“

„Was haben Sie denn gesehen?“ fragst du eifrig.

„Ach, Sie waren wohl sein Opfer?“ lacht er. „Also, dann will ich Ihnen sagen, wie er es gemacht hat. Es war da oben in dem Zimmer mit den blauen Vorhängen.“ Er zeigt zu den Fenstern des Billardzimmers. „Ungefähr 'ne halbe Stunde lang stand ge-

stern abend ein Kerl zwischen den Vorhängen und dem Fenster. Und Sie konnten ihn von innen nicht sehen, was? Und dann hat er Sie überrascht!"

„War das so gegen neun?" fragst du.

„Genau, Chef", nickt er. „Es hatte gerade neun geschlagen, als ich ihn dort stehen sah."

Du lächelst und murmelst: „Der kann was erleben", dann steckst du dem Mann noch einen Schilling zu. (Ziehe 1 Schilling von deinem Geld ab.) Du kannst deine Freude kaum verbergen. Der Mörder muß sich hinter dem Vorhang versteckt haben, als er Watson kommen hörte! Notiere Hinweis Q. Weiter bei **124**.

7

372

Im folgenden erklärst du, daß Marshall auch Symingtons Partner war. Mycroft und Locke nicken voller Interesse für die Informationen, die du gesammelt hast. „Das stützt Ihre Beweisführung", sagt Locke. „Marshall war nicht nur Sir Terrence' Partner, sondern hatte auch mit einem anderen Geschäftsmann von zweifelhaftem Ruf zu tun. Marshall wollte nicht, daß seine Beteiligung an all dem bekannt wurde. Denn das hätte ihm sehr schaden können." Weiter bei **195**.

373

In deinem Eifer, Marshall nicht aus den Augen zu verlieren, stößt du mit dem Zeitungsjungen zusammen. Du entschuldigst dich und gibst ihm sechs Pennies, damit er keinen Lärm macht. (Ziehe die 6 Pennies von deinem Geld ab.) Du hoffst, daß der kleine Zwischenfall Marshalls Aufmerksamkeit nicht erregt hat. Er ist noch immer vor dir und scheint jetzt sein Tempo zu beschleunigen.

- Wenn du die Verfolgung Marshalls fortsetzt, weiter bei **463**.
- Wenn du die Verfolgung abbrichst und zu Symington gehst, weiter bei **265**.
- Wenn du die Verfolgung abbrichst, aber nicht zu Symington gehst, weiter bei **520**.

374

Als Lewis erwähnt, daß jemand die Firmen von Sir Terrence als solide Investitionsmöglichkeiten empfohlen hat, spitzt du die Ohren. Ob Lewis sich wohl noch daran erinnern kann, wer ihm das erzählt hat? Wenn diese Person an Sir Terrence' Geschäften beteiligt war, könnte sie ein Motiv gehabt haben, Sir Terrence zu töten, um sich Unannehmlichkeiten durch das Bekanntwerden dieser Verbindung zu ersparen. Wenn du Lewis fragst, wer die Empfehlung gegeben hat, weiter bei **387**. Andernfalls weiter bei **246**.

9

375

Watson sträubt sich sichtlich gegen die Frage. „Sie hat mit dieser Sache nichts zu tun", sagt er scharf, „und ich sehe keinen Grund, den Namen einer Dame mit einem solchen Fall unnötigerweise in Verbindung zu bringen." Wenn du ihn fragst, wer den Mord begangen haben könnte, weiter bei **243**. Andernfalls weiter bei **263**.

376

„Was den Earl betrifft, so gibt es noch eine weitere wichtige Einzelheit", sagst du und versuchst, dir deine Aufregung nicht anmerken zu lassen. „Der Earl hat das Haus dem Club verkauft, und vermutlich kennt ein Mann, der das Haus jahrelang besaß, alle seine Geheimnisse. Er kann die Geheimtür leicht benutzt und sich später davongeschlichen haben. Diese Möglichkeit würde mit den Indizien übereinstimmen." Weiter bei **471**.

377

„Sie waren bei der Partie Whist mit Watson und Sir Terrence dabei", sagst du langsam. „Könnten Sie den Streit zwischen den beiden beschreiben?"

Martin lächelt und gibt eine Geschichte zum besten, die er sich offensichtlich schon seit Stunden zurechtgelegt hat. Er fängt mit der letzten Runde Whist an und beschreibt ihren Ablauf Stich für Stich. „Watson war groß in Form", fügt er hinzu, „und es gelang ihm in der einen Runde dreimal, Sir Terrence' Absichten zu vereiteln. Hinterher beim Abrechnen meinte Sir Terrence, Watson müsse wohl durch die Karten hindurchschauen können, um so gut spielen zu können. Watson wurde aber erst richtig wütend, als Sir Terrence eine Bemerkung über eine mit dem Doktor befreundete Dame fallen ließ."

„Und das löste die Rauferei aus?" unterbrichst du.

5

„O nein, sie haben sich noch eine Weile gestritten, bevor Watson ihm den Hieb versetzte. Rauferei kann man es sowieso kaum nennen. Watson schlug einmal zu, und dann war es vorbei.“ Du denkst über Martins Aussage nach. Wähle eine Zahl und zähle deine Instinkt-Punkte hinzu:
- Ist die Summe 2–7, weiter bei **415**.
- Ist die Summe 8–12, weiter bei **530**.

378

Für einen Augenblick bist du aufgeregt, weil du die Geheimtür gefunden hast, aber als du ein wenig darüber nachdenkst, kommst du zu dem Schluß, daß der Mörder wohl kaum diesen Weg gegangen sein kann. Selbst wenn er die Geheimtür kannte, hätte er einen Schlüssel zum Büro des Sekretärs haben müssen. Und selbst wenn diese Voraussetzungen gegeben waren, hätte er das Büro verlassen müssen, ohne zu wissen, ob sich jemand im Flur aufhielt. Notiere Entscheidung 5. Weiter bei **282**.

379

„Nun, Chambers“, sagst du und versuchst, den Mann nicht nervös zu machen. „Denken Sie scharf über den Tatort nach und sagen Sie mir, ob der kleine Tisch umgeworfen war oder nicht, als Sie das Zimmer betraten.“ Wähle eine Zahl und zähle deine Kommunikations-Punkte hinzu:
- Ist die Summe 2–8, weiter bei **155**.
- Ist die Summe 9–12, weiter bei **514**.

380

Strickland sieht auf seine Liste und stößt einen tiefen Seufzer aus. „Gott sei Dank“, murmelt er, „bald haben wir es hinter uns. Der nächste ist Thomas Martin. Er hat mit Watson und Sir Terrence Whist gespielt. Möchten Sie mit ihm reden?“ Wenn

2

du Martin befragst, geht es weiter bei **537**. Andernfalls weiter bei **239**.

381

„Ich versuche, alles über den Ablauf der gestrigen Ereignisse zu erfahren", sagst du zu Lawrence. „Ich wüßte es zu schätzen, wenn Sie mir sagten, was passierte, bevor Sie von dem Mord hörten."

„Vor dem Mord", murmelt er. „Nun, ich werde mein Bestes tun, Sir. Ich hatte bei *Simpson's* zu Abend gegessen und kam dann kurz vor neun in den Club. Fast sofort, nachdem ich den Salon betreten hatte, traf ich eine Gruppe von Mitgliedern, die sich aufgeregt über einen Streit beim Kartenspielen unterhielten. Sir Terrence war unter ihnen, und ich konnte sofort sehen, daß er bei dem Streit den Kürzeren gezogen hatte: Mitten auf der Stirn hatte er eine üble Beule, und seine Kleider waren etwas in Unordnung – er war ganz offensichtlich niedergeschlagen worden. Kurz nach meinem Eintreffen, nur ein paar Minuten vor neun, entschuldigte er sich bei uns und ging nach oben. Da er zuvor noch auf die Uhr sah, hatte ich den Eindruck, daß er mit jemandem verabredet war. Ich weiß aber nicht, mit wem. Ich schaute zum Treppenhaus, während ich mit den anderen redete, und sah ein paar Minuten später Dr. Watson hinaufgehen – gleich, nachdem die Uhr neun geschlagen hatte." Weiter bei **101**.

382

„Ich werde es kurz machen", sagt Locke. „Christopher Marshall hat Sir Terrence getötet. Er war ein heimlicher Partner bei Sir Terrence' Unternehmungen. Als sich herausstellte, daß Sir Terrence wahrscheinlich wegen seines letzten Projektes verhaftet werden würde, tötete Marshall ihn, damit er nicht reden konnte."

3

„Und wie stellte er es an, Captain?“ fragt McDonald.

„Er ließ Watson allein, traf Sir Terrence oben im Billardzimmer und schlug ihn mit dem Schürhaken nieder. Als er Watson im Flur hörte, muß er sich hinter den Vorhängen versteckt haben. Als Chambers dann die Leiche fand und aus dem Zimmer rannte, lief Marshall quer durch den Raum und versteckte sich hinter der Tür. Von dort mischte er sich unter die anderen, die hereingestürzt kamen. Er machte allerdings einen Fehler. Als er durchs Zimmer rannte, stieß er ein Tischchen um und nahm sich nicht die Zeit, um es wieder aufzustellen. Nun, meine Herren“, sagt er zu McDonald und dir, “müssen Sie sich ein paar Polizisten nehmen und ihn verhaften.“ Von seinem bestimmten Auftreten motiviert, eilt ihr ins Londoner West End zu Marshalls Haus. Weiter bei **338**.

383

„Es ist sehr wichtig, daß Sie sich daran erinnern, ob dieser Tisch umgeworfen war“, sagst du langsam. „Ich möchte, daß Sie versuchen, sich genau daran zu erinnern, was Sie im einzelnen im Zimmer getan haben, Chambers.“

„Ja, Sir“, sagt er mit zweifelnder Stimme.

„Bitte konzentrieren Sie sich ganz auf gestern abend“, sagst du. „Sie sahen Dr. Watson aus dem Billardzimmer kommen und gingen selbst hinein. Beginnen Sie an der Stelle.“

„Ja, Sir“, antwortet er. „Ich ging hinein und sah, daß der Doktor ein Glas auf dem Tisch bei seinem Sessel stehengelassen hatte. In dem Sessel lag eine Zeitung. Ich faltete die Zeitung ordentlich zusammen und legte sie auf den Tisch vor dem Sofa. Dann ging ich zum Feuer und merkte, daß der Schürhaken nicht da war.“

„Sehr gut“, sagst du aufmunternd, „sehr gut. Und was taten Sie dann?“

„Auf dem Billardtisch lag ein Stück Papier oder so etwas,

und ich ging hin und wollte es fortnehmen, und da habe ich Sir Terrence gefunden – ich hab's, Sir!" ruft er plötzlich aufgeregt.

„Was haben Sie?" fragt Strickland.

„Ich bin direkt an dem Tischchen vorbeigegangen, und ich hätte es niemals auf dem Boden liegen lassen. Wenn es umgeworfen wurde, muß das passiert sein, nachdem ich hinausgelaufen war, um Hilfe zu holen. Wahrscheinlich hat es einer der Männer, die dann hineinrannten, umgestoßen."

„So muß es gewesen sein", stimmst du zu. Notiere Hinweis J. Weiter bei **439**.

384

„Könnten Sie mir Ihre Meinung über Sir Terrence sagen?" fragst du den Earl. „So viel ich weiß, kannten Sie ihn gut."

„Nur zu gut", antwortet der Earl, „nur zu gut. Ich muß sagen, wenn ein Clubmitglied von so etwas Schrecklichem getroffen werden mußte, dann hat der Mörder sich doch wenigstens das richtige Opfer ausgesucht."

„Sie mochten den Mann nicht, Sir?" hakst du nach.

„Ich haßte ihn", erwidert der Earl kalt. „Abgesehen davon, daß er seine Freunde und Clubkameraden mit seinen krummen Geschäften ausnutzte, war in seiner Nähe keine anständige Frau sicher. Er hat sich sogar an meine Frau herangemacht."
Ob der Earl wohl noch andere Personen kennt, die Sir Terrence genauso haßten wie er selbst? Wenn du ihn fragst, wer der Mörder sein könnte, geht es weiter bei **452**. Andernfalls weiter bei **441**.

385

„Etwas gehört?" erwidert er nachdenklich. „Nein, gehört habe ich nichts. Ich bin sicher, daß wir jedes laute Geräusch bemerkt hätten, denn es hätte unser Spiel gestört. Aber die Wände dieses Gebäudes sind ziemlich dick, und deshalb kann man ziemlich laut werden, ohne daß man auf der anderen Seite des Flurs gehört wird. Chambers haben wir nur gehört, weil er in den Flur hinauslief." Weiter bei **184**.

386

„Es gab ein paar Männer, die ihm nichts Gutes wünschten", meint der Earl. „Dr. Watson wußte, daß Sir Terrence ihn mit seiner letzten Firma betrogen hatte. Alex Lewis verachtete den Mann. Einer seiner geschäftlichen Konkurrenten, ein Mann namens Symington, freute sich über den Mord sicherlich ebenso sehr wie ich."

„Noch jemand?" fragst du.

„Nun, ich würde mir mal Lord Howard näher anschauen", antwortet er. „Er tritt oft wie ein Narr auf, ist aber keineswegs einer. Sir Terrence hat viel Geld aus ihm herausgeholt, und das hat seiner Lordschaft sicherlich gar nicht gefallen. Es könnte natürlich noch viele andere geben, besonders, wenn der Schweinehund versucht hat, die Frau eines anderen zu verführen – was er gerne tat, wie man hört." Notiere Folgerung 18. Weiter bei **441**.

387

„Wie kam es dazu, daß Sie bei Sir Terrence Geld investierten?" fragst du Lewis. „Hat es sich einfach so ergeben, weil Sie beide Mitglieder desselben Clubs waren, oder hat Ihnen eine dritte Person die Investition empfohlen?"

„Nun, ich kannte Sir Terrence natürlich", antwortet er, „aber nur beiläufig. Ich wußte nicht, daß er mit Dingen zu tun hatte, die mich interessieren könnten, bis mir Christopher Marshall davon erzählte und erklärte, wie gut er wahrscheinlich abschneiden würde. Ich fragte dann bei Sir Terrence nach, und der informierte mich über seine Firma. Das war die *Neuseeländische Teegesellschaft*. Es hätte eine sichere Sache sein müssen, aber ein unerwarteter Sturm hat jeglichen Gewinn zunichte gemacht."

„Aber Sie haben doch noch einmal bei Sir Terrence investiert?" drängst du. „Obwohl Sie schon einmal bei ihm Geld verloren hatten?"

„Nun, ich hatte kein sehr gutes Gefühl dabei", gibt er zu, „aber Marshall sagte mir, die neue Gesellschaft wäre viel sicherer, und daß Sir Terrence gerade einigen Erfolg mit kleineren Firmen hätte, die mit Barbados Handel trieben. In der Zwischenzeit hätte er seine nächste größere Unternehmung vorbereitet. Das war der Weinanbau auf St. Lucia, und der hätte uns bestimmt alle reich gemacht, wenn ein Vulkan von einer Nachbarinsel nicht alle Pflanzen unter seiner Asche begraben hätte.

Nach dieser Erfahrung beschloß ich, daß die *Goldminengesellschaft Elfenbeinküste* ohne mich würde leben müssen, und auch Marshall konnte mich nicht umstimmen." Notiere Folgerung 8. Weiter bei **246**.

388

Die Polizisten nehmen ihre Positionen ein und du deine – enttäuscht, daß du nur eine so kleine Rolle in McDonalds Plan spielst. Plötzlich öffnet sich eine Tür auf der Rückseite eines Schuppens im Hinterhof, und Marshall stürzt heraus und rennt die Straße hinunter. Du rufst laut nach der Polizei und jagst hinter ihm her. Wenn du ihm, so schnell du kannst, folgen willst, geht es weiter bei **100**. Wenn du stehenbleibst und überlegst, wie du ihn austricksen kannst, weiter bei **146**.

389

Du denkst an die Geheimtür, die aus dem Billardzimmer führt, und überlegst, ob Sullivan mit seiner scharfen Beobachtungsgabe sie wohl bemerkt hat. Wenn du ihn danach fragst, geht es weiter bei **319**. Andernfalls weiter bei **448**.

390

Welche Einzelheiten kannst du von Howard erfahren? Wenn du Hinweis C notiert hast, weiter bei **304**. Wenn du keine Fragen mehr an ihn hast, weiter bei **129**. Andernfalls weiter bei **190**.

391

Geführt von Inspektor Gregson tritt die Polizei zur Untersuchung an. Er hört sich höflich deine Schilderung darüber an, wie du die Leiche gefunden hast, dankt dir dafür, daß du deine Pflicht getan und die Polizei gerufen hast, und wünscht dir ziemlich unverblümt einen guten Tag. Da du hier offensichtlich nichts mehr tun kannst, gehst du. Weiter bei **315**.

5

392

„Sie wollen wissen, wo ich war?“ spottet Marshall. „Was glauben Sie denn – vielleicht oben und mit der Ermordung von Sir Terrence beschäftigt, während Watson so in seine Zeitung vertieft war, daß er mich nicht bemerkte? Wieso blasen Sie einen solchen Unsinn dermaßen auf? Ich hatte zu diesem Zeitpunkt persönliche Dinge zu erledigen – Dinge, die mit dem Fall nichts zu tun haben. Aber warum sollte ich mit einem Flegel wie Ihnen meine Zeit verschwenden?“ Er steht auf und wendet sich zur Tür. Wenn du ihn des Mordes an Sir Terrence beschuldigst, geht es weiter bei **163**. Andernfalls weiter bei **395**.

393

Du beschließt, ein Kellerfenster aufzubrechen. Denn wenn du am Efeu hochklettertest, würde dich das unnötig den Blicken der Nachbarn aussetzen. An der Rückseite des Hauses findest du ein Kellerfenster. Es ist teilweise von Büschen verdeckt und scheint für deine Zwecke groß genug zu sein. Leise versuchst du, es zu öffnen. Wähle eine Zahl und zähle deine Schlauheits-Punkte hinzu:

- Ist die Summe 2–7, weiter bei **249**.
- Ist die Summe 8–12, weiter bei **227**.

394

Seufzend erklärst du, daß du den Kode nicht entschlüsseln kannst. „Das macht nichts, junger Freund“, sagt McDonald lächelnd. „Ich habe es selbst herausgefunden. Als ich mit Sherlock Holmes den Birlstone-Mord bearbeitete, hatten wir es mit einem ähnlichen Kode zu tun. Wenn man die Worte von Sir Terrence’ Handzettel durchnumeriert und dann die Zahlen auf dem Zettel durch die entsprechenden Worte des Handzettels ersetzt, kann man die Botschaft lesen.“ (Du kannst dir den Handzettel in Abschnitt **204** ansehen.)

10

„Und wie lautet sie?“ fragt Mycroft ungeduldig.

„Es ist eine Nachricht an Sir Terrence, einen Mann im Billardzimmer zu treffen. Vielleicht war dieser andere Mann ein heimlicher Partner bei seinen Geschäften.“ McDonald seufzt. „Statt ihn für sein Schweigen zu bezahlen, hat der Partner Sir Terrence allerdings auf etwas drastischere Weise zum Schweigen gebracht.“ Weiter bei **213**.

395

Du schaust Marshall nach und fragst dich, ob du ihn nicht wirkungsvoller hättest befragen können. Strickland sieht dich an und schüttelt voller Ärger über deinen Schnitzer den Kopf. Weiter bei **143**.

396

Du suchst die passende Formulierung für deine Frage. „Wenn ich richtig informiert bin“, sagst du dann, „unterhielten sich einige Herren nach dem Kartenspiel und dem Streit im Salon. Können Sie sich erinnern, wer bei diesem Gespräch im Salon dabei war, Mr. Martin?“

Martin überlegt und antwortet dann: „Genau weiß ich es nicht mehr, Sir. Wir haben uns darüber natürlich keine Notizen gemacht. Ich weiß, daß Watson nicht dabei war, und Sir Terrence ist bereits nach ein paar Minuten gegangen. Die Howards waren beide da, und ich glaube, auch Alex Lewis. Captain Lawrence kam dazu, nachdem ich gerade von dem Streit erzählt hatte, und ich mußte die Geschichte für ihn noch einmal wiederholen. Vielleicht waren auch noch andere dabei.“ Weiter bei **235**.

397

Es fällt dir ein, daß es Johnson war, der die Polizei darüber informierte, wann genau Dr. Watson nach oben gegangen war.

9

Wenn du ihn fragst, wieso er das so genau wußte, weiter bei **186**. Wenn du ihn nicht weiter befragst, weiter bei **181**. Andernfalls weiter bei **260**.

398

„Nun, Chambers“, fragst du, „soviel ich weiß, sahen Sie Dr. Watson aus dem Billardzimmer kommen, unmittelbar bevor Sie hineingingen. Können Sie mir davon erzählen?“

„Ja, Sir, obwohl ich nicht recht weiß, was es da zu erzählen gibt“, antwortet er und studiert dabei das Muster des Teppichs. „Ich war im Waschraum, um nachzuschauen, ob genügend saubere Handtücher vorhanden waren, und als ich wieder herauskam, sah ich Dr. Watson aus dem Billardzimmer kommen. Ich nahm an, daß er wohl alleine drin gewesen war, und dachte mir, daß das jetzt ein guter Moment wäre, nach dem Feuer zu schauen, sein Glas mitzunehmen und dergleichen. Nachdem er herausgekommen war, und bevor ich hineinging, war niemand sonst im Flur, und es kam auch niemand aus dem Billardzimmer.“

Wenn du ihn fragst, wie sich Watson benahm, geht es weiter bei **294**. Andernfalls weiter bei **370**.

399

Bevor du die kodierte Botschaft erklärst, liest du sie noch einmal durch. 74 DU 66 121 114 191 HAST 14 479 151. Wenn du die Botschaft doch nicht verstehst, weiter bei **557**.

400

„Stellen Sie sich vor, Sie kämen in ein Zimmer hier im Club und sähen ein Tischchen wie dieses, das umgefallen ist“, sagst du zu Chambers. „Würden Sie es nicht wieder aufstellen?“

„Vielleicht schon, Sir“, antwortet er mit zweifelnder Stimme. „Aber wenn ich sehen könnte, daß nichts verschüttet ist, würde ich mich vielleicht auch erst später darum kümmern." Wenn du ihn drängst, schärfer nachzudenken, weiter bei **379**. Wenn du es aufgibst, ihn weiter zu befragen, weiter bei **439**.

401

Durch das Murmeln der Stimmen hindurch hörst du ein helles Klicken, und dann sagt Marshall: „Keine Bewegung!" Dir ist klar, daß das Klicken der Hahn einer Pistole war, der gespannt wurde! Wenn du ins Zimmer stürmst, geht es weiter bei **200**. Andernfalls weiter bei **105**.

402

„Mr. Marshall, was taten Sie, nachdem Watson Sir Terrence geschlagen hatte?" fragst du.

„Oh, nichts Besonderes", erwidert er beiläufig. „Hauptsächlich bin ich herumgestanden und habe mit ein paar anderen Mitgliedern geplaudert. Wir unterhielten uns noch, als Chambers ‚Mord!' zu schreien begann, und dann rannten wir alle zusammen nach oben." Notiere Hinweis M. Wenn du Hinweis O notiert hast, geht es weiter bei **503**. Andernfalls weiter bei **308**.

403

„Mit wem unterhielten Sie sich gerade, als Sie den Hilferuf hörten?" erkundigst du dich. „Welche Mitglieder waren bei Ihnen?"

„Das weiß ich wirklich nicht mehr", antwortet Howard gereizt. „Wir hatten uns schon eine ganze Weile unterhalten, und verschiedene Herren waren dazugekommen und wieder gegangen. Wir haben keine Anwesenheitsliste geführt, verstehen Sie, obwohl ich weiß, daß ihr Detektiv-Figuren das von uns erwartet." Wenn du Hinweis M notiert hast, geht es weiter bei **451**. Andernfalls weiter bei **229**.

404

McDonald erstickt sofort jeden Gedanken an eine Feier, den du möglicherweise gehabt hast. „Das ist alles sehr interessant, Sir“, sagt er, „und ich gebe zu, daß es mich freut, daß ich Dr. Watson nicht verhaften muß, aber wir haben immer noch ein großes ungelöstes Problem – wen soll ich statt dessen verhaften? Dies ist ein wichtiger Fall, und ich wüßte Ihre Hilfe bei der Identifizierung des wirklichen Mörders zu schätzen.“

„Nun, sowohl die Indizien als auch das, was ich über Sir Terrence gelesen habe, deuten auf mehrere Personen als mögliche Mörder“, meint Mycroft.

McDonald nickt. „Da haben wir zum einen Mr. Alexander Lewis, der große Beträge durch Investitionen in zwei der Firmen von Sir Terrence verloren hat. Dann ist da der Earl of Waynesborough, der erstens ebenfalls Geld bei Sir Terrence verloren hat und zweitens erwiesenermaßen mit ihm Krach hatte. Schließlich gibt es einen Mann namens John Symington, der ähnliche Geschäfte betreibt wie Sir Terrence. Die Konkurrenz zwischen den beiden hatte zu Auseinandersetzungen geführt – es gab böses Blut zwischen ihnen. Ferner mag ein Mann wie Sir Terrence Feinde gehabt haben, von denen wir nichts wissen.“

„Eine gute Auflistung, Mr. McDonald“, sagt Mycroft, „aber ich denke, wir können Symington als Verdächtigen ausschließen. Einem Fremden wäre es fast unmöglich gewesen, in den Club einzudringen. Außerdem habe ich in der Klatschspalte des *Morning Chronicle* eine Notiz gelesen, daß Mr. Symington sich gestern abend woanders aufhielt. Aber was wissen wir über Charakter und mögliche Motive dieser Männer? Was meinen Sie?“ fragt er dich. Wenn du mehr über Waynesborough sagst, geht es weiter bei **354**. Andernfalls weiter bei **270**.

2

405

Du merkst, daß du von Marshall nicht mehr erfahren kannst. Deshalb dankst du ihm für seine Hilfe, und er antwortet freundlich, bevor er das Zimmer verläßt. Weiter bei **143**.

406

„Sie haben Sir Terrence' Firmen nie jemandem empfohlen?" wiederholst du fragend.

„Richtig", erwidert Marshall leichthin.

„Warum haben mir dann einige Ihrer Clubkameraden ausdrücklich versichert, daß Sie genau so eine Empfehlung ausgesprochen hätten?"

Marshall zuckt mit keiner Wimper. „Die Herren müssen sich irren. Wahrscheinlich haben sie eine Äußerung von mir mißverstanden und sich dann noch etwas dazugedacht, bis sie sicher waren, ich hätte die Investitionen empfohlen. So ein Irrtum ist nur allzu menschlich." Notiere Entscheidung 9. Weiter bei **405**.

407

Bevor er den nächsten Zeugen kommen läßt, beauftragt Strickland Johnson, eine kleine Mahlzeit aus Äpfeln, Käse, Keksen und Brötchen zu bringen. Er besteht darauf, daß du nach der Anstrengung der Zeugenvernehmung eine Pause brauchst. Nach seiner vorherigen Unfreundlichkeit vermutest du, daß er selber Hunger hat. Nachdem ihr eure Mahlzeit beendet habt, schaut er auf seine Liste und meint, daß Captain Edward Lawrence von den Royal Engineers der nächste Zeuge sei. Wenn du mit Lawrence sprichst, geht es weiter bei **421**. Andernfalls weiter bei **380**.

408

„Schien sich Dr. Watson anders als sonst oder seltsam zu verhalten, als Sie ihn sahen?“ willst du wissen. „Benahm er sich wie jemand, der soeben ein Zimmer verlassen hat, in dem ein Toter liegt?“

„Oh, ich weiß nicht, was ich dazu sagen soll, Sir“, weicht er aus. „Ich weiß wirklich nicht mehr, wie er sich verhalten hat. Ich achte nicht sehr auf das Benehmen der Mitglieder, verstehen Sie.“ Weiter bei **370**.

409

Du siehst dir die kodierte Botschaft an und merkst, daß du zu ihrer Dekodierung einen Schlüssel brauchst. Du steckst den Zettel sorgfältig in die Tasche und siehst dich um.

Das einzige, was du noch nicht durchsucht hast, ist Symingtons Schreibtisch. Du würdest das gerne tun, aber andererseits solltest du den gewaltsamen Todesfall so schnell wie möglich der Polizei melden. Wenn du jetzt die Polizei rufst, geht es weiter bei **391**. Wenn du den Schreibtisch durchsuchst, weiter bei **225**.

410

„Ich habe gehört“, sagst du zu Symington, „daß Sir Terrence bei seinen Unternehmungen einen heimlichen Partner hatte. Ich habe außerdem gehört, daß jemand ihm dabei geholfen hat, Projekte auszukundschaften und das nötige Startkapital zusammenzubekommen. Wissen Sie, wer dieser Mann war?“ Wähle eine Zahl und zähle deine Kommunikations-Punkte hinzu:

- Ist die Summe 2–7, weiter bei **110**.
- Ist die Summe 8–12, weiter bei **193**.

411

„Haben Sie den Streit zwischen Sir Terrence und Watson miterlebt?“ fragst du. „Können Sie mir davon berichten?“

„Den Streit?“ meint er und überlegt kurz. „Oh, Sie meinen vorher beim Kartenspielen. Nein, miterlebt habe ich ihn nicht, aber einer der anderen Herren hat mir später davon erzählt. Ich glaube, darauf sollten Sie nicht viel geben, Sir, es war einfach eine Auseinandersetzung beim Spielen. Sir Terrence gebrauchte den Namen einer Dame ziemlich geringschätzig, und Watson versuchte, ihm mit seiner Faust Manieren beizubringen. So etwas passiert ziemlich oft; wissen Sie, unser alter Club wäre recht langweilig ohne diese Art von Unterhaltung ab und zu.“ Weiter bei **130**.

412

„Der Mörder war sehr vorsichtig“, sagst du, „und hat es uns nicht leicht gemacht, ihn zu identifizieren oder auch nur herauszubekommen, daß er überhaupt in dem Zimmer war.“

„Stimmt“, meint McDonald. „Ich habe keinerlei Anzeichen dafür entdecken können, daß außer Watson gestern abend noch eine Person dort war.“ Wenn du die Hinweise J *und* L notiert hast, geht es weiter bei **325**. Andernfalls weiter bei **540**.

413

„Nun, Captain, ich weiß, daß Sie uns helfen wollen, so gut Sie können“, bohrst du weiter. „Sie können uns doch sicher etwas über den Mann sagen. Sie waren ja schließlich Clubkameraden. Wenn wir wissen, was für ein Mensch er war, können wir vielleicht ein Motiv für den Mord erkennen.“ Wähle eine Zahl und zähle deine Kommunikations-Punkte hinzu:

- Ist die Summe 2–7, weiter bei **255**.
- Ist die Summe 8–12, weiter bei **549**.

414

„Was bedeutet hier oben das ‚9 9:00'?" fragt McDonald. „Es ist von den anderen Zahlen abgesetzt, und der Schlüssel scheint darauf nicht zu passen."

„Ich glaube, ich weiß, was es heißt", sagst du. „Der ‚Drei-Kontinente-Club' hat seine Räume durchnumeriert, und das Billardzimmer hat die Nr. 9. Also ging Sir Terrence um neun Uhr in Zimmer 9."

„Das paßt sehr schön zu Ihren anderen Indizien", stimmt Mycroft zu. „Einige Ihrer Zeugen haben ausgesagt, daß sich Sir Terrence benahm, als achte er sehr auf die Uhrzeit, und daß er dann kurz vor neun hinaufging."

McDonald nickt und macht ein düsteres Gesicht. „Der Mörder hat Sir Terrence eingeladen, um ihn zu töten – ein Stelldichein mit dem Tod. Die Methode des Mörders beweist, daß er die Absicht hatte, Sir Terrence umzubringen. Er mußte den Schürhaken vom Kamin nehmen und damit quer durchs Zimmer laufen, um Sir Terrence zu töten. Wenn im Laufe eines Streits zwischen den beiden das Temperament mit dem Mörder durchgegangen wäre, hätte er Sir Terrence niemals von hinten erschlagen können." Weiter bei **213**.

415

Du überlegst dir, was du Martin noch fragen solltest. Ob er sich wohl noch daran erinnern kann, welche Herren sich zusammen unterhielten, nachdem die Kartenrunde abgebrochen worden war? Wenn du ihn danach fragst, weiter bei **396**. Wenn du ihm keine Fragen mehr stellst, weiter bei **570**. Andernfalls weiter bei **235**.

416

„Eine sehr seltsame Sache haben wir gefunden, als wir das Billardzimmer untersuchten", sagst du zu Marshall. „Unter dem Billardtisch befindet sich eine Geheimtür."

6

„Eine Geheimtür", lacht er, „du meine Güte, das hätte ich gern früher gewußt! Das ist wunderbar, Sir, einfach wunderbar. Mein ganzes Leben wollte ich schon in einem Haus mit einer Art Geheimgang oder einer verborgenen Treppe wohnen, und jetzt erfahre ich, daß es mindestens eines dieser Dinge in meinem eigenen Club gibt. Hören Sie, Strickland", sagt er zum Vorsitzenden gewandt, „wenn diese Ermittlung beendet ist, wollen wir mal den alten Club so richtig auf den Kopf stellen und schauen, was für Geheimnisse er uns noch zu bieten hat, was?" Weiter bei **310**.

417

Ein Windstoß fährt unter die Hutkrempe des Mannes, und für einen Augenblick kannst du sein Gesicht sehen. Schockiert erkennst du Watsons Freund Christopher Marshall. Was will er wohl von Symington? Aus dem Adreßbuch weißt du, daß im oberen Stockwerk nur Symington ein Büro hat. Notiere Hinweis T.

- Wenn du fortgehst und in einer Stunde wiederkommst, weiter bei **265**.
- Wenn du dich versteckst und darauf wartest, daß der Mann wieder geht, weiter bei **165**.
- Wenn du dem Mann nach oben folgst, weiter bei **584**.

418

„Verstehe ich Sie richtig, daß der zeitliche Ablauf nahelegt, daß Watson der Mörder war?" fragst du. „Warum?"

„Nun, der zeitliche Ablauf eines Verbrechens ist oft ein großes Problem für uns, Sir", antwortet der Inspektor. „Uhren weichen voneinander ab, und die Leute achten nicht auf die Uhrzeit, weil sie ja nicht wissen, daß gerade ein Verbrechen stattfindet. Aber diesmal waren sich die Zeugen ganz sicher. Sir Terrence hat nach dem Streit mit Watson noch mit einigen der

Herren unten gesprochen, sah dann auf die Wanduhr und eilte nach oben. Gleichzeitig blickten auch die anderen Herren auf die Uhr, und sie erinnern sich, daß es drei oder vier Minuten vor neun war. Nun war es so, daß Watson sich von einem der Kellner ein Glas Brandy geben ließ, bevor er hinaufging, und dieser erinnert sich, daß er es dem Doktor genau um neun Uhr gab, denn just in diesem Augenblick schlug die Uhr. Watson ging direkt nach oben, also war nicht viel Zeit für eine andere Person, Sir Terrence umzubringen und das Zimmer unbemerkt zu verlassen. Und anschließend betrat der Diener das Zimmer, unmittelbar, nachdem Watson es verlassen hatte."

„Aha", sagst du nachdenklich und überlegst dir deine nächste Frage. Notiere Hinweis A. Wähle eine Zahl und zähle deine Instinkt-Punkte hinzu:
- Ist die Summe 2–6, weiter bei **456**.
- Ist die Summe 7–12, weiter bei **524**.

419

Der Schreibtisch ist offensichtlich zu schlicht und zu modern, um Geheimfächer zu haben. Schließlich ziehst du alle Schubladen auf und untersuchst sorgfältig ihre Seiten und Böden. An der Rückseite einer der Schubladen findest du einen Umschlag. Darauf steht: „An die Polizei, im Falle meines plötzlichen Todes." Unterschrieben von John Symington!

Was sollst du tun? Dieser Brief enthält möglicherweise den entscheidenden Hinweis, aber die Polizei wäre sicher nicht begeistert, wenn du ihn öffnetest. Wenn du ihn liest, geht es weiter bei **567**. Wenn du die Polizei holst, weiter bei **493**.

420

Du schaust dir die auf den Boden gezeichneten Umrisse der Leiche an, ohne etwas Interessantes zu entdecken. Dann untersuchst du sehr sorgfältig den Billardtisch. Tief in einer der Auffangtaschen für die Kugeln findest du ein seltsames Stück Papier. Eine Zahlenreihe, die nur ab und zu von einem Wort unterbrochen wird, ist darauf geschrieben. (Du kannst den Zettel, der in Abschnitt **209** abgedruckt ist, jederzeit lesen.) Notiere Hinweis I. Weiter bei **558**.

421

Mit dem disziplinierten Schritt des Berufssoldaten kommt Captain Lawrence herein – ein streitbar dreinblickender Mann mit harten Gesichtszügen. Als er sich auf deine Aufforderung hin setzt, sitzt er sozusagen in Hab-Acht-Stellung. Offensichtlich ist er nicht sehr gerne hier, und dir wird klar, daß du deine Fragen sehr sorgsam formulieren mußt. Wenn du ihn nach seiner Meinung über Sir Terrence fragst, weiter bei **586**. Andernfalls weiter bei **305**.

422

Du entscheidest, daß es nicht der Mühe wert ist, nach einem Geheimausgang zu suchen, den es vielleicht gar nicht gibt. Weiter bei **281**.

423

„Nein, Sir, sein Gesicht habe ich nicht gesehen", gibst du McDonald gegenüber zu. „Ich habe einen Mann gesehen, der in Symingtons Büro ging, und ich beschloß, zu warten und ihm zu folgen. Er muß mich gesehen und mir in der Gasse aufgelauert haben." Der Schmerz pocht in deinem Kopf, und vorsichtig berührst du die wunde Stelle.

McDonald seufzt sichtlich enttäuscht. „Es ist bedauerlich, daß Sie ihn nicht gesehen haben. Ich dachte mir, daß der Mann, der Sie niedergeschlagen hat, eine Verbindung zu Symington haben könnte, also ging ich selbst zu Mr. Symington. Er ist tot – in den Hinterkopf geschossen. Nun, werden Sie erst einmal wieder gesund – von jetzt an werde ich den Fall selbst bearbeiten." Deine Ermittlung ist gescheitert. Wenn du noch einmal von vorne anfängst, geht es weiter bei der **Einleitung**. Wenn du den Fall erklärt haben möchtest, weiter bei **435**.

424

Du kommst nahe genug an den Mann heran, um zu sehen, daß es Watsons Freund Marshall ist. Gerade als du ihn erkennst, winkt er sich die einzige Droschke heran, die weit und breit zu sehen ist, und verschwindet in ihr. Was sollst du jetzt tun? Notiere Hinweis T. Wenn du zu Symington gehst, weiter bei **265**. Andernfalls weiter bei **520**.

425

Watson denkt über die Frage nach und schüttelt dann den Kopf. „Nein, ich kann mir nicht denken, wer es getan haben könnte", sagt er. „Ein oder zwei Clubmitglieder haben vielleicht Geld verloren, das sie bei ihm investiert haben, aber das ist kein Grund, jemanden umzubringen. Mein Freund Marshall kannte ihn übrigens besser als ich. Ihm fallen vielleicht ein paar Namen ein." Weiter bei **263**.

426

„Da Sie sicher sind, daß Watson Sir Terrence nicht getötet hat", sagst du zu Sullivan, „sagen Sie mir doch, wer ihn Ihrer Meinung nach tötete oder zumindest ein Motiv dafür hatte."

„Oh, Sir Terrence hatte keine Schwierigkeiten damit, sich Feinde zu schaffen", antwortet Sullivan. „Er hatte sowohl Lord Howard als auch Alexander Lewis durch seine geschäftlichen Schwindeleien um große Geldsummen betrogen und sich obendrein auch noch über sie lustig gemacht. Außerdem flirtete er gerne mit verheirateten Frauen, und das machte ihn bei den Ehemännern natürlich nicht sehr beliebt. Ich glaube, der Earl of Waynesborough äußerte sich besonders heftig über ihn. Und ich bin sicher, daß Sir Terrence geschäftliche Konkurrenten hatte, die ihn verabscheuten." Weiter bei **337**.

427

Nach deiner Frage macht Watson zuerst ein erschrockenes Gesicht, schüttelt aber dann den Kopf. „Ich glaube nicht, daß das irgendeine Rolle spielt", sagt er schließlich mit einer gewissen Schärfe in der Stimme. „Es wundert mich, daß Sir Terrence überhaupt von ihr gehört hatte, aber wir hatten die Sorte Streit, bei der man sich auf jede mögliche Art und Weise zu verletzen versucht. Den Namen der Dame ins Spiel zu bringen, ist bloß ein weiterer Beweis für Sir Terrence' Grobheit." Wenn du ihn fragst, wer den Mord begangen haben könnte, weiter bei **442**. Andernfalls weiter bei **263**.

428

Mit der größten Sorgfalt durchsuchst du das Büro, in der Hoffnung, einige Hinweise zu finden, die dir bei deiner Ermittlung weiterhelfen könnten. Wähle eine Zahl und zähle deine Beobachtungs-Punkte hinzu:

- Ist die Summe 2–6, weiter bei **544**.
- Ist die Summe 7–12, weiter bei **322**.

429

Was könntest du von Howard noch erfahren? Wenn du ihn fragst, was er sah, nachdem Chambers gerufen hatte, weiter bei **161**. Wenn du Howards Befragung beendet hast, weiter bei **129**. Andernfalls weiter bei **390**.

430

Während er spricht, schaust du dir Captain Locke genau an, und trotz der Sorgfalt, die er angewandt hat, durchschaust du plötzlich seine Verkleidung. Der Captain ist Sherlock Holmes! Es ist dir klar, daß es sehr taktlos wäre, zu erkennen zu geben, daß du ihn erkannt hast, und nach einer Weile stehst du auf, um zu gehen. Notiere Folgerung 28. Weiter bei **244**.

431

Du nimmst McDonalds Einladung an; er ruft eine Droschke und fährt mit dir zu Symingtons Büro. Ihr geht eine Treppe hinauf. Vor einer der Türen steht ein Polizist. Er salutiert und gibt den Weg frei, als er McDonald erkennt.

In Symingtons Büro gibt es nichts Außergewöhnliches. Seitlich an einer Wand steht ein Regal mit Aktenordnern; hinter dem einfachen Holzschreibtisch steht ein bequemer Stuhl. Dahinter an der Wand siehst du einen Bücherschrank, der mit übergroßen Bänden gefüllt ist. Ein paar Holzstühle ergänzen die Einrichtung.

Symingtons Leiche liegt zusammengekrümmt hinter dem Schreibtisch. Er war ein kleiner, dicklicher Mann und trug einen sehr schlichten braunen Anzug. Sein Hinterkopf wurde von einer Wellington-Büste eingeschlagen, die offenbar von dem Bücherregal hinter dem Schreibtisch gefallen ist. McDonald untersucht die Wunde, und du kniest dich neben die Leiche. „Ein seltsamer Tod“, meint der Inspektor. „Die Büste stand immer auf dem Bücherregal direkt über dem Schreibtisch. Die Erschütterungen eines großen Güterwagens, der vorbeifuhr, müssen sie so in Bewegung versetzt haben, daß sie dem armen Burschen schließlich direkt auf den Kopf fiel.“ Wähle eine Zahl und zähle deine Beobachtungs-Punkte hinzu:

- Ist die Summe 2–5, weiter bei **353**.
- Ist die Summe 6–12, weiter bei **171**.

432

„Ich glaube, daß Symington Sir Terrence getötet hat", sagst du, „um einen gefährlichen Konkurrenten auszuschalten."

Mycroft schüttelt als erster den Kopf. „Symington kann es unmöglich gewesen sein. Wie soll er an jenem Abend in den Club hineingekommen sein, und welches plausible Mordmotiv soll er gehabt haben?" Weiter bei **525**.

433

„Motiv, ihn zu töten?" wiederholt Strickland. „Was für eine Frage ist das? Offensichtlich glaubte jemand, Grund genug zu haben, ihn zu töten; ansonsten müßten wir uns wohl kaum mit diesem Unsinn befassen. Aber ich weiß nicht, wozu es gut sein soll, jetzt seine Stärken und Schwächen zu diskutieren. Er hat für sie bezahlen müssen, der Ärmste." Weiter bei **228**.

434

Mit der Gründlichkeit, die du von Sherlock Holmes gelernt hast, versuchst du, Symingtons Büro zu durchsuchen. Die Aktenordner sind wohl kaum von Interesse. Sie enthalten nur Briefe und gewöhnliche Geschäftsunterlagen. Dann wendest du dich den Stühlen und dem Bücherschrank zu. Wähle eine Zahl und zähle deine Beobachtungs-Punkte hinzu:

- Ist die Summe 2–7, weiter bei **453**.
- Ist die Summe 8–12, weiter bei **517**.

435

Nach ein paar Tagen wirst du aus dem Krankenhaus entlassen, fühlst dich aber noch sehr schwach. Zu deiner Überraschung lädt dich Mycroft Holmes ein, bei ihm zu wohnen, bis du dich wieder vollständig erholt hast. Er erklärt, daß er dir das schulde, da er es ja war, der dich in den Fall hineingezogen hat.

An diesem Abend macht Dr. Watson einen Besuch, um sich

deine Verletzung anzusehen. Nachdem er gegangen ist, erlebst du die größte Überraschung in dieser ganzen Ermittlung. Mycroft kommt zu dir ins Zimmer, und in seiner Begleitung ist sein Bruder Sherlock. Verblüfft starrst du ihn an.

„Nein, mein Freund, ich bin kein Geist", beruhigt dich Sherlock Holmes. „Es ist mir allerdings zu gefährlich, mich zur Zeit in London sehen zu lassen, solange ein spezieller Feind von mir frei herumläuft. Aber als Watson unter Mordverdacht geriet, mußte ich sicher stellen, daß das wieder in Ordnung kam. Nachdem Sie daran scheiterten, nahm ich die Rolle des Captain Locke von der Militärpolizei an und ermittelte selbst. Legen Sie sich hin, entspannen Sie sich, und ich werde Ihnen alles erzählen.

Der Mörder von Sir Terrence Milton und von John Symington war Christopher Marshall", fährt Sherlock Holmes fort. „Er war heimlicher Partner von beiden. Sir Terrence drohte, da gegen ihn ermittelt wurde, Marshall mit seiner Aussage zu belasten, also brachte Marshall ihn zu seinem eigenen Schutz um. Und aus demselben Grund hat er auch Symington zum Schweigen gebracht.

Er traf sich um neun Uhr mit Milton im Billardzimmer des Clubs und schlug ihn mit einem Schürhaken tot. Als er Watsons Schritte im Flur hörte, versteckte er sich hinter den Vorhängen und wartete auf eine Gelegenheit, zu entkommen. Dann, als Chambers in den Flur hinauslief und um Hilfe schrie, verbarg er sich hinter der Tür. Als die anderen Männer ins Zimmer eilten, kam er hervor und mischte sich einfach unter sie. Alles sehr geschickt gemacht, das muß man wirklich zugeben.

Nur ein Fehler passierte ihm – als er von den Fenstern zur Tür lief, stieß er ein Tischchen um und wagte nicht, sich die Zeit zu nehmen, es wieder aufzustellen. Dann, im Verlauf der Ermittlung, setzte er alles daran, die Fakten zu verwischen. Es war Marshall, der die Geschichte verbreitete, daß Watson in

10

Miss Phipps verliebt sei. In Wirklichkeit ist die Dame eine Schulkameradin von Watsons verstorbener Frau. Watson hat sie einmal aus Höflichkeit zum Abendessen ausgeführt und später einen Rowdy zum Schweigen gebracht, der ihre Vorstellung störte.

Es war ein schwieriger Fall – nur ein sorgfältiger Vergleich der Zeugenaussagen machte klar, daß Marshall nach dem Streit zwischen Watson und Sir Terrence nicht mehr gesehen wurde, und daß Marshall ein Motiv für beide Verbrechen hatte." Nachdem die Holmes-Brüder dich wieder alleingelassen haben, rekapitulierst du nochmals den ganzen Fall und überlegst, was du anders hättest machen sollen. In deinem nächsten Fall werden dir dieselben Fehler nicht noch einmal passieren. Dieser Fall aber ist zu Ende.

436

Du dankst Captain Lawrence für seine Hilfe, und mit einer Verbeugung verabschiedet er sich und marschiert aus dem Zimmer. Weiter bei **380**.

437

„Bitte erinnern Sie sich an gestern abend, Mylord", sagst du und versuchst, deine Fragen richtig zu formulieren. „Was taten Sie gerade, als Chambers aus dem Billardzimmer kam und um Hilfe schrie? Erzählen Sie mir alles, woran Sie sich erinnern können."

„Natürlich, Sir, natürlich", erwidert Lord Howard eifrig, aber dann macht er ein verwirrtes Gesicht. „Wissen Sie, Sir, es fällt mir schwer, mich zu erinnern, denn der Anblick des armen Sir Terrence hat mich so schockiert, daß mir dadurch fast alle vorangegangenen Geschehnisse entfallen sind. Eine genaue Beschreibung werde ich Ihnen nicht geben können."

„Machen Sie sich darüber keine Gedanken", antwortest du. „Jeder kleine Hinweis kann nützlich sein."

11

Lord Howard konzentriert sich einen Augenblick lang und sagt dann: „Ich war zu dem Zeitpunkt unten im Salon und unterhielt mich mit einigen anderen Mitgliedern. Wir plauderten einfach über dies und jenes, und zwar schon eine ganze Weile, bevor der Diener schrie. Wir rannten dann nach oben. Als wir ins Billardzimmer kamen, lag Sir Terrence in einer Ecke, aber sonst fiel mir wenig auf. Es herrschte zuviel Lärm und Durcheinander. Dann kam die Polizei, und wir konnten alle erst sehr spät nach Hause gehen."

Wenn du fragst, mit wem er sich unten unterhielt, weiter bei **403**. Andernfalls weiter bei **229**.

438

Du plauderst noch ein Weilchen mit Symington und dankst ihm dann für seine Hilfe. Er wünscht dir einen guten Tag, und du gehst. Weiter bei **315**.

439

Du hast das Gefühl, von Chambers alles erfahren zu haben, was er zur Aufklärung des Falles beitragen kann. Es scheint ihn zu freuen, als du ihm sagst, daß ihr fertig seid, und er wartet dein „Dankeschön" kaum ab, so eilig hat er es, aus der Tür zu kommen. Weiter bei **515**.

440

Du entscheidest, daß es nicht der Mühe wert wäre, das ganze Büro zu durchsuchen. Wenn in dem Raum etwas Interessantes zu finden ist, dann sicherlich in Symingtons Schreibtisch. Wenn du den Schreibtisch durchsuchst, geht es weiter bei **223**. Andernfalls weiter bei **341**.

441

Vom Earl kannst du nicht erwarten, noch weitere Informationen zu erhalten, deshalb dankst du ihm dafür, daß er sich die Zeit für dich genommen hat. Er schaut auf die Uhr und meint: „Es gibt keinen Grund, jetzt zu gehen. Sie würden fast drei Stunden lang auf dem Bahnhof sitzen und auf Ihren Zug warten. Bleiben Sie doch zum Essen."

Du nimmst die Einladung gerne an, speist vorzüglich und lernst vom Earl und seinen anderen Gästen einiges über Musik, Kunst und Geschichte. Sein Kutscher fährt dich rechtzeitig zum Bahnhof, und als du schließlich in Paddington eintriffst, ist es bereits früher Abend. Wenn du Entscheidung 9 notiert hast, geht es weiter bei **486**. Andernfalls weiter bei **366**.

442

„Kennen Sie jemanden, der Grund gehabt haben könnte, Sir Terrence zu töten?" fragst du. „Irgend jemand mit einem Mordmotiv?" Wähle eine Zahl und zähle deine Kommunikations-Punkte hinzu:

- Ist die Summe 2–7, weiter bei **425**.
- Ist die Summe 8–12, weiter bei **461**.

443

Du hast jetzt genügend Informationen, um deine Ermittlung zu beginnen, und dankst Mycroft und McDonald für ihren Zeitaufwand. Um deinen Ermittlungsbemühungen etwas Autorität zu verschaffen, gibt dir McDonald ein Empfehlungsschreiben mit, das alle, die es lesen, bittet, mit dir zusammenzuarbeiten. Du ziehst gerade deinen Mantel an, bevor du in die kalte Winterluft hinausgehst, da hält dich Mycroft mit einer Handbewegung zurück.

„Eines sollten Sie noch berücksichtigen", sagt er. „Natürlich sollten Sie als erstes mit Watson sprechen. Aber vielleicht

ist es eine gute Idee, auch Mr. Christopher Marshall aufzusuchen, einen guten Freund Watsons. Er war derjenige, der mich über die üble Lage des Doktors informiert hat. Daraufhin habe ich dann mit Inspektor McDonald Kontakt aufgenommen. Aber Mr. Marshall weiß vielleicht noch einiges über den Fall und wird es jemandem verraten, der Watson entlasten will. Es wäre sicher nicht schlecht, wenn Sie mit ihm sprächen, bevor Sie den Tatort aufsuchen oder die anderen Zeugen befragen."

Ohne Zeit zu verlieren, eilst du zu Dr. Watsons Wohnung in Kensington. Kaum hast du deine Karte abgegeben, führt dich das Hausmädchen auch schon zum Doktor in sein Arbeitszimmer.

2

Dr. John Watson verkörpert den typischen Engländer, er ist ein stämmig gebauter Mann mit kräftigem Hals und ausgeprägtem Kinn. Sein Haar ist gepflegt, sein Schnurrbart gestutzt. Sein Arbeitszimmer ist ein gemütlicher Raum mit Sesseln, einem anheimelnden Kaminfeuer und vielen Büchern hinter Glas. Nur an einer Stelle des Bücherregals, auf dem zweiten Brett, klafft eine seltsame Lücke.

„Guten Tag, Sir“, sagt Dr. Watson freundlich. „Ich erinnere mich gut an Sie aus den Tagen, als Sie Mr. Holmes unterstützten. Und jetzt sind Sie also selbst ein Detektiv. Was kann ich für Sie tun?“

„Ich hoffe, Ihnen helfen zu können, Doktor“, antwortest du vorsichtig. „Inspektor McDonald von Scotland Yard und Mr. Mycroft Holmes haben mich gebeten, den Mord an Sir Terrence Milton zu untersuchen.“

„Sir Terrence?“ erwidert er verblüfft. „Gestern abend dachte ich, daß McDonald entschlossen sei, mich dafür zu hängen. Hat er seine Meinung geändert?“

„Er sagte nur“, erklärst du, „daß alle Indizien auf Sie hinwiesen, aber daß er hoffe, ich könne etwas finden, was ihm vielleicht entgangen sei.“ Wenn du ihn bittest, zu beschreiben, was vorgefallen ist, weiter bei **359**. Andernfalls weiter bei **573**.

444

Dir kommt der Gedanke, daß noch andere Informationen in der Botschaft verschlüsselt sein könnten. „Was halten Sie davon, meine Herren?“ fragst du McDonald und Mycroft. „Was bedeutet diese Botschaft?“

Mycroft denkt nach. „Ich glaube, der Zettel wurde von einem heimlichen Partner von Sir Terrence geschrieben. Sir Terrence drohte wahrscheinlich, die Beteiligung dieses Partners an seinen Geschäften der Polizei zu enthüllen, falls die Ermittlung zu einem Prozeß führen sollte. Der Partner hat offenbar mit dieser Nachricht Sir Terrence an einen Ort gelockt, an dem er sich ungestört mit ihm treffen konnte." Wähle eine Zahl und zähle deine Instinkt-Punkte hinzu:

- Ist die Summe 2–7, weiter bei **213**.
- Ist die Summe 8–12, weiter bei **414**.

445

Während ihr alle schweigt, schaut McDonald sich seine Notizen durch. Dann schüttelt er den Kopf. „Keiner dieser Männer hatte ein ausreichendes Mordmotiv. Jedenfalls ist uns keines bekannt. Sind Ihnen noch andere verdächtige Verhaltensweisen aufgefallen, als sie im ‚Drei-Kontinente-Club' waren?" fragt er dich.

- Wenn du Hinweis E *oder* Folgerung 8 und *zusätzlich* Folgerung 4 notiert hast, weiter bei **487**.
- Wenn du die Hinweise M *und* O notiert hast, geht es ebenfalls weiter bei **487**.
- Andernfalls weiter bei **157**.

446

Du erinnerst dich daran, daß andere Zeugen mit Bestimmtheit aussagten, Marshall hätte Investitionen in Sir Terrence' Firmen empfohlen. Warum hat er wohl gelogen? Notiere Folgerung 9. Wenn du ihn danach fragst, geht es weiter bei **406**. Andernfalls weiter bei **405**.

447

Strickland hat eine Liste der Zeugen zusammengestellt und schaut jetzt darauf. „Der nächste Zeuge", verkündet er dir, „ist Bobby Chambers, der Mann, der die Leiche von Sir Terrence fand. Möchten Sie mit ihm sprechen?" Wenn du mit Chambers sprichst, geht es weiter bei **356**. Andernfalls weiter bei **515**.

448

Du dankst Sullivan für seine Geduld und die hilfreiche Beantwortung deiner Fragen. Er versichert, daß es keine Mühe für ihn war und daß er dir gerne behilflich war. Weiter bei **513**.

449

„Was für ein Mensch war Sir Terrence", wiederholt Strickland. „Nun, Sir, ein Engel war er nicht, aber das ist ja schließlich keiner von uns. Was die Gründe für seinen Tod betrifft, so glaube ich, daß fast jeder lebende Mensch etwas getan hat, das für einen anderen Anlaß sein könnte, gewalttätig zu werden."

„Und haben Sie eine Vorstellung, welchen Anlaß Sir Terrence gegeben haben könnte?" bohrst du weiter.

Strickland macht eine Pause und entschließt sich dann zu einer Antwort. „Nun, erstens war er als Geschäftsmann dafür bekannt, keine Skrupel zu haben, und diejenigen, die durch ihn Geld verloren haben, waren mit seinen Machenschaften gewiß nicht einverstanden, obwohl sie eigentlich ihre Verluste als den Preis für ihre eigene Leichtgläubigkeit akzeptiert haben sollten. Und zweitens war er manchmal etwas leichtfertig im Umgang mit den Gattinnen anderer Männer, aber als Gentleman kann ich natürlich keine Namen nennen. Geld und Frauen: Sind das nicht die häufigsten Mordmotive?" Weiter bei **228**.

450

Als Chambers das Schüren des Feuers erwähnt, fragst du dich, ob nicht Watson das erledigt haben müßte, solange er im Raum war. Oder wußte der Doktor, daß der Schürhaken schon zweckentfremdet benutzt worden war?

Wenn du Chambers danach fragst, ob Watson das Feuer hätte schüren müssen, geht es weiter bei **312**. Andernfalls weiter bei **150**.

451

Du erinnerst dich, daß Marshall sagte, er sei einer von den Männern gewesen, die sich unten unterhalten hatten, als Chambers um Hilfe schrie. Du überlegst, ob Lord Howard sich wohl an einen bestimmten Mann erinnern kann, selbst wenn er nicht die Namen all derer, die in der Gruppe waren, aufzählen kann. Wenn du ihn nach Marshall fragst, geht es weiter bei **519**. Andernfalls weiter bei **229**.

452

„Haben Sie eine Idee, wer Sir Terrence getötet haben könnte?" fragst du den Earl. Wähle eine Zahl und zähle deine Kommunikations-Punkte hinzu:

- Ist die Summe 2–8, weiter bei **214**.
- Ist die Summe 9–12, weiter bei **386**.

453

Unter Symingtons Büchern findest du nichts Aufschlußreiches. Ob wohl in seinem Schreibtisch brauchbare Informationen versteckt sind? Wenn du ihn durchsuchst. geht es weiter bei **223**. Andernfalls weiter bei **341**.

454

„Der heimliche Partner wird vermutlich sehr daran interessiert gewesen sein, heimlich zu bleiben", sagt McDonald grimmig und wendet sich wieder der Leiche zu. „He, wie konnte ich das nur übersehen?" murmelt er plötzlich. Du beugst dich zu ihm hinunter, und er macht dich auf ein Loch im Hinterkopf Symingtons aufmerksam, das von Splittern der Büste verdeckt gewesen war.

„Ist das ein Einschuß?" fragst du, und er nickt. „Dann wurde Symington ermordet", fährst du fort. „Sehr wahrscheinlich war es derselbe Täter, der auch Sir Terrence getötet hat – der heimliche Partner", und wieder nickt McDonald. Notiere Folgerung 21. Weiter bei **484**.

455

Du notierst die Anhaltspunkte, die du bekommen hast. Gibt es noch etwas, das du Sullivan fragen solltest? Hast du Hinweis G notiert, geht es weiter bei **389**. Andernfalls weiter bei **448**.

456

Sorgfältig überlegst du dir weitere Fragen. Du fragst dich, ob es möglich war, daß Watson in seinem Sessel saß und die Leiche nicht bemerkte. Wenn du McDonald danach fragst, weiter bei **489**. Andernfalls weiter bei **135**.

457

„Erinnern Sie sich, ob das Tischchen am Fenster umgeworfen war?" erkundigst du dich. „Lag es schon auf der Seite, als Sie das Zimmer betraten?"

Strickland überlegt kurz und nickt dann. „Ja, so war es. Das fiel mir auf, gleich als ich meinen Blick von der Leiche wandte. Niemand kann es umgeworfen haben, nachdem ich hereingekommen war. Vielleicht hätte ich es gewohnheitsmäßig wieder aufgestellt, wenn Watson uns nicht aufgefordert hätte, keine Indizien zu vernichten." Weiter bei **207**.

458

Es ist dir klar, daß du bei deinem Besuch in der Baker Street nicht viel herausgefunden hast. Gibt es noch jemanden, über den du etwas erfahren könntest? Wenn du Folgerung 19 notiert hast, geht es weiter bei **238**. Andernfalls weiter bei **170**.

459

Welche weiteren Maßnahmen solltest du bei deiner Ermittlung ergreifen? Du bist ganz sicher, daß es Beweise für Watsons Unschuld gibt – wenn du nur wüßtest, wo du sie suchen solltest. Wähle eine Zahl und zähle deine Instinkt-Punkte hinzu:

- Ist die Summe 2–8, weiter bei **422**.
- Ist die Summe 9–12, weiter bei **364**.

460

Der erste Schlag geht daneben, und du siehst, wie Marshall ausholt, um dich wieder anzugreifen. „Ich werde Ihnen beibringen, sich in meine Angelegenheiten einzumischen!" ruft er. Bevor er erneut zuschlagen kann, wirfst du dich auf ihn in der Hoffnung, ihn niederzuringen, damit er seinen Stock nicht mehr benutzen kann. Notiere Hinweis T. Wähle eine Zahl und zähle deine Fitneß-Punkte hinzu:

- Ist die Summe 2–7, weiter bei **526**.
- Ist die Summe 8–12, weiter bei **551**.

461

Watson überlegt kurz und lächelt dann. „Darüber habe ich schon nachgedacht", antwortet er, „und ich habe die Indizien auf eine Weise analysiert, wie Holmes es getan hätte, aber ich komme nur immer wieder zu dem Schluß, daß ich den Mann umgebracht haben muß."

„Was?" rufst du bestürzt, beruhigst dich aber schnell wieder, als er lacht.

„Das ist es, worauf die Indizien hindeuten", fährt er fort. „Aber da ich ja weiß, daß ich es nicht getan habe, sind mir schon zwei oder drei Leute eingefallen, denen nicht gerade viel an ihm lag."

„Wer ist das?" fragst du eifrig.

„Da gibt es erstens einen Mann namens Symington, der unten am Fluß ein Büro hat. Ich habe gehört, daß er ein erbitterter geschäftlicher Konkurrent von Sir Terrence ist. Zweitens der Earl of Waynesborough. Vor einigen Monaten kursierten Gerüchte, daß seine Frau ein bißchen zu freundlich zu Sir Terrence war, als sich der Earl geschäftlich in Schottland aufhielt. Allerdings war keiner der beiden gestern abend im Club."

„Fällt Ihnen noch jemand ein?" drängst du. „Vielleicht jemand, der durch die Geschäfte von Sir Terrence Geld verloren hat?"

„Oh, das ist kein Mordmotiv", antwortet Watson. „Vielleicht Grund für harte Worte, aber nicht für einen Mord." Notiere Folgerung 3. Weiter bei **263**.

462

Du wirfst einen Blick auf den Handzettel und nickst dem zerlumpten Mann zu. „Ist die Show so gut?" fragst du und steckst dem Mann einen Schilling zu. (Ziehe 1 Schilling von deinem Geld ab.)

„Herr im Himmel, Chef, sie ist noch viel besser!" ruft er aus. „Sie brauchen bloß Ihre Freunde vom Club zu fragen – viele von denen gehen zwei- oder dreimal die Woche hin."

„Aha, dann stehen Sie wohl jeden Abend an dieser Ecke, was?" fährst du fort, und er nickt eifrig. Wenn du ihn fragst, ob er beim „Drei-Kontinente-Club" schon einmal etwas Interessantes bemerkt hat, geht es weiter bei **529**. Andernfalls weiter bei **124**.

463

Du folgst Marshall, wobei du dich ein wenig beeilen mußt, damit du ihn nicht aus den Augen verlierst. Er biegt in eine Gasse ein, und du beschleunigst dein Tempo noch mehr. Er darf dir nicht entwischen! Als du die Einmündung der Gasse erreichst, ist er jedoch verschwunden. Der schmale, schmutzige Pflasterstreifen wird von der blanken Rückwand eines Gebäudes auf der einen und einem hohen Holzzaun auf der anderen Seite eingefaßt.

Wenn du die Gasse hinuntergehst, weiter bei **535**. Wenn du Symington besuchen willst, weiter bei **265**. Andernfalls weiter bei **520**.

464

„Glauben Sie, es war ein- und dieselbe Person, die Sir Terrence und Symington umgebracht hat?" fragst du McDonald.

Der Inspektor nickt. „Der heimliche Partner muß beide getötet haben. Sir Terrence drohte, ihn bloßzustellen, und dann beschloß er, Symington auch zu töten, damit wir nicht mit ihm reden könnten. Ein skrupelloser Schurke." Weiter bei **484**.

465

Über welche anderen Personen könntest du aus den Aufzeichnungsbüchern etwas erfahren? Wenn du Entscheidung 17 notiert hast, geht es weiter bei **269**. Andernfalls weiter bei **458**.

466

Du eilst die Gasse hinunter in der Hoffnung, den Mann wieder einzuholen. Aus dem Augenwinkel bemerkst du eine Bewegung am oberen Rand des Zauns. Du schaust genauer hin und siehst einen dicken Spazierstock, der auf deinen Kopf niedersaust. Instinktiv duckst du dich. Wähle eine Zahl und zähle deine Fitneß-Punkte hinzu:

- Ist die Summe 2–7, weiter bei **526**.
- Ist die Summe 8–12, weiter bei **460**.

467

„Es ist ein bißchen seltsam, daß Sie aussagen, Sie hätten sich mit den anderen Clubmitgliedern unterhalten, bis das Opfer entdeckt wurde“, sagst du freundlich, aber etwas in deiner Stimme veranlaßt Marshall, sich plötzlich aufzurichten. „Die Herren können sich nicht erinnern, daß Sie bei ihnen gewesen sind, und einige von ihnen waren sich sicher, die Namen all derer, die dabei waren, nennen zu können.“

„Sie unterstellen mir doch wohl nicht, daß ich Sie angelogen habe“, sagt Marshall mit einem harten Unterton in der Stimme. „Wer den Anspruch hat, ein Detektiv zu sein, sollte immer Verdacht schöpfen, wenn sich Leute sehr genau an unwichtige Dinge erinnern. Ich erinnere mich jedenfalls noch, wer dabei war: Die Howards und Captain Lawrence, und ich glaube, auch Martin und Lewis waren eine Zeitlang dort. Vielleicht auch noch andere; der Mord hat solche Einzelheiten aus meinem Gedächtnis vertrieben.“ Wähle eine Zahl und zähle deine Instinkt-Punkte hinzu:

- Ist die Summe 2–8, weiter bei **308**.
- Ist die Summe 9–12, weiter bei **362**.

468

Du siehst zu, wie die Dampfbarkasse in Richtung Themse davonfährt und schließlich außer Sicht gerät. McDonald kommt herbeigelaufen, und nachdem er sich deine Geschichte angehört hat, gibt er sofort den Befehl, Marshall abzufangen, bevor er das Land verlassen kann. Dann macht ihr zwei euch auf den Weg in die Pall Mall, um zu berichten, daß Marshall sich bis auf weiteres eurem Versuch, ihn festzunehmen, entzogen hat. Weiter bei **196**.

469

Du legst die Papiere an ihren Platz zurück und wirfst einen letzten Blick auf Symingtons Schreibtisch. Es müssen hier doch irgendwelche Indizien zu finden sein! Du überlegst, wo im Schreibtisch du ein äußerst geheimes Dokument verstecken

4

würdest. Wähle eine Zahl und zähle deine Schlauheits-Punkte hinzu:

- Ist die Summe 2–7, weiter bei **138**.
- Ist die Summe 8–12, weiter bei **580**.

470

Du wartest bis nach dem Abendessen und gehst dann zu Marshalls Haus. Hinter einem Baum auf der anderen Straßenseite versteckt, wartest du, bis er das Haus verläßt. Kurz vor sieben Uhr geht er zu Fuß in Richtung Stadt, wahrscheinlich zum Club. Du schlenderst unauffällig über die Straße und siehst dir das Haus an. Es steht frei und ist von einer etwa zwei Meter hohen Backsteinmauer umgeben. Efeu rankt sich an den Hauswänden empor, und du bemerkst, daß ein Fenster im ersten Stock einen Spalt offensteht. Auf der Rückseite entdeckst du einige Kellerfenster. Wenn du zu dem offenen Fenster hinaufkletterst, geht es weiter bei **287**. Wenn du versuchst, ein Kellerfenster zu öffnen, weiter bei **393**.

471

Mycroft bringt euch zwei mit einer Handbewegung zum Schweigen. „Sie behaupten, der Mann sei ein Hitzkopf“, sagt er, „aber macht ihn das schon zu einem Verdächtigen in einem Mordfall wie diesem?“

„Nein, nicht unbedingt“, gibt McDonald zu, „aber es wäre möglich, daß der Earl erst kürzlich herausbekam, daß Sir Terrence ihn betrogen hatte. Und sogar ein Hitzkopf kann ja schließlich bei der Planung eines Mordes sorgfältig vorgehen.“ Wenn du Folgerung 3, aber nicht Folgerung 5 notiert hast, weiter bei **543**. Andernfalls weiter bei **270**.

2

472

„Ich kannte Sir Terrence natürlich nicht", sagst du. „Was für ein Mensch war er? Glauben Sie, jemand könnte ein Motiv gehabt haben, ihn zu töten?" Wähle eine Zahl und zähle deine Kommunikations-Punkte hinzu:

- Ist die Summe 2–7, weiter bei **433**.
- Ist die Summe 8–12, weiter bei**449**.

473

„Ich habe einen sehr seltsamen Zettel auf dem Billardtisch gefunden", sagst du zu Mycroft und zeigst ihn den beiden. (Dieser Zettel ist in Abschnitt **209** abgedruckt.) Sie schauen ihn an und tauschen einen erstaunten Blick aus. „Gute Arbeit, junger Freund", meint McDonald. „Ich muß bei meiner Durchsuchung geschlafen haben. Haben Sie den Kode entschlüsselt?" Wenn du den Kode entschlüsselt hast, geht es weiter bei **399**. Andernfalls weiter bei **557**.

474

Obwohl ihn der bloße Gedanke empört die Nase rümpfen läßt, versteckt sich Strickland schließlich widerwillig hinter den Vorhängen des mittleren Fensters. Du rufst ihm zu, daß du ihn nicht sehen kannst. „Oh, was für eine aufregende Entdekkung", sagt er mit beißendem Spott. „Und ich nehme an, der Mörder, der sich hinter den Vorhängen versteckt hatte, marschierte einfach aus dem Zimmer, während wir uns gerade den Toten ansahen?" Notiere Hinweis F. Weiter bei **583**.

475

Am nächsten Morgen stehst du früh auf – voller Eifer, deine Ermittlung fortzusetzen. Heute wirst du entweder den Mörder von Sir Terrence Milton finden oder dein Versagen eingestehen müssen. Wohin sollst du zuerst gehen? Wenn du Entscheidung 17 notiert hast, weiter bei **488**. Andernfalls weiter bei **107**.

6

476

Plötzlich hältst du bei deiner Lektüre der Aufzeichnungsbücher inne. Einige Eintragungen schockieren und verwirren dich. Die Daltons wurden 1892 getötet, und die Bordens 1893. Wie kann Sherlock Holmes Berichte von Ereignissen gesammelt haben, die erst nach seinem Tod stattfanden? Notiere Hinweis V. Weiter bei **148**.

477

Du klopfst an der Bürotür, und eine ruhige Stimme bittet dich einzutreten. Ein Mann, der wohl Symington ist, sitzt hinter dem Schreibtisch und bietet dir mit einer Handbewegung einen Stuhl an. Das Büro ist sehr einfach eingerichtet. Es enthält nur die notwendigsten Möbelstücke, Bücher und Aktenordner. Der einzige dekorative Gegenstand ist eine Büste von Wellington auf dem Bücherregal.

„Was kann ich für Sie tun?" fragt Symington. „Suchen Sie eine sichere Investitionsmöglichkeit, Sir?"

„Ich beschäftige mich mit dem Mord an Sir Terrence Milton", antwortest du. „Mir wurde gesagt, daß Sie vielleicht in einigen Aspekten des Falles zur Klärung beitragen könnten."

„Der Mord an Sir Terrence?" fragt er verblüfft. „Ich bezweifle, daß ich darüber irgend etwas weiß, aber ich stehe Ihnen natürlich gerne mit jeder Auskunft zur Verfügung." Wenn du ihn nach seiner Meinung über Sir Terrence fragst, weiter bei **261**. Andernfalls weiter bei **550**.

478

Bei der Untersuchung der Papiere und Aktenordner in Symingtons Schreibtisch bemerkst du, daß einige der Ordner in Unordnung zu sein scheinen. „Sehen Sie sich das an, Inspektor", sagst du. „Diese Akten sind völlig durcheinander. Jemand anders muß sie schon durchsucht haben."

Der Inspektor zuckt mit den Achseln. „Wenn er einen heimlichen Partner hatte, wollte der Mann seine Beteiligung sicher geheim halten. Wir werden wahrscheinlich keine Beweise mehr sichern können."

Du legst die Papiere an ihren Platz zurück und wirfst einen letzten Blick auf Symingtons Schreibtisch. Hier müssen doch irgendwelche Indizien zu finden sein! Du überlegst, wo im Schreibtisch du ein äußerst geheimes Dokument verstecken würdest. Wähle eine Zahl und zähle deine Schlauheits-Punkte hinzu:

- Ist die Summe 2–7, weiter bei **138**.
- Ist die Summe 8–12, weiter bei **580**.

479

„Der Kode funktioniert folgendermaßen", erklärst du den anderen. „Sein Schlüssel ist der Handzettel, den Sir Terrence als Werbung für seine letzte Firma schrieb. Deshalb hatte er immer eine Kopie davon bei sich. Wenn man die Worte des Handzettels durchnumeriert, kann man anschließend die Zahlen durch die entsprechenden Worte ersetzen und die Botschaft lesen."

„Und wie lautet sie?" fragt Mycroft. Du hast das Gefühl, daß er es auch schon herausgefunden hat.

„Sie lautet: ‚Milton treffen Sie mich. Tausend Minen, wenn Sie stillschweigen. Der Sklavenhandel Studium schließt die sicher vorzuwagen seit genug.'" Du zögerst, als du fertig gelesen hast, dann murmelst du: „Der letzte Teil ergibt keinen Sinn."

McDonald lacht. „Wenn man eine Nachricht kodiert, ist es gebräuchlich, den restlichen Platz auf dem Papier aufzufüllen, damit man aus der Anordnung der Zahlen oder Worte keine Schlüsse ziehen kann. Wenn die Botschaft kurz ist im Vergleich zur Größe des Zettels, auf dem sie stehen soll, fügt man einfach hinten noch Unsinn an, um die Entzifferung zu erschweren." Notiere Folgerung 15. Weiter bei **444**.

3

480

„Nun, Inspektor", sagst du, „ich denke, es gibt keinen Zweifel, daß dieser Brief seinen Zweck erfüllen wird. Marshall ist fast mit absoluter Sicherheit der Mörder Symingtons und wahrscheinlich auch Sir Terrence Miltons. Am besten verhaften wir ihn sofort." Weiter bei **485**.

481

„Sie scheinen der Meinung zu sein, daß es lächerlich ist, Watson in diesem Mordfall als Verdächtigen zu betrachten", sagst du zu Sullivan. „Wie kommt das? Immerhin deuten alle Indizien auf ihn."

„Sehen Sie", antwortet er, „Sie haben gerade selbst den Finger direkt auf den wunden Punkt dieser Theorie gelegt. Watson ist kein Idiot, und er könnte sicherlich einen besseren Mord als diesen zustande bringen, wenn er kaltblütig jemanden umbringen wollte. Ich sage nicht, daß er alle Beweise hätte verschwinden lassen können, aber mindestens hätte er es so getan, daß die Sache nicht eindeutig gewesen wäre. Und abgesehen davon würde Watson nicht kaltblütig jemanden umbringen. Das paßt überhaupt nicht zu dem Mann. Und wenn er die Fassung verloren und im Streit dem anderen den Kopf eingeschlagen hätte, dann hätte er uns anschließend selbst gerufen, denn dann wäre es töricht gewesen, den Eindruck zu erwecken, er hätte es nicht getan." Wähle eine Zahl und zähle deine Instinkt-Punkte hinzu:

- Ist die Summe 2–6, weiter bei **337**.
- Ist die Summe 7–12, weiter bei **240**.

482

„Mr. Marshall war also ein Partner Symingtons", stellst du fest. „Ich frage mich, ob er auch Sir Terrence' Partner gewesen ist."

„Bevor wir eine Verhaftung vornehmen, sollten wir lieber

noch weitere Indizien sammeln“, antwortet McDonald. Weiter bei **341**.

483

Marshall läuft recht flott, macht aber nicht den Eindruck, als hätte er besondere Eile. Dann bleibt er stehen und winkt nach der einzigen Droschke, die weit und breit zu sehen ist. Sie rattert mit ihm in Richtung West End davon, wo Marshall wohnt. Wenn du zu Symington gehst, weiter bei **265**. Andernfalls weiter bei **520**.

484

Bis jetzt hast du nichts finden können, was auf irgendwelche heimlichen Partner Symingtons hindeuten würde. Was wohl in seinem Schreibtsich versteckt ist? Wenn du ihn durchsuchst, geht es weiter bei **223**. Andernfalls weiter bei **341**.

485

McDonald befiehlt mehreren Wachtmeistern, euch zu begleiten. Dann macht ihr euch auf den Weg ins West End zu Marshalls Haus. Du bist bereit, die Polizei bei der Verhaftung des Mörders zu unterstüzten. Weiter bei **338**.

486

Eine Droschke bringt dich vom Bahnhof nach Hause. Auf der Fahrt liest du zerstreut in einer Abendzeitung. Wenn du Entscheidung 14 notiert hast, geht es weiter bei **495**. Andernfalls weiter bei **366**.

487

Du denkst einen Augenblick über McDonalds Frage nach, bevor du antwortest. „Ich weiß nicht, ob es wichtig ist oder nicht, aber einer der Zeugen hat mich angelogen.“

9

„Ah ja? Und welcher?“ fragt McDonald mit einer Spur Erregung in der Stimme.

„Es war Watsons Freund Marshall“, antwortest du und erklärst die näheren Umstände seiner Lüge.

McDonalds Aufregung legt sich etwas, und Mycroft meint: „Das ist kaum Grund genug für eine Mordanklage, oder? Keine zwei Zeugen schildern dasselbe Ereignis genau gleich. Es gibt immer Unterschiede in der Wahrnehmung oder Erinnerung, die einen Mann als Lügner erscheinen lassen können.“

„Mr. Holmes hat recht“, pflichtet McDonald ihm bei. „Uns ist nichts bekannt, warum Marshall Sir Terrence hätte umbringen wollen. Wo denken Sie hin – der Mann war sogar größtenteils dafür verantwortlich, daß Sie überhaupt zu dem Fall hinzugezogen wurden. Er schrieb eine Nachricht an Mr. Holmes und machte ihn auf die Gefahr aufmerksam, in der sich Watson befand. Würde ein Mörder so etwas tun?“

„Aber warum sollte er lügen?“ fragst du noch einmal.

McDonald antwortet seufzend: „Er log, weil er nicht in eine Morduntersuchung hineingezogen werden wollte, und er wollte klarstellen, daß er mit der Sache überhaupt nichts zu tun haben konnte. Wahrscheinlich haben auch die meisten anderen ein wenig gelogen, aber so, daß Sie es nicht bemerkten.“ Notiere Entscheidung 19. Weiter bei **157**.

488

Du denkst über Sherlock Holmes’ Aufzeichnungbücher nach, die mit Hilfe eines Stichwortregisters geordnet sind und noch in der Baker Street stehen. Du hast Mycrofts Erlaubnis, sie einzusehen. Ob es sich lohnen würde, dies zu tun? Wenn du in die Baker Street gehst, weiter bei **136**. Andernfalls weiter bei **107**.

8

489

„Nach Aussage von Dr. Watson saß er in einem Sessel am Feuer und las die Zeitung", sagst du langsam, und McDonald nickt. „Haben Sie überprüft, ob es möglich gewesen wäre, sich in diesen Sessel zu setzen und wieder aufzustehen, ohne die Leiche zu sehen?"

„Ja, Sir, das habe ich", antwortet der Inspektor, „und es ist tatsächlich möglich. Der Tote lag in einer Ecke, und zwischen ihm und der Tür stand ein Billardtisch. Aber beim Fenster war ein Tischchen umgeworfen worden, und ich bin sicher, daß Watson es wieder aufgestellt hätte – das hätte jeder getan. Und wer von dort aus den Toten nicht gesehen hätte, müßte ein Verrenkungskünstler gewesen sein."

„Wissen Sie, wann der Tisch umgeworfen wurde?" fragst du.

„Nein, da bin ich nicht sicher." Notiere Hinweis C. Weiter bei **135**.

490

Du beobachtest die Gasse. Einen Moment lang hast du aus den Augenwinkeln etwas am oberen Rand des hohen Zaunes gesehen, aber jetzt ist es wieder verschwunden. Direkt neben dir befindet sich eine Tür im Zaun. Wenn du durch die Tür gehst, weiter bei **531**. Wenn du deinen Weg durch die Gasse fortsetzt, weiter bei **233**.

491

Der Aufprall auf dem Wasser führt bei dir zuerst zu einer Schrecksekunde, aber dann streifst du deine Schuhe ab und schaffst es, zum Dock zurückzuschwimmen. McDonald zieht dich an Land. „Ich habe meine Leute schon angewiesen, alle Häfen zu benachrichtigen, damit Marshall festgenommen wird. Jetzt werden wir Mr. Holmes und Captain Locke einen peinlichen Bericht erstatten müssen." Auf dem Weg zu Mycrofts Wohnung läßt du die Droschke kurz bei deiner eigenen Wohnung halten, um trockene Kleider anzuziehen. Weiter bei **196**.

492

„Mr. McDonald", sagst du schnell, nachdem er seine Anweisungen erteilt hat, „ich sollte Ihnen sagen, daß das Haus einen Geheimausgang besitzt. Er führt in den Schuppen im hinteren Teil des Grundstücks."

McDonald lächelt. „Gute Arbeit, junger Mann", sagt er. „Dann werden wir unsere Taktik ändern. Moore und Lee klopfen wie gehabt an die Vordertür, Andrews paßt alleine hinten auf, und wir übrigen warten vor dem Schuppen."

Der Plan funktioniert perfekt. Ein paar Augenblicke, nachdem zum erstenmal kräftig an die Vordertür geklopft wurde, kommt Marshall aus dem Schuppen gestürmt und landet direkt in den Armen des bärenstarken Wachtmeisters Reynolds. Ohne Widerstand läßt er sich Handschellen anlegen, und McDonald schickt die Polizisten mit ihm in die Cannon Row. „Das wird Mr. Holmes freuen", meint er lächelnd, als er eine Droschke heranwinkt. Weiter bei **231**.

493

Du beschließt, den Brief lieber nicht zu lesen, und holst die Polizei. Die ist, unter der Führung von Inspektor Gregson von Scotland Yard, schnell zur Stelle. Du erzählst ihm, was du gefunden hast, und gibst ihm den Brief. Er dankt dir für deine Hilfe, wünscht dir einen guten Tag und fordert dich fast unhöflich dazu auf, das Büro zu verlassen. Er ist offensichtlich nicht besonders gut auf inoffizielle Ermittler zu sprechen. Weiter bei **315**.

8

494

„Wissen Sie etwas über Alexander Lewis?“ fragst du deine Gesprächspartner.

Mycroft schüttelt den Kopf, aber McDonald blättert in einem Notizbuch und nickt dann. „Ich weiß schon seit einiger Zeit etwas über ihn. Menschen seiner Sorte behalten wir gut im Auge. Er ist ein junger Mann mit zu viel Geld und zu wenig Gehirn – eine schlechte Kombination. Wenn so jemand wie er sich nicht selbst in Schwierigkeiten bringt, wird er zumindest eine leichte Beute für andere. Lewis verlor sein Geld, das er in Sir Terrence' Spekulationsgeschäfte investiert hatte, aber ich bin nicht sicher, daß er intelligent genug ist, um zu merken, daß er hereingelegt wurde.“

„Gibt es Hinweise auf eine Frauengeschichte, an der er und Sir Terrence beteiligt waren?“ fragt Mycroft. „Das ist oft ein Anlaß für Gewalttätigkeiten, und Sir Terrence hatte den Ruf eines Schürzenjägers.“

McDonald lächelt. „Bei diesem Thema hätte es eher einen Grund für Sir Terrence gegeben, etwas gegen Lewis zu haben, als umgekehrt. Für Lewis ist ‚Schürzenjäger‘ gar kein Ausdruck. Aber falls er nicht merkte, daß er betrogen wurde, und dies übelnahm, ist es doch nicht sehr wahrscheinlich, daß er Sir Terrence töten würde. Er ist so reich, daß er den Mann eher von oben herab behandeln als tätlich angreifen würde.“ Weiter bei **201**.

495

Du steigst aus, bezahlst dem Kutscher drei Schilling und betrittst das Haus, in dem du zur Miete wohnst. (Ziehe 3 Schilling von deinem Geld ab.) Dein Hauswirt erzählt dir, daß ein Herr oben in deinem Zimmer auf dich warte, und als du hinaufeilst, bist du überrascht, Inspektor McDonald in deinem bequemsten Sessel sitzen zu sehen.

„Was führt Sie zu mir, Inspektor?“ fragst du. „Haben Sie neue Beweise gefunden?“

„Nein, junger Mann, keine Beweise“, antwortet er. „Aber ich habe erfahren, daß vor einer Stunde Mr. Symington bei einem seltsamen Unfall in seinem Büro ums Leben gekommen ist. Da sein Name bei unserer Unterhaltung gestern abend zur Sprache kam, dachte ich mir, Sie würden vielleicht gerne mitgehen und den Fall untersuchen. Da ist noch etwas. Die Umstände des Unfalls kommen mir verdächtig wor. Ich habe Anweisung gegeben, die Leiche nicht anzurühren, bis wir alles gesehen haben. Ein Polizist ist dort und wartet auf mich.“

Du bist zwar bestürzt, vom Tod eines möglichen Zeugen zu hören, aber du hast Zweifel, ob dieser Todesfall etwas mit deiner Untersuchung zu tun hat. Wenn du mit McDonald gehst, weiter bei **431**. Andernfalls weiter bei **366**.

496

Ob Johnson wohl etwas aufgefallen ist, als er ins Billardzimmer hinaufging? Wenn du ihn fragst, was er sah, weiter bei **160**. Andernfalls weiter bei **181**.

497

Du schaust dich im Zimmer um, bemerkst aber nichts Interessantes. Weiter bei **275**.

498

Du denkst über das nach, was du gesehen hast, und kannst nicht verstehen, warum Mycroft so viel Mühe und Geld aufwendet, um Nr. 221 B so perfekt in Stand zu halten. Wenn du ihn fragst, warum er das tut, weiter bei **279**. Andernfalls weiter bei **244**.

499

Mycroft denkt über deinen Mißerfolg nach und sagt dann: „Captain Locke, ich hätte gerne, daß Sie sich dieser Sache annehmen. Nach Ihnen, meine Herren, werde ich dann schicken, wenn er beweisen kann, wer Sir Terrence getötet hat."

Untröstlich über deinen Fehlschlag gehst du nach Hause. Am nächsten Tag um die Mittagszeit erreicht dich ein Brief von Mycroft, der dich bittet, noch einmal zu ihm zu kommen.

Als du mit McDonald dort eintriffst, erklärt Mycroft, daß Captain Locke den Fall gelöst hat. „Bitte erzählen Sie, Captain." Wenn du Entscheidung 28 notiert hast, geht es weiter bei **382**. Andernfalls weiter bei **109**.

500

Du weißt nicht recht, wie du ihn fragen sollst. Wenn du ihn drängst, schärfer nachzudenken, geht es weiter bei **379**. Wenn du entscheidest, daß er einfach keine Antwort weiß, weiter bei **439**.

501

Du legst die Unterlagen beiseite und stehst auf. Du hast das Gefühl, aus Sir Terrence' Dokumenten alles Wichtige erfahren zu haben. „Danke, daß Sie mir geholfen haben", sagst du zu Perkins.

Seine freundlichen Gesichtszüge verhärten sich bei seiner Antwort. „Finden Sie einfach seinen Mörder, Sir. Tun Sie das, und wir sind mehr als quitt." Du dankst ihm nochmals und gehst. Weiter bei **262**.

502

Du hältst das Schreiben von Mycroft in der Hand, in dem er dir erlaubt, Sherlock Holmes' Bücher und Aufzeichnungen in der Baker Street einzusehen. Wenn du von dieser Möglichkeit Gebrauch machen willst, gehst du am besten jetzt gleich, denn um diese Zeit ist Mrs. Hudson sicher zu Hause. Wenn du in die Baker Street gehst, weiter bei **136**. Andernfalls weiter bei **107**.

503

Du erinnerst dich an die Aussagen der Zeugen, die genau benennen konnten, welche Männer im Salon beisammengestanden und geplaudert hatten. Marshalls Namen hatten sie nicht genannt. Warum unterscheiden sich ihre Erzählungen so von Marshalls Aussagen? Wenn du Marshall bittest, den Unterschied zu erklären, geht es weiter bei **467**. Andernfalls weiter bei **308**.

504

„Das scheint eine etwas drastische Methode zu sein", meint Captain Locke, „aber wenn es Sie tröstet und Sie sich die Kosten leisten können, kann ich daran nichts Falsches entdecken."

„Falsch sicherlich nicht", stimmst du zu, und zu Mycroft gewandt fährst du fort: „Für mich war der heutige Tag sehr hilfreich. Erstaunlich, wieviele Informationen Ihr Bruder angesammelt hat."

„Information als solche ist allerdings wenig nützlich", meint Locke. „Man muß logische Schlüsse aus den Fakten ziehen." Du setzt das Gespräch noch etwas fort, weil du irgendwie noch keine Lust hast zu gehen. Dir ist immer noch nicht klar, wie du das deuten sollst, was du in der Baker Street gesehen hast. Wähle eine Zahl und zähle deine Instinkt-Punkte hinzu:

- Ist die Summe 2–9, weiter bei **244**.
- Ist die Summe 10–12, weiter bei **168**.

505

Durch den Brief weißt du, wer Symington ermordet hat. Schnell läßt du McDonald holen. Er kommt mit mehreren Polizisten im Schlepptau an, wirft einen Blick auf Brief und Leiche und führt dich und die Polizisten ins West End der Stadt, wo Marshall wohnt. Weiter bei **338**.

506

Du gehst auf das Gebäude zu, in dem Symington sein Büro hat. Die Adresse ist 118 D, und du findest eine Seitentür, über der diese Nummer steht. Vielleicht führt hinter der Tür eine Treppe nach oben. Als du dich dem Gebäude näherst, siehst du, wie ein Mann hastig durch diese Tür schlüpft – so, als wolle er nicht gesehen werden. Er hat seinen Hut tief ins Gesicht gezogen, so daß es teilweise verdeckt ist. Wähle eine Zahl und zähle deine Beobachtungs-Punkte hinzu:
- Ist die Summe 2–10, weiter bei **139**.
- Ist die Summe 11–12, weiter bei **417**.

507

Du durchdenkst, was du bisher über den Fall weißt. Was könntest du von Chambers noch erfahren? Wenn du Hinweis C notiert hast, geht es weiter bei **545**. Andernfalls weiter bei **439**.

508

Du denkst über die Anhaltspunkte nach, die du zusammengetragen hast, und darüber, was Lord Howard wohl noch wissen könnte. Wenn du Hinweis G notiert hast, geht es weiter bei **328**. Andernfalls weiter bei **561**.

509

Du eilst in die Mitte der Fußgängerbrücke. Du kommst gerade noch rechtzeitig, denn du siehst eine kleine Barkasse den Kanal hinunter auf dich zufahren; an Deck kannst du Marshall erkennen. Wie kannst du ihn aufhalten? Wenn du von der Brücke auf das Boot springst, geht es weiter bei **185**. Wenn du dem Kapitän zurufst anzuhalten, weiter bei **183**.

9

510

Ob Howard über die Geheimtür Bescheid weiß? Wenn du ihn danach fragst, weiter bei **327**. Andernfalls weiter bei **129**.

511

Nachdem du den Brief gelesen hast, erscheint es dir sehr verdächtig, wie Symington zu Tode gekommen ist. Du untersuchst die Leiche noch einmal und entdeckst, daß er in den Hinterkopf geschossen wurde! Der Mörder hat die Wellington-Büste benutzt, um seine Untat zu verbergen.

Sofort läßt du Inspektor McDonald holen, der nach kurzer Zeit eintrifft, begleitet von mehreren Polizisten. Er wirft einen Blick auf Brief und Leiche und führt dich und die Polizisten sofort zu Marshalls Haus, wo ihr hofft, den Täter zu erwischen, bevor er aus der Stadt flieht. Weiter bei **338**.

512

Da er ein so gewöhnlicher Mensch ist, wundert es dich, daß im Register auch der Name von Christopher Marshall auftaucht. Du nimmst das entsprechende Aufzeichnungsbuch zur Hand und schlägst es an der angegebenen Stelle auf. Du findest einen Zeitungsausschnitt über Marshall, der einen Vorfall im Westen der Vereinigten Staaten beschreibt. Marshall erschoß zwei Männer, die ihn bedroht und beschuldigt hatten, beim Kartenspiel zu betrügen. Der Bericht erwähnt, daß Marshall Selbstverteidigung geltend machte und freigelassen wurde, daß ihn aber der Richter verwarnte, weil er in unverhältnismäßiger Weise zu seinem Schutz von Gewalt Gebrauch gemacht habe. Marshall hatte dann die Stadt sofort verlassen. Ein anderer Artikel berichtet, daß Marshall eine kleine Abhandlung unter dem Titel „Geheime Durch- und Ausgänge im modernen Haus" veröffentlicht hat. Unter die Ausschnitte hat Holmes geschrieben: „Watsons Freund und Clubkamerad. Vertrauens-

7

würdig?“ Du fragst dich, was das bedeutet, bist aber nicht sicher, ob es wichtig ist. Weiter bei **170**.

513

Strickland sieht wieder auf seine Liste, überlegt und nickt dann. „Der nächste ist Lord Howard“, verkündet er. „Er war unten und unterhielt sich mit den anderen Mitgliedern, als all dies passierte. Nun, ich hoffe, Sie behandeln ihn mit dem Respekt, den sein Rang erfordert. Jede Spur von Grobheit, die man gewöhnlich mit dem Auftreten von Detektiven verbindet, würde zur sofortigen Beendigung des Gesprächs führen.“ Wenn du mit Lord Howard sprichst, weiter bei **271**. Andernfalls weiter bei **137**.

514

„Niemand wird Ihnen etwas zuleide tun – ob Sie sich nun erinnern oder nicht. Aber ich bitte Sie sehr, sich zu bemühen“, drängst du.

Angestrengt legt Chambers sein Gesicht in Falten. Du hast den Eindruck, daß er im Geist noch einmal jeden Schritt nachvollzieht, den er getan hat. Dann lächelt er. „Ja“, sagt er, „jetzt erinnere ich mich, weil Sie so viel Geduld mit mir haben. Das Tischchen war nicht umgefallen. Denn sonst wäre ich sofort hingegangen, hätte es wieder aufgestellt und hätte nachgeschaut, ob etwas verschüttet worden war. Und von dort aus hätte ich Sir Terrence liegen gesehen – aber ich habe ihn ja nicht gesehen, bis ich zum Billardtisch hinüberging und nach dem Schürhaken suchte.“

„Vielen Dank, Chambers“, sagst du fröhlich. „Das ist für uns eine sehr wichtige Information.“ Notiere Hinweis J. Weiter bei **439**.

4

515

Der Vorsitzende sieht auf seine Liste, überlegt kurz und nickt dann. „Ich glaube, als nächstes sprechen Sie am besten mit Sir George Grant", sagt er schließlich. „Er und Thomas Sullivan spielten in dem Zimmer gegenüber Schach, bis Chambers zu schreien anfing, und sie waren die ersten Mitglieder, die im Billardzimmer ankamen. Sir George hat vielleicht etwas bemerkt, was uns bisher entgangen ist." Wenn du mit Sir George sprichst, geht es weiter bei **286**. Andernfalls weiter bei **278**.

516

„Mit wem haben Sie sich nach dem Streit unterhalten?" fragst du Lewis.

„Oh, wie soll ich das noch wissen?" antwortet er ein wenig verärgert. „Wir waren einfach ein paar Männer, die miteinander plauderten. Ich mußte dann sowieso bald gehen, da ich verabredet war und mich schon verspätet hatte."

Wenn du ihn nach seiner Meinung über Sir Terrence fragst, weiter bei **358**. Wenn du keine Fragen mehr an ihn hast, weiter bei **311**. Andernfalls weiter bei **246**.

517

Sorgfältig öffnest du nacheinander alle Bücher und schüttelst sie, um zu sehen, ob etwas darin versteckt ist. In einem von ihnen findest du einen sehr merkwürdig zusammengefalteten Zettel. Du faltest ihn auseinander und siehst, daß er nur mit Zahlen beschrieben ist:

217	38	46	117	29	38	HAUS
12	2	202	146	88	199	300
OBEN	194	105	77	HOCH	200	64

„Was haben Sie entdeckt?" fragt McDonald, der dein Interesse bemerkt hat. Du zeigst ihm den Zettel. Wenn du Hinweis I notiert hast, geht es weiter bei **253**. Andernfalls weiter bei **156**.

2

518

Du entscheidest, daß es unmöglich ist, von Symington etwas zu erfahren, und verläßt das Gebäude, in dem er sein Büro hat. Wenn du Entscheidung 23 notiert hast, geht es weiter bei **349**. Andernfalls weiter bei **107**.

519

„War Christopher Marshall einer der Männer, mit denen Sie sich unterhalten haben?“ fragst du. „Watsons guter Freund.“

„Oh, er ist nicht nur Watsons guter Freund, Sir“, antwortet er. „Ich glaube, jeder, der ihn kennt, hält viel von dem Burschen. Einer von der besten Sorte, verstehen Sie. Immer hilfsbereit.“

„War er einer der Herren, mit denen Sie sich unterhielten, als Chambers um Hilfe schrie?“ fragst du noch einmal.

„Ich bin nicht sicher“, erwidert er, „aber ich könnte es mir schon vorstellen. Ich weiß, daß ich irgendwann gestern abend mit ihm gesprochen habe, und ich sah ihn im Billardzimmer, gleich nachdem wir alle hinaufgelaufen waren.“ Weiter bei **229**.

520

Du beschließt, dich jetzt ausreichend mit diesem Aspekt des Falles befaßt zu haben. Du wirst nicht zu Symington gehen. Wenn du Entscheidung 23 notiert hast, geht es weiter bei **349**. Andernfalls weiter bei **107**.

521

Ob Sullivan wohl das umgeworfene Tischchen bemerkt hat? Wenn du ihn danach fragst, weiter bei **298**. Andernfalls weiter bei **455**.

4

522

„Inspektor McDonald", sagst du, „ich denke, man kann behaupten, daß Sir Terrence seine Geschäfte auf nicht ganz ehrliche Art und Weise betrieb."

„Das ist stark untertrieben", antwortet der Inspektor. „Der Mann war ein Lump."

„Können Sie mir jemanden nennen, der bei dieser Sorte Geschäft sein Konkurrent war?" fragst du. „Wenn Sir Terrence von einem Komplizen getötet wurde, der sich selbst schützen wollte, dann könnte uns ein Konkurrent diesen Komplizen vielleicht nennen."

Mycroft und McDonald schienen sich über die Frage zu freuen. „Eine gute Idee, junger Mann", sagte Mycroft. „Als wir über Verdächtige sprachen, haben wir einen solchen Mann schon erwähnt, nämlich John Symington. Einige der Handzettel, die er kürzlich für Werbezwecke herausgebracht hat, sind mir im Rahmen meiner Arbeit begegnet, und sie scheinen denen von Sir Terrence sehr ähnlich zu sein. Wenn er auch als Mordverdächtiger nicht mehr in Frage kommt, wäre es vielleicht doch gut, mit ihm zu reden, nicht wahr, Inspektor?"

„Ganz meine Meinung", stimmt McDonald zu und schreibt dir Symingtons Adresse auf. Notiere Folgerung 14. Weiter bei **187**.

523

Perkins erbleicht. „Was meinen Sie damit, ich sei mit den Geschäften des Herrn vertraut?" fragt er. „Ich wußte nichts über seine Geschäfte und hatte nie etwas damit zu tun. Ich kümmerte mich nur im Rahmen meiner Aufgaben um ihn."

„Keine Sorge", sagst du schnell und versuchst, ihn zu beruhigen. „Wenn Sie über die Papiere nichts wissen, dann sehe ich sie alleine durch."

Damit ist Perkins gleich einverstanden. Er führt dich in ein

Arbeitszimmer und zeigt dir, wo die Dokumente aufbewahrt werden. Dann sagt er: „Ich werde Ihnen einen Tee bringen, dann wird Ihnen die Arbeit leichter von der Hand gehen." Weiter bei **575**.

524

Du kommst auf den Gedanken, daß ein verborgener Eingang zum Billardzimmer die Indizien entkräften könnte, die sich aus dem zeitlichen Ablauf ergeben. „Ist die Tür der einzig mögliche Zugang zum Zimmer?" fragst du McDonald. „Haben Sie nach verborgenen Ausgängen gesucht?"

„Es gibt nur die eine Tür", erwidert er, „und wer zum Fenster hinausgestiegen wäre, hätte sehr verdächtig ausgesehen. Was geheime Ausgänge angeht, so halte ich das in einem solchen Haus für unwahrscheinlich. Es wäre Zeitverschwendung, so abwegigen Ideen nachzugehen, wenn die klar zu Tage liegenden Indizien so eindeutig sind." Notiere Hinweis B. Weiter bei **456**.

525

Müde läßt du dich in einen Sessel fallen – völlig verstört durch die Erkenntnis, daß deine Ermittlung fehlgeschlagen ist. Wenn du noch einmal von vorne beginnen willst, geht es weiter bei der **Einleitung**. Wenn du dir den Fall erklären lassen willst, weiter bei **499**.

526

Der schwere Stock kracht auf deinen Hinterkopf, und du verlierst das Bewußtsein. Du erwachst in einem Krankenhausbett und siehst zu deinem Erstaunen Inspektor McDonald neben dir sitzen.

„Nun, junger Mann", sagt er, „endlich sind Sie aufgewacht. Da hat Ihnen jemand wirklich einen üblen Schlag verpaßt. Wissen Sie, wer es war?“ Wenn du Hinweis T notiert hast, geht es weiter bei **106**. Andernfalls weiter bei **423**.

527

„In dem Zimmer lag ein umgestoßenes Tischchen“, sagst du, „und zwar bei dem Sessel neben den Fenstern. Ist es Ihnen aufgefallen?“

Marshall überlegt kurz und lächelt dann. „Ja, das habe ich gesehen“, antwortet er. „Ich wollte es sogar gerade wieder aufstellen, als jemand davon sprach, daß wir nichts anrühren sollten. Aber es lag auf jeden Fall am Boden, als ich ins Zimmer kam.“ Wenn du Hinweis G notiert hast, geht es weiter bei **334**. Andernfalls weiter bei **310**.

528

Du denkst an die Geheimtür unter dem Billardtisch. Ob Sir George wohl etwas darüber weiß? Wenn du ihn danach fragst, weiter bei **302**. Andernfalls weiter bei **333**.

529

„Haben Sie beim Club schon einmal etwas Ungewöhnliches bemerkt?“ fragst du mit gewollt gleichgültiger Stimme. „Man hört so allerhand Geschichten, nicht wahr?“

„Nun ja, dieser da ist nach außen ziemlich ruhig“, antwortet er, „aber ich glaube, drinnen gehen manchmal merkwürdige Dinge vor sich. Ab und zu muß die Polizei kommen – erst gestern abend war sie wieder da. Und manchmal kriege ich was davon mit, wenn sie ihre Späße treiben. Ich glaube, sie spielen sich gegenseitig alle möglichen Streiche.“ Wenn du ihn fragst, was er damit meint, weiter bei **371**. Wenn du ihn stehenläßt, weiter bei **124**.

530

Du fragst dich, ob Martin bemerkte, was genau Watson und Sir Terrence nach ihrem Streit taten. Wenn du ihn danach fragst, geht es weiter bei **533**. Andernfalls weiter bei **415**.

531

Du ziehst die Tür auf und schaust zur anderen Seite des Zauns. Beim Quietschen der Türangeln dreht sich ein Mann zu dir um, der sich dort versteckt hatte, und starrt dich überrascht an. Es ist Marshall. Mit einem Wutschrei greift er dich mit seinem schweren Spazierstock an. Auch du gehst zum Angriff über, indem du versuchst, dich unter dem Stoch wegzuducken und Marshall zu fassen zu kriegen, damit er die Waffe nicht mehr benutzen kann. Notiere Hinweis T. Wähle eine Zahl und zähle deine Fitneß-Punkte hinzu:

- Ist die Summe 2–5, weiter bei **526**.
- Ist die Summe 6–12, weiter bei **551**.

532

Plötzlich wird dir klar, daß Captain Locke in Wirklichkeit Sherlock Holmes in einer seiner berühmten Verkleidungen ist! Kein Wunder, daß er den Fall so schnell gelöst hat. Weiter bei **382**.

533

„Was taten die beiden nach dem Vorfall, Mr. Martin?“ fragst du mit absichtlich gleichgültiger Stimme. „Gaben sie sich die Hand und entschuldigten sich, wie es üblich ist, oder gingen die Beleidigungen weiter?“

Martin scheint die Frage zu überraschen. Dann lacht er. „Nun, zu beidem bestand gar keine Gelegenheit“, sagt er schließlich. „Sir Terrence blieb eine oder zwei Minuten auf dem Boden sitzen und überprüfte, ob noch alles an ihm dran war. Mr. Lewis und ich kümmerten uns um ihn, und Mr. Marshall brachte Watson aus dem Zimmer. Das war eine ganz gute Idee von Chris, beide sich ein wenig beruhigen zu lassen. Als sie sich wieder trafen, war dummerweise niemand dabei, der das Schlimmste hätte verhindern können."

„Und was tat Sir Terrence, nachdem er wieder auf den Beinen war?"

„Wir gingen in den Salon und machten uns an den Portwein. Es waren noch ein paar andere dabei, und wir plauderten mit ihnen über den Streit. Sir Terrence ging bald darauf nach oben, und dann mußte ich fort. Ich war um zehn mit einem Freund im *Bagatelle* zum Kartenspielen verabredet, und ich wollte pünktlich sein. Es war Captain Moran, und der besteht darauf, daß seine Kameraden pünktlich erscheinen. Da kommt sein altes Soldatentum durch, wissen Sie." Notiere Hinweis P. Weiter bei **415**.

534

„Sagen Sie mir, was letzte Nacht hier passiert ist", redest du auf ihn ein. „Beginnen Sie mit dem Streit zwischen Dr. Watson und Sir Terrence."

„Erstens habe ich den Streit nicht selbst mitbekommen: Ich habe erst später davon gehört, nachdem wir die Leiche gefunden hatten. Zweitens hätte es mich nicht beunruhigt, wenn ich davon gehört hätte. Verstehen Sie, diese Dinge passieren, wenn man eine Reihe temperamentvoller und stolzer Männer in einem Club hat. Solange sie die Möbel nicht beschädigen, akzeptieren wir den einen oder anderen kleinen Zank. Das liegt in der Natur unserer Mitgliedschaft – um Mitglied werden zu können, muß man auf mindestens drei Kontinenten gewesen sein, und solche Männer sind nun mal meistens lebhafte Burschen." Wähle eine Zahl und zähle deine Instinkt-Punkte hinzu:

- Ist die Summe 2–7, weiter bei **301**.
- Ist die Summe 8–12, weiter bei **562**.

535

Du eilst die Gasse hinunter in der Hoffnung, Marshall zu sehen, wenn du das andere Ende erreicht hast. Wähle eine Zahl und zähle deine Beobachtungs-Punkte hinzu:

- Ist die Summe 2–5, weiter bei **233**.
- Ist die Summe 6–7, weiter bei **466**.
- Ist die Summe 8–12, weiter bei **490**.

536

Du denkst an die verschiedenen Aufgaben, die heute vor dir liegen. Was solltest du zuerst tun, und welche Maßnahmen sind vielleicht gar nicht der Mühe wert? Dir scheint es das beste zu sein, zuerst entweder in die Baker Street zu gehen, um Sherlock Holmes' Aufzeichnungen in seiner alten Wohnung einzusehen, oder zu John Symington, dem beruflichen Konkurrenten von Sir Terrence. Wenn du jetzt in die Baker Street gehst, weiter bei **264**. Wenn du lieber Symington aufsuchst, weiter bei **357**. Andernfalls weiter bei **107**.

537

Martin betritt das Zimmer, er ist ein magerer, lebhafter Mann mit weißem Haar und klugen Augen. Man sieht ihm gleich an, daß er gern bereit ist, mit dir zu reden. „Sie sind also engagiert worden, um den Mord von gestern abend zu untersuchen, was?" lacht er. „nun, man hätte meinen können, daß dies ein Fall sei, den Scotland Yard einmal ohne Hilfe lösen könnte."

„Ihnen kommt also alles ganz einfach vor?" erwiderst du in der Hoffnung, ihm etwas zu entlocken.

„Nun, ich sag's nicht gerne, denn er ist ein netter Mensch", sagt Martin, „aber mir scheint es doch wirklich sonnenklar zu sein, daß John Watson Sir Terrence ermordet hat. Schieres Pech, würde ich sagen. Sir Terrence brachte ihn beim Kartenspielen in Wut. Watson ging, um sich zu beruhigen. Dann trafen sie sich zufällig im Billardzimmer wieder und nahmen wahrscheinlich ihren Streit wieder auf. Niemand war da, der hätte eingreifen können, und die Tragödie nahm ihren Lauf."

Wenn du ihn bittest, den Streit zu beschreiben, weiter bei **377**. Wenn du ihm keine weiteren Fragen mehr stellst, weiter bei **570**. Andernfalls weiter bei **415**.

538

Du fragst dich, warum er die Vorstellung so absurd findet, daß Watson des Mordes verdächtigt wird. Wenn du ihn bittest, seine Bemerkung zu erläutern, geht es weiter bei **481**. Andernfalls weiter bei **337**.

539

Du überlegst, ob Sir Terrence Konkurrenten hatte, die etwas über den Mord wissen könnten oder vielleicht sogar etwas damit zu tun hatten. Wenn du nach anderen Geschäftsleuten aus derselben Branche fragst, weiter bei **522**. Andernfalls weiter bei **187**.

540

McDonald hört sich die Indizien an und sagt scharf: „Kommen Sie, Mann, Sie müssen doch entscheidendere Ergebnisse erzielt haben als das, was Sie uns bisher geboten haben. Bis jetzt habe ich keinen Grund gehört, Watsons Festnahme aufzuschieben."

„Geduld, Inspektor", sagte Mycroft. „Lassen Sie den jungen Mann alles erzählen, was er herausgebracht hat." Obwohl du nicht mehr sehr zuversichtlich bist, erzählst du weiter. Wenn du Hinweis F, J oder Q notiert hast, geht es weiter bei **153**. Andernfalls weiter bei **268**.

541

Bei deiner Durchsuchung des Kellers fällt dir ein Regal in der Ecke auf. Ob wohl etwas in ihm versteckt ist? Du bist sicher, daß Marshall keine wichtigen Dokumente im Keller aufbewahren würde. Wenn du das Regal genauer ansiehst, geht es weiter bei **164**. Andernfalls weiter bei **323**.

542

Aus Mycrofts Schlafzimmer hörst du leise eine Uhr schlagen, und du merkst, daß es schon spät ist. „In welcher Richtung werden Sie morgen weiterarbeiten?" fragt Mycroft.

„Ich habe mich noch nicht entschieden", antwortest du. „Es gibt mehrere Informationsquellen, die ich anzapfen könnte. Ich wüßte gerne mehr über die Dame, deren Name in der Streiterei zwischen Sir Terrence und Dr. Watson eine so große Rolle spielte. Hat Ihr Freund Captain Locke etwas über sie herausgefunden?"

„Ich habe noch keinen Bericht von ihm bekommen", erwidert Mycroft. „Wenn es soweit ist, erhalten Sie Nachricht von mir."

„Haben Sie einen Vorschlag? Wen sollte ich zuerst aufsuchen?" fragst du. „Sollte ich vielleicht ins Haus von Sir Terrence gehen und dort nach Indizien suchen?"

„Das hat Zeit", meint McDonald. „Sir Terrence kann keine Spuren mehr vernichten." Er zieht ein Kursbuch aus Mycrofts Regal und studiert die Eisenbahnfahrpläne. „Ich hatte recht", sagt er. „Wenn Sie den Earl of Waynesborough sprechen möchten, fahren Sie am besten gleich morgen früh zu seinem Landsitz hinaus. Die einzigen Züge dorthin fahren in Paddington um acht Uhr morgens und um vier Uhr nachmittags ab. Dieser Ausflug würde mit Hin- und Rückfahrt fast den ganzen Tag in Anspruch nehmen."

Du dankst Mycroft und McDonald für ihre Hilfe und gehst nach Hause. Der morgige Tag beschäftigt dich; du kannst kaum

9

schlafen. Wenn du beschließt, zum Earl zu fahren, geht es weiter bei **554**. Andernfalls weiter bei **242**.

543

„Ich habe noch etwas Wichtiges über den Earl erfahren", sagst du ruhig. „Einige Clubmitglieder haben mir erzählt, daß Sir Terrence mit der Frau des Earls geflirtet hat. Es gibt Männer, die so etwas schon zum Mord treiben kann, und wir wissen, daß der Earl jähzornig ist."

„Ja, das wäre eine Möglichkeit", antwortet McDonald. „Ich hatte zwar gehört, daß er gestern abend draußen auf seinem Landsitz war, aber vielleicht hat er sich auch davongeschlichen. Angeblich hat eher Lord Grayson als der Earl die Rolle des Gastgebers gespielt." Weiter bei **270**.

544

Du durchsuchst das ganze Zimmer mit Ausnahme von Symingtons Schreibtisch, findest aber nichts, was dir in deiner Ermittlung weiterhilft. Enttäuscht wendest du dich dem Schreibtisch zu. Solltest du weitersuchen oder zuerst die Polizei rufen? Wenn du gleich die Polizei rufst, geht es weiter bei **391**. Wenn du den Schreibtisch durchsuchst, weiter bei **225**.

545

Du erinnerst dich an das Tischchen, das im Billardzimmer umgeworfen wurde. Dir ist klar: Wenn Chambers mit Sicherheit sagen kann, daß es **nicht** umgeworfen war, als er hereinkam, dann wäre das ein starkes Indiz dafür, daß Watson tatsächlich im Raum gewesen sein konnte, **ohne** etwas Verdächtiges zu bemerken. Wenn du Chambers nach dem Tisch fragst, weiter bei **320**. Andernfalls weiter bei **439**.

546

Schnell verläßt du Symingtons Büro und schickst McDonald eine Nachricht über das, was passiert ist. Der Mann von Scotland Yard läßt nicht lange auf sich warten. In Begleitung mehrerer Wachtmeister macht ihr zwei euch auf den Weg zu Marshalls Haus im West End von London. Weiter bei **338**.

547

„Haben Sie die Auseinandersetzung zwischen Dr. Watson und Sir Terrence mitangesehen?“ fragst du.

„Richtig gesehen habe ich nichts, obwohl ich im selben Zimmer war“, antwortet Lewis.

„Wie meinen Sie das?“

„Ich saß in einer Ecke und las die Zeitung, und die anderen spielten Whist. Ich versuchte, nicht darauf zu achten, als Watson und Sir Terrence sich beleidigten, aber das war unmöglich. Als ich aufsah und mich beruhigend einmischen wollte, sah ich Sir Terrence hintenüber fallen. Watson verließ das Zimmer, und wir anderen unterhielten uns eine Weile im Salon.“ Wenn du fragst, mit wem er sich unterhielt, geht es weiter bei **516**. Andernfalls weiter bei **347**.

548

„Es freut mich, daß Sie Zeit gefunden haben, mit mir zu reden“, sagst du zu Marshall. „Ich möchte Sie bitten, mir die Auseinandersetzung zwischen Dr. Watson und Sir Terrence zu beschreiben.“

„Aha, Sie beginnen am Anfang“, lacht er. „Nun gut. Wir hatten einige Zeit gespielt, und ich muß sagen, daß Watson besser als gewöhnlich spielte. Er überlistete Sir Terrence mehrmals. Schließlich gewannen Watson und ich den Robber mit einem Schlemm in der letzten Hand, wobei ihm zweimal ein märchenhafter Impasse gegen Sir Terrence glückte.“

„Und das hat Sir Terrence nicht einfach hingenommen?“

„Allerdings nicht. Er sagte, daß Watson die Karten wohl von hinten erkennen könne. Watson erwiderte, er habe einfach besser gespielt als Sir Terrence. Dann wurde der Ton eine Spur grober. Sir Terrence machte eine Bemerkung über eine Dame, mit der Watson zur Zeit befreundet ist, und ich dachte, es würde schon an dieser Stelle zu einer Prügelei kommen, denn Watson ist sehr an der Ehre seiner Dame gelegen. Aber statt dessen sagte Watson etwas über Sir Terrence’ Pleitefirmen, die ihn eine Menge Geld gekostet hätten, und Sir Terrence nannte ihn einen Narren. Da schlug ihn Watson mit einem Hieb nieder. Zum Glück verließ Watson das Zimmer, bevor Sir Terrence sich zur zweiten Runde wieder erheben konnte.“

Wenn du Hinweis P notiert hast, geht es weiter bei **222**. Andernfalls weiter bei **112**.

549

„Ganz schön hartnäckig sind Sie“, knurrt er, lächelt aber dann. „Nun, das gehört wohl dazu bei Ihrem Beruf. Ich weiß nicht viel über meinen Clubkameraden Sir Terrence. Der Grund dafür ist, daß ich die letzten zwei Jahre bei der Armee in Afrika war und Brücken gebaut habe. Auch davor hatte ich nicht viel mit Sir Terrence zu tun. Mein älterer Bruder hat durch spekulative Investitionen sehr viel Geld verloren, und ich beschloß, mit Leuten aus dieser Branche so wenig wie möglich zu tun zu haben. Ich hatte Angst, in Versuchung zu geraten, denselben Fehler wie mein Bruder zu machen.“

„Aha“, antwortest du ruhig. „Ich danke Ihnen, daß sie die Dinge so klar geschildert haben.“ Weiter bei **305**.

550

Du überlegst, welche Fragen du Symington stellen willst. Könnte er wissen, wer Sir Terrence bei seinen Firmengründungen geholfen hat? Wenn du danach fragst, geht es weiter bei **410**. Andernfalls weiter bei **564**.

551

Du ringst mit Marshall und versuchst, ihn zu Fall zu bringen. Gleichzeitig schreist du nach der Polizei. Bemüht, sich von dir zu befreien, angelt er mit dem gebogenen Ende seines Spazierstocks nach deinem Knöchel, zieht dir den Fuß weg, so daß du hinfällst, und gibt Fersengeld. Du rennst ihm nach, aber er scheint diesen Teil Londons gut zu kennen und hat bald eine Hauptstraße erreicht, während du noch einen halben Block zurückliegst. Dort nimmt er sich die einzige Droschke, die weit und breit zu sehen ist, und verschwindet.

Da deine Beine versagt haben, strengst du nun deinen Kopf an und erzählst einem Polizisten, was passiert ist. Sofort schickt er nach McDonald. Es dauert nicht lange, und der Inspektor ist da. Er hört sich deine Geschichte an und nickt grimmig. „Mr. Marshall schnappen wir uns besser gleich“, sagt er. „Gehen wir zu seinem Haus.“ In Begleitung mehrerer Polizisten eilt ihr ins West End von London, wo Marshall wohnt. Weiter bei **338**.

552

„Ich kann nicht behaupten, daß ich den Mann wirklich kannte“, sagt Symington mit plötzlicher Nervosität. „Wir trafen uns selten und haben niemals zusammen gearbeitet.“

„Irgend etwas müssen Sie doch wissen“, drängst du.

„Nein, wirklich, ich weiß nichts über ihn“, beharrt er. „Wir hatten einfach nichts miteinander zu tun. Wir haben auch unsere Geschäfte nicht auf die gleiche Weise geführt, verstehen Sie.“ Bevor du nachfragen kannst, schaut Symington auf die Uhr und meint: „O Gott, ich wußte gar nicht, wie spät es schon ist. Sie müssen mich entschuldigen, ich habe eine wichtige Verabredung am anderen Ende der Stadt.“ In seiner Aufregung stößt er dich fast aus der Tür. Widerstrebend verläßt du das Gebäude. Weiter bei **315**.

553

„Ich denke, es war Chambers, der Diener, der Sir Terrence tötete, und dann um Hilfe schrie, als er die Leiche ‚fand‘“, sagst du. „Wahrscheinlich versteckte sich Sir Terrence, als Watson das Zimmer betrat, da er keine weitere Konfrontation mit dem Doktor wünschte. Dann, nachdem Watson das Zimmer verlassen hatte, ging Chambers hinein und schlug Sir Terrence den Schädel ein. Sir Terrence war ja nicht gerade ein liebenswerter Mann und hat dem Diener sicher einige Gründe für seine Tat gegeben.“

Alle drei Männer schütteln den Kopf. „Nein, nein“, sagt Locke, „das ist unmöglich. Es gibt keinen Hinweis darauf, daß Chambers ein Motiv hatte. Und außerdem war Sir Terrence schon einige Zeit tot, als seine Leiche gefunden wurde.“ Weiter bei **525**.

554

Obwohl du in der Nacht vor lauter Aufregung schlecht schläfst, stehst du am nächsten Morgen früh auf. Nach einem schnellen Frühstück in deinem Zimmer eilst du nach Paddington zu deinem Zug. Er fährt pünktlich ab, und du bekommst den Anschluß nach Süden zum Dorf Waynesborough (dem der Earl seinen Titel verdankt). Ein Einspänner bringt dich zum Landsitz des Earls. Der Butler besieht sich deine Empfehlungsschreiben, und nach nur wenigen Minuten Wartezeit wirst du vom Earl empfangen. Er ist ein großer, magerer Mann mit einem Monokel und macht einen sehr vornehmen Eindruck.

„Guten Tag, Sir“, sagt er. „Wie kann ich Ihnen helfen?“

„Wie Sie aus meinem Empfehlungsschreiben wissen“, sagst

du, „untersuche ich den Mord an Sir Terrence Milton, der vorgestern abend im ‚Drei-Kontinente-Club' getötet wurde. Ist es richtig, daß die meisten Mitglieder an diesem Abend Ihre Gäste waren?"

„Ja, meine Gäste oder die meines Sohnes. Ich habe mit meinem Butler die Einladungen durchgesehen, weil es ein wenig schwierig war, für alle eine Unterkunft zu finden. Es waren alle da, und an diesem Abend kann keiner von ihnen nach London gefahren sein. Die Zugverbindung ist ein Skandal."

„Und Sie waren selbst den ganzen Abend bei ihnen?"

„Nicht immer", erwidert er, „aber ich war um neun Uhr hier. Um diese Zeit, nach dem Essen, wurden verschiedene Toasts ausgebracht, und ich weiß aus der Zeitung, daß die Leiche um halb zehn entdeckt wurde." Du machst dir ein paar Notizen und überlegst dir weitere Fragen an den Earl. Notiere Entscheidung 20. Wenn du ihn nach seiner Meinung über Sir Terrence fragst, geht es weiter bei **384**. Wenn du keine Fragen mehr an ihn hast, weiter bei **441**.

555

„Zum Teufel mit dem Schurken!" schreit Watson und folgt dir über die enge Stiege nach unten. Weiter bei **596**.

556

„Was ich über Sir Terrence denke?" wiederholt Watson. „Nun, ich habe überhaupt nicht viel über ihn nachgedacht. Man hat schließlich nicht über alle Menschen, die man trifft, eine feste Meinung, und er war nur ein flüchtiger Bekannter."

„Aber seine Geschäftspraktiken haben Sie viel Geld gekostet, wenn ich richtig informiert bin."

„Kaum ein Grund, einen Menschen zu hassen", antwortet Watson. „Ich wußte, daß es eine riskante Spekulation war. Vielleicht habe ich ihm gestern abend in dieser Hinsicht Vorwürfe gemacht, als wir uns jede Beleidigung an den Kopf schleuderten, die uns einfiel. Wissen Sie, manchmal geraten Männer, die einander kaum kennen, in einen hitzigen Streit, und betiteln einander mit jedem nur erdenklichen Schimpfwort."

„Sie hatten also keine starken Gefühle ihm gegenüber, weder positive noch negative?" fährst du fort.

„Nein, überhaupt nicht. Ich wollte, er wäre auf eine Weise ermordet worden, mit der ich nichts zu tun habe. Abgesehen davon habe ich keinerlei Meinung über seinen Charakter. Ich bin, ehrlich gesagt, nicht einmal sicher, ob er einen Charakter hatte." Weiter bei **361**.

557

Du siehst dir die merkwürdige Mischung aus Zahlen und Worten auf dem Zettel an. Vielleicht brauchst du noch ein anderes Dokument, um die Botschaft entschlüsseln zu können. Du versuchst, dich an alles zu erinnern, was du über Geheimkodes weißt. Wähle eine Zahl und zähle deine Wissens-Punkte hinzu:

- Ist die Summe 2–8, weiter bei **394**.
- Ist die Summe 9–12, weiter bei **182**.

558

Du sagst zu Strickland, daß du die Untersuchung des Billardzimmers nun abgeschlossen hast und mit der Befragung derjenigen Clubmitglieder und Angehörigen des Personals beginnen möchtest, die zur Mordzeit anwesend waren. Zustimmend nikkend führt er dich in ein kleines Büro im Erdgeschoß. Ein Schreibtisch und mehrere bequeme Stühle machen es zu einem idealen Befragungszimmer.

„Wieviele Leute waren gestern abend im Club?" fragst du, weil dich interessiert, wie lange die Befragungen wohl dauern werden.

„In dieser Hinsicht haben wir Glück“, versetzt er steif. „Lord Grayson lud alle Mitglieder für ein paar unterhaltsame Tage auf sein Landgut ein, und die meisten Mitglieder leisteten dieser Einladung Folge. Gestern abend waren hier anwesend nur ich selbst, natürlich Dr. Watson, Sir Terrence, Mr. Christopher Marshall, Lord Howard, Mr. John Howard und Edward Lawrence. Sir George Grant und Mr. Thomas Sullivan spielten in dem Arbeitszimmer gegenüber dem Billardzimmer Schach. Mr. Thomas Martin und Alexander Lewis waren vorher hier, gingen aber beide, bevor die Leiche gefunden wurde. Zwei der Diener könnten Ihnen weiterhelfen: Johnson sah Dr. Watson hinaufgehen, und Chambers ist der Mann, der die Leiche fand. Wenn Sie wünschen, bleibe ich hier, um Zeuge der Befragungen zu sein.“ Wenn du Strickland befragen möchtest, geht es weiter bei **285**. Andernfalls weiter bei **352**.

559

Du nimmst eine Droschke zum Stadthaus von Sir Terrence, wo du hoffst, Indizien zu finden, die zur Klärung des Falles beitragen können. Ein Diener öffnet. „Kann ich Ihnen helfen, Sir?“

„Ja“, antwortest du. „Ich bin mit der Untersuchung der tragischen Ermordung Ihres Herrn, Sir Terrence, beschäftigt. Es gibt Leute, die befürchten, daß sich Scotland Yard nicht mit der nötigen Energie dem Fall widmen könnte.“ Du gibst dem Mann deine Empfehlungsschreiben, die er sorgfältig liest.

„Und wie kann ich Ihnen helfen?“ fragt er. „Mein Name ist Perkins. Ich war Sir Terrence’ persönlicher Diener, und er hat mich sehr gut behandelt. Ich würde alles geben, was ich habe, um den Teufel, der ihn getötet hat, baumeln zu sehen.“

– Wenn du darum bittest, Sir Terrence’ Papiere einsehen zu dürfen, weiter bei **226**.
– Wenn du Perkins bittest, dir beim Durchsehen der Papiere zu helfen, weiter bei **343**.

- Wenn du ein Pfund hast und es ihm dafür anbietest, daß er dich die Papiere einsehen läßt, weiter bei **574**.

560

Spät an diesem Abend gehst du zu Mycroft, um den Fall zu erklären. (Du hattest eine Nachricht von ihm erhalten, in der er dich bittet, mit deinem Besuch bis elf Uhr zu warten. Eine wichtige Angelegenheit hatte Mycrofts Zeit bis dahin in Anspruch genommen.)

Als er dich hereinläßt, stellst du fest, daß McDonald und Captain Locke schon da sind. Beide sind gespannt zu hören, ob du den Mörder gefunden hast. Auf Drängen der drei Männer erläuterst du ausführlich die Indizien und ziehst dann deine Schlußfolgerung.

- Wenn du zugibst, daß du nicht weißt, wer Sir Terrence umgebracht hat, weiter bei **121**.
- Wenn du Watson beschuldigst, weiter bei **303**.
- Wenn du den Earl of Waynesborough beschuldigst, weiter bei **221**.
- Wenn du Marshall beschuldigst, weiter bei **115**.
- Wenn du Symington beschuldigst, weiter bei **432**.
- Wenn du Chambers beschuldigst (den Diener, der die Leiche fand), weiter bei **553**.

561

Befriedigt darüber, daß du von Lord Howard alles erfahren konntest, was er weiß, dankst du ihm, und er verläßt das Zimmer. Weiter bei **137**.

562

Du überlegst, wer die Streitigkeit wohl wichtig genug fand, sie nach der schockierenden Entdeckung von Sir Terrence' Leiche Strickland gegenüber zu erwähnen. Wenn du ihn fragst, wer es ihm gesagt hat, weiter bei **257**. Andernfalls weiter bei **301**.

3

563

„Ich habe Sir Terrence Milton nie getroffen“, sagst du langsam, „und ich kann nicht behaupten, daß ich viel über ihn weiß. Können Sie mir sagen, was für ein Mensch er war?“

McDonald will schon den Kopf schütteln, besinnt sich aber dann anders. „Ja, jetzt kann ich sprechen“, sagt er zögernd. „Als er noch lebte, mußte ich vorsichtig sein, um keine Verleumdungsklage auf mich zu ziehen. Sir Terrence vermittelte Geschäftsbeteiligungen, und milde ausgedrückt kümmerte er sich nicht weiter darum, ob die Geschäfte solide waren oder nicht. Er ging nach einem bestimmten Muster vor: Zuerst vermittelte er Beteiligungen an einem kleinen, gutgehenden Geschäft, und wenn er dessen Anteile dann alle verkauft hatte, machte er sich an eine große Sache, die regelmäßig schiefging. Sein letzter Versuch mit einem großen Geschäft, der *Goldminengesellschaft Elfenbeinküste*, war so offenkundig betrügerisch, daß wir uns trotz Sir Terrence' Rang und Namen intensiv damit beschäftigten. Alle Investitionen in diese Firma gingen verloren, zusammen über sechstausend Pfund.“

„Mit einem Wort, Sir Terrence war ein Gauner“, fügt Mycroft hinzu.

„Ein Gauner und ein Mensch von niederträchtiger Gesinnung“, fährt McDonald fort. „Er gehörte zu denen, die nicht nur selbst unehrlich sind, sondern auch annehmen, daß alle anderen Leute genauso sind.“ Er sucht in seinen Taschen herum. „Hier, nehmen Sie dies“, meint er und gibt dir einen farbenprächtigen Handzettel. „Das ist die Werbeschrift, die er für die *Goldminengesellschaft Elfenbeinküste* hatte drucken lassen.“ (Dieser Handzettel ist in Abschnitt **204** abgedruckt. Du kannst ihn dort jederzeit nachlesen.) Notiere Hinweis D. Weiter bei **443**.

564

„Haben Sie schon einmal von irgendwelchen Problemen gehört, die Sir Terrence mit Geschäftspartnern hatte?“ fragst du. „Etwas, das zu seiner Ermordung geführt haben könnte?“

„Also dazu kann ich wirklich nichts sagen“, antwortet Symington. „Über jeden Unternehmer sind so viele Geschichten in Umlauf, daß man meinen könnte, wir würden alle ermordet werden, bevor das Jahr vorbei ist.“ Er lacht und lenkt die Unterhaltung wieder auf das Thema Investitionen. Du merkst, daß du wenig von ihm erfahren kannst. Weiter bei **438**.

565

Du öffnest die Tür, betrittst das Büro, und ein grausiger Anblick bietet sich dir. Hinter dem Schreibtsich liegt die Leiche eines Mannes, bei dem es sich um Symington handeln muß. Auf seinem Kopf liegt eine schwere, blutverschmierte Büste von Wellington. Sie scheint vom Bücherschrank gefallen zu sein und den armen Mann getötet zu haben. Wie gräßlich und bizarr! Wenn du Hinweis T notiert hast, geht es weiter bei **108**. Andernfalls weiter bei **177**.

566

„Was ich über Sir Terrence dachte?“ wiederholt Watson langsam. „Nun, dazu kann ich ja wohl kaum etwas sagen. Man soll nicht schlecht über die Toten reden. Ich hatte mit meiner Investition in seiner Firma Pech, aber ich denke, er selbst hatte wohl noch schlimmeres Pech. Nein, mehr kann ich nicht sagen – ich habe mir keine großen Gedanken über ihn gemacht.“ Weiter bei **361**.

567

Du öffnest den Umschlag und liest folgenden erschreckenden Text:

3

An die Städtische Polizei, Scotland Yard

Sirs,

wie einige Ihrer weniger liebenswürdigen Beamten schon vermutet haben, habe ich meine Geschäfte auf eine illegale und betrügerische Art und Weise betrieben, in der Absicht, verschiedene Narren von ihrem Geld zu befreien.

Für dieses Tun will ich mich weder entschuldigen, noch mich damit brüsten. Wenn jemand diesen Brief liest, befinde ich mich schon außerhalb des Zugriffs irdischer Gerechtigkeit. Ich schreibe ihn zu dem Zweck, um sicherzustellen, daß der Partner, den ich bei dieser Tätigkeit hatte, sich dem Gesetz nicht entzieht. Falls ich plötzlich und gewaltsam zu Tode kommen sollte, wird es fast mit Sicherheit er gewesen sein, der mich ermordet hat. Er hat mir das nötige Startkapital gegeben, mir Investoren vermittelt und einen Löwenanteil des Profits eingestrichen. Sein Name ist Christopher Marshall aus London.

John Symington

Du fragst dich, was du mit diesem erstaunlichen Dokument tun sollst. Notiere Hinweis S. Wenn du Folgerung 21 notiert hast, geht es weiter bei **505**. Andernfalls weiter bei **511**.

568

Alexander Lewis betritt den Raum und setzt sich ungebeten auf einen Stuhl. Er ist ein großer, gutaussehender Mann mit dunklem, dichtem Haar. Er scheint jünger zu sein als die meisten anderen Männer, die du befragt hast. Du hast nicht gerade den Eindruck, daß er zu den geistigen Leuchten des Clubs gehört.

„Nun“, beginnt er sofort, „ich wußte nicht, ob Sie mit mir reden würden, Sir, und ich freue mich sehr, daß Sie sich dazu entschlossen haben.“

6

„Ah ja?“ antwortest du ein wenig erstaunt. „Wie kommt das?“

„Nun ja“, erwidert er lächelnd, „Sie wissen ja, daß ich nicht dabei war, als Sir Terrence’ Leiche gefunden wurde, also konnte ich auch nichts sehen, was man ein wirkliches Indiz nennen könnte. Aber ich bin trotzdem ganz aufgeregt, wissen Sie – ich habe nämlich noch nie mit einem Detektiv gesprochen.“

Du überlegst dir eine sinnvolle Frage an diese Frohnatur. Wenn du ihn fragst, ob er den Streit miterlebt hat, weiter bei **547**. Wenn du ihn nicht weiter befragen willst, weiter bei **311**. Andernfalls weiter bei **347**.

569

Du denkst über das nach, was Lawrence dir gesagt hat, und fragst dich, ob du ihm weitere Fragen stellen solltest. Wenn nicht, weiter bei **436**. Wenn du Hinweis C notiert hast, geht es weiter bei **582**. Andernfalls weiter bei **116**.

570

Es fallen dir keine weiteren Fragen an Mr. Martin ein, und du dankst ihm für seine Zeit und Hilfe. Es war ein angenehmes Gespräch, gleichgültig, ob du in seinem Verlauf etwas Brauchbares erfahren hast oder nicht. Weiter bei **239**.

571

Wieder schaust du dich im Zimmer um und überzeugst dich, daß dir kein mögliches Versteck entgangen ist. Entweder ist Marshall unschuldig, oder er ist zu vorsichtig, um irgendwelche belastenden Aufzeichnungen zu Hause aufzubewahren. Du kontrollierst noch einmal alle Dokumente daraufhin, ob du etwas an ihnen übersehen hast. Dann bemerkst du, daß du zwar eine Schachtel mit alten Schecks gesehen, sie aber nicht einzeln angeschaut hast.

4

Schnell nimmst du die Schachtel wieder zur Hand und blätterst die Schecks einzeln durch. Nur einer ist interessant. Am 1. Januar 1893 hat Marshall einen Scheck über 300 Pfund ausgeschrieben, zahlbar an Sir Terrence. Notiere Hinweis Z. Wenn du Hinweis W notiert hast, geht es weiter bei **252**. Andernfalls weiter bei **348**.

572

„Kapitän, der Mann da ist ein Mörder!" schreist du und zeigst auf Marshall. „Halten Sie ihn fest!"

„Deshalb kommen also die vielen Polizisten in diese Richtung gelaufen", ruft der stämmige Kapitän. „Jonesey und Pete, haltet den Lumpen fest!" befiehlt er. Marshall dreht sich um und versucht, ins Wasser zu springen, aber ein Matrose vollführt einen eindrucksvollen Hechtsprung, und es gelingt ihm, mit den Armen seine Beine zu fassen, so daß Marshall auf die Deckplanken fällt. Zwei andere Männer halten seine Arme fest und fesseln ihn mit einem Strick, bevor er wieder aufstehen kann. Der Kapitän lenkt die Barkasse zum Dock zurück, gerade, als dort der schweratmende Inspektor McDonald ankommt. Die Polizisten nehmen Marshall in die Cannon Row mit, während McDonald dir gratuliert und sich beim Kapitän bedankt. Dann macht ihr zwei euch auf den Weg in die Pall Mall, um Mycroft Holmes und Captain Locke Bericht zu erstatten. Weiter bei **231**.

573

„Kannten Sie Sir Terrence gut?" fragst du Watson.

„Nein", antwortet er, „ich kann nicht behaupten, daß ich ihn gut kannte. Ich sah ihn gelegentlich im Club, aber er war weder ein besonderer Freund noch ein Feind von mir."

„Aber Sie haben viel Geld in seine Firma investiert?" fährst du fort.

„Nun, man kennt ja nicht jeden Menschen, mit dem man

geschäftlich zu tun hat", versetzt er leicht gereizt. „Ich hörte, daß er an einer vielversprechenden Unternehmung beteiligt war, und wollte die Chance wahrnehmen. Das ist alles." Wähle eine Zahl und zähle deine Instinkt-Punkte hinzu:
- Ist die Summe 2–6, weiter bei **332**.
- Ist die Summe 7–12, weiter bei **216**.

574

Du bietest Perkins eine Pfundnote an und bittest ihn, Sir Terrence' Papiere einsehen zu dürfen. Zu deiner Überraschung weicht der Mann schockiert zurück. „Geld, damit Sie die Dokumente meines Herrn anschauen dürfen?" fragt er. „So nicht, Sir, mich können Sie nicht kaufen. Sie führen nichts Gutes im Schilde, das spüre ich, und Sie werden keinen Fuß in dieses Haus setzen!" Bevor du noch Luft holen kannst, knallt er dir die Tür vor der Nase zu. Weiter bei **262**.

575

Du machst dich daran, die aufgestapelten Unterlagen durchzusehen. Sie sind gut geordnet und etikettiert. Nichts deutet darauf hin, daß Sir Terrence bei seinen Unternehmungen einen Teilhaber oder Partner hatte. Der einzige Hinweis auf eine Person, die dir bekannt ist, ist eine Quittung über eine Darlehensrückzahlung von dreitausend Pfund, die Sir Terrence am 31. Dezember 1893 an Marshall geleistet hat. Notiere Hinweis W. Weiter bei **501**.

576

Jetzt wechselt Marshalls Gesichtsfarbe zu einem tiefen Dunkelrot; erst bekommt er kein Wort heraus, dann zischt er: „Mein Gott, wie haben Sie das herausgebracht?" Er gibt sich einen Ruck, dreht sich um und rennt zur Tür hinaus. Du folgst ihm, aber er hat den Club schon verlassen und schwingt sich in eine vorbeifahrende Droschke, bevor du ihn zu fassen kriegst. Weit und breit ist keine andere Droschke zu sehen!

„Was sollen wir jetzt tun?“ fragt Strickland. „Der Mann hat gestanden, aber er ist uns entwischt.“

„Weit wird er nicht kommen!“ antwortest du und machst dich eilig auf den Weg in die Wohnung von Mycroft Holmes. Dort stellst du erleichtert fest, daß Inspektor McDonald soeben zur abendlichen Besprechung des Falls eingetroffen ist. Als du ihm von Marshalls Geständnis und Flucht erzählst, wird er sehr aktiv. Mit mehreren Wachtmeistern, die bei der Festnahme helfen sollen, fahrt ihr so schnell es geht zu Marshalls Wohnung. Werdet ihr rechtzeitig ankommen? Weiter bei **338**.

577

„Ein Mörder!“ lacht der Kapitän. „Kennen Sie vielleicht noch mehr Witze, Mister? Ich weiß, daß Mr. Marshall ein ehrlicher Mann ist, und er hat mich gut bezahlt. Volle Fahrt, Jonesey“, befiehlt er. Weiter bei **468**.

578

Zwei Möglichkeiten fallen dir ein, wie du Chambers' Gedächtnis auf die Sprünge helfen könntest. Wenn du ihn aufforderst, Schritt für Schritt noch einmal nachzuvollziehen, was er im Billardzimmer getan hat, geht es weiter bei **383**. Wenn du ihn fragst, ob er das Tischchen liegengelassen hätte, weiter bei **400**.

579

„Sie haben einen Mann namens Symington erwähnt“, sagst du zu McDonald. „Was wissen Sie über ihn? Hatte er ein Motiv, Sir Terrence umzubringen?“

McDonald lächelt und sagt: „Wenn er ein Motiv hatte, dann könnte die Hälfte aller Geschäftsleute morgen einen Mord begehen. Symington gehört zur selben Kategorie wie Sir Terrence, wenn auch ohne den Glanz und Einfluß eines geerbten Titels. Aber andererseits ist Symington eine Spur gewitzter. Ich habe den Eindruck, daß die meisten der Firmen, die er gründet, tatsächlich existieren, während wir von Sir Terrence annehmen, daß sich seine Anstrengungen auf einen Werbehandzettel und ein Bankkonto beschränkt haben. Die beiden sind sich von Zeit zu Zeit in die Haare geraten – wie zwei Geier, die sich um denselben Kadaver raufen."

„Ich dachte, wir wären uns einig gewesen, daß gegen Symington kein Verdacht besteht", wirft Mycroft ein. „Warum sollen wir mit ihm Zeit verschwenden?"

Du überlegst kurz und sagst dann: „Es könnte trotzdem nützlich sein, mit ihm zu sprechen. Ein Konkurrent kennt einen Menschen manchmal besser als seine Freunde." Notiere Folgerung 14. Weiter bei **445**.

580

Du überlegst, wo du in so einem Schreibtisch etwas verstecken würdest. Es ist ein ganz gewöhnliches Möbelstück und hat offensichtlich keine Geheimfächer. Dann nickst du befriedigt: Du ziehst eine Schublade nach der anderen ganz heraus und wirfst einen Blick auf ihre Seiten- und Rückwände. An die Rückseite einer Schublade ist ein Umschlag geheftet, auf dem geschrieben steht:

An die Polizei, im Falle meines plötzlichen Todes.
John Symington.

Du zeigst McDonald deinen Fund, und der Inspektor lächelt. „Sie haben es gefunden", sagt er, „also lesen Sie es auch vor." Du öffnest den Umschlag, ziehst einen Brief heraus und liest mit vor Aufregung zitternder Stimme vor:

An die Städtische Polizei, Scotland Yard

Sirs,

wie einige Ihrer weniger liebenswürdigen Beamten schon vermutet haben, habe ich meine Geschäfte auf eine illegale und betrügerische Art und Weise betrieben, in der Absicht, verschiedene Narren von ihrem Geld zu befreien.

Für dieses Tun will ich mich weder entschuldigen, noch mich damit brüsten. Wenn jemand diesen Brief liest, befinde ich mich schon außerhalb des Zugriffs irdischer Gerechtigkeit. Ich schreibe ihn zu dem Zweck, um sicherzustellen, daß der Partner, den ich bei dieser Tätigkeit hatte, sich dem Gesetz nicht entzieht. Falls ich plötzlich und gewaltsam zu Tode kommen sollte, wird es fast mit Sicherheit er gewesen sein, der mich ermordet hat. Er hat mir das nötige Startkapital gegeben, mir Investoren vermittelt und einen Löwenanteil des Profits eingestrichen. Sein Name ist Christopher Marshall aus London.

John Symington

Ihr tauscht vielsagende Blicke. Notiere Hinweis S. Wenn du Folgerung 21 notiert hast, weiter bei **480**. Wenn du Hinweis E oder Folgerung 8 notiert hast, weiter bei **138**. Andernfalls weiter bei **482**.

581

Perkins ist sehr bemüht, dir zu helfen. Zuerst zeigt er dir die regulären Akten. Sie sind wenig ergiebig, aber du findest eine Notiz, daß Sir Terrence am 31. Dezember 1893 ein Darlehen über 3000 Pfund an Marshall zurückgezahlt hat. „Ist das alles?" fragst du. „Gibt es keine weiteren Unterlagen?" Notiere Hinweis W.

Perkins zögert einen Moment, hantiert dann an der Rückseite eines Schranks herum und holt weitere Papiere hervor.

„Dies waren die Geheimakten meines Herrn“, erklärt er. „Vielleicht helfen Sie Ihnen weiter.“

Du dankst ihm noch einmal und stürzt dich auf die Durchsicht der neuen Unterlagen. Hier findest du direkte Beweise für die illegale Arbeitsweise von Sir Terrence’ Firmen. Außerdem zeigt sich, daß Marshall bei all diesen Aktivitäten sein heimlicher Partner war. Eine Notiz besagt, daß Marshall ihm am 1. Januar 1893 300 Pfund lieh, mit denen Sir Terrence eine Firma gründete. In den Büchern wurde dies als ein Darlehen über 3000 Pfund geführt. Dadurch wurde die betrügerische Buchführung möglich, mit der die „Anstrengungen“ der Firma dokumentiert wurden, an der Elfenbeinküste Gold zu finden. Tatsächlich tat die Firma aber nie etwas anderes, als das Geld leichtgläubiger Investoren einzustreichen. Notiere Hinweis X. Weiter bei **501**.

582

Du denkst an den kleinen Tisch, der auf dem Boden lag, und fragst dich, ob Lawrence das aufgefallen ist. „Da war noch eine seltsame Sache im Billardzimmer“, sagst du zum Captain, und er sieht dich interessiert an. „Das Tischchen neben dem Sessel bei den Fenstern wurde irgendwann im Lauf des Abends umgestoßen. Können Sie mir sagen, ob das passierte, bevor Sie ins Zimmer kamen?“

Lawrence schüttelt den Kopf. „Nein, das kann ich Ihnen nicht sagen, Sir. Ich beobachtete eher die Menschen und weniger die Gegenstände. Aber dort herrschte ja ein derartiges Durcheinander, daß ich nicht erstaunt wäre, wenn einer der Männer den Tisch umwarf, ohne es überhaupt zu merken.“ Weiter bei **116**.

583

Nachdem du dem Raum so viel Aufmerksamkeit geschenkt hast, beschließt du nun, den Billardtisch und seine Umgebung

sehr sorgfältig zu untersuchen. Trotz seiner Ungeduld gibt Strickland wenigstens zu, daß das sinnvoll ist. Wähle eine Zahl und zähle deine Beobachtungs-Punkte hinzu:
- Ist die Summe 2–7, weiter bei **241**.
- Ist die Summe 8–12, weiter bei **420**.

584

Das Verhalten des Mannes, der zu Symingtons Büro hinaufgeht, ist verdächtig. Du beschließt, ihm zu folgen. Du wartest einige Sekunden, bis er ein paar Treppen Vorsprung hat, dann öffnest du vorsichtig die Tür und betrittst das Haus. Du hoffst, daß dich der Besucher nicht hört. Wähle eine Zahl und zähle deine Schlauheits-Punkte hinzu:
- Ist die Summe 2–7, weiter bei **220**.
- Ist die Summe 8–12, weiter bei **309**.

585

„Es tut mir leid, Ihre Zeit verschwendet zu haben“, sagst du ruhig. „Ich glaube, Sie haben mir alles gesagt, was Sie wissen. Ich danke Ihnen.“

„Schon gut, Sir“, sagt er scharf und marschiert steif aus dem Zimmer.

Strickland sieht dich an, und du bemerkst einen zufriedenen Ausdruck in seinen Augen. „Sie können auch nicht alles, habe ich recht?“ sagt er langsam. „Taktgefühl kann sehr nützlich sein, besonders im Umgang mit stolzen und verletzlichen Menschen.“ Weiter bei **380**.

586

„Wie Sie wissen, Captain“, fängst du an, „untersuche ich den Tod von Sir Terrence Milton, der gestern abend ermordet wurde. Ich wüßte es sehr zu schätzen, wenn Sie mir sagen könnten, was Sie von Sir Terrence hielten; was für ein Mensch war er?“

„Sir Terrence?" fragt er erstaunt zurück. „Sein Charakter spielt doch wohl keine Rolle mehr, oder? Er ist tot. Aber ich kannte den Mann kaum; ich könnte Ihnen ohnehin nicht weiterhelfen."

Wenn du versuchst, ihn zum Reden zu bringen, weiter bei **413**. Andernfalls weiter bei **305**.

587

„Ein Mörder?" wiederholt der Kapitän. „Also deshalb hat er mich dafür bezahlt, das Boot für ihn bereitzuhalten." Schnell wendet er die Barkasse und steuert sie zurück zu ihrem Dock, wo McDonald und seine Leute schon auf den Mörder warten. Als du dazustößt, gratuliert dir der Inspektor zu deinem Erfolg. Während die Wachtmeister mit Marshall zur Polizeiwache in der Cannon Row fahren, nimmst du mit McDonald eine Droschke zur Pall Mall, um Mycroft Holmes Bericht zu erstatten. Weiter bei **231**.

Milt Creighton

Explosion in der U-Bahn

Ein KrimiAbenteuerSpielBuch nach
Sir Arthur Conan Doyle

Aus dem Amerikanischen
von Hans Bangerter

Thienemann

Einführung in die Welt von Sherlock Holmes

Holmes und Watson

Sherlock Holmes tauchte zum ersten Mal in „Eine Studie in Scharlachrot“ in Beetons Weihnachtsjahrbuch 1887 auf, und für einen Herrn von so fortgeschrittenem Alter ist er eine bemerkenswert lebendige und faszinierende Gestalt geblieben. Wohnung und Büro des Detektivs in der Londoner Baker Street Nr. 221 B sind heute zu berühmten Orten geworden und nicht mehr einfach die Räume, in denen Holmes schlief, Schlußfolgerungen zog und manchmal, wenn er die Bedeutung eines Hinweises oder das verzwickte Motiv eines Verbrechens nicht vollständig zu erkennen vermochte, auf der Geige spielte.

Über Sherlock Holmes persönlich wissen wir gleichzeitig sehr viel und sehr wenig. Als Sohn eines Landedelmannes (und Enkel der Schwester des französischen Künstlers Vernet) scheint Holmes bis zu seiner Studentenzeit wenig aufgefallen zu sein. Dann allerdings, an der Universität, brachte ihm sein außergewöhnliches Talent, kleine Rätsel mit Hilfe der Logik, der Beobachtung und des Schlußfolgerns zu lösen, den Ruf ein, so etwas wie ein Genie zu sein. Holmes tat das logisch Nächstliegende und eröffnete, wahrscheinlich im Jahre 1878, ein privates Detektivbüro. Vier Jahre später traf er Dr. John Watson, einen ehemaligen Militärarzt, und machte ihn zu seinem Partner. Aus vier Romanen und sechsundfünfzig Erzählungen stammt unser gesamtes Wissen über das ungleiche Paar und seine außergewöhnlichen Abenteuer.

Holmes war weniger eine in sich stimmige Persönlichkeit als vielmehr eine Sammlung widersprüchlicher und ungewöhn-

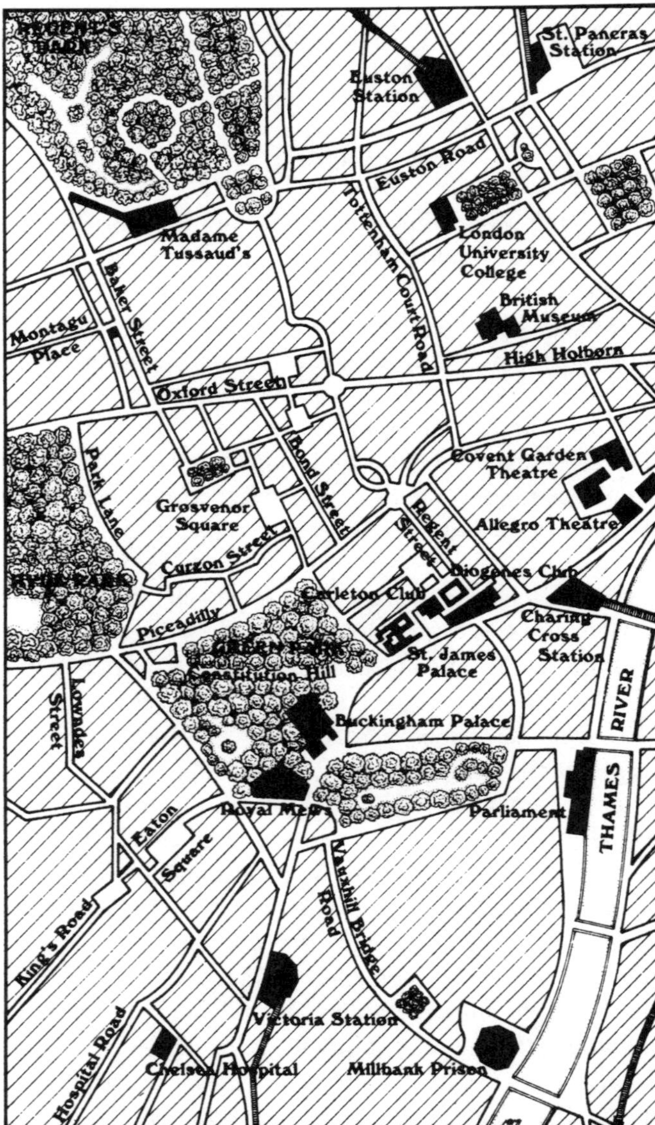
St. Pancras Station
Euston Station
Euston Road
Tottenham Court Road
Madame Tussaud's
London University College
British Museum
Baker Street
Montagu Place
High Holborn
Oxford Street
Bond Street
Park Lane
Covent Garden Theatre
Grosvenor Square
Regent Street
Allegro Theatre
Curzon Street
Diogenes Club
Carleton Club
Piccadilly
Charing Cross Station
Constitution Hill
St. James Palace
Lowndes Street
RIVER
Buckingham Palace
THAMES
Royal Mews
Parliament
Eaton Square
Vauxhall Bridge Road
King's Road
Victoria Station
Hospital Road
Chelsea Hospital
Millbank Prison

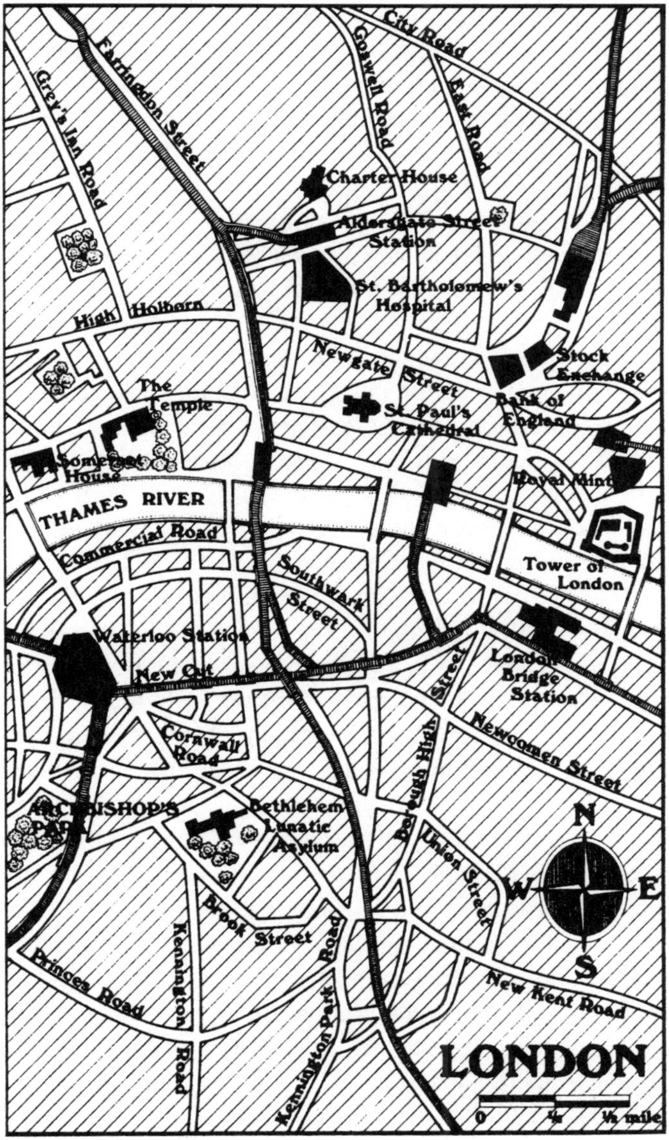
City Road
Goswell Road
East Road
Farringdon Street
Grey's Inn Road
Charter House
Aldersgate Street Station
St. Bartholomew's Hospital
High Holborn
Newgate Street
Stock Exchange
The Temple
St. Paul's Cathedral
Bank of England
Somerset House
Royal Mint
THAMES RIVER
Commercial Road
Tower of London
Southwark Street
Waterloo Station
New Cut
London Bridge Station
Cornwall Road
Newcomen Street
Borough High Street
Bethlehem Lunatic Asylum
Union Street
N
W
E
S
Brook Street
Kennington Road
Kennington Park Road
Princes Road
New Kent Road
LONDON
0
¼
½ mile

licher Charakterzüge. Körperliche Ertüchtigung betrieb er selten, war aber trotzdem ein leistungsfähiger Mann, der mit erstaunlicher Geschwindigkeit große Wegstrecken bewältigen konnte. Oft arbeitete er tagelang wie besessen an einem Fall, gönnte sich keine Pause und nur wenig Nahrung; wenn es allerdings nichts zu tun gab, konnte es vorkommen, daß er sich tagelang weigerte, das Bett zu verlassen. Sein vielleicht vielsagendster Ausspruch erschien in „Der blaue Karfunkel":

„Ich bin ein Gehirn, Watson. Der Rest von mir
ist nichts weiter als ein Anhängsel."

Auf abstraktes Wissen gab Holmes wenig: Einmal soll er gesagt haben, daß es für ihn keine Bedeutung habe, ob die Erde die Sonne umkreise oder umgekehrt. Aber er konnte Dutzende verschiedener Sorten von Tabakasche oder Parfüm mit den Augen bzw. der Nase unterscheiden. Von Verbrechern und ihrer Vorgehensweise war er besessen; minutiös studierte er die Londoner Sensationspresse.

Als Meister der Verkleidungskunst gab sich der Detektiv erfolgreich als älterer italienischer Priester, als betrunkener Pferdeknecht und sogar als alte Frau aus! Der ständig verblüffte Watson ist der perfekte Kontrast zu Holmes, der ein besonderes Vergnügen darin zu finden scheint, seinen oft begriffsstutzigen, aber immer gutmütigen Begleiter in Erstaunen zu versetzen.

In „Das Zeichen der Vier" notierte Holmes kurz die Eigenschaften, die jeder gute Detektiv in reichlichem Maß besitzen sollte (und zwar möglichst instinktiv): Eine erhöhte Fähigkeit zum Beobachten und Schlußfolgern und ein breites Spektrum genauen (und oft ungewöhnlichen) Wissens. In diesem **Sherlock Holmes-KrimiAbenteuerSpielBuch** wirst du reichlich Gelegenheit bekommen, dich selbst auf diesen Gebieten zu prüfen und deine Fähigkeiten als Detektiv zu verbessern, indem du das Abenteuer mehrmals durchspielst.

Obwohl Sherlock Holmes durch sein Talent und seine Hingabe an seinen Beruf beeindruckte, war er keineswegs vollkommen. Nachdem er von Irene Adler ausgetrickst worden war, gestand Holmes in „Skandal in Böhmen“ bereitwillig die Niederlage ein, die ihm „die Frau“ bereitet hatte. 1887 gab er Watson gegenüber zu, daß drei Männer ihn (und Scotland Yard) überlistet hatten. Die Konsequenz, die Holmes selbst aus diesen Mißerfolgen zog, war bezeichnend:

> „Wenn ein Mensch, wie ich, über besonderes Wissen und besondere Fähigkeiten verfügt, dann ermutigt ihn das möglicherweise, nach einer komplexen Erklärung zu forschen, wo eine einfachere die Lösung wäre.“

Lerne also, deinen eigenen Beobachtungen und Schlußfolgerungen zu trauen – wo sie einen Sinn ergeben und wo sie den wahrnehmbaren Gegebenheiten und den Aussagen vertrauenswürdiger Personen entsprechen. Fälle keine voreiligen Urteile, und wenn du Lust hast und der Gang des Abenteuers es erlaubt, bitte Holmes oder Watson um Rat und Hilfe.

Das viktorianische London

Als Holmes in London lebte und arbeitete, von den frühen 80er Jahren des 19. Jahrhunderts bis 1903, war das viktorianische Zeitalter viel mehr als ein Gegenstand von Studien oder von Belustigung. Königin Viktoria herrschte mehr als 60 Jahre lang über England, eine unerhört lange Regierungszeit; ihre Vorlieben und Abneigungen spiegelten und formten den Geschmack der englischen Gesellschaft. Im Gefolge der Industriellen Revolution (ungefähr die Zeit zwischen 1750 und 1850) suchte sich England, manchmal in großen Sprüngen und manchmal eher stolpernd, seinen Weg von einer vorwiegend bäuerlichen Gesellschaft zu einer mächtigen, aber problembeladenen Fabriknation. (Die Romane von Charles Dickens beschreiben dramatisch diese grausame und erregende Periode des plötzlichen sozialen Wandels.) Nach Übersee – Afrika, Indien und in den Fernen Osten, darunter auch Afghanistan, wo Dr. Watson diente und verwundet wurde – exportierte der Imperialismus sowohl den Union Jack (die britische Flagge) als auch englische Sitten und Gebräuche.

Weltoffen und doch zurückhaltend, zählte London im späten 19. Jahrhundert über sechs Millionen Einwohner, von denen viele aus aller Herren Länder kamen; es prahlte mit der „High Society“ aus der Park Lane und beherbergte doch gleichzeitig das schäbige Chinesenviertel, wo man Opium wie Tee erwerben und konsumieren konnte. Zu deiner Orientierung solltest du dir klarmachen, daß die Baker Street gleich südlich des Regent's Park in der Nähe des Zoologischen Gartens verläuft, im Herzen des vornehmen West Ends der Londoner City. Eisenbahn und Pferdekutschen waren die bevorzugten Verkehrsmittel; die Menschen gingen viel zu Fuß, und auch Diebe waren oft auf Schusters Rappen angewiesen, um von einem Ort zum anderen zu kommen.

Die Jagd ist eröffnet!

Jetzt kannst du mit dem größten Privatdetektiv der Welt deine Kräfte messen. Und keine Bange – wenn es nicht gleich klappt, beginne einfach noch einmal von vorne! Am besten merkst du dir Holmes' Rat für Watson und alle, die gerne Detektive sein möchten:

„Einer meiner alten Grundsätze lautet: Wenn man das Unmögliche ausgeschlossen hat, dann muß das, was übrigbleibt – und wenn es noch so unbegreiflich ist – die Wahrheit sein.“

Und jetzt: Viel Glück und eine gute Spürnase!

PERSÖNLICHKEITS-MERKMALE

Name: *Wolfgang Müller*

Fähigkeit	Punkte	Ausrüstung:
Fitneß	*+ 1*	1) *Notizbuch*
Schlauheit	*+ 1*	2) *Bleistift*
Instinkt	*+ 1*	3) *Taschenmesser*
Kommunikation	*+ 1*	4) *Taschenuhr*
Beobachtung	*+ 1*	5)
Wissen	*+ 1*	6)
		7)
Geld: *12* Pennies		8)
8 Schillinge		9)
2 Guineen		10)
6 Pfund		11)

Notizen:

PERSÖNLICHKEITS-MERKMALE

<table>
<tr><td colspan="2">Name:</td></tr>
<tr><td>Fähigkeit   Punkte</td><td>Ausrüstung:</td></tr>
<tr><td>Fitneß ______
Schlauheit ______
Instinkt ______
Kommunikation ______
Beobachtung ______
Wissen ______</td><td rowspan="2">1)
2)
3)
4)
5)
6)
7)
8)
9)
10)
11)</td></tr>
<tr><td>Geld: ______ Pennies
______ Schillinge
______ Guineen
______ Pfund</td></tr>
<tr><td colspan="2">Notizen:</td></tr>
</table>

LISTE DER HINWEISE

☐ A ______________________________
☐ B ______________________________
☐ C ______________________________
☐ D ______________________________
☐ E ______________________________
☐ F ______________________________
☐ G ______________________________
☐ H ______________________________
☐ I ______________________________
☐ J ______________________________
☐ K ______________________________
☐ L ______________________________
☐ M ______________________________
☐ N ______________________________
☐ O ______________________________
☐ P ______________________________
☐ Q ______________________________
☐ R ______________________________
☐ S ______________________________
☐ T ______________________________
☐ U ______________________________
☐ V ______________________________
☐ W ______________________________
☐ X ______________________________
☐ Y ______________________________
☐ Z ______________________________

Entscheidungen

☐ 1 ____________________
☐ 2 ____________________
☐ 3 ____________________
☐ 4 ____________________
☐ 5 ____________________
☐ 6 ____________________
☐ 7 ____________________
☐ 8 ____________________
☐ 9 ____________________
☐ 10 ____________________

Folgerungen

☐ 1 ____________________
☐ 2 ____________________
☐ 3 ____________________
☐ 4 ____________________
☐ 5 ____________________
☐ 6 ____________________
☐ 7 ____________________
☐ 8 ____________________
☐ 9 ____________________
☐ 10 ____________________

Resultate

☐ I ____________________
☐ II ____________________
☐ III ____________________
☐ IV ____________________
☐ V ____________________
☐ VI ____________________
☐ VII ____________________
☐ VIII ____________________
☐ IX ____________________
☐ X ____________________

Das Spielsystem der Sherlock Holmes-KrimiAbenteuerSpielBücher

Das Spielbuch

In diesem Spielbuch werden Situationen, Örtlichkeiten, Bedingungen, Gefahren und Risiken beschrieben, denen du dich auf deinen Abenteuern gegenübersiehst. Beim Lesen der Textabschnitte mußt du dich entscheiden, welche Maßnahmen du ergreifen möchtest. Welchen Abschnitt du liest, hängt immer von den Anweisungen im Text und von Erfolg oder Mißerfolg dieser Maßnahmen ab.

Die Abschnitte sind mit dreistelligen Zahlen gekennzeichnet (z. B. **„365"**. Lies jeden Abschnitt nur dann, wenn du im Text dazu aufgefordert wirst.

Wahl einer Zahl

Im Verlauf deiner Abenteuer in diesem Spielbuch wirst du öfters eine Zahl (zwischen 2 und 12) wählen müssen. Das kannst du auf eine der folgenden Arten tun:

1. Schlage das Buch an irgendeiner zufälligen Stelle auf und sieh nach, welche Zahl in der unteren inneren Ecke der Seite in einem Quadrat steht. Diese Zahl hast du gewählt.

2. Würfle mit zwei Würfeln. Die Summe der beiden gewürfelten Zahlen ist die Zahl, die du gewählt hast. (Du kannst auch mit einem Würfel zweimal würfeln und die beiden Würfe zusammenzählen.

Oft wird es vorkommen, daß du die Anweisung erhältst, eine Zahl zu wählen und eine bestimmte Anzahl von Punkten zu addieren. Dabei darf aber die Summe nicht größer als 12 oder kleiner als 2 werden. Zahlen, die größer sind als 12, zählen also als „12“, und solche, die kleiner sind als 2, zählen als „2“.

Informationen und Hinweise, die dir bei der Lösung des Rätsels helfen

Beim Spiel wirst du gewisse Hinweise entdecken (z. B. eine Fußspur, die Mordwaffe, einen Zeitungsausschnitt) und bestimmte Entscheidungen treffen, Schlußfolgerungen ziehen oder Ermittlungsresultate festhalten (z. B. entscheidest du dich, jemandem zu folgen; oder du folgerst, daß der Butler der Täter war; oder du hältst das Resultat fest, daß alle Verdächtigen ein Alibi haben). Der Text wird dir oft eine der folgenden Anweisungen geben:

Notiere Hinweis xx. oder
Notiere Entscheidung xx. oder
Notiere Folgerung xx. oder
Notiere Resultat xx.

„xx“ ist bei Hinweisen ein Buchstabe, bei Entscheidungen und Folgerungen eine arabische Zahl (jeweils von 1 bis 10) und bei Resultaten eine römische Zahl von I bis X. Wenn das vorkommt, mußt du die entsprechende Zeile in einer der Listen (S. 14/15) am Anfang des Buches abhaken. Die Informationen, die du bekommen hast, und die Nummer des Abschnitts, aus der sie stammen, solltest du in der jeweiligen Zeile notieren. Diese Listen kannst du auch, bevor du etwas in sie einträgst, für deinen Gebrauch abschreiben oder fotokopieren.

Vielleicht wirst du andere nützliche Informationen im Text

finden, bei denen du nicht speziell aufgefordert wirst, sie zu „notieren“. Du wirst dir vielleicht trotzdem Notizen machen wollen, und dafür ist auf deiner Liste der „Persönlichkeits-Merkmale“ (S. 12) Platz vorgesehen. Beachte, daß einige der Hinweise und Informationen, die du bekommst, sinnlos oder unwichtig sein können (falsche Fährten oder Sackgassen).

Ausrüstung und Geld

Immer, wenn du Geld oder Ausrüstungsgegenstände bekommst, trägst du das in deiner Liste der „Persönlichkeits-Merkmale“ in den dafür jeweils vorgesehenen Zeilen ein. Da deine Abenteuer im England des vorigen Jahrhunderts spielen, brauchst du natürlich das damals gültige englische Geld: Penny, Schilling, Pfund und Guinee.

12 Pennies = 1 Schilling
20 Schilling = 1 Pfund
21 Schilling = 1 Guinee.

Auf deinen Abenteuern kannst du das Geld benutzen, um damit Essen, Unterkunft, Transport, Bestechungsgelder usw. zu bezahlen. Bestimmte Ausrüstungsgegenstände wirken sich auf deine Möglichkeiten so aus, wie es jeweils im Text angegeben wird.

Zu Beginn des Abenteuers hast du so viel Geld, wie in der als Beispiel vorgefertigten Liste der „Persönlichkeits-Merkmale“ (S. 12) am Anfang des Buches eingetragen ist.

Die Festlegung deiner „Persönlichkeit"

Deine „Persönlichkeit" kannst du auf zwei verschiedene Arten festlegen:

1. Du kannst die bereits festgelegte „Persönlichkeit" aus der Liste am Anfang des Buches (S. 12) übernehmen.

2. Du kannst dir deine eigene „Persönlichkeit" schaffen, indem du die Anweisungen zur „Persönlichkeits"-Festlegung im nächsten Abschnitt befolgst.

Nachdem du die obigen Regeln gelesen und deine Spiel-„Persönlichkeit" festgelegt hast, steht deinem Start ins Abenteuer nichts mehr im Wege: Lies die **Einleitung**, die sich an den Regel-Teil des Buches anschließt. Anschließend liest du immer die Abschnitte, auf die du im Text verwiesen wirst.

So schaffst du deine eigene „Persönlichkeit"

Wenn du beschlossen hast, dir deine eigene „Persönlichkeit" zu schaffen, dann handle nach den Anweisungen, die im folgenden gegeben werden. Halte die Eintragungen in deiner Liste der „Persönlichkeits-Merkmale" am Anfang des Buches immer auf dem laufenden. Es ist ratsam, diese Eintragungen mit Bleistift vorzunehmen, so daß sie ausradiert und ergänzt werden können. Auch diese Liste kannst du für deinen Gebrauch abschreiben oder fotokopieren. Weitere Listen der „Persönlichkeits-Merkmale" findest du am Schluß des Buches.

Wenn du nun deine „Persönlichkeits-Merkmale" festlegst, kannst du dir dabei die im voraus festgelegte „Persönlichkeit" aus der Liste am Anfang des Buches als Beispiel anschauen.

Fähigkeiten

Die folgenden sechs Fähigkeits-Bereiche beeinflussen deine Möglichkeiten, gewisse Maßnahmen während deiner Abenteuer durchzuführen.

1) Fitneß (dazu gehören allgemeine körperliche Leistungsfähigkeit, Geschicklichkeit, Mut, Kampfeslust und Schlagkraft): Von dieser Fähigkeit hängt es ab, inwieweit du in der Lage bist, Aktionen und Manöver auszuführen, die Stärke, Ausgeglichenheit, Koordination, Schnelligkeit und Beweglichkeit erfordern. Zu solchen Aktionen gehören z. B. Nahkämpfe, das Abwehren von Angriffen, Laufen, Klettern, Reiten und Schwimmen.

2) Schlauheit (dazu gehören Verschlagenheit, List, Verkleidungskunst und die Fähigkeit zum Beschatten und Belauschen): Diese Fähigkeit brauchst du, wenn du dich bewegen mußt, ohne gesehen oder gehört zu werden; wenn du etwas stehlen, ein Schloß öffnen oder dich verkleiden willst; wenn du versuchst, dich von Fesseln zu befreien, oder bei vielen ähnlichen Aktionen.

3) Instinkt (dazu gehören Einfühlungs-, Folgerungs- und Abwägungsvermögen, Scharfblick und eine glückliche Hand): An dieser Fähigkeit zeigt sich, ob du Informationen, Hinweise usw. verstehen und verknüpfen kannst. Hierher gehört auch, ob du dunkle Zusammenhänge intuitiv richtig erraten oder erahnen kannst.

4) Kommunikation (dazu gehören das Führen von Gesprächen, Verhören und Verhandlungen, die Schauspielkunst, das unauffällige Sich-Bewegen unter Fremden, Kontaktfreudigkeit und diplomatisches Geschick): Diese Fähigkeit faßt alles zusammen, was zum Reden, Kommunizieren und Informationsvermitteln zwischen Menschen gehört. Auch die Art deines Auftretens und deine soziale Anpassungsfähigkeit sind hier wichtig, sowie das Ausmaß, in dem es dir gelingt, in fremde Rollen zu schlüpfen und deine eigenen Gefühle und Gedanken zu verbergen.

5) Beobachtung (dazu gehören Wahrnehmungsfähigkeit und Aufmerksamkeit): In dieser Fähigkeit spiegelt sich wider, wieviel Information du durch visuelle Wahrnehmung aufnehmen kannst.

6) Wissen (dazu gehören Schulbildung, naturwissenschaftliche Kenntnisse, Überblick über die Tagesereignisse und Sprachenbeherrschung): Diese Fähigkeit zeigt, inwieweit du dich auf verschiedenen Wissensgebieten auskennst: Fremdsprachen, Kunst, Geschichte, aktuelle Tagesfragen, Chemie, Tabakkunde, Biologie usw.

Fähigkeits-Punkte

Für jede dieser sechs Fähigkeiten hast du eine bestimmte Anzahl an Fähigkeits-Punkten zur Verfügung, die gebraucht werden, wenn du gewisse Maßnahmen ergreifst. Im Text wirst du öfters Anweisungen finden, die eine oder andere Sorte dieser Punkte, z. B. deine Beobachtungs-Punkte, zu einer anderen Zahl zu addieren. Beachte, daß diese Punktzahl sowohl positiv als auch negativ sein kann.

Nun lege deine „Persönlichkeit“ fest. Schätze dich selbst nach bestem Wissen und Gewissen ein und mache dich an die Arbeit: Du kannst **insgesamt sechs Pluspunkte** auf deine sechs Fähigkeiten verteilen. Du darfst jeweils mehr als einen, aber höchstens drei Pluspunkte zuteilen. Eine Fähigkeit wird dann also mit „+1“, „+2“ oder „+3“ bezeichnet. Diese Zahlen notierst du in den entsprechenden Zeilen auf der Liste deiner „Persönlichkeits-Merkmale“.

Diejenigen Fähigkeiten, für die von den sechs möglichen

Pluspunkten keine mehr übrigbleiben, bekommen **je zwei Minuspunkte** zugeteilt. Sie werden mit „−2“ in den entsprechenden Zeilen notiert.

So, fertig ist deine „Persönlichkeit“ – jedenfalls für den Spielbeginn. Während des Spiels kann es vorkommen, daß du Ausrüstungsgegenstände erhältst oder dir Verletzungen zuziehst, die eine positive oder negative Wirkung auf bestimmte Fähigkeits-Punkte haben. Diese Ergänzungen notierst du dann in den entsprechenden Zeilen der Liste.

Die Personen der Handlung

Sergeant Major Peter Austin: Der ranghöchste Unteroffizier des „Prince of Wales"-Kavallerie-Regiments, das in der Garnison „Bergfried" in Kingston bei London stationiert ist.

Major Stephen Dillon: Regiments-Adjutant des „Prince of Wales"-Kavallerie-Regiments und Untergebener von Colonel Sterling.

Athelney Jones: Detektiv bei Scotland Yard, der mit der Untersuchung des Bombenattentats in Paddington betraut ist.

Lieutenant Neville Mores von der Fregatte „HMS Defiant".

Mr. Shawn O'Grady: Ein Pseudonym, das von einem der Anführer der irischen Verschwörer benutzt wird.

Gladys O'Keefe: Eine Putzfrau.

Colonel Sir Edward Harrison Sterling: Kommandant des „Prince of Wales"-Kavallerie-Regiments und Träger mehrerer hoher Ehrentitel.

Oberinspektor Maxwell Stern: Scotland Yard, Vorgesetzter der Polizeidetektive.

Lieutenant Samuel Charles Watson: Ein Mitglied der Fünften Northumberland Füsiliere (Dr. Watsons früheres Regiment). Du spielst in der Geschichte seine Rolle und versuchst, das Rätsel um den Tod deines Freundes zu lösen.

Lieutenant Jonathan Adams Wheeler: Opfer einer Bombenexplosion im Bahnhof Paddington.

Einleitung

Im Mai des Jahres 1886 hält in London ein naßkalter Frühling Einzug. Die Menschen in den Straßen tragen Überzieher und warme Mäntel, von denen viele nach Mottenkugeln riechen, weil ihre Besitzer von einem freundlichen April in falsche Sicherheit gewiegt worden sind. Allerdings kann das kalte Wetter die Betriebsamkeit dieser gewaltigen Stadt nicht beeinträchtigen. London bildet das Herz einer großen Nation auf dem Höhepunkt ihrer Macht. Das Schicksal scheint es wirklich gut mit Großbritannien zu meinen; Engländer sagen zu dieser Zeit überall gerne, daß die Sonne über dem britischen Weltreich niemals untergeht. Fast alle, auf die es in der britischen Gesellschaft ankommt, sind mit ihrem Schicksal zufrieden. Im Bukkingham-Palast regiert Königin Viktoria; es herrscht Frieden im Land. Das alte Mißtrauen gegenüber einem Europa, das sich gegen England vereinigen könnte, ist fast verschwunden, und die Beziehungen mit Frankreich, dem alten Feind, sind fast herzlich zu nennen. Die Aggressionen der europäischen Mächte richten sich nicht gegeneinander, sondern auf entlegenere Bereiche der Welt, wo Länder mit großen Bodenschätzen, aber ohne Industrie nicht in der Lage sind, sich gegen die Macht der modernen Waffen zu verteidigen.

London selbst sonnt sich im Glanz des Weltreichs. Würdevolle Marmor- und Granitgebäude säumen die geschäftigen Hauptstraßen im West End. Ihre kunstvoll gemeißelten Ornamente und Säulenvorbauten stellen oft Motive aus der Seefahrt dar – ein Tribut an Britanniens mächtige Flotten, auf denen die Stärke des Weltreichs beruht. Auf den überfüllten Straßen spiegelt sich die Ausdehnung des Britischen Weltreiches wider: Safrangelbe Kaftane und weiße Turbane schwimmen wie helle Inseln im Meer der dunklen Anzüge der Bankangestellten und Rechtsanwälte. Auch Arme gibt es, aber seltsamerweise werden sie von den anderen kaum wahrgenommen. Zerlumpte Gassenjungen rennen durch die Menge, und verkrüppelte Bettler gehen im Schatten all der Pracht um sie herum ihrem Gewerbe nach.

Es ist ein kalter und klarer Donnerstag; ein schneidender Wind hat die Wolken vertrieben. Der düster-monotone Nieselregen der letzten Woche ist für den Augenblick verbannt, aber das helle Sonnenlicht scheint nicht recht zu den Rufen der Zeitungsverkäufer zu passen, die ihre Ware an den Mann bringen wollen.

„Neuer Terroranschlag der irischen Bombenleger!" schreit einer.

„Blutbad im Bahnhof Paddington!" ruft ein anderer.

Die Zeitungen berichten empört von einer weiteren Grausamkeit, die von einer organisierten Gruppe von terroristischen Attentätern begangen wurde. Es handelt sich um unentwegte Revolutionäre und Anarchisten – ein Überbleibsel der Französischen Revolution, die schon fast ein Jahrhundert zurückliegt. In jüngster Zeit haben sich ihnen irische Separatisten angeschlossen, die die Briten zwingen wollen, sich aus Irland zurückzuziehen, damit ihr Traum von einem unabhängigen Irland Wirklichkeit werde. Sogar William Gladstone, der britische Premierminister, plädiert jetzt als Kompromiß für eine irische Selbstregierung und hat damit seine Liberale Partei gespalten. Aber die Stimmung im Land ist konservativ, und die Selbstregierungsinitiative scheint zum Scheitern verurteilt zu sein. Die jüngste Serie von Bombenanschlägen wird von der öffentlichen Meinung als Versuch der Terroristen betrachtet, ihre Entschlossenheit zu demonstrieren, die irische Unabhängigkeit durchzusetzen.

In den Berichten heißt es, die U-Bahn-Haltestelle des

5

Bahnhofs Paddington sei von dem Attentat letzte Nacht teilweise zerstört worden. Es ist von eingestürzten Decken, verzogenen Wänden und Sickerwasser die Rede. Die gesamte U-Bahn-Linie muß vielleicht wochenlang geschlossen bleiben. Wegen der späten Stunde waren die Verluste an Menschenleben zum Glück gering. Nur zwei Todesopfer sind bekannt. Das eine ist ein junger Mann, Jonathan Adams Wheeler, ein Lieutenant des königlichen Heeres. Die andere Tote ist vermutlich eine gewisse Gladys O'Keefe, eine ältliche Putzfrau, die in der Station vor der Kälte der Nacht Schutz zu suchen pflegte.

In der Garnison „Bergfried“ in Kingston hast du, Lieutenant S. Charles Watson von den Fünften Northumberland Füsilieren, gerade dein Frühstück beendet. Du befindest dich im Offizierskasino des „Prince-of-Wales“-Kavallerie-Regiments. Von deinem eigenen Regiment bist du für zwei Jahre zum Heimatdienst nach Kingston abkommandiert worden.

Dein Blick fällt in den Spiegel an der nahen Wand, und du betrachtest dein Spiegelbild: Ein großgewachsener junger Mann, dessen breite Schultern, wie du weißt, der Aufmerksamkeit der jungen Damen in der Dorfkirche nicht entgangen sind. Dein blondes Haar steht in auffälligem Gegensatz zu deiner tiefgebräunten Haut, die du der Tatsache verdankst, daß du in Indien aufgewachsen bist, und die du auch nach einem ganzen Jahr in England nicht verloren hast. Durch dein offenes, ehrliches Gesicht zieht sich auf der linken Wange eine dünne weiße Narbe, die in deinem Backenbart verschwindet – ein Andenken an eine Begegnung mit einem afghanischen Banditen vor einigen Jahren. Du überlegst gerade, ob du dir vom Kasinoburschen noch eine Kanne Tee bringen lassen sollst, da kommt er zögernd von selbst auf dich zu. Er sieht dich mit einem merkwürdigen Blick an und gibt dir eine Zeitung.

6

Du wirfst einen schnellen Blick auf die Titelseite – die Schlagzeile von Jonathan Wheelers Tod springt dir in die Augen. Zuerst kannst du es kaum glauben und bist ganz benommen vor Kummer, aber bald fängst du an, dir über die Umstände der Tragödie Gedanken zu machen. Seit Jahren warst du mit Jonathan gut befreundet. Zuerst wart ihr auf der Militärschule in Sandhurst Stubenkameraden gewesen und habt gemeinsam alle Härten der Ausbildung durchgemacht. Dann seid ihr durch einen glücklichen Zufall beide ins gleiche Regiment nach Kingston zum Heimatdienst abkommandiert worden. So konntet ihr eure Freundschaft erneuern und wurdet wieder Stubenkameraden.

Du erinnerst dich, Jonathan von Anfang an geholfen zu haben, sein chronisches Asthma zu verbergen. Wenn es von seinen Vorgesetzten entdeckt worden wäre, hätte das seine Entlassung aus der Armee bedeuten können. Du bist sicher, daß Jonathan niemals freiwillig etwas getan hätte, was seinen Gesundheitszustand verschlechtert hätte, selbst wenn er dadurch riskieren mußte, zu spät in die Garnison zurückzukehren. Deshalb hätte er niemals – außer in einer ganz besonders dringlichen Situation – die U-Bahn benutzt. Vor allem die Metropolitan-Linie hätte er gemieden, da auf ihr noch die altmodischen Lokomotiven mit Kohlefeuerung fahren. Und warum Paddington, fragst du dich. Paddington ist der falsche Bahnhof, wenn man mit dem Zug nach Kingston fahren will. Wie du es auch betrachtest, dir fällt kein vernünftiger Grund ein, warum Jonathan hätte dort sein sollen, als die Bombe explodierte. Du schließt die Augen, um die Zeitung nicht mehr sehen zu müssen, die vor dir auf dem Tisch liegt, aber die Schlagzeile verschwindet nicht von deinem geistigen Auge. Fieberhaft versuchst du, dir einen Reim auf alles zu machen. Vielleicht werden sich Schmerz und Schock verringern, wenn du nur erst einmal einen Sinn hinter dem Verbrechen erkennen kannst. Was hatte Jonathan nur um diese Zeit in der Nacht auf diesem Bahnhof zu suchen? Vielleicht ist er schon vor dem Verbrechen mit den Terroristen aneinander geraten. Ist er vielleicht woanders zu Tode gekommen und wurde dann nach Paddington geschleppt und dort liegengelassen? Du gehst alle Möglichkeiten durch, die dir nur einfallen. Eine erscheint dir bizarrer als die andere, und einen Sinn ergibt keine.

Du kommst zu dem Schluß, daß der Tod deines Freundes viele Fragen offen läßt, und beschließt, der Sache auf den Grund zu gehen. Mit einem Besuch bei Scotland Yard willst du den Anfang machen. Dort kannst du vielleicht weitere Informationen bekommen. Du steckst ein Notizbuch, einen Bleistift, deine Taschenuhr und dein Taschenmesser ein und nimmst genug Geld für eine Woche mit; außerdem die Zeitung, die du heute morgen im Offizierskasino bekommen hast. Weiter bei **151**.

100

Du gehst sofort mit Dr. Watson zur Polizei. Du stellst fest, daß sich ihr Mißtrauen dir gegenüber nicht auf deinen Vetter erstreckt.

In der Dienststube stellt sich Dr. Watson vor und fragt nach Athelney Jones. Der Wachtmeister ist sichtlich beeindruckt und bringt euch sofort ins Büro des Detektivs hinauf.

Zuerst behandelt Jones dich weniger zuvorkommend als Dr. Watson, aber als er hört, was du zu sagen hast, nimmt er die Sache ernst. Er beschließt, sich als erstes um Major Dillon zu kümmern, und telegraphiert den Befehl nach Kingston, ihn und seine Frau bis zu eurer Ankunft festzuhalten. Dann lädt er dich und Dr. Watson sein, ihn zu begleiten, und zu dritt macht ihr euch auf den Weg nach Kingston. Weiter bei **102**.

101

Der Mann ist ein neuer Rekrut, der es nicht wagen würde, einem Offizier Fragen zu stellen. Er gehorcht sofort. Du hast ohnehin damit gerechnet, eingelassen zu werden, denn für die jüngeren Offiziere ist es nicht ungewöhnlich, am Wochenende arbeiten zu müssen. Das einzige „unerlaubte Gebiet" im Gebäude ist das obere Stockwerk. Sobald du im Haus bist, gehst du leise die Treppe zu Major Dillons Büro hinauf. Weiter bei **509**.

102

Als ihr in Kingston angekommen seid, nehmt ihr eine Droschke zu Dillons Wohnhaus. Dort stellt ihr fest, daß ein Polizeiwachtmeister im Hauseingang steht. Jones steigt aus, bittet dich und Dr. Watson zu warten und geht dann zu einem Polizeidetektiv, der auf dem Gehweg auf und ab schlendert. Er spricht mit ihm ein paar Minuten lang und kommt dann zurück.

„Schlechte Nachrichten, fürchte ich", erklärt er. „Major Dillon wurde ermordet. Seine Frau kam von einem Besuch bei ihrer Schwester nach Hause und fand ihn tot auf dem Boden. Der Detektiv meint, der Major sei gestern abend spät nach Hause gekommen und wurde von jemand erwartet."

„Ja", antwortest du, „Mores hat ihn auf Befehl des Rats getötet. Jetzt kommt es ihnen darauf an, sich die Unterstützung wieder zu beschaffen, die er sie gekostet hat. Das sind wirklich schlechte Nachrichten. Haben Sie eine Idee?"

„Ich glaube nicht, daß wir Ihren Lieutenant Mores erwischen werden. Ich werde natürlich alle Häfen und Bahnhöfe bewachen lassen, aber ich habe den Verdacht, die Vögel sind längst ausgeflogen."

„Vögel?" fragst du. „Gibt es denn mehr als einen?"

„Ich habe telegraphiert, daß Sergeant Major Austin auch

3

verhaftet werden soll", antwortet Jones. „Von dem Detektiv habe ich aber erfahren, daß er seit zwei Tagen hier in Kingston nicht mehr gesehen wurde. Der Regimentskommandant hat vor, ihn als Deserteur zu behandeln."

„Dann bleibt uns nur eine Alternative."

„Ja", sagt Jones und verzieht das Gesicht. „Sherlock Holmes."

Deine Ermittlung endet mit einem Teilerfolg. Mit dem Faktenmaterial, das du bis jetzt gesammelt hast, wird es Sherlock Holmes schnell gelingen, den Fall zu lösen. Die Verschwörung gegen das Königreich, falls tatsächlich eine existiert, wird fehlschlagen, aber die Indizien reichen nicht aus, um die Verschwörer vor Gericht zu stellen. Der Mörder, Dillon, ist tot, aber die Umstände von Jonathans Tod werden nie aufgedeckt werden. Wenigstens kannst du Jonathans Vater schreiben, daß sein Sohn ehrenvoll gestorben ist und sich geweigert hat, sein Land zu verraten. Wenn du den Fall noch einmal von vorne anfangen willst, geht es weiter bei **308**. Wenn du lieber die Lösung lesen willst, weiter bei **430**.

103

Nachdem du Sherlock Holmes über deine bisherigen Ermittlungsergebnisse informiert hast, stellt er dir eine Reihe von präzisen Fragen und lehnt sich dann gedankenverloren in seinem Sessel zurück. Du wirst nervös, weil du den Eindruck bekommst, daß er dich vergessen hast, da räuspert er sich.

„Ich denke, Sie sollten Ihre Ermittlungen fortsetzen, Lieutenant", sagt er. „Als nächstes würde ich zum Tatort gehen. Vielleicht hat die Polizei etwas übersehen, was für Sie wichtig sein könnte." Weiter bei **240**.

104

Du glaubst nicht, daß du heute nacht noch irgend etwas erfahren kannst, und machst dich müde auf den Weg in die Baker Street Nr. 221 B, wo du sofort ins Bett gehst. Am nächsten Morgen wachst du früh auf, rasierst dich und ziehst das frische Hemd an, das Dr. Watson für dich bereitgelegt hat. Nach Mrs. Hudsons herzhaftem Frühstück begibst du dich zu Scotland Yard. Du hättest gerne mit deinem Vetter und Mr. Holmes gesprochen, aber nach Auskunft von Mrs. Hudson sind beide gestern abend ausgegangen und bisher nicht zurückgekehrt. Weiter bei **520**.

105

Du mischst dich unter die anderen und gelangst unentdeckt ins Foyer. Dort bemerkst du Dillon, der seitlich an der Wand steht und aufgeregt auf zwei andere Mitglieder einredet. Du hältst dich im Hintergrund und achtest darauf, daß immer mehrere Menschen zwischen dir und Dillon stehen. Nach einer Weile geht er in Richtung Bar. Wenn du bleibst und Dillon weiter beobachtest, geht es weiter bei **494**. Wenn du lieber den Club verläßt und draußen auf Dillon wartest, um ihm zu folgen, weiter bei **417**.

106

Das Mädchen hat keine Einwände, als du ihm erzählst, daß du ein auswärtiges Mitglied bist und in einem der Gästezimmer wohnst. Sie läßt dich herein und fragt, ob du gerne Tee hättest. Als du ablehnst, geht sie dankbar wieder zu Bett.

Der Club ist wie ausgestorben. Alle schlafen, außer Austin und denjenigen, denen er berichtet. Da du nicht weißt, in welchem Raum sie sind, setzt du dich in eine dunkle Ecke und wartest.

Zehn Minuten später wird deine Geduld belohnt. Du hörst,

wie die Tür des Versammlungssaals geschlossen wird. Austin kommt die Treppe herab, öffnet einen getäfelten Wandschrank, holt seinen Hut heraus und verläßt das Haus. Wenn du ihm folgst, weiter bei **214**. Wenn du lieber hinauf in den Versammlungssaal gehst, weiter bei **164**.

107

Du kannst dich gerade noch so schnell wegdrehen, daß dich der Schlag mit dem Holzknüppel nur an der linken Schulter erwischt. Sie wird taub vor Schmerz, und du gehst zu Boden. Der Mann wirft sich auf dich, du trittst nach ihm und triffst seine Brust. Er taumelt rückwärts. Es gelingt dir, dich aufzurichten. Du versuchst, deine verletzte Schulter zu schützen, und schon greift dein Widersacher dich wieder an. Wähle eine Zahl und zähle deine Fitneß-Punkte hinzu:

- Ist die Summe 2–9, weiter bei **354**.
- Ist die Summe 10–12, weiter bei **264**.

108

Nach fast einer Stunde Arbeit hast du den Kode geknackt. Allerdings bist du bestürzt über das, was du nun liest. Weiter bei **112**.

109

Du findest dich in einer kleinen Zelle im Keller von Scotland Yard wieder. Zuerst kannst du gar nichts verstehen. Du warst sicher, den Oberinspektor überzeugt zu haben. Es gibt nur eine einzige mögliche Erklärung: Es ist dir viel zu gut gelungen, ihn zu überzeugen! Er hat dir tatsächlich geglaubt, und gerade deshalb bist du hier. Der Oberinspektor selbst muß zu den Verschwörern des Rates gehören, muß ein Mitglied des Leonidas Clubs sein, und du bist ihm schön in die Falle gegangen!

Du versuchst, mit den Wachmännern ein Gespräch anzufangen, denn du hoffst darauf, daß du durch sie Sherlock Holmes eine Botschaft zukommen lassen kannst. Aber sie ignorieren dich, und du merkst, daß du in Isolierhaft gehalten wirst. Jetzt kann nur noch Sherlock Holmes diesen Fall zu Ende bringen. Wenn du noch einmal von vorne anfangen willst, weiter bei **308**. Wenn du nur die Lösung lesen willst, weiter bei **430**.

110

Nachdem der Sergeant gegangen ist, bleibst du noch fast eine halbe Stunde am Schreibtisch sitzen und arbeitest. Er ist sicherlich mißtrauisch und behält dich im Auge. Als du schließlich meinst, daß genug Zeit verstrichen ist, legst du die Papiere beiseite und gehst auf deine Stube zurück. Weiter bei **402**.

111

Du versuchst es über eine Stunde lang, kannst aber den Kode nicht knacken. Du hast das Gefühl, der Entschlüsselung der Botschaft ganz nahe zu sein, mußt aber schließlich doch deine Niederlage eingestehen. Wenn du Resultat VIII notiert hast, geht es weiter bei **448**. Andernfalls weiter bei **116**.

112

Der Text enthält einen Befehl vom Rat der Fünf – einen Hinrichtungsbefehl! Sobald Mores die Informationen, die der Rat von dir haben will, bekommen hat, soll er nach Kingston fahren und Major Dillon ermorden. Offenbar wird Dillons Einstellung zusammen mit seinem Alkoholproblem, vom Rat für gefährlich gehalten.

Du hast jetzt allerdings eine Chance. Der Rat weiß nichts davon, daß Mores seinen Auftrag nicht ausführen kann, und vielleicht gelingt es dir, Dillon davon zu überzeugen, gegen seine Anführer mit dir zusammenzuarbeiten, bevor sie merken, was passiert ist. Notiere Hinweis U. Wenn du Resultat VIII notiert hast, geht es weiter bei **119**. Andernfalls weiter bei **135**.

113

Es gelingt dir, Mores das Handgelenk gerade in dem Moment umzudrehen, als er abdrückt. Die Kugel fährt eine Handbreit neben deinem Ohr in den Fußboden. Der Knall betäubt dich vorübergehend. Mores benutzt die Gelegenheit, seine Hand loszureißen, und versucht, noch einmal auf dich zu zielen. Du rollst dich auf die Seite, aber statt des erwarteten Knalls hörst du deinen Gegner aufstöhnen, als Dr. Watsons Spazierstock laut krachend auf seinen Schädel niedersaust.

Mores kommt taumelnd wieder auf die Füße. Blut läuft über sein Gesicht; die Pistole baumelt lose in seiner Hand. Dr. Watson macht einen Schritt nach vorne und holt wieder mit seinem Stock aus, aber Mores reißt schnell die Pistole hoch und drückt ab. Du hörst ein Klicken, aber sonst nichts – eine Ladehemmung. Da wirft Mores die Pistole nach Dr. Watson und springt, bevor ihr ihn aufhalten könnt, zum Fenster auf die Straße hinaus.

Du stürzt an das zerbrochene Fenster und siehst hinaus: Mores ist unverletzt auf einem Milchwagen gelandet, springt gerade hinunter auf die Straße und rennt davon. Weiter bei **471**.

114

Es gelingt dir, eine zweirädrige Droschke zu finden, und du versprichst dem Kutscher ein großzügiges Trinkgeld für den Fall, daß er es schafft, dich in zwanzig Minuten zur Garnison „Bergfried“ zu fahren. Als der Mann seinem Pferd die Peitsche gibt und die Kutsche auf einem Rad um die Kurven fliegt, bereust du dein Versprechen, aber du erreichst dein Ziel lebendigen Leibes und in Rekordzeit. Weiter bei **398**.

115

Als du wieder zu dir kommst, bist du in einem kleinen, dunklen Raum, in dem es nach Kartoffeln und Zwiebeln riecht. Es muß ein früherer Lagerraum im Keller des Leonidas Clubs sein. Du suchst in deinen Taschen nach einem Streichholz, aber, wie du befürchtet hattest, jemand hat sie durchsucht und dir alles Wichtige weggenommen.

Du tastest dich an den Wänden entlang bis zur Tür. Wie erwartet ist sie von außen abgeschlossen. Fenster gibt es keine; du mußt dich gedulden, bis jemand kommt. Weiter bei **460**.

116

Du berätst dich mit Dr. Watson, und ihr beschließt, Mores zur Polizei zu bringen. Mit euch will er nicht reden, aber ihr haltet es durchaus für möglich, daß die Polizei es schafft, sein Schweigen zu brechen. Weiter bei **117**.

117

Es ist sehr früh am Morgen, als ihr bei Scotland Yard ankommt. Der diensthabende Wachtmeister erkennt Dr. Watson und bringt euch drei in Athelney Jones' Büro hinauf. Jones ist gerade eingetroffen und scheint erstaunt, dich zu sehen. Aber er staunt noch mehr, als er den Grund eures Besuches erfährt.

Du erklärst ihm, warum ihr gekommen seid, und übergibst ihm Mores. Jones, dem so plötzlich ein Verdächtiger beschert wird und der deshalb sehr dienstbeflissen tut, akzeptiert zähneknirschend, was du ihm berichtest, und telegraphiert nach Kingston, um Major Dillon verhaften und nach London bringen zu lassen. Mores wird inzwischen in eine Zelle geführt, da er mit der Polizei genauso wenig redet wie mit dir. Weiter bei **477**.

118

Ohne Vorwarnung wirft sich Mores auf dich. Seine Verletzung ist ihm nicht mehr anzumerken. Dein Stuhl kippt nach hinten um, und ihr zwei wälzt euch auf dem Boden. Plötzlich hält er eine kleine, zweiläufige Pistole in der Hand. Bevor er sie auf dich richten kann, packst du sein Handgelenk. Wähle eine Zahl und zähle deine Fitneß-Punkte hinzu:

- Ist die Summe 2–6, weiter bei **113**.
- Ist die Summe 7–9, weiter bei **206**.
- Ist die Summe 10–12, weiter bei **185**.

119

Du nimmst den nächsten Zug nach Kingston, um Major Dillon zur Rede zu stellen. Früh am Morgen kommst du in der Garnison „Bergfried“ an und mußt feststellen, daß Dillon sich noch nicht zum Dienst gemeldet hat. Du eilst zu seinem Wohnhaus, und vor Nervosität krampft sich dir der Magen zusammen: In Kürze wirst du dem Mann gegenüberstehen, der deinen besten Freund ermordet hat.

Auf dein beharrliches Klopfen öffnet Dillon die Tür. Er hat nur ein Nachthemd an und ist übel gelaunt. „Was zum Teufel wollen Sie denn, Watson?“ bellt er. Seine Augen scheinen ihn zu schmerzen, denn er schirmt sie mit der Hand gegen die Morgensonne ab.

„Ihr Leben will ich, Major“, versetzt du gelassen. „Und ich habe ganz das Gefühl, als würde sich in Kürze jemand dieser Kleinigkeit annehmen.“

Erschrocken tritt Dillon einen Schritt zurück, und du drängst dich ins Haus. „He, Moment mal, was soll denn das?“ sprudelt er hervor. „Wieso wollen Sie mein Leben?“

„Für den Mord an Jonathan Wheeler“, antwortest du und siehst ihn scharf an, um seine Reaktion zu beobachten.

„Was! Schon?“ Er versucht nicht, deine Anschuldigung abzustreiten. Er ist bloß überrascht, daß du so bald gekommen bist.

„Sie verblödeter Säufer! Hier!“ Du gibst ihm den Befehl des Rates mit der entzifferten Botschaft, die über den Kode geschrieben ist. Er liest sie und erbleicht. „Nun“, fragst du, „werden Sie sich sanft wie ein Lamm dem eigenen Schlachter ausliefern, oder werden Sie kämpfen wie ein Mann?“ Wähle eine Zahl und zähle deine Kommunikations-Punkte hinzu:

– Ist die Summe 2–5, weiter bei **168**.
– Ist die Summe 6–12, weiter bei **157**.

120

Du setzt dich, um an der Versammlung teilzunehmen, aber noch bevor sie beginnt, hast du plötzlich das Gefühl, daß dich jemand beobachtet. Du läßt deinen Blick über die Gesichter in der Menge gleiten, stellst aber nichts Außergewöhnliches fest. Trotzdem glaubst du, daß dich jemand im Auge hat. Dann fällt dein Blick auf die Rückwand des Saals, und du siehst drei Männer auf dich zukommen.

Du greifst unauffällig hinter dich und klinkst die Tür auf. Die drei Männer gehen schneller. Du öffnest die Tür hinter dir und schiebst dich hindurch, aber kaum bist du im angrenzenden Raum, kracht dir etwas Hartes seitlich an den Kopf, und du fällst bewußtlos zu Boden. Wenn du Resultat X notiert hast, geht es weiter bei **304**. Andernfalls weiter bei **115**.

121

Du beschließt, Dillons Wohnhaus in Kingston zu durchsuchen. Du hoffst, dort etwas zu finden, was den Tod Jonathans erklären hilft. Du kannst dir zwar denken, daß Dillon kein belastendes Material unter den Augen seiner Frau zu Hause herumliegen läßt, aber vielleicht kannst du doch Hinweise entdecken, die dich auf eine Spur bringen. Sind noch andere beteiligt? In welcher Weise könnte Jonathan eine Bedrohung für sie dargestellt haben? Jonathans Vater ist ein mächtiger Mann und würde einen gefährlichen Feind abgeben, selbst vom fernen Singapur aus. Dillon muß ein starkes Motiv gehabt haben, wenn er an der Sache beteiligt war. Weiter bei **177**.

122

Du warst sicher, du würdest im Kleiderschrank etwas finden, aber du wirst enttäuscht. Jetzt mußt du entscheiden, ob du noch ein Möbelstück durchsuchen willst. Je länger du hierbleibst, desto dunkler wird es werden, und Kerzenlicht wäre gefährlich. Sollst du riskieren, noch weiter zu suchen?

- Wenn du das Zimmer verläßt, weiter bei **284**.
- Wenn du noch ein Möbelstück durchsuchst, wähle eine Zahl, aber ziehe 1 Punkt ab für jedes Möbelstück, das du bereits durchsucht hast (du kannst dasselbe Möbelstück mehr als einmal durchsuchen):
  - Bei 2–4, weiter bei **228**.
  - Bei 5–12, weiter bei **463**.

123

Holmes' Belehrung ist noch nicht zu Ende. „Auf jeden Fall ist es zweifelhaft, ob eine weitere Untersuchung in Kingston irgend etwas Nützliches ans Tageslicht befördern könnte. Nach meiner Erfahrung ist es bei einer Ermittlung mit mehreren möglichen Erklärungen eines Verbrechens am praktischsten, diese der Reihe nach auszuschließen. Da es im Augenblick überhaupt nur eine klare Möglichkeit gibt, nämlich die Terroristen, würde ich an Ihrer Stelle damit anfangen." Weiter bei **427**.

10

124

Du begleitest den Wachposten zum Büro des diensthabenden Sergeants, wo du deine Geschichte wiederholst. Der Sergeant zögert einen Augenblick und beschließt dann, daß die Angelegenheit über seine Entscheidungsbefugnis hinausgeht. Er beauftragt den Wachposten, den Kommandeur der Militärpolizei zu holen. Schon nach erstaunlich kurzer Zeit wirst du ins Büro des Kommandeurs bestellt, wo dieser dich höflich bittet, die Geschehnisse zu schildern. Wähle eine Zahl und zähle deine Kommunikations-Punkte hinzu:

- Ist die Summe 2–8, weiter bei **388**.
- Ist die Summe 9–12, weiter bei **138**.

125

Das Gesicht des Colonels verhärtet sich vor Zorn. „Das ist doch eine schamlose Lügengeschichte, Watson! Wollen Sie mich zum Narren halten?“ Er wendet sich an den Sergeanten von der Wache. „Holen Sie den Kommandeur der Militärpolizei!“ Und zu dir gewandt sagt er: „Das hätte ich nicht von Ihnen gedacht, Watson. Vielleicht weiß der Kommandeur, wie man Sie zum Sprechen bringt.“

Nachdem der Colonel gegangen ist, erscheint der Kommandeur der Militärpolizei. Er spricht mit den Wachen, dann kommt er zu dir. Du erzählst ihm dasselbe wie dem Colonel, versuchst aber, überzeugender zu wirken. Wähle eine Zahl und zähle deine Kommunikations-Punkte hinzu:

- Ist die Summe 2–9, weiter bei **235**.
- Ist die Summe 10–12, weiter bei **492**.

126

Da Major Dillon nicht in der Garnison ist, bleibt dir für deine Nachforschungen nur noch der Leonidas Club übrig. Du kannst noch vor dem Essen aufbrechen. Du gehst auf deine

Stube, ziehst dich um und nimmst den Zug nach London. Weiter bei **174**.

127

Als du das Büro des Sergeanten von der Wache verläßt, änderst du deinen Plan. Es ist unwahrscheinlich, daß Sergeant Major Austin töricht genug ist, in seinem eigenen Haus belastendes Material aufzubewahren. Der Leonidas Club bleibt als einzige Alternative übrig. Vielleicht ist er einen Besuch wert. Weiter bei **174**.

128

Du überlegst dir, wie du weiter vorgehen sollst. Wenn du Hinweis M und/oder Resultat III, nicht aber Hinweis L notiert hast, geht es weiter bei **174**. Andernfalls weiter bei **213**.

129

Du siehst dir die Knöpfe genau an, aber alles scheint so zu sein, wie es sein muß. Verwirrt wendest du dich schon zum Gehen, da dreht sich Major Dillon um und bestellt einen dritten Whisky. Durch die Drehung seiner Hüfte verschiebt sich die Schärpe an seinem Gürtel, und der darunterliegende Knopf wird sichtbar. Dein Herz klopft schneller. Du hattest recht! Hier hast du den Beweis für deine Schlußfolgerungen vor dir. Funkelnagelneu glänzt der Knopf unter der Schärpe hervor.

Dillon ist ein gerissener alter Fuchs. Er hat den Knopf unter seinem Schulterriemen tatsächlich im Bahnhof Paddington verloren, aber er ersetzte ihn durch den Knopf unter seiner Schärpe! Deshalb sehen jetzt alle sichtbaren Knöpfe alt und gebraucht aus. Unter die Schärpe nähte er einen neuen Knopf, da ihn dort niemand sehen konnte. Aber was nun? Der Knopf allein ist sicherlich kein ausreichender Beweis, die

Polizei von irgend etwas zu überzeugen. Du mußt weiteres Beweismaterial zusammentragen, und die einzigen Orte, die dir für eine Suche einfallen, sind Major Dillons Büro hier in der Garnison „Bergfried“ und sein Haus in Kingston, wo er mit seiner Frau wohnt. Notiere Hinweis P. Wenn du Major Dillons Haus in Kingston durchsuchen willst, notiere Entscheidung 10, dann geht es weiter bei **132**. Wenn du sein Büro in der Garnison durchsuchst, notiere Entscheidung 9; weiter bei **398**.

130

Nachdem du Sherlock Holmes über deine bisherigen Ermittlungsergebnisse informiert hast, stellt er eine Reihe bohrender Fragen, dann lehnt er sich in seinem Sessel zurück und denkt nach. Du wirst schon unruhig, weil du den Eindruck hast, daß er dich völlig vergessen hat, da räuspert er sich.

„Ich denke, Ihre Untersuchung ist an einem toten Punkt angekommen, Lieutenant. Ich sehe im Augenblick keine Möglichkeit, sie weiter voranzubringen. Ich schlage vor, Sie fangen noch einmal ganz von vorne an. Sie können die Sache aber auch mir übergeben, und ich werde mich darum kümmern, sobald die Zeit es erlaubt.“ Wenn du noch einmal beginnen willst, weiter bei **308**. Wenn du lieber die Auflösung des Falls lesen möchtest, weiter bei **430**.

131

Das Kärtchen ist irgendwo in deinem Gedächtnis schon gespeichert – aber so viel du auch nachdenkst, du kannst dich nicht erinnern, wo du so ein Kärtchen schon einmal gesehen hast. Du weißt, daß es dir einen Hinweis darauf geben könnte, wo sich Jonathan am Abend seines Todes aufgehalten hat. Hoffentlich fällt dir die Antwort im Lauf deiner Untersuchung noch ein. Wenn du dich in der Garnison wegen der Karte um-

9

hören willst, notiere Entscheidung 1. Dann geht es weiter bei **308**. Wenn du lieber andere Wege der Ermittlung einschlägst, notiere Entscheidung 2, dann geht es weiter bei **340**.

132

Du weißt, wo Major Dillon wohnt, denn du warst vor einigen Wochen mit Jonathan bei ihm zum Abendessen eingeladen. Es ist ein geräumiges Haus in einer ruhigen Wohnstraße in Kingston. Hinter dem Haus liegt ein kleiner Garten, der von Dillons Frau liebevoll gepflegt wird. Durch diesen Garten willst du ins Haus gelangen. Die Steinmauer, die den Garten begrenzt, ist nur etwa eineinhalb Meter hoch und also kein großes Hindernis. Du kletterst darüber, versuchst, keine Schuhabdrücke in den Blumenbeeten zu hinterlassen und schleichst dich an ein Hinterfenster. Es ist geschlossen, aber nicht verriegelt, und mit Hilfe deines Taschenmessers gelingt es dir, das Schnappschloß zu öffnen. Du machst den Fensterflügel auf und kletterst hinein. Wenn du Entscheidung 10 nicht schon notiert hast, tu es jetzt. Wähle eine Zahl und zähle deine Schlauheits-Punkte hinzu:

- Ist die Summe 2–7, weiter bei **178**.
- Ist die Summe 8–12, weiter bei **278**.

133

Du stehst in einem der möblierten Zimmer, die der Club für seine auswärtigen Mitglieder bereithält, wenn sie in London sind. Im Augenblick scheint es nicht bewohnt zu werden. Du gehst zur Tür und öffnest sie einen Spalt. Niemand ist im Flur zu sehen; leise gehst du zur Treppe und bis zu einem Treppenabsatz hinunter, von wo aus du einen guten Überblick hast. Anscheinend beginnt demnächst eine Versammlung, denn du siehst viele Männer in einen Saal strömen. Weiter bei **487**.

134

Der Butler kommt an deinem Versteck vorbei. Er geht schnell, ohne zu laufen. Du willst sehen, wohin er geht, und folgst ihm. Vorsichtig spähst du den Flur hinunter, ob der Weg frei ist. Aus dem Augenwinkel siehst du einen dunklen Gegenstand auf deinen Kopf zusausen. Du duckst dich instinktiv, aber zu spät. Du spürst noch den Aufprall eines harten Gegenstandes auf deinen Hinterkopf, dann wird alles schwarz. Wenn du Resultat X notiert hast, geht es weiter bei **304**. Andernfalls weiter bei **115**.

135

Dr. Watson benachrichtigt Athelney Jones davon, daß du wichtige Indizien für eine Verschwörung gegen das Königreich gefunden hast. Er meint, du hättest genügend Beweise, Jones davon zu überzeugen, dich ernst zu nehmen. Weiter bei **226**.

136

Du rennst die Treppe hinunter und auf die Hintertür zu. Hinter dir hörst du mit lautem Getöse den Wachposten laufen, den sein Gewehr und seine Ausrüstung behindern. Du hast nur ein paar Sekunden! Du stößt die Tür auf, läufst einen Seitengang hinunter und schlüpfst in eines der Büros im Erdgeschoß, wo du am Wochenende arbeiten darfst. Du schließt die Tür hinter dir, holst aus einer Schreibtischschublade ein paar Papiere und breitest sie vor dir aus. Dann setzt du dich an den Schreibtisch, stellst deine Schuhe auf den Boden neben dich und tust so, als ob du etwas schriebest. Weiter bei **452**.

137

Sobald du weit genug von dem Haus entfernt bist, machst du dich auf den Weg zu deiner Stube. Aber dann überlegst du es dir anders. Es ist unwahrscheinlich, daß Austin so töricht ist, bei sich zu Hause belastendes Material aufzubewahren. Deine einzige Alternative ist, dir den Leonidas Club vorzunehmen. Das würde sich vielleicht lohnen. Weiter bei **174**.

138

Der Kommandeur der Militärpolizei akzeptiert deine Schilderung der Vorkommnisse, aber du merkst, daß er immer noch mißtrauisch ist. Du wirst später mehr von dieser Sache hören, aber für den Augenblick erlaubt er dir, zu gehen. Weiter bei **353**.

139

So präzise und logisch wie möglich stellst du deine Untersuchungsergebnisse dar. Jones lehnt sich zurück und hört aufmerksam zu. Manchmal unterbricht er dich mit einer Frage, und du merkst, daß er immer ernster wird. Dr. Watson sitzt hinter ihm und nickt oder lächelt dir von Zeit zu Zeit aufmunternd zu.

Wenn du die Folgerungen 1, 2, 3 und 5 *und* die Hinweise A, B, N, Q, T *und einen* der Hinweise F und G notiert hast, weiter bei **346**. Andernfalls weiter bei **140**.

140

„Tut mir leid, Lieutenant", sagt Jones, als du fertig bist. „Diese Indizien reichen nicht aus, um Major Dillon vor ein britisches Gericht zu stellen. Mich haben Sie allerdings überzeugt. Der Major wird baumeln müssen, das kann ich Ihnen versprechen. Aber im Augenblick bin ich mehr daran interessiert, die Verschwörung zu verhindern, die von diesem verräterischen Abschaum im Leonidas Club ausgebrütet wird. Haben Sie eine Idee, wie wir vorgehen könnten?" Weiter bei **141**.

141

„Mein Vorschlag wäre, Major Dillon sofort festzunehmen, um sein Leben zu schützen", sagst du. „Und dann sollten wir versuchen, ihn dazu zu bringen, uns zu helfen, diesen Verrätern das Handwerk zu legen."

„Könnte klappen", meint der Detektiv wohlwollend und ruft dann: „Jawohl, so machen wir's!" Weiter bei **179**.

142

Du mußt so viel wie möglich von dem, was sich hier abspielt, sehen und hören. Der Erfolg deiner Ermittlung hängt davon ab. Du weißt jetzt, daß dieser Club eine Art von Geheimbund beherbergt, und du ahnst, daß du hier in eine viel größere Sache hineingeraten bist, als du bisher dachtest. Wähle eine Zahl und zähle deine Schlauheits-Punkte hinzu:

- Ist die Summe 2–6, weiter bei **330**.
- Ist die Summe 7–12, weiter bei **428**.

143

Der Detektiv überlegt kurz und sagt dann: „Tut mir leid, Lieutenant, ich würde Ihnen gerne helfen, aber dieses Gelände darf von Besuchern nicht betreten werden. Sie brauchen dafür die Erlaubnis des Oberinspektors."

„Das geht in Ordnung, Mr. Carpenter. Ich verstehe", antwortest du und wendest dich zum Gehen. Seine Bemerkung beeindruckt dich nicht, denn du siehst, daß die Polizei ohnehin nicht mehr lange hier sein wird. Weiter bei **344**.

144

Von Jonathans Uniform stammt der Knopf nicht; gehört er vielleicht einer anderen Person, die in die Ereignisse der letzten Nacht verwickelt ist? Du steckst ihn ein und klopfst dir den Schmutz von den Hosen. Weiter bei **128**.

6

145

Du beschließt, Sergeant Major Austin zu fragen, denn er ist wahrscheinlich die ergiebigste Informationsquelle in der Garnison.

„Nein, ich weiß nicht, wo Lieutenant Wheeler gestern abend war“, beantwortet er deine Frage in ausdruckslosem Ton. „Und, um der Wahrheit die Ehre zu geben, es interessiert mich auch wenig. Er hat sich um seine Aufgaben als diensthabender Offizier herumgedrückt und ist frühzeitig gegangen“, fährt er genauso ausdruckslos fort. „Ich würde vermuten, daß er bei einem Mädchen war, aber bei keinem, das man gerne seiner Mutter vorstellen würde.“ Seine Feindseligkeit scheint Ausdruck einer alten Meinungsverschiedenheit zwischen ihm und Jonathan zu sein. Jonathan war ein bißchen ein Dandy gewesen – der Typ von Offizier, den Austin mit jeder Faser seines Wesens verabscheut. Wähle eine Zahl und zähle deine Instinkt-Punkte hinzu:

– Ist die Summe 2–7, weiter bei **507**.
– Ist die Summe 8–12, weiter bei **236**.

146

Du freust dich, Sherlock Holmes zu Hause anzutreffen, bist aber enttäuscht, daß Dr. Watson nicht da ist. Du erzählst Holmes, was du entdeckt hast, wobei du wohl weißt, wie wenig es ist. Kaum bist du fertig, mußt du auch schon die Worte hören, vor denen du dich gefürchtet hast:

„Lieutenant, ich glaube, Ihre Ermittlung ist zu Ende. Es ist Ihnen nicht gelungen, überzeugende Beweise dafür zu liefern, daß die irischen Bombenleger nicht die Schuldigen sind. Auf bloße Verdächtigungen reagiert die Polizei nicht, wie Sie gesehen haben. Sie haben auch keine andere Person oder Gruppe identifiziert, die das Verbrechen begangen haben könnte. Ich kann Sie guten Gewissens nicht ermutigen, weiter zu ermitteln. Der Grund Ihres Mißerfolgs war nicht mangelnder Einsatzwille, sondern fehlende Erfahrung. Ich schlage vor, Sie fangen noch einmal ganz von vorne an.“ Wenn du den Vorschlag annimmst, geht es weiter bei **308**. Wenn du gerne die Lösung lesen möchtest, weiter bei **430**.

147

Die Gelegenheit, dich jetzt im Club umzusehen, ist so günstig, daß du sie dir nicht entgehen lassen darfst. Du schlüpfst zur Tür hinaus und gehst die Treppe hinauf. Du weißt, daß die Londoner Clubs oft von auswärtigen Mitgliedern als Unterkunft benutzt werden, wenn sie gerade in der Stadt sind. Man kann zu günstigen Preisen Zimmer im voraus buchen. Du bist sehr an der Identität einiger auswärtiger Mitglieder interessiert.

Du stellst fest, daß es im zweiten und dritten Stock des Clubs eine Reihe von Gästezimmern gibt. Keines scheint abschließbar zu sein, und du willst dir einige von ihnen anschauen. Wähle eine Zahl und zähle deine Schlauheits-Punkte hinzu:

- Ist die Summe 2–6, weiter bei **419**.
- Ist die Summe 7–12, weiter bei **302**.

148

Du suchst dir deinen Weg durch den beschädigten Bahnhof und versuchst, den Polizisten auszuweichen, die dabei sind, den letzten Trümmerhaufen zu untersuchen. Wähle eine Zahl und zähle deine Beobachtungs-Punkte hinzu:

- Ist die Summe 2–5, weiter bei **250**.
- Ist die Summe 6–12, weiter bei **218**.

149

Deine einzige Chance besteht darin, die Grobiane zu überraschen und sie daran zu hindern, sich gemeinsam auf dich zu stürzen. Du mußt dich beeilen; Austin hält einen Knüppel in der Hand. Du wirfst ihm und dem einen Halunken rechts ein Tischchen vor die Füße und greifst die beiden anderen links von dir an. Sie sind dadurch so überrumpelt, daß sie in einem Wirrwarr aus Armen und Beinen umfallen, wobei sie dem Sergeant Major den Weg versperren. Der erste Mann rechts hat das Tischchen inzwischen überwunden; du erwischst ihn mit der Faust am Kinn, und er geht zu Boden wie ein gefällter Baum.

Du machst einen Satz durch die Tür und rennst die Treppe hinunter, dann durchs Vorzimmer, reißt die Eingangstür auf und stehst auf der Straße.

Erst nachdem du einen Block gerannt bist, schaust du zurück, um dich zu vergewissern, ob dir jemand folgt. Es ist niemand zu sehen. Was sollst du nun als nächstes tun? Nach dem, was du im Club gesehen hast, scheint eine Versammlung bevorzustehen, bei der du vielleicht etwas über Jonathans Tod erfahren könntest. Solltest du es noch einmal wagen, den Club zu betreten? Du könntest versuchen, durch ein Fenster einzusteigen und etwas zu erlauschen. Oder solltest du direkt zu Sherlock Holmes gehen und ihn über den Stand der Dinge informieren? Wenn du zurück in den Club gehst, weiter bei **234**. Willst du lieber Sherlock Holmes besuchen, weiter bei **435**.

150

Du steckst die Pistole in deine Jackentasche und hoffst, daß sie dort nicht allzusehr auffällt. Notiere Hinweis R. Wenn du die Briefpapier-Schachtel noch nicht untersucht hast, geht es weiter bei **348**. Andernfalls weiter bei **350**.

5

151

Bis auf weiteres hast du dienstfrei, deshalb siehst du keinen Grund, deinen Entschluß nicht sofort in die Tat umzusetzen. Du gehst zum Bahnhof Kingston und nimmst den ersten Zug nach London. Die Bahnfahrt dauert etwas über eine Stunde, aber du bist zu sehr mit deinen Gedanken beschäftigt, als daß du die üppige grüne Landschaft und die putzigen kleinen Dörfer bewundern könntest, von denen London umgeben ist.

Nach deiner Ankunft am Bahnhof Waterloo nimmst du eine Droschke und gibst dem Kutscher als Ziel Scotland Yard an.

„Geht in Ordnung, Lieutenant", antwortet er, und du merkst, daß du vergessen hast, Zivilkleidung anzuziehen.

Als die Droschke hält, zahlst du schnell und gehst eilig die Stufen des alten Scotland-Yard-Gebäudes hinauf. Es trägt immer noch die Spuren der Bombe, die die Terroristen hier vor fast zwei Jahren explodieren ließen – ein bitterer Hinweis auf den Grund deines Hierseins. Drinnen triffst du auf einen uniformierten Polizeiwachtmeister und sprichst ihn an.

„Wachtmeister, einen Augenblick bitte."

Der Mann sieht auf und bemerkt respektvoll deine Uniform. „Ja, Sir. Was können wir heute für die Armee ihrer Majestät tun?"

„Nur eine Auskunft, Wachtmeister", antwortest du. „Es geht um die Bombe in Paddington gestern abend. Ich würde gerne wissen, wie Lieutenant Wheeler gestorben ist." Wähle eine Zahl und zähle deine Kommunikations-Punkte hinzu:

- Ist die Summe 2–7, weiter bei **470**.
- Ist die Summe 8–12, weiter bei **377**.

152

Du wartest auf die Wachablösung in der Hoffnung, daß die nächste Schicht weniger aufmerksam ist. Dann machst du noch einen Versuch und gelangst auch ohne Zwischenfall in Major Dillons Büro. Jetzt setzt du deine Durchsuchung fort, und zwar mit dem . . .

- Schreibtisch. Weiter bei **489**.
- Kleiderschrank. Weiter bei **481**.
- Bücherschrank. Weiter bei **341**.
- Regal mit den Aktenordnern. Weiter bei **475**.

153

Nachdem du Sherlock Holmes über deine bisherigen Ermittlungsergebnisse informiert hast, stellt er eine Reihe von bohrenden Fragen, dann lehnt er sich in seinem Sessel zurück und denkt nach. Du wirst schon unruhig, weil du den Eindruck hast, daß er dich völlig vergessen hat, da räuspert er sich.

„Sie sollten Ihre Untersuchung fortsetzen, Lieutenant“, erklärt er. „Sie haben bisher für einen ungeübten Detektiv erstaunlich gut gearbeitet. Als nächstes würde ich den Tatort aufsuchen. Vielleicht hat die Polizei etwas übersehen. Und noch eines“, fügt er an, als du aufstehst. „Ich wäre mit Besuchen bei der Polizei sehr vorsichtig, bevor ich wüßte, wohin dies alles führt. Ich glaube, daß Ihre Verdächtigungen Hand und Fuß haben.“ Notiere Resultat II. Weiter bei **240**.

154

Du schaust die Nachmittagszeitungen durch, um dich zu vergewissern, daß die Terroristen sich noch nicht zu der Tat bekannt haben, und verläßt dann die Baker Street Nr. 221 B. Du trägst jetzt Stiefel, schwere Baumwollhosen, ein am Hals offenes kariertes Hemd und einen abgenutzten schwarzen Filzhut. Du hast das Gefühl, für bessere Gesellschaft nicht gut genug angezogen zu sein, und das bist du wirklich nicht; aber du siehst genauso aus wie der amerikanische Arbeiter, dessen Rolle zu spielen dich Holmes überzeugt hat.

Mit der U-Bahn fährst du ins East End. Diesen Teil Londons hast du noch nie gesehen. Die Häuser hier sind klein und schäbig, ihre Wände bröckeln ab und ihre Dächer hängen durch. Von der Eleganz und Anmut des West Ends ist nichts zu sehen. Das hervorstechendste architektonische Merkmal ist der Verfall. Die gleiche Sonne, die über dem britischen Weltreich niemals untergeht, geht über den dunklen Gassen und Slums des East Ends offenbar niemals auf. Vom Leben nicht gerade verwöhnte Gestalten lehnen in windschiefen Torbögen; überall laufen zerlumpte Kinder herum. Die Luft ist dick vom schwarzen Ruß der Schornsteine.

Schließlich findest du das *Shamrock*, das dir eher durch die hoffnungslosen Gestalten vor seinem Eingang aufgefallen ist, als durch sein verblaßtes Wirtshausschild. Du kämpfst dich durch die Menge nach vorne an den Tresen.

„Na, und was willst du?“ fragt dich der Barmann.

„Einen Whisky hätt' ich gern“, sagst du in deinem besten Amerikanisch.

„Amerikaner, was?“ fragt er.

„Ja, bin ich“, antwortest du. „Geboren und aufgewachsen in New York. Aber heißen tu' ich trotzdem Patrick O'Keefe.“

„Ein Ire!“ krächzt er erfreut und greift nach der Flasche mit seinem teuersten Roggen-Whisky. Nachdem er dir eingeschenkt hat, nimmst du dein Glas und schlenderst mit einem Blick auf die Kundschaft durch die Kneipe. Du versuchst, dir einen geeigneten Gesprächspartner auszusuchen. Du merkst, daß du nicht Sherlock Holmes' geschultes Auge besitzt, und beschließt, daß du es auch gleich mit dem Barmann versuchen kannst. Dein Plan ist, ihm zu erzählen, daß die Putzfrau Gladys O'Keefe, die mit Jonathan bei der Explosion ums Leben gekommen ist, deine Tante war. So hoffst du, ihn in ein Gespräch über die Attentäter verwickeln zu können. Wähle eine Zahl und zähle deine Schlauheits-Punkte hinzu:

4

– Ist die Summe 2–6, weiter bei **343**.
– Ist die Summe 7–12, weiter bei **521**.

155

Du arbeitest noch fast eine halbe Stunde an deinem Schreibtisch, nachdem der Sergeant gegangen ist. Er ist sicherlich mißtrauisch, da deine Erklärung ziemlich dürftig war. Als du schließlich meinst, daß genug Zeit verstrichen ist, legst du die Papiere beiseite und gehst auf deine Stube zurück. Als nächstes willst du dir den Leonidas Club vornehmen. Weiter bei **366**.

156

Eine Sekunde lang glaubst du, eine Querverbindung zwischen dem Geschehen im Saal und einem wichtigen Indiz bei deiner Ermittlung herstellen zu können. Aber dann ist der Gedanke wieder weg. Sicher wirst du dich später wieder daran erinnern können. Weiter bei **311**.

157

„Kämpfen? Wie meinen Sie das?"

„Diese Männer haben mit Ihnen gebrochen. Sie sind ihnen keine Loyalität mehr schuldig."

„Vielleicht nicht", antwortet er niedergeschlagen, „aber wie soll ich gegen sie kämpfen ohne zu wissen, wer sie sind! Nur von den einfachen Mitgliedern kenne ich viele. Außerdem glaube ich an ihre Ziele. Ich habe einen Eid geschworen."

„Ja, der Eid." Du weißt, daß du nur wenig Zeit hast, ihn zu überzeugen, die Dinge so zu sehen, wie du es möchtest: „Diese Männer sind es aber, die den Eid gebrochen haben, nicht Sie, denn sie haben *ihre* politischen Vorteile mit *Ihrem* Blut bezahlt!" Du merkst, daß dieses Argument bei ihm zieht. Weiter bei **170**.

158

Fast eine halbe Stunde vergeht, bevor er wiederkommt. Er ist ganz rot im Gesicht und offensichtlich zurechtgewiesen worden. Er bittet dich, mit ihm ins Büro des Oberinspektors zu kommen. Weiter bei **204**.

159

Du kannst Major Dillons Tod nicht verhindern, aber du hast immer noch Sergeant Major Austin. Du schleppst Dillons Leiche in eine Seitengasse und winkst dann eine Droschke herbei, in die du Austin hineinbugsierst. Dann befiehlst du dem Kutscher, zu Scotland Yard zu fahren. Du lehnst dich in deinen Sitz zurück und beobachtest Austin aufmerksam. Er bleibt während der Fahrt ruhig, aber du bezweifelst, daß er noch bewußtlos ist. Andererseits hast du nicht den Eindruck, daß er viel von dem mitbekommt, was mit ihm geschieht.

Bei Scotland Yard angekommen, sagst du dem diensthabenden Polizisten an der Pforte, du hättest einen der Männer gefaßt, die deiner Meinung nach für den Bombenanschlag im Bahnhof Paddington verantwortlich seien. Wenige Augenblicke später tritt ein Polizeidetektiv auf den Plan, führt dich in ein Büro und läßt einen Arzt rufen, der sich um Austin kümmert. Dann bittet er dich um eine Erläuterung.

„Ich würde lieber mit Mr. Athelney Jones sprechen“, antwortest du. „Er kennt mich, und wir würden Zeit sparen.“

„Mr. Jones ist über Nacht wegen eines anderen Falles unterwegs“, sagt der Detektiv. „Aber Oberinspektor Stern ist informiert und wird bald mit Ihnen sprechen.“ Du versuchst, dir dein ungutes Gefühl nicht anmerken zu lassen. „Und, Lieutenant“, fährt der Detektiv fort, „ich möchte Sie warnen: der Mann, den Sie mitgebracht haben, leugnet jede Verbindung mit dem Anschlag. Er behauptet, Sie hätten in einem Wutanfall einen gewissen Major Stephen Dillon getötet.“

2

In diesem Moment betritt Oberinspektor Stern das Büro. Notiere Resultat VII. Weiter bei **325**.

160

Du versuchst zu hören, was Dillon sagt, verstehst aber nicht so viel, daß es einen Sinn ergeben würde. Offenbar wird der Major von dem Ratsvorsitzenden irgendeiner Sache beschuldigt, wogegen er sich aber wehrt. Im Lauf der Auseinandersetzung wird der Vorsitzende immer wütender und Dillon immer trotziger. Schließlich wirft Dillon ihm noch eine unwillige Bemerkung hin und stolziert durch die Tür aus dem Saal, zu der er hereingekommen war.

Du schaust ihm nach und dann wieder zu den maskierten Führern nach vorne. Aber im selben Moment, als du den Kopf drehst, kracht etwas auf deinen Hinterkopf, und du verlierst das Bewußtsein. Weiter bei **115**.

161

Es ist zwar wichtig, so viel wie möglich von dem mitzubekommen, was hier passiert, aber du möchtest doch deine Ermittlung nicht dadurch aufs Spiel setzen, daß du Aufmerksamkeit erregst. Es ist sicherer, zu bleiben, wo du bist, und so viel zu hören und zu sehen wie möglich.

Das Ritual nimmt seinen Lauf. Ja, du bist Zeuge eines Aufnahmerituals für neue Mitglieder. Du siehst zu, wie die Kandidaten von den maskierten Figuren, vor denen sie stehen, Anweisungen erhalten und dann einen Eid schwören müssen. Du kannst den Wortlaut des Eids zwar nicht verstehen, aber du hast den Eindruck, daß es um Hochverrat am Königreich geht!

Hinter den Kandidaten stehen ihre Bürgen mit blanken Schwertern in den Händen – ein Hinweis auf das Schicksal derer, die in früheren Zeiten das Ritual nicht in zufriedenstellender Weise absolvierten. Du vermutest allerdings, daß die Drohung jetzt nur noch symbolischen Charakter hat, denn die Schwerter haben keine scharfen Klingen, sondern sind stumpfe Zierwaffen.

Einer der Kandidaten scheint davor zurückzuschrecken, was man von ihm verlangt, und will seinen Eid offenbar nicht leisten. Plötzlich ist der Saal wie elektrisch geladen vor Spannung. Aber sein Bürge flüstert dem jungen Mann schnell etwas zu, und er spricht die verlangte Antwort; du hörst, wie ein allgemeiner Seufzer der Erleichterung durch die Versammlung geht.

Die Widerspenstigkeit des Mannes rührt dich seltsam an; du glaubst fast, dich an etwas zu erinnern, was du nie gesehen hast. Du siehst Jonathan vor dir, wie er hier in seiner Ausgehuniform steht, voller Stolz, diesem renommierten Club beizutreten. Aber der dickköpfige Jonathan hätte niemals einen Eid geschworen, mit dem er nicht einverstanden gewesen wäre – gleichgültig, welche Konsequenzen eine solche Weigerung nach sich gezogen hätte. Und die Konsequenz seiner Weigerung war sein Tod! Plötzlich hast du das Gefühl, dem Geheimnis dicht auf der Spur zu sein.

Dann nimmt der Anführer der Vermummten die Kandidaten feierlich als Mitglieder auf. Auf seinen Befehl wenden sie sich zum Publikum, das sie mit donnerndem Applaus im Club willkommen heißt. Den neuen Mitgliedern werden ihre Plätze in der ersten Reihe angewiesen, und der Anführer wendet sich in ernstem Ton an die Versammlung und verkündet, daß ein tragisches Vorkommnis besprochen werden muß. Er gibt ein Zeichen, die Doppeltür schwingt noch einmal auf, und aus dem hellen Licht marschiert die vertraute Gestalt von Major Stephen Dillon in den düsteren Saal. Weiter bei **311**.

3

„Sehr wohl, Sir“ antwortet er, öffnet die Tür ganz und läßt dich herein. „Darf ich Ihren Hut nehmen, Sir?“ Er streckt seine Hand nach deinem Hut aus. Hoffentlich hast du später Zeit genug, ihn wieder mitzunehmen. Er öffnet eine Seitentür und bittet dich zu warten, bis er den Hut versorgt hat.

Inzwischen siehst du dich um. Auf das einfache Vorzimmer folgt ein eichengetäfeltes Foyer. Farbe und Maserung des Holzes verraten seine kanadische Herkunft. Zwei breite Treppenaufgänge aus Marmor winden sich auf beiden Seiten des Raums nach oben; an den Wänden hängen in vergoldeten Rahmen große Porträts militärischer Führer. Einige von ihnen erkennst du, zum Beispiel Wellington und Nelson, aber andere sind dir nicht vertraut. Ein paar haben ausländische Namen, aber die meisten sind Engländer, und auffallend viele sind jung gestorben. Nach einem Augenblick taucht der Butler wieder auf.

„Darf ich Sie zur Bar bringen, Sir?“

„Ja, danke.“ Du folgst ihm die gewundene Marmortreppe in den ersten Stock hinauf. Gerade als er dir eine Tür öffnet, läutet unten die Glocke.

„Noch ein Ankömmling“, sagt der Butler entschuldigend und zeigt dir den Weg durch die Tür. „Würde es Ihnen etwas ausmachen, allein zur Bar zu gehen? Einfach hier entlang.“ Er zeigt auf eine weitere Tür auf der anderen Seite des Raumes.

„Danke, selbstverständlich“, antwortest du.

Der Butler schließt die Tür hinter dir; du hörst ihn wieder die Treppe hinuntersteigen. Du gehst durch den Raum zur nächsten Tür und legst dein Ohr daran, um so vielleicht eine Vorstellung davon zu bekommen, wieviele Mitglieder in der Bar sind. Wird ihnen ein Fremder sofort auffallen? Du hörst nichts. Es ist still wie in einem Grab.

5

Verwundert legst du die Hand auf den Türknopf und drehst. Nichts. Die Tür ist verschlossen. Dich beschleicht eine Ahnung, daß irgend etwas ganz furchtbar schiefgelaufen ist. Schnell gehst du zu der Tür zurück, durch die du gekommen bist. Verschlossen. Du siehst dich nach einem Fenster um, da du ja nur ein Stockwerk hoch über dem Erdboden bist. Schnell gehst du über den glatten Holzfußboden und ziehst die Vorhänge zur Seite. Sie hängen vor einer kahlen Wand. Es gibt keine Fenster! Dies ist eine elegant möblierte Gefängniszelle, und du sitzt in der Falle! Weiter bei **321**.

163

Es gelingt dir, unbemerkt die Treppe hinunter und ins Büro deiner Einheit zu gelangen. Du hast dich gerade an einen Schreibtisch gesetzt, da öffnet der Wachposten die Tür.

Als er dich sieht, nimmt er Haltung an und fragt, „Sir, haben Sie jemanden den Korridor hinunterlaufen hören? Wir haben einen Eindringling im Haus."

„Nein, Gefreiter", sagst du und stehst auf. „Haben Sie den Sergeant von der Wache schon verständigt?"

„Noch nicht, Sir."

„Dann tun Sie das. Der Eindringling muß an Ihnen vorbeigekommen sein." Er salutiert und geht. Weiter bei **368**.

164

Leise schleichst du dich ins erste Stockwerk hinauf, suchst dir ein Versteck und behältst den Versammlungssaal im Auge. Als sich nach fünf Minuten immer noch nichts getan hat, glaubst du nicht, daß noch jemand herauskommen wird. Du gehst an die Tür und legst dein Ohr daran. Stille. Weiter bei **447**.

165

Der Ratsvorsitzende gibt offensichtlich Dillon Sprecherlaubnis, aber dieser redet jetzt leiser, und außer gelegentlichen Wortfetzen kannst du nichts verstehen. Wähle eine Zahl und zähle deine Instinkt-Punkte hinzu:

- Ist die Summe 2–7, weiter bei **160**.
- Ist die Summe 8–12, weiter bei **216**.

166

„Nun erzählen Sie mir doch ein bißchen mehr von Ihrer Unterhaltung mit Colonel Sterling", sagt Holmes, als du ihm den Ordner zurückgibst. „Lassen Sie nichts aus."

Du berichtest ihm alles so ausführlich, wie du kannst. „Ich weiß, daß ich wenig Anhaltspunkte habe", sagst du schließlich lahm, „aber ich glaube, daß er lügt. Ich kann ihn natürlich nicht beschuldigen. Er ist schließlich mein höchster Vorgesetzter."

„Wie Sie sagen", bemerkt Holmes, „geben Ihre Anhaltspunkte wenig her zur Untermauerung der Vermutung, daß Colonel Sterling mehr über Jonathan Wheelers Tod weiß, als er zugibt. Ich müßte mich hier auf die Seite der Polizei schlagen; es gibt keine schlüssigen Beweise für das Gegenteil, obwohl es durchaus so sein könnte, wie Sie meinen. Lieutenant Wheeler könnte auf andere Art getötet worden sein, und dieses Verbrechen wäre dann durch die Explosion vertuscht worden. Genau so eine Täuschung ist 1841 in Potsdam im Fall Heist geschehen, und dann nochmals 1878 in Moskau bei der Rossowitsch-Affäre. Aber in diesem Fall denke ich, daß alle Indizien darauf hindeuten, daß der Getötete auf zufällige und tragische Art und Weise am selben Ort wie die Terroristenbombe war." Weiter bei **123**.

167

Als Dillon die Droschke besteigt, bist du ihm so nahe, daß du hören kannst, wie er dem Kutscher befiehlt, ihn zum Bahnhof Waterloo zu fahren. Sicherlich will er nach Hause. Einen Augenblick nach ihm tritt Austin aus dem Pub und eilt die Straße hinunter zu der einzigen anderen Droschke weit und breit. Was nun? Zu Fuß kannst du den Droschken nicht folgen, und es gibt keine weiteren in der näheren Umgebung.

Aber du kennst ja ihr Ziel. Schnell gehst du zur nächsten U-Bahn-Station und fährst bis zu der Station, die dem Bahnhof Waterloo am nächsten liegt. Dort gelingt es dir, eine Droschke aufzutreiben, die dich das letzte Stück bringt. Du kommst sogar noch vor Dillon oder Austin an! Weiter bei **369**.

168

„Lieutenant Watson“, antwortet er und versucht, sich so viel Würde zu geben, wie das in einem Nachthemd eben möglich ist, „wenn Sie so viel wissen, dann wissen Sie auch, daß ich mein Leben in die Hand dieser Organisation gelegt habe. Wenn mein Tod unsere Sache auch nur um einen Tag ihrem Ziel näherbringt, bin ich gerne bereit, dafür zu sterben!“

Du versuchst, mit ihm zu reden, aber du weißt, daß es zwecklos ist. Der dickköpfige Narr hat seine Entscheidung getroffen und wird dafür sterben. Mit dem Gefühl, eine Niederlage erlitten zu haben, überläßt du der Polizei und Sherlock Holmes das Feld.

Deine Ermittlung endet mit einem Teilerfolg. Mit dem Faktenmaterial, das du bis jetzt gesammelt hast, wird es Sherlock Holmes schnell gelingen, den Fall zu lösen. Die Verschwörung gegen das Königreich wird fehlschlagen, aber es gibt keine Indizien, um den Rat der Fünf vor Gericht zu stellen. Der Mörder, Dillon, wird sterben, aber die Umstände von Jonathans Tod werden nie aufgedeckt werden. Wenigstens kannst du Jo-

10

nathans Vater schreiben, daß sein Sohn ehrenvoll gestorben ist und sich geweigert hat, sein Land zu verraten. Wenn du versuchen möchtest, den Fall noch einmal von vorne anzufangen und gründlicher zu lösen, geht es weiter bei **308**. Wenn du lieber nur die Lösung lesen möchtest, weiter bei **430**.

169

Du rennst auf demselben Weg, den du gekommen bist, die Treppe hinunter. Sobald dich der Butler nicht mehr sehen kann, duckst du dich in eine Nische unter der Treppe und läßt ihn an dir vorbeilaufen. Hoffentlich glaubt er, daß du das Haus verlassen hast! Wähle eine Zahl und zähle deine Instinkt-Punkte hinzu:

- Ist die Summe 2–6, weiter bei **134**.
- Ist die Summe 7–12, weiter bei **454**.

170

„Können Sie eine außerordentliche Mitgliederversammlung einberufen?“ fragst du.

Dillon nickt. „Natürlich. Dazu ist nichts weiter nötig als eine Kleinanzeige im *Standard*. Ich kann auch dem Butler Anweisung geben, den Versammlungswimpel zu hissen.“

„Dann tun Sie das“, sagst du. „Ich habe einen Plan, der dem Leonidas Club gefallen wird.“

„Nämlich was, Lieutenant?“

„Auch so eine griechische Erfindung“ erwiderst du mit einem dünnen Lächeln. „Das Trojanische Pferd.“ Weiter bei **239**.

171

Der Wachtmeister bittet dich, ihm bis zur inneren Absperrung zu folgen. Dort fordert er dich auf, zu warten, und geht, um die Detektive zu holen. Du kannst erkennen, daß der Schaden nicht so schwerwiegend ist, wie ihn die Zeitungen geschildert haben. Nach deiner Vermutung wird die Haltestelle morgen wieder in Betrieb sein. Bald kommt der Polizist in Begleitung von Athelney Jones zurück. Wenn du Resultat I notiert hast, geht es weiter bei **360**. Andernfalls weiter bei **336**.

172

Du bist sicher, daß dieses Briefpapier mit dem geheimnisvollen Wappen ein für den Erfolg deiner Ermittlung entscheidender Hinweis ist. Die Krone und das Zepter stehen normalerweise für den Monarchen, und das Wappenschild ist mit dem alten Symbol des britischen Heeres verziert, wie es oft von englischen Rittern auf den Kreuzzügen getragen wurde. Aber was bedeuten die Initialen „RV“? Was bedeutet der Briefkopf ingesamt? Auf diese Fragen weißt du noch keine Antwort, aber allein die Tatsache, daß das Briefpapier in einem geheimen, verschlossenen und gesicherten Fach versteckt war, weist auf seine außerordentliche Wichtigkeit hin. Weiter bei **502**.

173

Im Zug nach Kingston schmiedest du zusammen mit Athelney Jones Pläne. Wenn es Jones gelänge, Major Dillon zu verhaften, würde das den ganzen verräterischen Plan der Verschwörer gefährden. Solange Dillon in Untersuchungshaft sitzt, werden sie es nicht wagen zu handeln, und die anschließende Untersuchung wird den Leonidas Club zu Fall bringen. Für Verrat braucht man finstere Orte, wo er ausgebrütet und zur Reife gebracht werden kann. Das helle Licht der Wahrheit, das du in die Affäre bringen wirst, wird „Die Eroberer“ bloßstellen und ihr Vorhaben zerstören! Weiter bei **405**.

8

174

Du beschließt, den Leonidas Club aufzusuchen. Dort könnten einige Hinweise auf Jonathans Verhalten in seinen letzten Lebenstagen zu finden sein. Du weißt sehr wenig über diesen Club, denn die meisten der besseren Londoner Clubs stehen ausschließlich ihren streng ausgewählten Mitgliedern offen. Du willst einen Versuch wagen und fährst mit einer Droschke zum Club. Wie viele andere ist das Gebäude des Leonidas Clubs von außen unauffällig. Es macht den Eindruck würdevoller Gelassenheit und zurückhaltender Eleganz. Es ist Teil eines Blocks Londoner Reihenhäuser, steht zwischen einem Hotel und einem privaten Wohnhaus und hat wie diese vier Stockwerke. Nur eine kleine Messingplatte an der Glocke identifiziert das Haus als Sitz des Leonidas Clubs. Notiere Resultat X.

- Wenn du den Butler des Clubs befragen möchtest, weiter bei **320**.
- Wenn du versuchst, dir mit einem Bluff Eintritt zu verschaffen, weiter bei **473**.
- Wenn du in den Club einbrichst, weiter bei **276**.

175

Voller Ärger über das Verhalten der Polizei überlegst du dir deinen nächsten Schritt. Jones ist völlig darauf versessen, den Iren die Schuld für Jonathans Tod in die Schuhe zu schieben und weigert sich, Fakten zur Kenntnis zu nehmen, die nicht mit seinem vorgefaßten Urteil zu vereinbaren sind. Vielleicht ist Sherlock Holmes eher geneigt, dich anzuhören! Notiere Entscheidung 8. Weiter bei **404**.

176

Du machst dir im Augenblick mehr Sorgen wegen Austin, da er eine unmittelbare Bedrohung deines Lebens darstellt. Er liegt bewegungslos ausgestreckt auf dem Boden. Du hörst Dillon würgend nach Luft ringen und weißt, daß er sterben wird, wenn du dich nicht um ihn kümmerst. Sein Atem klingt wie ein Todesröcheln, und du riskierst, dich ihm zuzuwenden. Aber es ist bereits zu spät. Er erstickt, und als du dich wieder zu Austin umdrehst, ist dieser verschwunden.

Jetzt kannst du nichts weiter tun, als zur Polizei zu gehen. Aber das hat Zeit bis morgen. Müde machst du dich auf den Weg in die Baker Street Nr. 221 B, wo du sofort ins Bett fällst.

Am nächsten Morgen stehst du früh auf, rasierst dich und ziehst das frische Hemd an, das Dr. Watson für dich bereitgelegt hat. Nach Mrs. Hudsons herzhaftem Frühstück machst du dich auf den Weg zu Scotland Yard. Du hättest gerne mit deinem Vetter und Mr. Holmes gesprochen, aber nach Auskunft von Mrs. Hudson sind beide gestern abend ausgegangen und bisher nicht zurückgekehrt. Notiere Resultat VII. Weiter bei **520**.

177

Du fragst dich, wie du die Ereignisse des heutigen Tages Colonel Sterling erklären kannst. Ohne überzeugende Beweise wird er dir nie glauben. Dillon dient dem Regiment schon seit Jahren und ist seit fünf Jahren der loyale Untergebene des Colonels. Du hast sogar unter jüngeren Offizieren gehört, daß der Colonel es zu einem Großteil Major Dillon zu verdanken haben wird, wenn er zum Brigadier befördert wird. Und so, wie du Colonel Sterling kennst, hat er keine Skrupel zu ernten, was andere gesät haben. Weiter bei **132**.

178

Du stehst in einem kleinen Wohnzimmer und lauschst angestrengt, hörst aber nichts. Du gehst langsam zum vorderen Teil des Hauses, als dich plötzlich eine Stimme erstarren läßt.

„Hallo, ist da jemand?“ ruft Mrs. Dillon aus dem Nebenzimmer. „Bitte, ist da jemand?“

Du schleichst in das Wohnzimmer zurück und kletterst leise, aber schnell wieder zum Fenster hinaus. Es tut dir leid, der armen Frau einen Schrecken eingejagt zu haben, aber du möchtest doch lieber weit weg sein, wenn sie um Hilfe ruft. Weiter bei **393**.

179

In Begleitung von Athelney Jones nimmst du den nächsten Zug nach Kingston. Auf dem Weg zu Dillons Wohnhaus krampft sich dir vor Nervosität der Magen zusammen: Du stehst kurz davor, den Mann zur Rede zu stellen, der deinen besten Freund ermordet hat.

Auf euer beharrliches Klopfen öffnet Dillon die Tür. Er hat nur ein Nachthemd an und ist übel gelaunt. „Was zum Teufel wollen Sie denn, Watson? Und wer ist das?“ schnaubt er und sieht über deine Schulter auf Jones. Er blinzelt und schirmt mit der Hand seine Augen gegen die Morgensonne ab.

„Ihr Leben will ich, Major“, versetzt du gelassen. „Und ich habe ganz das Gefühl, als würde sich in Kürze jemand dieser Kleinigkeit annehmen. Darf ich Mr. Athelney Jones von Scotland Yard vorstellen? Er ist gekommen, um Sie festzunehmen.“

Erschreckt tritt Dillon einen Schritt zurück, und ihr drängt euch ins Haus. „He, Moment mal, was soll denn das?“ sprudelt er hervor. „Mich festnehmen! Unter welcher Anklage?“

„Wegen Mordes an Jonathan Wheeler“, antwortest du und siehst ihn scharf an, um seine Reaktion zu beobachten.

„Wußte, daß es nur eine Zeitfrage sein würde“, sagt er und seufzt resigniert. „Jetzt kommt es nicht mehr darauf an. Der Rat ist fertig mit mir. Die werden mich sowieso töten, wissen Sie.“

8

„Ja, ich weiß.“ Du gibst ihm den Befehl des Rates mit der dechiffrierten Botschaft, die über den Kodetext geschrieben ist. Er liest sie und erbleicht. „Nun“, fragst du, „werden Sie sich sanft wie ein Lamm dem eigenen Schlachter ausliefern, oder werden Sie kämpfen wie ein Mann?“

„Kämpfen? Wie meinen Sie das?“

„Diese Männer haben mit Ihnen gebrochen. Sie sind ihnen keine Loyalität mehr schuldig.

„Vielleicht nicht“, antwortet er niedergeschlagen, „aber wie soll ich gegen sie kämpfen? Ich weiß ja nicht einmal, wer sie sind! Nur von den einfachen Mitgliedern kenne ich viele. Außerdem glaube ich an ihre Ziele. Ich habe einen Eid geschworen.“

„Ja, der Eid.“ Du weißt, daß du nur wenig Zeit hast, ihn dazu zu bringen, die Dinge so zu sehen, wie du es möchtest: „Diese Männer sind es aber, die den Eid gebrochen haben, nicht Sie, denn sie haben *ihre* politischen Vorteile mit *Ihrem* Blut bezahlt!“ Du siehst, daß ihn dieses Argument beeindruckt. „Können Sie eine außerordentliche Mitgliederversammlung einberufen?“ fragst du.

Dillon nickt. „Natürlich. Dazu ist nichts weiter nötig als eine Kleinanzeige im *Standard*. Ich kann auch dem Butler Anweisung geben, den Versammlungswimpel zu hissen.“

„Dann tun Sie das“, sagst du. „Ich habe einen Plan, den der Leonidas Club zu würdigen wissen wird.“

„Nämlich was, Lieutenant?“ fragt Athelney Jones.

„Auch so eine griechische Erfindung“, erwiderst du mit einem dünnen Lächeln. „Das Trojanische Pferd.“ Weiter bei **501**.

180

Auf deinem Weg nach unten stolperst du, greifst vergeblich nach dem Geländer, verlierst das Gleichgewicht und stürzt

5

kopfüber die Treppe hinunter. Du wirst ohnmächtig. Als du wieder zu dir kommst, steht Colonel Sterling über dir.

„Watson", fragt er kalt, „was hatten Sie im Obergeschoß zu suchen? Sie wissen genau, daß das Betreten des oberen Stockwerks auf meinen ausdrücklichen Befehl nach Dienstschluß verboten ist."

Du überlegst so schnell du unter diesen Umständen kannst. „Es ist wegen Lieutenant Wheeler, Sir. Ich weiß, daß sein Vater gerne den Cricket-Pokal mit seinem eingravierten Namen hätte. Ich war gerade dabei, seine anderen Sachen einzupakken, und wollte Sie nicht stören. Als ich dann die Treppe hinaufging, bin ich gestolpert." Wähle eine Zahl und zähle deine Kommunikations-Punkte hinzu:

- Ist die Summe 2–7, weiter bei **125**.
- Ist die Summe 8–12, weiter bei **524**.

181

Jones schaut dich zweifelnd an. Offenbar bereitet ihm die Vorstellung, daß sein Vorgesetzter ein Verschwörer und Krimineller sein soll, Schwierigkeiten. Aber schließlich überzeugen ihn deine Argumente, und er läßt dich frei. Zusammen verlaßt ihr das Polizeigebäude und macht euch auf den Weg zum Bahnhof. Weiter bei **173**.

182

„Tut mir leid, Lieutenant. Kommt leider nicht in Frage. Es handelt sich um eine laufende Ermittlung!"

„Ich verstehe, Sir", antwortest du. „Trotzdem vielen Dank." Du mußt dir wirklich keine Sorgen machen, denn du siehst, daß die Polizei schon fast fertig ist. Du kannst warten. Weiter bei **344**.

6

183

Mit Major Dillons Hilfe hast du keine Schwierigkeiten, hinein zu kommen. Drinnen trennt ihr euch und Dillon geht zum Versammlungssaal voran. Du folgst ihm mit einem gewissen Abstand und suchst dir seitlich einen Platz, der dir eine gute Sicht nach vorne bietet, wo du aber im Schatten einer der Keramiksäulen sitzt. Interessiert läßt du deine Blicke über die Mitglieder schweifen. Als du das letzte Mal hier warst, nahmen dich die Ereignisse so stark in Anspruch, daß du keine Zeit hattest, dir die Sorte Menschen genauer anzusehen, die solch schändlicher Verbrechen fähig sind, wie sie der Leonidas Club begangen hat.

Die anwesenden Männer sehen vollkommen normal aus; man könnte sie in einer Schlange vor einem Herrenmodegeschäft in der Jerymn Street finden oder mit ihren Frauen beim Einkaufen in Covent Garden. Man kann ihnen ihre hochverräterischen Absichten nicht ansehen, und du bist ein bißchen enttäuscht. Weiter bei **189**.

184

Der Wachposten läuft den Flur herunter, bleibt bei jeder Tür stehen und schaut hinein. Du vergewisserst dich, daß er alle Räume auf beiden Seiten des Flurs überprüft, dann gehst du in Dillons Büro zurück und bringst dort schnell alles in Ordnung. Anschließend machst du leise die Tür zu, schließt sie ab und legst den Schlüssel wieder in sein Versteck zurück. Du ziehst deine Schuhe aus und schaust vorsichtig um die Ecke. Als der Wachposten ins Nebenzimmer geht, schleichst du dich vorsichtig den Gang hinunter zur Treppe. Wähle eine Zahl und zähle deine Schlauheits-Punkte hinzu:

- Ist die Summe 2–6, weiter bei **391**.
- Ist die Summe 7–12, weiter bei **335**.

185

Gerade, als Mores die Pistole abfeuert, gelingt es dir, sein Handgelenk umzudrehen. Die Kugel fährt eine Handbreit neben deinem Ohr in den Fußboden. Der Knall betäubt dich vorübergehend. Mores nutzt die Gelegenheit, seine Hand loszureißen, und versucht, noch einmal auf dich zu zielen. Du rollst dich auf die Seite, aber statt des erwarteten Schusses hörst du deinen Gegner aufstöhnen, als Dr. Watsons Spazierstock laut krachend auf seinen Schädel niederfährt.

Mores kommt taumelnd auf die Füße. Blut läuft über sein Gesicht, die Pistole baumelt lose in seiner Hand. Dr. Watson macht einen Schritt nach vorne und holt wieder mit seinem Stock aus, aber schnell reißt Mores die Pistole hoch und drückt ab. Du hörst ein Klicken, aber sonst nichts – eine Ladehemmung. Da wirft Mores die Pistole nach Dr. Watson und will fliehen, aber inzwischen bist du wieder auf den Beinen und wirfst dich auf ihn. Deine Schulter kracht in sein Zwerchfell, und er fällt gegen eines von Holmes' Bücherregalen. Sein Kopf prallt dumpf an ein Regalbrett, und er bricht zusammen.

In Sekundenschnelle hast du ihn gefesselt. Gerade hast du den letzten Knoten geknüpft, da kommt er wieder zu sich. Weiter bei **386**.

186

Kaum habt ihr das Haus betreten, kommt euch der Sergeant Major deines Regiments, Peter Austin, entgegen, der bei der Geheimgesellschaft für Sicherheitsfragen zuständig ist. Er geht direkt auf dich zu. Weiter bei **191**.

187

Verblüfft wie du bist, läßt du die Droschke fast entwischen. Bevor du aus deiner Trance erwachst, ist sie schon um die nächste Ecke gebogen. Schnell rennst du die Straße hinunter.

In diesem Augenblick rollt eine zweirädrige Droschke auf die Kreuzung. Der Kutscher ist schon auf dem Nachhauseweg, aber du überredest ihn, noch eine Tour zu fahren, und ihr nehmt die Spur von Dillon und Austin auf. Weiter bei **241**.

188

Vielleicht gibt es hier einen Warnmechanismus. Du kannst ihn aber nicht finden.

- Wenn du die Schachtel untersuchst, weiter bei **484**.
- Wenn du die Pistole untersuchst, weiter bei **247**.
- Wenn du die Schublade zumachst und gehst, weiter bei **518**.

189

Bald sind alle Mitglieder hereingekommen und haben sich gesetzt. Die Neugierde auf diese außerordentliche Versammlung ist ihnen anzusehen. Major Dillon geht nach vorne, nimmt ein zusammengefaltetes Blatt Papier aus der Tasche, faltet es auseinander und legt es behutsam auf das Podium. Er räuspert sich, um die Aufmerksamkeit der Mitglieder zu erregen. Dann sagt er mit lauter Stimme: „Guten Abend, Brüder. In meiner Eigenschaft als Sekretär dieser Gesellschaft habe ich diese Versammlung einberufen. Ich möchte euch etwas zeigen." Er nimmt das Papier wieder zur Hand und hält es für alle sichtbar in die Höhe. „Dies ist ein offizieller Befehl des Rats der Fünf. Es ist mein Hinrichtungsbefehl."

Mit einem Schlag verwandelt sich der Saal in ein Tollhaus; viele Mitglieder springen auf und schreien Dillon an. Hinten bricht ein Tumult aus, aber du kannst von deinem Platz aus nicht genau sehen, was dort vor sich geht. Als du wieder nach vorne schaust, ist Dillon plötzlich von den fünf Ratsmitgliedern umringt. Sie scheinen aus dem Nichts aufgetaucht zu sein. Ob sie in der ersten Reihe gesessen sind und den Aufruhr dazu benutzt haben, schnell ihre Masken überzuziehen?

2

„Halt!" donnert die Stimme des Ratsvorsitzenden durch den Saal. „Hier herrscht Ordnung, Brüder." Auf seinen Befehl beruhigen sich die Mitglieder.

Dann ertönt von hinten eine Stimme. „Ist es wahr, Führer? Hast du den Tod dieses Bruders befohlen?" Weiter bei **194**.

190

Du beschließt, zu Sherlock Holmes zu gehen und ihn um Rat zu fragen. Mrs. Hudson öffnet und sagt, daß Mr. Holmes oben in seinem Wohnzimmer sei. Er kommt im Augenblick mit seinem eigenen Fall nicht weiter und freut sich, daß du ihn eine Weile davon ablenkst. Er möchte wissen, was du bis jetzt herausgefunden hast. Du erzählst ihm alles ausführlich und bist gespannt, was er zu sagen hat.

„Kann ich den Knopf sehen?" fragt er. Du holst ihn aus der Tasche und gibst ihn ihm. „Beschreiben Sie mir die Ausgehuniform des Regiments so genau wie möglich", verlangt er in befehlendem Ton. Du weißt aber, daß sein brüskes Verhalten bloß Ausdruck seines großen Interesses ist.

Du beschreibst die Uniform, so ausführlich du kannst. Als du fertig bist, nimmt Holmes eine Lupe, einen Kompaß und Papier und Bleistift zur Hand. Du siehst zu, wie er auf der Oberfläche des Knopfes Messungen vornimmt und dann eifrig schriftliche Berechnungen anstellt, wobei er öfters ein Mathematikbuch zu Rate zieht. Du fragst dich, was er eigentlich tut. „Ha!" ruft er schließlich. „Ich hab's!"

„Was meinen Sie, Mr. Holmes?" fragst du gespannt. „Was haben Sie gefunden? Waren meine Schlußfolgerungen falsch?"

„Nein", versetzt er, „Ihre Schlußfolgerungen waren in Ordnung, aber sie reichten nur bis zu einem bestimmten Punkt. Ich bin noch ein Stück darüber hinausgegangen. Hier, nehmen Sie meine Lupe", lacht er, als du blinzelst, um den Knopf genau anzusehen. „Die Kratzspuren sind schwach, aber sie sind da.“ Jetzt, wo er sie dir zeigt, siehst du sie auch. „Diese Spuren stammen vom silbergefaßten Schulterriemen eines Offiziers. Sie stehen in einem bestimmten Winkel zueinander. Dadurch kann man die Größe des Mannes schätzen. Der relativ große Winkel zur Senkrechten deutet auf einen Mann von weniger als Durchschnittsgröße. Die leichte diagonale Krümmung läßt einen ziemlich fülligen Mann vermuten. Der Knopf ist insgesamt recht abgescheuert – also hat sein Träger wohl schon viele Dienstjahre hinter sich. Zusammengenommen suchen Sie also nun einen Mann, kaum größer als einen Meter sechzig, ungefähr achtzig Kilogramm schwer, mit wenigstens zwanzig Dienstjahren auf dem Buckel. Kennen Sie jemanden, auf den diese Beschreibung zutrifft?“ Notiere Hinweis N.

- Wenn du Hinweis H notiert hast, geht es weiter bei **379**.
- Andernfalls überlege dir, wen du verdächtigst:
  - Sergeant Major Peter Austin? Weiter bei **482**.
  - Major Dillon? Weiter bei **432**.
  - Colonel Sterling? Weiter bei **222**.

191

Schnell ziehst du die Pistole, die dir Jones zu deinem Schutz gegeben hat. Bevor er dich erreicht, hast du sie auf ihn gerichtet, und so hältst du ihn dir vom Leib, während du rückwärts wieder zur Tür hinaus gehst. Weiter bei **286**.

192

Drei Stufen auf einmal nehmend rennst du die Treppe hinunter und zur Hintertür hinaus ins Gebüsch. Wegen der Ausrüstung, die er mit sich herumträgt, kann dich der Wachposten nicht einholen. Völlig außer Atem kommst du auf deiner Stube an. Die Anspannung will nicht von dir weichen, denn du weißt nicht, ob dich der Posten erkannt hat.

5

- Wenn du Resultat IX notiert hast, geht es weiter bei **283**.
- Andernfalls wähle eine Zahl und zähle deine Schlauheits-Punkte hinzu:
  - Ist die Summe 2–7, weiter bei **272**.
  - Ist die Summe 8–12, weiter bei **522**.

193

Der Lichtstrahl von der Laterne des Polizisten blendet dich; du hast Schwierigkeiten, die Treppe hinaufzusteigen.
- Wenn du die Ermittlung auf eigene Faust fortsetzt, weiter bei **425**.
- Wenn du zur Polizei gehst, notiere Entscheidung 6, dann geht es weiter bei **390**.
- Wenn du Sherlock Holmes um Hilfe bittest, weiter bei **404**.

194

„Es ist wahr, Bruder", sagt der Vorsitzende und hebt seine Hände, um die Zurufe und Fragen zu unterbinden. „Und zwar aus gutem Grund. Dieser Bruder", er zeigt auf Dillon, „hat uns alle mit seiner Unbesonnenheit entehrt und – schlimmer noch – unsere Sache aufs Spiel gesetzt. Und doch zeigt er keine Reue. Er ist unzuverlässig geworden; seine Abhängigkeit vom Alkohol wächst, und seine Denkfähigkeit nimmt ab. Er würde einen Zwischenfall nach dem anderen verursachen, das könnt ihr mir glauben. Er wird der Tod unserer Sache sein! Wir müssen jetzt handeln, um die Sache zu verteidigen, auf die wir alle geschworen haben!" Wenn du dich still verhältst, geht es weiter bei **433**. Wenn du den Rat zur Rede stellst, weiter bei **196**.

195

Deine Untersuchung geht zu Ende. Sogar Sherlock Holmes muß zugeben, daß es für einen Amateur gar keine schlechte

Leistung war. Du hast Jonathans Mörder gefangen und nebenher noch eine hochverräterische Verschwörung aufgedeckt! Daß die Anführer der Verschwörung, der Rat der Fünf, entkommen konnten, ist das einzige Mißgeschick bei der Lösung des Falles. Wenn du versuchen möchtest, den Fall noch einmal von vorne aufzurollen und gründlicher zu lösen, weiter bei **308**. Wenn du die ausführliche Lösung lesen möchtest, weiter bei **430**.

196

„Dann haben Sie aber keinen Grund, Major Dillon zu töten", rufst du so laut du kannst und stehst auf, „denn Ihre Verschwörung ist schon aufgedeckt!" Ein allgemeines Luftholen geht durch die Versammlung. Du wendest dich an den Vorsitzenden: „Was haben Sie sich eigentlich von all dem erhofft?" Wähle eine Zahl und zähle deine Beobachtungs-Punkte hinzu:
- Ist die Summe 2–7, weiter bei **208**.
- Ist die Summe 8–12, weiter bei **215**.

197

Als du dich aufrichtest und dir den Staub von den Kleidern klopfst, siehst du, daß die Polizisten mit ihrer Arbeit fertig sind und im Begriff sind zu gehen. Der Wachtmeister kommt zu dir herüber. „Wir gehen jetzt, Sir. Kommen Sie mit uns?"

„Noch nicht, Wachtmeister", antwortest du. „Ich würde mich hier gerne noch ein bißchen länger umsehen."

„Also gut", erwidert er. „Stellen Sie dann bitte die Absperrung vor den Ausgang, wenn Sie gehen."

„Gerne, Wachtmeister", stimmst du ihm schnell zu. Du bist erleichtert, daß sie dir gestatten, noch etwas zu bleiben. Weiter bei **148**.

198

Du bist der Meinung, daß die Karte, die du in Jonathans Uniformrock gefunden hast, die Polizei davon überzeugen könnte, ihre Untersuchung nicht mehr auf die irischen Terroristen zu beschränken. Mit einer Droschke fährst du zu Scotland Yard und hoffst, daß du den Detektiv Athelney Jones dort noch antriffst, bevor er nach Hause geht. Bei deiner Ankunft macht das Gebäude den gleichen geschäftigen Eindruck wie bei deinem letzten Besuch. Du sagst dem Wachtmeister an der Pforte, daß du Informationen hast, die im Zusammenhang mit der Bombe im Bahnhof Paddington wichtig sein könnten, und er verweist dich an ein Zimmer im ersten Stock. Dort klopfst du an die Tür und trittst ein. Jones sitzt an einem unordentlichen Schreibtisch und wühlt in einem Stoß Papier herum.

„He, was wollen Sie denn hier?“ ruft er. „Noch ein Besuch, wo ich doch gerade gehen wollte?“

„Ich fürchte, ja“, sagst du, schließt die Tür hinter dir und streckst ihm deine Hand entgegen. „Tut mir leid. Vielleicht erinnern Sie sich nicht mehr an mich, Mr. Jones, obwohl wir uns schon kennen. Ich bin Lieutenant Charles Watson von der Armee und möchte Sie wegen des Bombenattentats in Paddington sprechen. Sie sind doch für den Fall verantwortlich?“

„Ja, sicher, natürlich“, antwortet er und schüttelt deine Hand. „Und worum handelt es sich, Lieutenant?“ Weiter bei **254**.

199

Du nimmst die Pistole aus der Schublade und riechst an ihrem Lauf. Sie ist kürzlich abgefeuert worden! Ist dies die Waffe, mit der Jonathan getötet wurde? Wenn du die Pistole an dich nimmst, geht es weiter bei **150**. Wenn du sie an ihrem Platz läßt, weiter bei **361**.

2

200

Du begleitest den Wachposten ins Büro des Sergeanten, vor dem du deine Geschichte wiederholst. Zu deiner Verblüffung glaubt dir der Mann. Offenbar vertraut er seinen Vorgesetzten blind – ein Vertrauen, das du durch dein heutiges Verhalten nicht verdient hast. Deine Ermittlung dient zwar einem höheren Zweck, aber im Augenblick hast du doch ein schlechtes Gewissen. Weiter bei **127**.

201

Der Ratsvorsitzende scheint ebenso verdutzt zu sein wie du. Aber dann faßt er sich. „Nun, Bruder, vielleicht hast du recht“, meint er nachgiebig und scheint auf Dillons Einwand einzugehen. „Wir wollen die Mitglieder entscheiden lassen. Wo ist unser Sicherheitsoffizier?“ Aus dem Hintergrund des Saales kommt der Sergeant Major deines Regiments, Peter Austin, mit energischem Schritt nach vorne. „Nimm diesen Bruder in Sicherheitsverwahrung“, befiehlt der Vorsitzende. Wenn du der Polizei jetzt ein Signal gibst, geht es weiter bei **231**. Wenn du den Rat zur Rede stellst, weiter bei **248**.

202

Du wartest, bis der Wachposten, der vor dem Gebäude patrouilliert, um eine Ecke biegt, dann gehst du schnell zu einer der Hintertüren. Du weißt, daß sie ein defektes Schloß hat. Leise öffnest du die Tür, schließt sie hinter dir und schleichst die Treppe zu Major Dillons Büro hinauf. Weiter bei **509**.

203

Kurz vor Mitternacht verlassen einige Mitglieder das Haus, aber die große Masse geht erst gegen zwei Uhr früh. Danach kommen nur noch vereinzelte Nachzügler. Es ist schon fast vier Uhr, als du dir eingestehen mußt, daß Dillon entweder über Nacht im Club bleibt, oder du ihn in der Menge verpaßt hast. Da du jetzt weißt, daß diese Männer Hochverrat planen, kannst du dein Wissen nicht länger für dich behalten. Es ist an der Zeit, die Polizei einzuschalten, selbst wenn deine Beweise für ein Gerichtsverfahren gegen die Mitglieder noch nicht ausreichen. Weiter bei **104**.

204

Der Oberinspektor steht auf, als Athelney Jones dich in sein Büro bringt. „Ah ja, kommen Sie doch herein, Lieutenant Watson", sagt er mit einem allzu freundlichen Lächeln. „Es freut mich, daß Sie sich so für diesen Fall interessieren. Ich bin immer froh, wenn die Öffentlichkeit an Polizeiangelegenheiten Anteil nimmt." Ohne ersichtlichen Grund faßt du eine heftige Abneigung gegen diesen Menschen.

Im Verlauf des Gesprächs merkst du deutlich, daß der Oberinspektor – sehr geschickt und ohne es direkt auszusprechen – die Sache so hinzustellen versucht, daß du irgendwie mit den irischen Terroristen unter einer Decke steckst. Das könnte für deine Ermittlungsarbeit verhängnisvoll werden! Notiere Resultat I. Wähle eine Zahl und zähle deine Kommunikations-Punkte hinzu:

- Ist die Summe 2–7, weiter bei **445**.
- Ist die Summe 8–12, weiter bei **342**.

205

Du mußt mehrere Stunden warten, bis Dillon schließlich aus dem Haus gewankt kommt und nach einer vierrädrigen Droschke winkt, die gerade durch die Straße fährt. Es ist kalt geworden, und Dillon steigt ein und gibt dann dem Kutscher durch das dir abgewandte Fenster seine Anweisungen. Wähle eine Zahl und zähle deine Beobachtungs-Punkte hinzu:

5

– Ist die Summe 2–7, weiter bei **217**.
– Ist die Summe 8–12, weiter bei **329**.

206

Es gelingt dir, Mores das Handgelenk gerade in dem Moment umzudrehen, als er abdrückt. Die Kugel fährt eine Handbreit neben deinem Ohr in den Fußboden. Der Knall betäubt dich vorübergehend. Mores nutzt die Gelegenheit, seine Hand loszureißen, und versucht, noch einmal auf dich zu zielen. Du rollst dich auf die Seite, aber statt des erwarteten Schusses hörst du deinen Gegner aufstöhnen, als Dr. Watsons Spazierstock laut krachend auf seinen Schädel niederfährt.

Mores kommt taumelnd auf die Füße. Blut läuft über sein Gesicht; die Pistole baumelt lose in seiner Hand. Dr. Watson macht einen Schritt nach vorne und holt wieder mit seinem Stock aus, aber schnell reißt Mores die Pistole hoch und drückt ab. Du hörst ein Klicken, aber sonst nichts – eine Ladehemmung. Da schleudert Mores die Pistole nach Dr. Watson, aber inzwischen bist du wieder auf den Beinen und wirfst dich auf ihn. Viel heftiger als beabsichtigt kracht deine Schulter in sein Zwerchfell, und er fällt gegen eines von Holmes' Bücherregalen. Sein Kopf prallt dumpf an ein Regalbrett, und er bricht zusammen. Einen Augenblick später bestätigt Dr. Watson deine Befürchtungen. Mores ist tot. Notiere Resultat VIII. Weiter bei **495**.

207

Zu Fuß gehst du in den Ort Kingston. Hoffentlich verbirgt dich die Dunkelheit vor den Blicken der Nachbarn. Du tust es nicht gerne, aber es steht viel auf dem Spiel, wahrscheinlich mehr, als du bisher weißt. Wenn Dillon etwas mit dem Tod Jonathans zu tun hatte, soll er nicht nur für den Verlust deines Freundes bezahlen, sondern du möchtest auch aufdecken, was

4

er mit seinen Maßnahmen am Bahnhof Paddington vertuschen wollte. Weiter bei **132**.

208

Du hörst eines der Ratsmitglieder etwas flüstern, kannst aber nicht verstehen, was. Weiter bei **267**.

209

Du wartest ein paar Minuten, trittst dann an die Tür und ziehst an der Glocke. Bald darauf wird von einem Hausmädchen in einem Morgenrock geöffnet. Du beschließt, dir mit einem Bluff Einlaß zu verschaffen, da es einen schläfrigen Eindruck macht und nicht zum Streiten aufgelegt scheint. Wähle eine Zahl und zähle deine Schlauheits-Punkte hinzu:
- Ist die Summe 2–5, weiter bei **225**.
- Ist die Summe 6–12, weiter bei **106**.

210

Du wirst in deine Zelle zurückgebracht und auf den Boden gestoßen. Die Tür schlägt zu; Schritte entfernen sich. Voller Schmerzen drehst du dich um, da berührt deine Hand einen Körper. Du bist nicht alleine in der Zelle! Als sich deine Augen langsam an das Dämmerlicht gewöhnt haben, kannst du einen Mann erkennen, der sich in einer Ecke zusammengerollt hat. Du rutschst zu dem bewegungslosen Körper hinüber und schüttelst ihn sachte. Als Antwort kommt ein leises Stöhnen. Wenigstens ist er nicht tot, denkst du. Du schüttelst ihn ein bißchen stärker an der Schulter, worauf er lauter stöhnt.

„Sind Sie wach?“ fragst du.

„O Gott, hoffentlich nicht“, kommt ächzend die Antwort.

„Ich fürchte aber doch“, erwiderst du grimmig. „Mein Name ist Lieutenant Charles Watson von den Fünften Northumberland Füsilieren.“

3

„Lieutenant Neville Mores von der Fregatte ‚HMS Defiant'", sagt er. „Kann nicht behaupten, daß es mich freut, Ihre Bekanntschaft zu machen. Wenn's Ihnen recht ist, wäre ich lieber auf einer der Pazifikinseln, die ich vor zwei Monaten verlassen habe."

„Und da wäre ich gerne dabei", antwortest du und lächelst, obwohl es dir weh tut. „Bloß sind wir leider nicht dort. Wie sind Sie hergekommen?"

„Mein Captain hat mich vor ein paar Tagen hergebracht. Wegen der Dunkelheit hier unten kann man nicht wissen, wie lange genau es her ist. Es war am Donnerstag. Da war so eine Zeremonie..." Hustend unterbricht er sich.

Du drängst ihn, weiterzuerzählen.

„Wir waren fünf – wollten alle in einem Club Mitglied werden. Ein exklusiver Club, war mir gesagt worden! Einer der vornehmsten in ganz London. Sei eine Ehre, die Mitgliedschaft angetragen zu bekommen. Wissen Sie, was die getan haben?" fragt er mit erstickender Stimme und fährt dann fort, bevor du antworten kannst: „Umgebracht haben sie ihn! Direkt vor unseren Augen haben sie ihn erschossen! O Gott!"

„Und dann?"

„Oh, dann haben sie uns rausgebracht – allerdings nicht, ohne uns schwören zu lassen. Das hat mir dann allerdings gereicht, kann ich Ihnen sagen. Habe mich geweigert zu schwören, jawohl."

„Und?"

„Sie haben mich geschlagen", antwortet er. „Mein Bein ist verletzt. Kann kaum stehen. Ist aber nicht gebrochen. Nur verdreht."

„Ich war vor kurzem schon einmal hier", bemerkst du gespannt, „und habe die Zelle sorgfältig durchsucht. Ich bin sicher, daß Sie vorhin noch nicht hier waren. Oder ist dies eine andere Zelle? Sie riecht genauso und sieht genauso aus."

10

„Ich weiß nicht, wo Sie vorher waren. Ich weiß nur, daß ich hierher gebracht wurde, nachdem ich bei einem der Anführer war. Ständig stellen sie mir sinnlose Fragen und schlagen mich, wenn ich nicht antworte, was sie hören wollen. Ich glaube, sie wollen mich töten, genau wie den anderen Burschen. Aber, Watson, was ist mit Ihnen? Warum sind Sie hier?“ Wenn du dich ihm anvertraust, geht es weiter bei **312**. Wenn du ihm nur wenig erzählst, weiter bei **233**.

211

Du glaubst, daß deine Beweise ausreichen, die Polizei davon zu überzeugen, ihre Untersuchung nicht auf die irischen Terroristen zu beschränken. Du fragst nach Mr. Athelney Jones, dem Detektiv, der mit dem Fall betraut wurde. Von Anfang an ist klar, daß er dir nicht glaubt. Er schenkt deinen Argumenten und Theorien wenig Aufmerksamkeit; das einzige, was ihn interessiert, ist deine Beschreibung des Terroristenführers, den du als Sean O'Grady kennengelernt hast. Zornig gehst du, sobald du kannst. Wenn du die Untersuchung auf eigene Faust fortsetzt, weiter bei **359**. Wenn du zu Sherlock Holmes gehst, weiter bei **175**.

212

Plötzlich erwacht dein Mißtrauen gegenüber Mores. Kann es Zufall sein, daß er genau dann in deiner Zelle aufgetaucht ist, als dem Ratsvorsitzenden klargeworden war, daß du die Namen deiner Freunde nicht preisgeben würdest? Andererseits mußt du zugeben, daß er sich nicht besonders für deine Ermittlung zu interessieren scheint. Er hat dir keine aushorchenden Fragen gestellt. Fängst du vielleicht an, hinter jeder Ecke einen Feind zu vermuten? Weiter bei **263**.

213

Du brauchst Holmes' Unterstützung!

- Wenn du die Hinweise I, J und K, aber nicht Hinweis L notiert hast, notiere Resultat III. Dann weiter bei **287**.
- Wenn du Hinweis L notiert hast, geht es weiter bei **190**.
- Andernfalls weiter bei **255**.

214

Du folgst Austin vom Club zum Bahnhof, wo er in den Zug nach Kingston steigt. Du beschließt, seine Verfolgung nicht fortzusetzen, da du morgen zur Polizei gehen mußt. Müde machst du dich auf den Weg in die Baker Street Nr. 221 B, wo du dich sofort ins Bett fallen läßt.

Am nächsten Morgen wachst du früh auf, rasierst dich und ziehst das frische Hemd an, das Dr. Watson für dich bereitgelegt hat. Nach Mrs. Hudsons herzhaftem Frühstück gehst du zu Scotland Yard. Du hättest gerne mit deinem Vetter und Mr. Holmes über Austin und Dillon gesprochen, aber nach Auskunft von Mrs. Hudson sind beide gestern abend ausgegangen und bisher nicht zurückgekehrt. Weiter bei **520**.

215

Du hörst, wie eines der maskierten Ratsmitglieder deinen Namen flüstert. Wähle eine Zahl und zähle deine Instinkt-Punkte hinzu:

- Ist die Summe 2–7, weiter bei **251**.
- Ist die Summe 8–12, weiter bei **253**.

216

Du bemühst dich zu verstehen, was Dillon sagt, und kannst dir zusammenreimen, daß der Ratsvorsitzende Dillon beschuldigt, Lieutenant Wheeler voreilig umgebracht zu haben! Er befürchtet negative Auswirkungen des Vorfalls. Dillon seinerseits verteidigt seine Tat und macht geltend, es sei seine Pflicht als Bürge gewesen, Wheeler aus dem Weg zu schaffen, nachdem dieser sich geweigert habe, den Eid zu schwören. Dann fällt eine Anspielung, daß Dillon die ganze Sache aufs Spiel gesetzt hätte. Der Anführer zögert, und du vermutest, daß der Konflikt noch lange nicht bereinigt ist. Der Wortwechsel wird immer heftiger, und schließlich wirft Dillon ärgerlich die Hände in die Luft und marschiert hinaus. Notiere Hinweis T. Weiter bei **382**.

217

Als du dein Versteck verläßt, hast du das Gefühl, daß sich in der Dunkelheit ein Stück weiter unten auf der Straße etwas bewegt. Du siehst noch einmal hin, aber jetzt kannst du nichts mehr erkennen – es muß eine Täuschung gewesen sein. Wenn du hinten auf Dillons Droschke aufspringst, weiter bei **363**. Wenn du mit deinen Ergebnissen zur Polizei gehst, weiter bei **104**.

218

Verbissen suchst du in den Trümmern der beschädigten Haltestelle herum. Deine Bemühungen scheinen nicht von Erfolg gekrönt zu sein, da siehst du etwas blitzen, wie Gold. Du bückst dich, um zu sehen, was es ist, und versuchst dabei, denselben Blickwinkel beizubehalten. Zuerst siehst du nichts, aber dann fängt der Gegenstand wieder das Licht einer Lampe und funkelt. Er ist fest unter den Trümmern der eingestürzten Treppe eingeklemmt. Nach einiger Mühe gelingt es dir, ihn hervorzuzerren, und du trägst ihn zum Licht hinüber, wo du ihn dir anschaust. Es ist ein goldener Knopf von der Ausgehuniform eines Armeeoffiziers, und zwar vom „Prince of Wales"-Kavallerie-Regiment! Notiere Hinweis L. Wähle eine Zahl und zähle deine Instinkt-Punkte hinzu:

– Ist die Summe 2–6, weiter bei **144**.
– Ist die Summe 7–12, weiter bei **349**.

219

Es gelingt dir, eine Droschke aufzutreiben, in die du den bewegungslosen Major hineinbugsierst. Auf der Fahrt zu Scotland Yard bleibt Dillon ruhig, aber du bezweifelst, daß er noch bewußtlos ist. Andererseits hast du nicht den Eindruck, daß er mitbekommt, was mit ihm geschieht.

Bei Scotland Yard angekommen, erklärst du dem diensthabenden Polizisten an der Pforte, du hättest den Mann gefaßt, der die Bombe im Bahnhof Paddington hochgehen ließ. Wenige Augenblicke später tritt ein Polizeidetektiv auf den Plan, führt dich in ein Büro und läßt einen Arzt rufen, der sich um Dillon kümmert. Dann bittet er dich um eine Erläuterung.

„Ich würde lieber mit Mr. Athelney Jones sprechen", antwortest du. „Er kennt mich, und wir würden Zeit sparen."

„Mr. Jones ist über Nacht wegen eines anderen Falles unterwegs", sagt der Detektiv. „Aber Oberinspektor Stern ist informiert und wird bald mit Ihnen sprechen." Du versuchst, dir dein ungutes Gefühl nicht anmerken zu lassen. „Und, Lieutenant", fährt der Detektiv fort, „ich möchte Sie warnen: der Mann, den Sie mitgebracht haben, leugnet jede Verbindung mit dem Anschlag. Er behauptet, Sie hätten versucht, ihn umzubringen."

In diesem Moment betritt Oberinspektor Stern das Büro. Notiere Resultat VII. Weiter bei **325**.

220

Auf demselben Weg, den du gekommen bist, rennst du die Treppe hinunter. Du versuchst, ein Versteck zu finden, und biegst im Flur um die Ecke, da prallst du mit drei Männern zusammen, die dir entgegenkommen. Alle zusammen stürzt ihr zu Boden, und bevor du dich davonmachen kannst, erscheint der Butler und befiehlt den Männern, dich festzuhalten.

Du schlägst um dich und erwischst einen von ihnen mit der Faust an der Wange, aber das ist der letzte Schlag, den du heute austeilen wirst. Aus dem Augenwinkel siehst du, wie der Mann hinter dir einen Holzknüppel hebt. Du wirbelst zu ihm herum, aber es ist zu spät. Wenn du Resultat X notiert hast, geht es weiter bei **304**. Andernfalls weiter bei **115**.

221

Du warst sicher, du würdest im Bücherschrank etwas finden, aber du wirst enttäuscht. Jetzt mußt du entscheiden, ob du noch ein Möbelstück durchsuchen willst. Je länger du hierbleibst, desto dunkler wird es werden, und Kerzenlicht wäre gefährlich. Willst du riskieren, noch weiter zu suchen?

- Wenn du gehst, weiter bei **284**.
- Wenn du noch ein Möbelstück durchsuchst, wähle eine Zahl, aber ziehe 1 Punkt ab für jedes Möbelstück, das du schon durchsucht hast (du kannst dasselbe Möbelstück mehr als einmal durchsuchen):
  - Bei 2–4 weiter bei **228**.
  - Bei 5–12 weiter bei **463**.

222

Obwohl Colonel Sterling nicht auf Holmes' Beschreibung paßt, ist er ja der ranghöchste Offizier, und du kannst dir nicht vorstellen, daß er nichts mit der Sache zu tun hat. Du beschließt, ihn genau unter die Lupe zu nehmen. Du verabschiedest dich von Holmes und fährst mit dem nächsten Zug zur Garnison „Bergfried“ zurück. Wenn du Colonel Sterling im Offizierskasino beobachtest, geht es weiter bei **270**. Wenn du sein Büro durchsuchst, weiter bei **446**.

4

223

Sobald du den Namen Gladys O'Keefe erwähnst, wird der Barmann mißtrauisch. Er behauptet, Gladys O'Keefe sei ein Einzelkind gewesen. Eine zornige Menge sammelt sich um dich. Messer und Knüppel kommen zum Vorschein. Wähle eine Zahl und zähle deine Fitneß-Punkte hinzu:

- Ist die Summe 2–7, weiter bei **237**.
- Ist die Summe 8–12, weiter bei **275**.

224

Du gehst hinter den vier Männern, die dich nicht beachten, die Stufen hinauf. Offenbar konzentrieren sie sich darauf, am Butler des Clubs vorbeizukommen, eine sehr förmliche und einschüchternde Gestalt, die sichtlich Einwände gegen das lärmende Benehmen der vier hat. Du hältst dich dicht hinter dem letzten und hörst, wie der Butler sagt: „Werden die Herren zum Abendessen bleiben?" Eine seltsame Frage, denn die Abendessenszeit ist längst vorüber. Alle vier Männer nehmen eine Karte heraus, und auch du nimmst deine. Der erste Mann sagt etwas zu dem Butler, das du nicht verstehen kannst, und wird eingelassen. Der nächste folgt ihm.

Der dritte spricht zum Glück etwas lauter als seine Gefährten, und du kannst seine Antwort verstehen. „Wanderer, kommst du nach Sparta..." Als du an der Reihe bist, schaut der Butler erst deine Karte an, dann dich. Du wiederholst die Worte, die du gehört hast, und der Butler tritt zur Seite! Du kannst den Leonidas Club betreten. Weiter bei **378**.

225

Das Mädchen hat keine Einwände, als du ihm erzählst, daß du ein auswärtiges Mitglied bist und in einem der Gästezimmer wohnst. Sie läßt dich herein und fragt, ob du gerne Tee hättest. Als du ablehnst, läßt sie dich allein.

Der Club ist wie ausgestorben. Alle schlafen, außer Austin und denjenigen, denen er Bericht gibt. Da du nicht weißt, in welchem Raum sie sind, setzt du dich in eine dunkle Ecke und wartest. Zehn Minuten später siehst du das Mädchen aus dem hinteren Teil des Hauses kommen. Es trägt ein Tablett mit einer Teekanne und einer Tasse und sieht sich nach dir um.

Sie setzt das Tablett auf eines der niedrigen Tischchen in dem Flur, der zum Foyer führt. Du gehst zu ihr.

„Ihr Tee, Sir“, sagt sie.

„Aber ich wollte doch gar keinen“, protestierst du, nimmst aber die Tasse an, die sie dir reicht. Hinter dir hörst du Kleider rascheln, und etwas Hartes knallt auf deinen Kopf. Alles wird dunkel. Wenn du Resultat X notiert hast, geht es weiter bei **304**. Andernfalls weiter bei **115**.

226

Es dauert fast zwei Stunden, bis Athelney Jones in der Baker Street Nr. 221B ankommt. Du hattest gehofft, daß auch Sherlock Holmes inzwischen auftauchen würde. Vor ihm hat Jones nämlich sehr viel Respekt. Und trotz Dr. Watsons Meinung fürchtest du, daß Jones versuchen könnte, die Wichtigkeiten deiner Ermittlungsergebnisse herunterzuspielen. Von Mores versprichst du dir auch keine große Hilfe.

Wie erwartet fängt Jones gleich zu lamentieren an, er hätte nicht genug Zeit, sich deine Theorien anzuhören. Amüsiert stellst du fest, daß er sich aber erst vergewissert hat, daß Holmes nicht da ist.

„Nun hören Sie doch, Mr. Jones“, sagt Dr. Watson beruhigend, „Sie haben doch gewiß Zeit, den Lieutenant anzuhören. Ich versichere Ihnen, die Nachricht, die ich Ihnen geschickt habe, war vollkommen ernstgemeint. Oder ist Ihr Terminkalender so voll, daß Sie keine Minute übrig haben, sich Beweise für eine Verschwörung gegen das Königreich anzuhören?“

2

Sofort ändert Jones sein Auftreten. Wenn er sich auch oft als großspuriger Narr benimmt, bewahrt ihn sein scharfer Instinkt doch vor Handlungen, die ihm und seiner Karriere schaden könnten. „Nein, nein, natürlich nicht, Doktor. Selbstverständlich höre ich dem jungen Mann gerne zu“, meint er und starrt dich an. Weiter bei **139**.

227

Du gibst dein Bestes, aber schließlich mußt du dich der Übermacht beugen. Etwas Hartes knallt an deinen Hinterkopf, und alles um dich herum wird schwarz. Weiter bei **115**.

228

Plötzlich hörst du Stiefelschritte den Gang herunterkommen. Das ist die Wachablösung. Zu dieser späten Stunde gibt es keine Ausrede, mit der du deine Anwesenheit im Büro des Regimentsadjutanten erklären könntest. Der Wachposten hat die Schlüssel für alle Büros. Du hast noch Zeit, aber du darfst dich nicht erwischen lassen. Notiere Resultat IV.

- Wenn du versuchst, dem Posten aus dem Weg zu gehen und dann deine Durchsuchung fortzusetzen, weiter bei **184**.
- Wenn du gehst und lieber dem Leonidas Club einen Besuch abstattest, weiter bei **284**.
- Wenn du Entscheidung 10 *nicht* notiert hast, kannst du gehen und Major Dillons Wohnhaus durchsuchen. In diesem Fall geht es weiter bei **280**.

229

Du möchtest nicht riskieren, daß Major Dillon die Untersuchung der Gegenstände in seiner Schublade bemerkt und dadurch gewarnt wird. Er soll nicht wissen, daß er unter Verdacht steht. Mit Bedauern schließt du die Schublade. Weiter bei **518**.

230

Du beschließt, Sherlock Holmes zu besuchen. Er wird dir sicher sagen können, ob du genügend Beweise zusammengetragen hast, um die Verbrecher aus dem Leonidas Club zu überführen. Vielleicht kann er dir auch helfen, ihre Pläne zu vereiteln. Es gibt noch vieles an ihren Zielvorstellungen, das du nicht verstehst, und Athelney Jones ist so kurzsichtig und vorschnell, daß er mit einer einzelnen spektakulären Verhaftung die Verschwörung in den Untergrund treiben könnte, ohne sie wirklich zu verhindern. Schließlich hast du wenig direkte Beweise, mit denen die Anführer der Gesellschaft verurteilt oder auch nur identifiziert werden könnten.

Es ist schon früh am Morgen, als ihr in der Baker Street Nr. 221B vorfahrt. Du steigst aus, hilfst Mores aus der Droschke und läutest an der Glocke. Keine Antwort.

Ihr wollt schon wieder gehen, da kommt eine zweite Droschke und Dr. Watson steigt aus. Weiter bei **485**.

231

Du findest, daß bei dieser gefährlichen Bande Vorsicht besser als Nachsicht ist, stehst auf und gehst unauffällig nach hinten. Da sich fast die Hälfte der Mitglieder noch nicht gesetzt hat, kannst du den Saal leicht verlassen. Weiter bei **258**.

232

Als du in Kingston ankommst, ist es schon vollkommen dunkel. Du winkst dir eine Droschke heran; sie setzt dich zwei Häuserblocks von dem Haus entfernt ab. Weiter bei **132**.

233

Du gibst Mores eine kurze Zusammenfassung deiner Ermittlung, aber du sagst ihm nicht alles, was du über den Leonidas Club herausgebracht hast und verrätst ihm auch nichts über die Rolle, die Sherlock Holmes und Dr. Watson bei deiner Untersuchung gespielt haben. Wähle eine Zahl und zähle deine Instinkt-Punkte hinzu:

- Ist die Summe 2–7, weiter bei **269**.
- Ist die Summe 8–12, weiter bei **212**.

234

Du hast immer noch nicht genügend Informationen, um damit zu Holmes zu gehen, geschweige denn, die Polizei einzuschalten. Also beschließt du, in den Club zurückzukehren. Vielleicht besteht die Möglichkeit, in ein oberes Stockwerk einzudringen. Unauffällig im Schatten bleibend gehst du die Straße entlang und suchst das Haus nach einer Außentreppe oder einem anderen Weg aufs Dach ab. Deine Vorsicht zahlt sich aus, denn nach einem Augenblick rattern zwei offene Zweisitzer die Straße herunter und halten vor dem Club. Eine Bande von Schlägertypen kommt aus dem Club und verteilt sich auf die Kutschen, die in verschiedenen Richtungen davonfahren. Du duckst dich in einen Kellereingang, als sie an dir vorbeikommen. Vielleicht wurden diese Männer losgeschickt, um dich zu suchen! Um so besser, denn jetzt gibt es weniger Augen, die dich erkennen können – falls es dir gelingt, wieder in den Club hineinzukommen.

Du gehst auf der Straße weiter, bis du eine Entdeckung machst. Ein Wohnhaus in diesem Häuserblock steht leer; in einem Fenster hängt ein Schild: „Zu vermieten“. Du läufst ans Ende des Häuserblocks und dann in der kleinen Gasse an der Rückseite der Häuser wieder zurück; dabei zählst du die Häuser ab, bis du hinter dem leeren Haus stehst.

Durch einen kleinen Garten gelangst du zur Hintertür. Sie ist unverschlossen, und du betrittst das Haus. Ein muffiger Geruch schlägt dir entgegen; sicherlich wohnt hier schon seit Monaten niemand mehr. Durch die vorderen Fenster dringt von den Straßenlaternen ein wenig Licht herein, das dir dabei hilft, deinen Weg durchs Treppenhaus bis ins oberste Stockwerk zu finden. Dort riskierst du, ein Streichholz anzuzünden, und entdeckst in der Decke eine Klapptür zum Dachboden.

Du ziehst sie herunter, und automatisch senkt sich eine Leiter auf den Fußboden. In der Hoffnung, daß der Dachboden ein Fenster aufs Dach besitzt, steigst du die Leiter hinauf. Tatsächlich! Du kletterst hinaus, und über die Dächer der gleich hohen Häuser gelangst du im Nu aufs Dach des Clubhauses. Dort findest du ein offenes Dachfenster, steigst hinein und machst dich auf die Suche nach dem Treppenhaus. Wähle eine Zahl und zähle deine Schlauheits-Punkte hinzu:

- Ist die Summe 2–6, weiter bei **519**.
- Ist die Summe 7–12, weiter bei **133**.

235

Der Kommandeur der Militärpolizei glaubt dir nicht – nicht zuletzt deshalb, weil Colonel Sterling schon von deiner Schuld überzeugt ist. Er kommandiert dich auf deine Stube ab, wo du eine offizielle Untersuchung der Sache abwarten sollst. Faktisch stehst du unter Hausarrest und kannst deiner eigenen Ermittlung nicht mehr nachgehen. Du hast versagt! Jetzt liegt es an Sherlock Holmes, Jonathans Mörder zu finden. Wenn du noch einmal von vorne anfängst, weiter bei **308**. Wenn du lieber die Lösung lesen möchtest, weiter bei **430**.

236

Austin kommt dir ein bißchen abweisend vor. Ob er wohl mehr weiß, als er dir zu sagen bereit ist? Im Augenblick hat es keinen Sinn, weiter in ihn zu dringen. Wenn er dir etwas sagen wollte, würde er es tun; ansonsten ist es auch mit rotglühenden Zangen nicht aus ihm herauszubringen. Notiere Hinweis D. Weiter bei **340**.

7

237

Unauffällig willst du zur Tür schlendern, aber die Meute hat es auf dich abgesehen. Bevor du den Raum durchqueren kannst, bist du schon umzingelt. Du weißt, daß es die Leute nach einer Schlägerei gelüstet. Nichts käme ihnen gelegener als dein Widerstand. Es sind aber viel zu viele für dich, also ergibst du dich ihnen. Du wirst gefesselt, in einen Keller getragen und im Dunkeln liegengelassen.

Du wartest, rechnest mit dem Schlimmsten und weißt, daß du nur eine Chance hast, wenn du einen der Anführer zu sehen bekommst. Andernfalls wärest du der Willkür der Halsabschneider aus der Kneipe ausgeliefert.

Nach einiger Zeit hörst du, wie die Tür oben an der Treppe quietschend geöffnet wird – aber dann entsteht eine gewaltige Unruhe, oben werden Stühle umhergeworfen, Glas zersplittert, zornige Männer brüllen, Verletzte schreien um Hilfe. Dann herrscht unheilverkündende Stille.

Gleich darauf wird die Tür über dir vollständig aufgestoßen, und ein Polizeiwachtmeister stapft herunter. Er klärt dich darüber auf, daß die Polizei im Rahmen der laufenden Untersuchung der U-Bahn-Explosion in der Kneipe eine Razzia durchgeführt hat. Du stellst dich vor, dann bindet dich der Polizist los und bittet dich nach oben, um eine Aussage zu machen. Wähle eine Zahl und zähle deine Beobachtungs-Punkte hinzu:

- Ist die Summe 2–7, weiter bei **193**.
- Ist die Summe 8–12, weiter bei **411**.

238

Dillon betrinkt sich weiterhin heftig und besteigt dann eine andere Droschke, gefolgt von Austin. Wenn du ihnen folgst, geht es weiter bei **167**. Wenn du zur Polizei gehst, weiter bei **104**.

2

239

Major Dillon trifft alle notwendigen Vorkehrungen, und ihr zwei macht euch auf den Weg in die Baker Street Nr. 221 B, um zusammen mit Dr. Watson und Polizeidetektiv Athelney Jones eure Falle aufzustellen. Weiter bei **501**.

240

Im Gewimmel des Bahnhofs Paddington suchst du dir deinen Weg zum Eingang der U-Bahn-Haltestelle. An einer Polizeisperre steht ein Polizist und läßt dich nicht weiter.

„Wachtmeister", sagst du, „ich bin Lieutenant Watson. Mein Regimentskommandant hat mich beauftragt, mich zu vergewissern, daß alle persönlichen Gegenstände Lieutenant Wheelers sichergestellt wurden. Ich möchte das Areal inspizieren."

„Auf eigene Verantwortung darf ich Sie nicht durchlassen, Sir", antwortet der Wachtmeister. „Das müssen die Polizeidetektive entscheiden." Wähle eine Zahl:

- Bei 2–4 weiter bei **403**.
- Bei 5–8 weiter bei **171**.
- Bei 9–12 weiter bei **323**.

241

Du folgst Dillons Droschke zu einem Pub, keine drei Häuserblocks entfernt. Du befiehlst deinem Kutscher anzuhalten und beobachtest, wie Dillon in den Pub torkelt. Austin folgt ihm kurz darauf. Du bezahlst deinen Kutscher, gehst zum Fenster des Pubs und schaust hinein. Dillon steht an der Bar und trinkt Whisky, während Austin mit einem Glas in der Hand in einer dunklen Ecke sitzt. Du hast den Eindruck, daß Austin Dillon beobachtet, ohne daß Dillon es bemerkt. Weiter bei **238**.

242

„Vielleicht irre ich mich, aber ich glaube, daß dies eine Garderobenmarke ist. Ich weiß allerdings nicht, woher sie stammt", sagst du und gibst Holmes das Kärtchen.

„Sie irren sich nicht", stimmt Holmes zu. „Ich habe letztes Jahr eine Abhandlung über Garderobenmarken und ähnliche Karten veröffentlicht. Sie hat der Polizei schon bei der Aufklärung einer Fälschung gedient. Diese hier stammt aus dem Leonidas Club, einem Herrenclub für höhere Militäroffiziere. Hier", fährt er fort, greift hinter sich und reicht dir einen der Hefter, in denen er Informationen sammelt.

Du schlägst unter „Leonidas Club" nach und mußt feststellen, daß Holmes recht hat. Notiere Hinweis B. Welchen der folgenden Hinweise hast du notiert:

- C? Weiter bei **166**.
- D? Weiter bei **413**.
- E? Weiter bei **331**.
- Keinen der drei? Weiter bei **281**.

243

Der Saal ist so voll, daß vermutlich jedermann im Club an dieser Versammlung teilnimmt. Das eröffnet dir eine einzigartige Gelegenheit. Wenn du an der Versammlung teilnimmst, weiter bei **324**. Wenn du dich im Club umsiehst, während die Versammlung stattfindet, weiter bei **147**.

244

Du versuchst noch, dich zu dem Mann hinter dir umzudrehen, obwohl du weißt, daß es schon zu spät ist. Etwas Hartes knallt seitlich an deinen Kopf, und du merkst, wie du umfällst. Dein Sturz scheint endlos zu dauern, und schließlich wird dir schwarz vor Augen. Wenn du Resultat X notiert hast, weiter bei **304**. Andernfalls weiter bei **115**.

3

245

„Schön, ich denke, das geht in Ordnung, Lieutenant. Wir sind fast fertig hier", sagt der Detektiv, und zum Polizisten gewandt: „Lassen Sie den Lieutenant hinein, Wachtmeister." Weiter bei **449**.

246

Du bleibst an einer dunklen Stelle, nicht weit vom Club entfernt, stehen und schreibst deinen Namen auf die Visitenkarte, die du aus Major Dillons Schreibtisch genommen hast. Dann näherst du dich ohne zu zögern der Tür und ziehst an der Glocke. Sekunden später öffnet ein Mann, der einen ebenso steifen und formalen Eindruck macht wie seine Kleidung. Dies muß der Butler sein.

„Guten Abend", sagst du und gibst ihm die Karte, die du gerade erst präpariert hast. Erst sieht er sich die Karte genau an und dann dich, als ob er sein Gedächtnis nach deinem Gesicht durchforsche.

„Guten Abend, Sir", antwortet er schließlich. „Möchten Sie zum Abendessen bleiben?"

„Nein", antwortest du, etwas verwirrt von der Frage, denn die Abendessenszeit ist längst vorüber. „Ich werde nur kurz hier bleiben." Du hast das Gefühl, bei diesem Türsteher mit einem aggressiven Ton am meisten zu erreichen, da er dich sonst vielleicht bei einem Fehler ertappt. Notiere Folgerung 3. Weiter bei **162**.

247

Du nimmst die Pistole aus der Schublade und riechst an ihrem Lauf. Sie ist vor kurzem abgefeuert worden! Wurde Jonathan mit dieser Waffe getötet? Wähle eine Zahl:
- Bei 2–6 weiter bei **444**.
- Bei 7–12 weiter bei **486**.

11

248

„Bleiben Sie, wo Sie sind, Sergeant Major", befiehlst du mit lauter Stimme und ziehst die Pistole, die dir Athelney Jones zu deinem Schutz gegeben hat. „Ihre Verschwörung ist aufgedeckt." Ein allgemeines Luftholen geht durch die Versammlung. Zum Rat gewandt sagst du: „Was haben Sie sich eigentlich von alldem erhofft?" Weiter bei **267**.

249

Du schaust dir die Knöpfe genau an, bemerkst aber nichts Ungewöhnliches. Alle Knöpfe sind da und sehen matt und abgenutzt aus. Du bist verwirrt; ist Major Dillon doch nicht dein Mann? Jetzt bleibt dir nur noch eine Chance, nämlich, dir den Leonidas Club anzuschauen. Wenn du dich gleich zurückziehst, kommst du sogar um das Abendessen herum. Du entschuldigst dich und gehst. Weiter bei **265**.

250

Verbissen suchst du in den Trümmern der beschädigten Haltestelle herum, aber es hat den Anschein, daß die Polizei hier schon alles Interessante gefunden hat. Notiere Resultat III. Weiter bei **128**.

251

Die Stimme kommt dir vertraut vor, aber in dieser Umgebung weißt du nicht, wo du sie einordnen sollst. Weiter bei **267**.

252

So leise wie möglich steigst du durchs Fenster und hältst den Atem an, als dein Fuß lauter als beabsichtigt auf dem Boden aufkommt. Zum Glück scheint dich niemand gehört zu haben. Vorsichtig schleichst du durch das Zimmer und öffnest die Tür zum Flur. Von unten vernimmst du Stimmen und beschließt,

1

die Treppe hinunterzugehen und dich unten umzusehen. Vom zweiten Stock aus hast du einen guten Blick auf die Eingangstür. Die Mitglieder strömen herein und gehen zu einem Versammlungssaal im ersten Stock. Etwas Wichtiges scheint bevorzustehen. Du steigst die Treppe hinunter und mischst dich unter die Leute, die den Saal betreten. Weiter bei **243**.

253

Diese Stimme! Du hast sie deinen Namen schon hundertmal rufen hören, aber nicht in dieser Umgebung. Sieh mal einer an, denkst du. Du hast sogar schon einmal daran gedacht, ob er hier nicht vielleicht auch Mitglied ist. Notiere Folgerung 6. Weiter bei **271**.

254

Du erzählst Athelney Jones von der Garderobenmarke, die du in Jonathans Tasche gefunden hast, und daß Sherlock Holmes ihre Herkunft aus dem Leonidas Club bestätigt hat. Deine anderen Verdachtsmomente erwähnst du nicht.

„Ich kenne Mr. Sherlock Holmes“, antwortet Jones. „Ein brillanter Theoretiker, aber kein richtiger Detektiv, habe ich recht? Die Herkunft der Marke hat er bestätigt, sagen Sie? Teilt er auch Ihre Ansicht, daß die Terroristen mit der Bombe nichts zu tun haben?“

„Ich muß gestehen, das tut er nicht“, erwiderst du. Das scheint Jones ein wenig zu denken zu geben. Du hast den Eindruck, daß er doch mehr von Holmes hält, als er zugibt.

„Nun denn“, gibt er schließlich sein Urteil ab, „ich denke nicht, daß diese Marke etwas mit dem Mord zu tun hat. Der junge Mann hat ein recht lockeres Leben geführt und kann zu verschiedenen Gelegenheiten in diesem Club gewesen sein. Es handelt sich nicht um ein Indiz. Ich bin überzeugt davon, daß die Terroristen das Verbrechen begangen haben, und die

Tatsache, daß Ihr Freund ein britischer Armeeoffizier war, kann für sie nur ein Extra-Bonbon gewesen sein. Nun, Lieutenant, wollen Sie mich bitte entschuldigen, ich muß meine Arbeit beenden, und dann zu meinem inzwischen kalt gewordenen Abendessen heimgehen." Du erkennst, wenn man dich loswerden will. Das scheint dir in letzter Zeit öfter zu passieren. Du bedankst dich bei Jones und gehst. Wenn du den Tatort besichtigst, notiere Entscheidung 3, dann weiter bei **240**. Wenn du dich in den Kneipen im East End umsiehst, von denen man annimmt, daß sich dort die irischen Verschwörer treffen, weiter bei **306**.

255

Du brauchst den Rat von Sherlock Holmes. Mrs. Hudson öffnet dir und sagt, daß Holmes oben in seinem Wohnzimmer sei. Weiter bei **146**.

256

Du merkst, daß Dillon erstickt, und versuchst, seine Atemwege freizuhalten: Du rollst ihn auf die Seite und öffnest seinen Mund. Er beginnt wieder etwas normaler zu atmen, bleibt aber bewußtlos. Austin ist inzwischen verschwunden. Weiter bei **219**.

257

Du mußt fast eine Stunde warten, bis Austin wieder aus dem Club kommt. Du hörst, wie er dem Kutscher Anweisung gibt, ihn zum Bahnhof Waterloo zu fahren. Sicherlich will er zurück nach Kingston. Weiter bei **317**.

258

Du machst die Tür auf, nimmst die Trillerpfeife aus der Tasche und bläst das Signal, auf das Athelney Jones wartet. Sobald du siehst, daß die Polizei anrückt, gehst du wieder ins Haus.

Im Foyer haben einige Mitglieder dein Signal gehört, wissen aber noch nicht, was es bedeutet. Sie stehen am Eingang und sehen dich an.

„Was war das, Bruder?“ fragt einer von ihnen.

„Nur ein Taschendieb, Bruder“, antwortest du schlagfertig. „Er rannte auf der Straße vorbei, mit der Polizei auf den Fersen.“ Du bist gerade wieder an der Tür zum Saal, als Jones und die halbe Londoner Polizeitruppe zur Eingangstür hereinstürmen.

„Die Polizei!“ ruft ein Mitglied entsetzt aus. Im Saal bricht ein Höllenspektakel aus. Du versuchst, dich in den Saal hineinzukämpfen, was aber nicht leicht ist, denn die ganze Masse der Mitglieder drängt heraus. Weiter bei **259**.

259

Du kämpfst gegen die Menschenmassen an und siehst über ihre Köpfe hinweg vorne im Saal die Ratsmitglieder. Da nimmst du den Revolver aus der Tasche, den dir Jones gegeben hat, und schwingst ihn, um dir Platz zu verschaffen.

Jetzt öffnet sich dir zwar eine Gasse, aber du kommst trotzdem zu spät. Die Ratsmitglieder verschwinden durch eine Geheimtür am Kopfende des Saales. So ist es ihnen auch gelungen, vor deinen Augen unbemerkt aufzutauchen und wieder zu verschwinden. Eine der Säulen ist eine genial konstruierte Wendeltreppe nach unten! Als letzter verschwindet Austin, der Dillon vor sich her die Treppe hinunterstößt. Wenn du ihnen folgst, weiter bei **442**. Wenn du lieber die Polizei herbeiholst, weiter bei **351**.

260

Wieder einmal mußt du an dein zufälliges Zusammentreffen mit Mores denken. Er behauptet, Lieutenant zu sein, aber er sieht mehrere Jahre jünger aus als du. Ferner spricht er einen deutlichen Dialekt, wenn du auch seine Herkunft nicht genau bestimmen kannst; und von dem typischen Auftreten und der Redeweise eines Privatschulabsolventen, die du von einem Kandidaten des Leonidas Clubs erwarten würdest, ist bei ihm nichts zu spüren.

Du findest es auch bemerkenswert, daß er durch eure Flucht genau das erfahren hat, was der Ratsvorsitzende wissen wollte. Wenn er ein Spion des Leonidas Clubs ist, hast du ihn direkt zu Dr. Watson und Sherlock Holmes geführt! Diese Gefahr kannst du nicht außer acht lassen. Notiere Folgerung 5. Weiter bei **511**.

261

Plötzlich merkst du, daß du an der Bar sehr unwillkommen bist. Knüppel und Messer kommen zum Vorschein. Du mußt machen, daß du fortkommst.

- Wenn du die Ermittlung auf eigene Faust fortsetzt, weiter bei **425**.
- Wenn du zur Polizei gehst, notiere Entscheidung 6, dann weiter bei **390**.
- Wenn du zu Sherlock Holmes gehst, weiter bei **404**.

262

Sorgfältig untersuchst du den Inhalt des Korbs. Einige der Gegenstände fallen dir besonders auf. Auf einem Stück Zeitungspapier aus dem *Standard* vom letzten Mittwoch ist eine persönliche Kleinanzeige angestrichen. Sie kündigt eine Mitgliederversammlung des Leonidas-Clubs an. Ferner fällt dir auf, daß die Münze eine billige Imitation einer antiken griechischen

4

Münze darstellt und auf ihrer Rückseite sehr klein die Buchstaben „L. C.“ eingeprägt sind. Der Zigarrenstummel schließlich trägt den Rest einer goldfarbenen Papierhülse, der sogenannten Bauchbinde, auf der auch die Buchstaben „L. C.“ aufgedruckt sind. Notiere Hinweis M. Wenn du die U-Bahn verläßt, notiere Resultat III, dann geht es weiter bei **128**. Wenn du dich weiter umschaust, weiter bei **197**.

263

Einige Stunden vergehen, bis du draußen Schritte hörst. Die Tür geht auf. Von einem kleinen Tischchen fällt das Licht einer Öllampe herein, und davor siehst du die Silhouetten zweier Männer. Der eine ist mit einer Pistole bewaffnet, aber deine Aufmerksamkeit gilt ganz dem anderen, der ein Tablett mit Essen trägt. Du hattest ganz vergessen, wie lange du schon nichts mehr gegessen hast.

Er stellt das Tablett auf dem Boden ab und geht vorsichtig wieder rückwärts zur Türe. Der andere hält euch indessen mit der Pistole in Schach. Als die beiden euer Gefängnis verlassen, siehst du ein Taschentuch aus der Tasche des Essenbringers auf die Türschwelle fallen.

Ihr zwei macht euch über das Essen her. Du mußt zugeben, daß der Leonidas Club bei den Mahlzeiten nicht knauserig ist. So gut hast du schon lange nicht mehr gegessen, obwohl dich das Kauen schmerzt und du mit den Händen essen mußt, da ihr kein Besteck bekommen habt. Nach dem Essen willst du dir die Hände abwischen, und da fällt dir wieder das Taschentuch ein.

Du greifst danach und stellst fest, daß es in der Tür eingeklemmt ist. Du ziehst daran, und die Tür schwingt auf! Das Taschentuch hat das Schloß daran gehindert, vollständig einzuschnappen. Ihr könnt fliehen!

Nun stehst du vor einem weiteren Dilemma. Sollst du Mo-

12

res mitnehmen? Vielleicht mußt du dich sehr schnell bewegen, und Mores' verletztes Bein könnte euch behindern. Vielleicht solltest du lieber alleine gehen und mit Unterstützung wiederkommen? Wenn die Wärter andererseits dein Fehlen bemerken, könnten sie ihren Ärger an Mores auslassen. Wenn du Mores mitnimmst, geht es weiter bei **355**. Wenn du ihn zurückläßt, weiter bei **277**.

264

Du packst Dillon und versuchst, ihn aus dem Weg zu stoßen. Der Knüppel des Angreifers saust herunter und knallt mit einem sehr unangenehmen Geräusch auf Dillons Schädel. Dillon sackt zusammen und fällt deinem Angreifer in die Arme, der stolpert und stürzt. Diese Chance nutzt du aus, wirfst dich auf ihn und verpaßt ihm einen Kinnhaken. Er stöhnt auf und ist dann still. Jetzt erst siehst du, daß es Sergeant Major Peter Austin ist. Wenn du dich um Dillon kümmerst, weiter bei **423**. Wenn du dich um Austin kümmerst, weiter bei **176**.

265

Auf deiner Stube ziehst du dich um und eilst dann zum Bahnhof. Weiter bei **174**.

266

Als nächstes willst du dir den Leonidas Club in London vornehmen. Vielleicht kannst du einen Anhaltspunkt für das Mordmotiv finden. Es wird dort zwar sicherlich kein belastendes Material offen herumliegen, aber vielleicht findest du doch Hinweise, die dir bei der Lösung des Rätsels weiterhelfen. Gibt es außer Dillon noch weitere Beteiligte? Wenn ja, inwiefern kann Jonathan für sie eine Bedrohung dargestellt haben? Jonathans Vater ist ein mächtiger Mann, der einen gefährlichen Gegner abgeben würde, auch aus dem fernen Singapur. Dillon muß tatsächlich ein sehr starkes Motiv gehabt haben. Weiter bei **296**.

267

„Wenn Sie unsere Ziele kennenlernen möchten, bin ich gerne bereit, Ihnen davon zu erzählen“, sagt der Anführer in schmeichelndem Tonfall. „Ich bin überzeugt, daß sie gar nicht so sehr von Ihren Ansichten abweichen werden.“

„Da wäre ich nicht so sicher“, antwortest du.

„Nun, hören Sie mich erst einmal an, Lieutenant, und urteilen Sie dann. Ich weiß, daß Sie über die Verschwörer informiert sind, die wir für den bedauerlichen Unfall im Zusammenhang mit Lieutenant Wheelers Tod verantwortlich machen wollten.“

„Ja, ich weiß, daß Sie ihnen den Mord in die Schuhe schieben wollten“, korrigierst du ihn.

„Hm. Nun, Mord ist ein sehr starkes Wort, meinen Sie nicht auch?“ Als er deinen Gesichtsausdruck sieht, spricht er schnell weiter. „Auf jeden Fall sind es gerade diese Bombenleger und andere Terroristen von derselben Sorte, die wir bekämpfen – finstere Kreaturen aus der Gosse und aus der Dunkelheit der Nacht. Sie haben die Atmosphäre des Terrors geschaffen, in der wir leben müssen. Sie brüten ihn aus, nähren sich davon und schwelgen darin. Sie töten planlos und mutwillig, zum puren Vergnügen. Sie scheren sich nicht um ihre Opfer; Frauen und Kinder schonen sie genausowenig wie uns. Sie haben nicht den Mut, offen zu kämpfen wie Männer.

Sie zerstören das Mark des britischen Staates“, fährt er fort. „Aus Furcht trauen sich die Menschen nirgendwo mehr, sich zu versammeln. Wir sind die stärkste und reichste Nation, die es in der Geschichte je gegeben hat, und trauen uns doch nicht, es mit ein paar Verbrechern aufzunehmen, die sich in unserer Mitte verstecken wie Wölfe in einer Schafherde.

Und wissen Sie, warum wir uns nicht verteidigen?" Bevor du ihm antworten kannst, spricht er schnell weiter: „Wegen dieser Feiglinge im Parlament! Sie binden der Polizei die Hände. Sie vergraben das Heer und die Marine unter einem Berg von Papier. Und jetzt versucht der Schlimmste von ihnen auch noch, ein Teil des Königreiches wegzuschenken, um diese Kriminellen zu besänftigen! Einfach wegzuschenken! Können Sie das fassen?

Was wir brauchen, ist eine feste Hand. Eine Entschlossenheit, wie sie nur ein wahrer Monarch zeigen kann, der nicht von parlamentarischen Regeln behindert wird, die zum Schutz von Verbrechern auf Kosten ihrer Opfer erfunden wurden. Das ist es, was wir wollen. Das ist kein Verrat; wir wollen das Schicksal des Vaterlands direkt in die sehr fähigen Hände der Königin legen. Wir werden das Parlament auflösen. Königin Viktoria kann mit dem terroristischen Abschaum sehr wirkungsvoll umgehen, wenn sie nicht mehr auf die Forderungen dieser schnüffelnden Feiglinge Rücksicht nehmen muß. Mit der ganzen Gewalt unseres Militärs hinter sich wird sie wissen, was sie zu tun hat."

Dir wird ganz kalt bei diesen Worten. Die gegenwärtige Stimmung in der britischen Öffentlichkeit ist so, daß dieser Verrückte durchaus einen Bürgerkrieg entfachen könnte. „Was ist mit der Magna Charta?" erkundigst du dich.

„Sie muß außer Kraft gesetzt werden", antwortet der Vorsitzende milde. „Natürlich nur vorübergehend."

„Ist die Königin mit Ihren Plänen einverstanden?" fragst du, ganz benommen von der Dreistigkeit und Reichweite der Verschwörung.

„Nein", gibt der Vorsitzende zu, „aber wir sind voller Zuversicht, daß sie ihre Rolle spielen wird, wenn der Tag kommt."

„Und wenn sie sich weigert?"

3

Ohne mit der Wimper zu zucken starrt er dich an. „Dann ist sie nicht würdig, die Krone zu tragen, und wir werden jemanden finden, der es ist.“ Weiter bei **268**.

268

„Das werden Sie nicht, meine Herren. Ich lege keinen besonderen Wert darauf, England von Ihresgleichen regiert zu sehen.“ Du ziehst die Trillerpfeife aus der Tasche und bläst das vereinbarte Signal.

„Stehen Sie bequem, mein Herr“, sagst du. Die Pistole liegt ruhig in deiner Hand; sie ist auf den Vorsitzenden gerichtet. „Ich wüßte nicht, was ich lieber täte, als abzudrücken, wenn Sie eine falsche Bewegung machen.“ Du hörst, wie die Türen aufgebrochen werden und die Polizisten ins Haus eindringen. Weiter bei **430**.

269

Mores stellt keine weiteren Fragen zu deiner Ermittlung. Stattdessen scheint er sich mehr damit zu beschäftigen, was die Gruppe wohl mit euch beiden vorhat. Weiter bei **263**.

270

Im Regiment ist es Brauch, daß die Offiziere Freitagabends zum Essen in formeller Kleidung erscheinen; du gehst auf deine Stube und ziehst dich um. Als du das Kasino betrittst, spricht der Colonel gerade mit einer Gruppe älterer Offiziere.

„Ach, sagen Sie, Watson“, fragt er, als er dich sieht, „kannten Sie Lieutenant Wheelers Familie?“

„Nein, Sir“, antwortest du, „ich habe sie nie kennengelernt, aber es gibt nur noch den Vater und einen älteren Bruder. Ich glaube, die Mutter von Lieutenant Wheeler starb vor einigen Jahren.“

Zu einem Major gewandt sagt der Colonel: „Das habe ich

auch zum Brigadier gesagt, Stevens. Sie müssen sich geirrt haben." Er erläutert die Bemerkung nicht weiter. Du nutzt die Gelegenheit, die Ausgehuniform des Colonels genau anzuschauen. Weiter bei **372**.

271

„Guten Abend, Colonel Sterling", sagst du. „Ich muß sagen, daß Ihnen Maske und Umhang nicht besonders gut stehen." Dann läßt du deinen Sarkasmus beiseite und fragst: „Colonel, was wollten Sie denn mit all dem erreichen?" Weiter bei **274**.

272

Du gehst auf deine Stube zurück und wartest. Davonlaufen wäre sinnlos und würde nur den schlimmsten Verdacht auf dich lenken. Zehn Minuten später klopft es.

Dir pocht das Herz im Halse, als du aufstehst und öffnest. In der Tür steht der Kommandeur der Militärpolizei.

„Lieutenant Watson", sagt er, „ich glaube, Sie haben dies liegenlassen." Er gibt dir deine Mütze, die du in der Eile im Offizierskasino vergessen hast.

„Danke", antwortest du und hoffst, daß er nicht bemerkt, daß dir ein Riesenstein vom Herzen gefallen ist. Du nimmst die Mütze und schließt die Tür. Das war knapp! Du mußt jetzt entscheiden, wie du weitermachen willst. Wenn du deine Durchsuchung des Hauptquartiers fortsetzt, weiter bei **282**. Wenn du den Leonidas Club aufsuchst, weiter bei **283**.

273

Im Schatten der Bäume bleibst du einen Augenblick stehen. Nichts ist zu hören. Du atmest jetzt etwas ruhiger und streckst dich, um eines der Hinterfenster zu erreichen. Der Fensterflügel geht auf, als du ihn berührst. Du kletterst hinein und durchsuchst das ganze Haus schnell, aber gründlich, und versuchst dabei, keinerlei Spuren zu hinterlassen. Du findest überhaupt nichts. Schon willst du wieder gehen, da fällt dein Blick auf eine Zeitung, die auf einem Seitentischchen liegt. Weiter bei **466**.

274

„Ah, Lieutenant Watson“, sagt Colonel Sterling und nimmt seine Maske ab. „Ich schätze, dies brauche ich nicht mehr.“ Er gibt Sergeant Major Austin die Maske. „Ich habe gestern abend mit meinen Kollegen über Sie gesprochen. Ich sagte ihnen, Sie seien hartnäckig, aber sie dachten, Lieutenant Mores könnte Sie umstimmen. Jetzt zeigt sich, daß sie unrecht hatten.“

„Sie haben meine Frage nicht beantwortet, Colonel“, versetzt du kalt. „Wie rechtfertigen Sie Verrat?“ Weiter bei **267**.

275

Es gelingt dir, dich durch die Menge und zur Tür hinaus zu drängeln. Ein paar finstere Gestalten verfolgen dich, aber plötzlich taucht der kleine Wiggins auf und zeigt dir durch eine Folge von dunklen und engen Gassen den Weg, bis du die Schritte deiner Verfolger nicht mehr hören kannst. Trotzdem läufst du dem wendigen Wiggins nach, bis du so außer Atem bist, daß du stehenbleibst, nach Luft schnappst und dich umsiehst. Zu deinem Erstaunen befindest du dich wieder im West End in der Nähe der Oxford Street. Wiggins aber ist verschwunden.

- Wenn du die Ermittlung auf eigene Faust fortsetzt, weiter bei **425**.
- Wenn du zur Polizei gehst, notiere Entscheidung 6, dann geht es weiter bei **390**.
- Wenn du Holmes um Hilfe bittest, weiter bei **404**.

276

Du findest einen Pub, von wo aus du den Club sehen kannst. Dort machst du es dir bequem, bis die Dunkelheit hereinbricht. Dann gehst du im Finstern um den Häuserblock herum in die Gasse hinein, die zwischen den Rückseiten von zwei parallelen Häuserreihen verläuft. Solche Gassen werden gewöhnlich von der Müllabfuhr, von Lieferanten und Dienstboten als Zugang zu den Rückgebäuden, Küchen und Ställen der Häuser benutzt. Aber heute nacht soll diese Gasse ganz anderen Zwecken dienen. Du entdeckst, daß die Tür zum Rückgebäude des Leonidas Clubs nicht abgeschlossen ist, und gehst hinein. Innen gelingt es dir nicht ohne Mühe, über eine Hintertreppe ein Fenster im dritten Stock des Clubhauses zu erreichen, das sich zum Glück auch als unverschlossen erweist. Leise schiebst du es auf und steigst hinein. Wähle eine Zahl und zähle deine Schlauheits-Punkte hinzu:

- Ist die Summe 2–6, weiter bei **333**.
- Ist die Summe 7–12, weiter bei **252**.

277

Du beschließt, Mores zurückzulassen und dich sofort an die Polizei um Hilfe zu wenden. Als du deinem Zellengenossen von deinem Plan erzählst, protestiert er zwar nicht, aber du kannst ihm seine Enttäuschung anmerken. Du schlüpfst zur Tür hinaus und schleichst die Treppe hinauf ins Foyer. Zum Glück siehst du rechtzeitig, wie einer deiner Wärter rückwärts aus der Küche kommt, während er sich noch mit der Köchin unterhält. Du kannst dich verstecken. Danach ist es nicht schwer, unbemerkt auf die Straße hinaus zu gelangen.

Du willst so schnell wie möglich zu Scotland Yard, um Athelney Jones zu berichten, aber du mußt fast bis zur Oxford Street laufen, bis es dir gelingt, eine Droschke zu finden. Erst am frühen Morgen erreichst du dein Ziel. Schnell gehst du zu

Jones' Büro hinauf, aber die Tür ist verschlossen: Er ist noch nicht da. Du überlegst noch, was du jetzt tun sollst, da biegt Oberinspektor Stern um eine Ecke und sieht dich. Weiter bei **325**.

278

Du stehst in einem kleinen Wohnzimmer und horchst angestrengt, kannst aber nichts hören. Offenbar ist Major Dillon nicht zu Hause, und seine Frau ist wahrscheinlich zu Besuch bei Verwandten. Du ziehst die Vorhänge zu, zündest eine Kerze an und durchsuchst das Haus. Nach einer Stunde mußt du dir deine Niederlage eingestehen: Falls es hier irgendwelches belastendes Material geben sollte, kannst du es nicht finden. Schon willst du wieder gehen, da siehst du eine Ausgabe des heutigen *Standard* auf einem Tisch im Flur liegen. Die Seite mit den Kleinanzeigen ist aufgeschlagen, und du wirfst einen Blick darauf. Eine Anzeige ist mit Bleistift angestrichen, die darüber informiert, daß heute abend im Leonidas Club eine allgemeine Mitgliederversammlung stattfindet. Weiter bei **458**.

279

Das Hauptquartier des Regiments wird zwar nicht sehr streng bewacht, aber es wird trotzdem nicht leicht sein, hineinzukommen. Außer dem Wachposten am Haupteingang patrouilliert ein zweiter um das Gebäude herum, und ein dritter ist innen für die Flure verantwortlich. Wenn du vorsichtig bist, kannst du ohne allzu großes Risiko hineinkommen, aber für längere Zeit drin zu bleiben, wäre gefährlich. Wähle eine Zahl und zähle deine Schlauheits-Punkte hinzu:

- Ist die Summe 2–5, weiter bei **305**.
- Ist die Summe 6–12, weiter bei **202**.

6

280

Der einzige andere Ort in Kingston, wo du etwas finden könntest, ist Major Dillons Wohnhaus. Hoffentlich ist niemand zu Hause. Weiter bei **207**.

281

Du erklärst Sherlock Holmes und Dr. Watson deinen Verdacht, daß Jonathan nicht bei der Explosion in Paddington getötet wurde. Du erzählst von seinem Asthma und seiner Abneigung gegen die U-Bahn, in der sich sein Zustand normalerweise verschlimmerte. „Außer der kleinen Karte habe ich keine wirklichen Indizien, sondern nur Verdachtsmomente. Aber ich glaube einfach nicht, daß Jonathan freiwillig diese Station betrat. Sein Asthma war so schlimm, daß ihn Rauch und Ruß hätten umbringen können. Viel eher leuchtet mir ein, daß er woanders getötet oder verwundet und dann erst nach Paddington gebracht wurde. Leider weiß ich nicht, wie ich in der Sache weiter vorgehen soll, und hoffte, Sie würden mir einen freundlichen Rat geben, Mr. Holmes."

„Die Indizien untermauern Ihren Verdacht nicht, Lieutenant", erwidert Holmes. „Wenigstens nicht beim gegenwärtigen Stand Ihrer Ermittlung. Im Augenblick müßte ich mich auf die Seite der Polizei stellen, da Sie keine Beweise für das Gegenteil erbracht haben. Ich bestreite allerdings nicht, daß es trotzdem so sein könnte, wie Sie meinen. Lieutenant Wheeler könnte auf andere Art getötet worden sein, und dieses Verbrechen wäre dann durch die Explosion vertuscht worden. Genauso eine Täuschung ist 1841 in Potsdam im Fall Heist geschehen, und dann nochmals 1878 in Moskau bei der Rossowitsch-Affäre. Aber in diesem Fall denke ich, daß alle Indizien darauf hindeuten, daß der Getötete auf zufällige und tragische Art und Weise am selben Ort wie die Terroristenbombe war." Weiter bei **123**.

2

282

Du mußt Indizien finden, die die Polizei und insbesondere Athelney Jones, diesen aufgeblasenen Windbeutel, dazu bewegen können, Jonathans Mörder nicht nur bei den Terroristen zu suchen. Du bist zu der Überzeugung gelangt, daß etwas sehr Ernstes hinter dem Mord steckt – etwas so Wichtiges, daß die Leute, die damit zu tun haben, bereit waren, einen Mord zu begehen, um es geheim zu halten.

Du weißt, daß Jonathan oft unüberlegt handelte und seine Gedanken äußerte, wenn es klüger gewesen wäre, den Mund zu halten. Ihr zwei hattet dadurch schon einige Schwierigkeiten, und nun hat ihn diese Unvorsichtigkeit vielleicht das Leben gekostet. Du bist entschlossen, diesen Fehler nicht zu machen. Da du vermutest, in Dillons Büro die entscheidenden Hinweise zu finden, mußt du dorthin zurückgehen, obwohl es gefährlich ist. Wähle eine Zahl und zähle deine Schlauheits-Punkte hinzu:

- Ist die Summe 2–8, weiter bei **416**.
- Ist die Summe 9–12, weiter bei **152**.

283

Deine wichtigste Aufgabe ist nun, genügend Indizien zu finden, die die Polizei und insbesondere Athelney Jones, diesen aufgeblasenen Windbeutel, dazu bewegen können, Jonathans Mörder nicht nur bei den Terroristen zu suchen. Du bist zu der Überzeugung gelangt, daß etwas sehr Ernstes hinter dem Mord steckt – etwas so Wichtiges, daß die Leute, die damit zu tun haben, bereit waren, einen Mord zu begehen, um es geheim zu halten.

Du weißt, daß Jonathan oft unüberlegt handelte und seine Gedanken äußerte, wenn es klüger gewesen wäre, den Mund zu halten. Ihr zwei hattet dadurch schon einige Schwierigkeiten, und nun hat ihn diese Unvorsichtigkeit vielleicht das Leben gekostet. Du bist entschlossen, diesen Fehler nicht zu machen – wenigstens so lange nicht, wie du den Feind nicht kennst. Du bist davon überzeugt, daß die Hinweise, die du brauchst, im Leonidas Club zu finden sind, und machst dich sofort auf den Weg dorthin. Weiter bei **314**.

284

Es ist zu gefährlich, das Hauptquartier zu durchsuchen! Kannst du vielleicht im Leonidas Club in London etwas erfahren? Weiter bei **426**.

285

„Ich bin Oberinspektor Maxwell Stern, Lieutenant", sagt der Mann. „Kann ich Ihnen behilflich sein?"

„Ja, danke, das können Sie, Oberinspektor", antwortest du. „Mein Colonel hat mich damit beauftragt, die persönliche Habe von Lieutenant Wheeler zusammenzustellen und seiner Familie zu schicken. Ich würde mir gerne das Gelände anschauen, wenn Sie erlauben." Wähle eine Zahl und zähle deine Kommunikations-Punkte hinzu:

- Ist die Summe 2–7, weiter bei **182**.
- Ist die Summe 8–12, weiter bei **292**.

286

Du hältst Austin weiterhin mit der Pistole in Schach, nimmst die Trillerpfeife aus der Tasche und bläst hinein. Athelney Jones und die halbe Londoner Polizeitruppe rennen herbei und verteilen sich über den Club. Alle Ausgänge werden versperrt. Keines der Mitglieder kann entkommen, aber du warst gezwungen, deine Falle zuschnappen zu lassen, bevor du die Anführer dingfest machen konntest. Du kannst nur hoffen, daß sie sich unter den festgenommenen Mitgliedern befinden. Weiter bei **195**.

287

Als du ankommst, sitzt Sherlock Holmes in seinem Wohnzimmer. Er hört sich deinen Bericht darüber an, was du in Paddington entdeckt hast. „Der Zigarrenstummel", fragt er, als du fertig bist. „Haben Sie sich die Bauchbinde der Zigarre genau angesehen?" Du mußt die Frage verneinen.

„Zu schade", meint er. „Dieses Gebiet habe ich genau erforscht. Hätten Sie genauer hingesehen, hätten wir die Herkunft der Zigarre vielleicht bestimmen können. Denken sie daran, Lieutenant, daß es oft die kleinen Dinge sind, die über den Ausgang einer Ermittlung entscheiden." Weiter bei **174**.

288

Der Rat der Fünf. Woran erinnert dich das bloß? Du schaust dir die verzierten Umhänge der Anführer genauer an. Aha! Jeder der fünf trägt die stilisierten Buchstaben „RV" in Gold oder Silber gestickt auf der rechten Brustseite. Diese Initialen hast du schon einmal gesehen – auf dem Briefpapier! Das „R" steht sicherlich für „Rat", und das „V" ist möglicherweise das römische Zeichen für die Zahl „fünf". Also bedeutet „RV" nichts anderes als „Rat der Fünf", die Anführer dieses Geheimbundes! Notiere Folgerung 4. Weiter bei **311**.

289

Du schlüpfst durch die Öffnung und folgst den Stufen hinunter in den Keller. Von dort gibt es einen unterirdischen Durchgang zur Rückseite des Gebäudes. In einiger Entfernung kannst du den Lichtschein von Laternen sehen, die auf- und abwippen. Dann kommen die Lichter an einer Abzweigung zum Halt, und du kannst erkennen, daß die Ratsmitglieder die eine Richtung einschlagen und Austin mit Dillon die andere. Wenn du Austin und Dillon folgst, geht es weiter bei **300**. Wenn du lieber den Ratsmitgliedern folgst, weiter bei **294**.

9

290

Als du mit der Polizei wieder an Ort und Stelle bist, hat sich die Geheimtür geschlossen. Wähle eine Zahl und zähle deine Schlauheits-Punkte hinzu:
- Ist die Summe 2–6, weiter bei **309**.
- Ist die Summe 7–12, weiter bei **303**.

291

Auf deiner Stube bereitest du dich auf das Regiments-Abendessen der Offiziere vor. Dann gehst du frühzeitig ins Offizierskasino und stellst dich in die Nähe der Tür, wo du ein Auge auf die Hereinkommenden haben kannst. Dabei unterhältst du dich unauffällig mit anderen jüngeren Offizieren. Kurz nach dem Einmarsch der Regimentsherolde, die alle zu Tisch bitten, siehst du ihn. Major Dillon ist zu einer Seitentür hereingekommen und steht noch an der Bar, wo er sich einen Drink genehmigt. Du schlenderst zu ihm hinüber.

„Guten Abend, Sir", begrüßt du ihn. Als Antwort nickt er dir nur stumm zu und kippt dann einen zweiten Whisky. Du unternimmst keinen weiteren Versuch, mit ihm ins Gespräch zu kommen, sondern siehst dir seine Uniform genau an. Wähle eine Zahl und zähle deine Beobachtungs-Punkte hinzu:
- Ist die Summe 2–6, weiter bei **249**.
- Ist die Summe 7–12, weiter bei **129**.

292

„Nun, es kann wohl nicht schaden", meint er und befiehlt dem Polizisten hinter ihm, dich einzulassen. Weiter bei **449**.

293

Du siehst keinen Grund, nicht gleich ganz oben anzufangen, und gehst ins Hauptquartier zurück, wo du nach Colonel Sterling fragst. Kurz darauf wirst du in sein Büro gebeten.

„Ja“, sagt der Colonel zerstreut als Antwort auf deinen Gruß, „was gibt es noch, Watson?“

„Sir, dies habe ich in Lieutenant Wheelers Rocktasche gefunden.“ Du zeigst ihm das Stück Papier. „Ich dachte, es könnte wichtig sein; vielleicht gibt es einen Hinweis darauf, wo er sich gestern abend aufhielt.“

Colonel Sterling greift nach dem Kärtchen. „Darf ich?“ fragt er und schaut es sich genau an. „Diese Sorte Marke habe ich noch nie gesehen. Fürchte, ich kann Ihnen nicht helfen. Noch etwas?“ Er gibt dir die Karte zurück.

„Nein, Sir.“

„Dann würde ich vorschlagen, daß Sie die Detektivarbeit der Polizei überlassen. Meines Wissens versteht sie sich recht gut darauf.“

„Ja, Sir“, antwortest du schnell, da du merkst, wie ungehalten der Colonel ist.

„Schön. Also machen Sie weiter“, sagt er und entläßt dich mit einer unwirschen Handbewegung. Du machst, daß du aus dem Zimmer kommst. Ganz heiß ist dir von Sterlings Rüffel geworden. So schnell wirst du ihm nicht mehr unter die Augen treten, wenn es sich vermeiden läßt! Wähle eine Zahl und zähle deine Instinkt-Punkte hinzu:
- Ist die Summe 2–7, weiter bei **513**.
- Ist die Summe 8–12, weiter bei **326**.

294

Du entscheidest dich dafür, den Ratsmitgliedern zu folgen. Die Verhaftung von Austin und Dillon ist nicht so wichtig wie herauszufinden, wer die Anführer sind. Du biegst in den richtigen Gang ein und beschleunigst deinen Schritt. Weiter bei **480**.

295

Schnell machst du dich auf den Rückweg in die Garnison „Bergfried“. Bald ist das Regiments-Abendessen zu Ende, und du darfst nicht gesehen werden! Weiter bei **114**.

296

Du fragst dich, wie du die Ereignisse des heutigen Tages Colonel Sterling erklären kannst. Ohne überzeugende Beweise wird er dir nie glauben, und selbst wenn du welche hättest, wäre das vielleicht nicht genug. Dillon dient dem Regiment schon seit vielen Jahren und ist seit fünf Jahren der loyale Untergebene des Colonels. Du hast sogar unter jüngeren Offizieren gehört, daß der Colonel es zu einem Großteil Major Dillon zu verdanken haben wird, wenn er zum Brigadier befördert wird. Und so, wie du Colonel Sterling kennst, hat er keine Skrupel zu ernten, was andere gesät haben.

Es wundert dich, daß er nicht dem Leonidas Club oder einem ähnlichen Club angehört. Er ist schließlich genau die Sorte Mitglied, die sich der Club aussucht. Grimmig steigst du in den nächsten Zug nach London, um deinen Plan in die Tat umzusetzen. Weiter bei **174**.

297

Nach einem gemütlichen Abendessen und einem Schwatz mit Dr. Watson über familiäre Dinge gehst du schlafen. Holmes war schon vorher ausgegangen, um mit Wiggins, dem mysteriösen Gassenjungen, zu sprechen, und du hattest mit Dr. Watson einen Spaziergang zum Telegraphenamt gemacht, um deinem Regiment zu kabeln, daß du über Nacht in London bleiben würdest.

Der nächste Morgen kündigt sich mit kalten, pfeifenden Windstößen an. Du verläßt dein Zimmer und willst gerade zu Dr. Watson hinaufgehen, da kommt er dir schon die Treppe

5

herab entgegen. Im selben Moment hörst du die Haustür zuschlagen, und als du dich umdrehst, siehst du Sherlock Holmes, der hinter dir die Stufen hinaufsteigt. Er trägt eine Zeitung unter dem Arm.

„Morgen, Junge“, begrüßt dich Dr. Watson fröhlich. „Gut geschlafen?“

„Danke, sehr gut“, antwortest du. Es ist gelogen – in Wirklichkeit hast du fast die ganze Nacht wach gelegen und über Jonathans Tod nachgedacht. Du hast dich an die Zeiten erinnert, die ihr miteinander verbracht habt, und erst jetzt ist dir klargeworden, was für ein guter Freund er war. Die durchgelegene und verschlissene Matratze hat das ihre getan, aber dir ist klar, daß du auch auf den weichsten Eiderdaunen kaum ein Auge zubekommen hättest. Du siehst ein spöttisches Lächeln über Sherlock Holmes’ Gesicht huschen – er hat gemerkt, was Dr. Watson entgangen ist.

„Nun, Holmes“, meint der Doktor, als ihr euch an den Tisch setzt, „wie lange willst du uns noch auf die Folter spannen? Was steht in der Zeitung?“

„Es scheint, als ob der Lieutenant vielleicht doch den richtigen Riecher gehabt hätte. In keiner der Morgenzeitungen wird ein Tatbekenntnis erwähnt. Der Fall fängt an, interessant zu werden. Wäre ich nicht so mit meiner anderen Sache beschäftigt, würde ich ihm gerne weiter nachgehen.“

Nach dem Frühstück geht ihr drei ins Wohnzimmer, um auf Wiggins’ Bericht zu warten. Kaum hast du dich mit der Zeitung in einem Sessel niedergelassen, als sich unten Mrs. Hudsons Stimme in unverkennbar empörtem Tonfall vernehmen läßt, und gleich darauf poltern Schritte die Treppe herauf. Die Tür fliegt auf, und ein zerlumpter Straßenjunge kommt atemlos ins Zimmer gelaufen, dicht gefolgt von Mrs. Hudson.

„Ist schon gut, Mrs. Hudson“, beruhigt Holmes seine aufgeregte Hauswirtin. „Er arbeitet für mich.“

7

Sie wirft dir einen vielsagenden Blick zu. „Na ja, wenn Sie es sagen, Mr. Holmes“, antwortet sie zweifelnd und geht wieder nach unten.

„Also, Wiggins“, sagt Holmes zu seinem kleinen Mitarbeiter. „Was hat das zu bedeuten? Ich glaube doch, dir gesagt zu haben, höflich nach mir an der Türe zu fragen.“

„Die hätt’ mich doch nie reingelassen, Chef!“ antwortet der Straßenjunge mit heller Stimme.

„Soso“, erwidert Holmes. „Nun ja, wir müssen uns für solche Fälle eine bessere Lösung ausdenken. Spielt jetzt aber keine Rolle. Was hast du herausgefunden? Hast du die Bande aufgetrieben?“

„Nee, Chef, hab ich nicht. Aber ich hab sagen hören, sie wären abends fast immer unten im *Shamrock* zu finden.“ Der schmutzige und zerlumpte Junge steht in Hab-Acht-Stellung, während er mit Holmes spricht.

„Gut, das wäre alles. Du kannst gehen, Wiggins“, sagt Holmes zufrieden und gibt ihm ein paar Münzen. Das Kind rennt hinaus, und gleich darauf knallt unten die Haustüre zu. Holmes steht schon über einen Stadtplan gebeugt. „Das *Shamrock* ist eine Kneipe im East End, in der sich häufig irische Freunde der Selbstregierungs-Initiative treffen“, sagt er und zeigt euch die Gegend auf dem Stadtplan, mitten im Londoner East End. „Die Männer, mit denen Sie sprechen müssen, gehören zweifellos zu den Stammgästen. Ich hätte selbst darauf kommen können.

Sie sollten erst hingehen, wenn die Leute schon einiges getrunken haben“, fährt er fort. „Ihr Urteilsvermögen sollte schon etwas getrübt sein, aber streitsüchtig dürfen sie auch noch nicht sein. Seien Sie vorsichtig. An Ihrer Stelle würde ich nicht preisgeben, daß Sie ein britischer Armeeoffizier sind, falls Sie die Absicht haben, die Nacht zu überleben. Es wäre sogar hilfreich, wenn Sie so tun könnten, als wären Sie über-

2

haupt kein Engländer. Können Sie Akzente gut nachmachen?"

„Ich kann ganz passabel mit einem amerikanischen Akzent sprechen", antwortest du.

„Das müßte gehen. Ja, ein Amerikaner mit irischem Namen. Viele Amerikaner sympathisieren mit der irischen Selbstregierungs-Forderung. Und wie ist es mit der Kleidung? So können Sie nicht hingehen. Hm", überlegt Holmes einen Moment lang. „Ich glaube, ich habe etwas Passendes für Sie."

Weiter bei **154**.

298

Du ziehst dich ein Stück zurück und beobachtest den Eingang des Leonidas Clubs von der Tür eines nahegelegenen Pubs aus. Bald fahren zwei Männer in einer Droschke vor, gehen zum Eingang, läuten dreimal und warten. Gleich darauf öffnet sich die Tür, die beiden Männer nehmen etwas aus ihren Taschen und zeigen es dem Butler. Ein paar Worte werden gewechselt, und sie gehen hinein. Von deinem Beobachtungsposten sieht es so aus, als sei das dreimalige Läuten der Glocke ein Signal gewesen; die Gegenstände, die sie dem Butler gezeigt haben, scheinen Visitenkarten gewesen zu sein ähnlich denen, die du in Major Dillons Schreibtisch gefunden hast. Du nimmst die Karte aus deiner Tasche und schreibst säuberlich deinen Namen darauf. Vielleicht kann sie dir Zugang zum Club verschaffen! Notiere Folgerung 3. Wähle eine Zahl und zähle deine Beobachtungs-Punkte hinzu:

- Ist die Summe 2–6, weiter bei **392**.
- Ist die Summe 7–12, weiter bei **464**.

299

Du rennst auf die Bäume zu, und sobald du außer Sicht der Wachposten bist, änderst du deine Richtung und stiehlst dich wie ein Dieb aus der Garnison davon. An den Geräuschen hinter dir merkst du zwar, daß du verfolgt wirst, aber du kennst diese Gegend besser als deine Verfolger und kannst entkommen. Weiter bei **137**.

300

Du mußt Austin und Dillon folgen. Da Dillon sich zur Kooperation bereit erklärt hat, fühlst du dich für sein Leben verantwortlich, und du weißt, daß Austin ihn bei nächster Gelegenheit umbringen wird. Nur du kannst ihn retten – wenn auch nur für den Henker. Weiter bei **412**.

301

Du bist der Meinung, daß die Polizei ihre Untersuchung nicht auf die irischen Terroristen beschränken sollte. Deshalb gehst du zu Scotland Yard, um dich mit Athelney Jones zu treffen, dem Detektiv, der die Untersuchung leitet. Jones läßt dich ungefähr eine Minute lang sprechen, dann komplimentiert er dich höflich aber bestimmt aus seinem Büro und gibt dir den Rat mit, diese Dinge in den fähigen Händen der Polizei zu belassen. Wenn du die Untersuchung auf eigene Faust fortsetzt, geht es weiter bei **359**. Wenn du lieber zu Sherlock Holmes gehst, weiter bei **175**.

302

Du betrittst ein Zimmer im hinteren Teil des zweiten Stocks und schließt hinter dir die Tür. Das Zimmer ist groß, aber offensichtlich für den Gebrauch einer Einzelperson eingerichtet. Die Möbel sind geschmackvoll; du kannst dir vorstellen, daß man als Clubmitglied hier sehr komfortabel wohnen kann. Leider wird das Zimmer zur Zeit nicht bewohnt. Auch die nächsten drei Zimmer, in die du einen Blick wirfst, sind unbenützt. Weitere Durchsuchungen kannst du dir zeitlich nicht leisten, denn die Wahrscheinlichkeit, entdeckt zu werden, wächst von Minute zu Minute. Du mußt entscheiden, was du als nächstes tust: Wenn du wieder zur Mitgliederversammlung gehst, weiter bei **324**. Wenn du Sherlock Holmes einen Besuch abstattest, weiter bei **435**.

303

Sorgfältig tastest du die Säule ab. Wo ist der Mechanismus, der die Tür öffnet? Schließlich stößt du fast zufällig an eines der dreieckigen Keramikplättchen, mit denen die Säule gekachelt ist, und spürst, wie es nachgibt. Du drückst stärker, und mit einem Klicken öffnet sich die Tür!

In Begleitung der Polizei rennst du die Stufen hinunter, bis du an einen unterirdischen Durchgang kommst, der in den hinteren Teil des Gebäudes führt. Du folgst ihm und stehst bald an einer Abzweigung. In der einen Richtung siehst du die fliehenden Gestalten der Ratsmitglieder; als du in die andere Richtung schaust, fällt dein Blick auf Austin, der gerade mit einem Arm Dillon an die Wand drückt und mit der anderen Hand seine Pistole hebt. Du gibst einen Schuß auf Austin ab. Wähle eine Zahl und zähle deine Fitneß-Punkte hinzu:

- Ist die Summe 2–6, weiter bei **367**.
- Ist die Summe 7–12, weiter bei **357**.

304

Als du wieder zu dir kommst, wird gerade eine schwere Tür hinter dir zugeschlagen. Du rappelst dich hoch, tastest dich durch den abgedunkelten Raum bis zur Tür und mußt feststellen, daß sie leider von außen verschlossen ist. Du trommelst mit den Fäusten dagegen, und kurz darauf öffnet sich ein kleines Schiebefenster auf Augenhöhe.

„Ich glaube, bis Scotland Yard Sie abholt, werden Sie keinen Schaden mehr anrichten, Lieutenant“, knurrt Sergeant

Major Peter Austin. „Und von Ihrer Militärkarriere können Sie sich getrost schon jetzt verabschieden!“

Niedergeschlagen wird dir klar, daß es jetzt darauf ankommt, ob Sherlock Holmes den Fall lösen kann. Er wird sicherlich dafür sorgen, daß Jonathans Mörder der Gerechtigkeit übergeben wird. Wenn du noch einmal von vorne beginnst, geht es weiter bei **308**. Wenn du lieber die Lösung lesen willst, weiter bei **430**.

305

Du wartest, bis der Wachposten, der um das Gebäude patrouilliert, um eine Ecke biegt, so daß die Rückseite im Augenblick nicht bewacht ist. Schnell läufst du die Stufen hinauf, die zu den Hintertüren führen. Du weißt, daß eine der Türen ein kaputtes Schloß hat, und sie öffnet sich tatsächlich. Kaum hast du aber das Zimmer betreten, öffnet sich auch die Tür, die vom Zimmer in den Flur führt, und der Wachhabende aus dem Haus sieht dich. Frechheit siegt, denkst du dir und erzählst ihm, du hättest hier noch zu arbeiten. Aber er verweigert dir den Zutritt. Bevor es zu einer unangenehmen Szene kommt, ziehst du dich lieber zurück.

- Wenn du Entscheidung **10** notiert hast, geht es weiter bei **174**.
- Andernfalls:
  - Wenn du zum Leonidas Club gehst, weiter bei **174**.
  - Wenn du zu Major Dillons Wohnhaus gehst, weiter bei **132**.

306

Mit einer Droschke fährst du ins East End. Diesen Teil Londons hast du noch nie gesehen. Die Häuser hier sind klein und schäbig, ihre Wände bröckeln ab, und ihre Dächer hängen durch. Von der Eleganz und Anmut des West Ends ist nichts

9

zu sehen. Das hervorstechendste architektonische Merkmal ist der Verfall. Die gleiche Sonne, die über dem britischen Weltreich niemals untergeht, geht über den dunklen Gassen und Slums des East Ends offenbar niemals auf. Vom Leben gebrochene Gestalten lehnen in windschiefen Torbögen; überall laufen zerlumpte Kinder herum. Die Luft ist dick vom schwarzen Ruß der Schornsteine.

Nach mehreren falschen Anläufen und gefährlichen Situationen findest du schließlich das *Shamrock*, das dir eher durch die Gruppe von hoffnungslosen Gestalten aufgefallen ist, die vor seinem Eingang herumlungern, als durch sein verblaßtes Wirtshausschild. Du kämpfst dich durch die Menge nach vorne an den Tresen.

„Na, und was willst du?" fragt dich der Barmann mißtrauisch.

„Whisky", sagst du.

„Und was hat ein Engländer hier zu suchen?" fragt er drohend.

„Von meiner Mutter her bin ich Engländer und auch so erzogen", sagst du und überlegst schnell. „Ich bin zwar in London geboren und aufgewachsen, aber heißen tu' ich trotzdem Patrick O'Keefe."

„Also ein Ire, was?" Erfreut wandern seine Augenbrauen zu seinem schütteren Haaransatz hinauf, als er nach der Flasche mit seinem teuersten Roggen-Whisky greift. „Dann kann ich dir nur raten, nicht in solchen Klamotten herumzulaufen", meint er, schenkt dir ein und bedient dann einen anderen Kunden.

Du nimmst dein Glas und schlenderst mit einem Blick auf die Kundschaft durch die Kneipe. Du versuchst, dir einen geeigneten Gesprächspartner auszusuchen. Schließlich findest du, daß du es auch gleich mit dem Barmann versuchen kannst. Dein Plan ist, ihm zu erzählen, daß die Putzfrau Gladys

O'Keefe, die mit Jonathan bei der Explosion ums Leben gekommen ist, deine Tante war. So hoffst du, ihn in ein Gespräch über die Attentäter verwickeln zu können. Wähle eine Zahl und zähle deine Schlauheits-Punkte hinzu:

- Ist die Summe 2–6, weiter bei **223**.
- Ist die Summe 7–12, weiter bei **521**.

307

Im „Bergfried" angekommen, fragst du den Wachposten am Tor, ob Sergeant Major Austin in der Garnison ist. Du erfährst, daß er vor fast einer Stunde nach London gefahren ist. Die Abwesenheit Austins macht dein Vorhaben leichter: Du willst sein Wohnhaus durchsuchen. Du bist sicher, daß er nicht so töricht wäre, belastendes Material in seinem Büro zu lassen, denn in keinem Büro des ganzen Regiments gehen so viele Leute aus und ein wie in seinem. Wenn du etwas finden kannst, dann am ehesten in seinem Haus. Es ist ein kleines Steinhaus und steht am Paradeplatz, etwas zurückgesetzt zwischen den Bäumen. Diese Bäume kommen dir heute sehr gelegen!

Auf deiner Stube ziehst du dir dunkle Kleidung an, dann schleichst du dich durch einen mit Büschen und Bäumen bewachsenen Streifen bis hinter das Häuschen. Du weißt, wo normalerweise die Wachen patrouillieren, aber Austin hat die Angewohnheit, ihre Routen und Standorte öfters zu verändern, um keine Routine einreißen zu lassen. Hoffentlich hat er in letzter Zeit nichts verändert. Du holst tief Luft und sprintest zur Rückseite des Hauses. Wähle eine Zahl und zähle deine Fitneß-Punkte hinzu:

- Ist die Summe 2–7, weiter bei **467**.
- Ist die Summe 8–12, weiter bei **273**.

Du faßt den Entschluß, in der Garnison herumzufragen, ob jemand die rote Karte kennt. Vielleicht weiß jemand, wohin Jonathan gestern abend gegangen ist. Es gibt verschiedene Leute, die auf deine Fragen eine Antwort wissen könnten – unter anderem Colonel Sterling, dessen Dienstzimmer du erst vor kurzem verlassen hast.

Eine andere vielversprechende Informationsquelle ist der Sergeant Major des Regiments, Peter Austin. Er ist ein kräftig gebauter, aber nicht besonders großer Mann. Sein fleischiger Nacken und seine massiven Schultern erinnern dich an einen Ringer, aber seine dunklen Augen liegen tief im Schatten seiner Brauen, und du vermutest, daß hinter ihnen ein intelligentes Gehirn steckt. Du hast das Gefühl, daß Austin der gefährlichste Mann sein könnte, dem du jemals begegnet bist.

Auch der Regimentsadjutant, Major Stephen Dillon, ist jemand, der in der Lage sein könnte, das Kärtchen zu erkennen. Major Dillon ist ein kleiner Mann mit einem rosigen Gesicht, das von einer knolligen roten Trinkernase beherrscht wird. Die gedrungene Gestalt mit den schwarzen Knopfaugen und dem Kugelbäuchlein würde unter anderen Umständen sicherlich eine Witzfigur darstellen. Aber Dillons Ergebenheit gegenüber seinem Kommandanten ist im Regiment fast legendär. Abends schaut er öfters zu tief ins Glas, aber soviel du weißt, hat sich sein Trinken noch nie negativ auf die Ausübung seiner Pflichten ausgewirkt.

Sonst fällt dir nur noch Corporal Bosworth ein, der am vergangenen Abend am Tor Wachdienst hatte. Jonathan könnte dem Corporal gegenüber erwähnt haben, wohin er ging, da er sich mit Bosworth gut verstand und schon öfters mit ihm zusammengearbeitet hatte. Wen willst du fragen:

– Colonel Sterling? Weiter bei **293**.

– Sergeant Major Peter Austin? Weiter bei **145**.

- Major Stephen Dillon? Weiter bei **504**.
- Corporal Bosworth? Weiter bei **399**.

309

Du schaust dir die Säule genau an, denn du weißt, daß sie irgendwo einen Mechanismus hat, mit dem man die Türen öffnen kann. Aber deine Enttäuschung wächst, als du merkst, daß du ihn nicht finden kannst. Du suchst weiter. Wähle eine Zahl und zähle deine Schlauheits-Punkte hinzu:
- Ist die Summe 2–7, weiter bei **315**.
- Ist die Summe 8–12, weiter bei **303**.

310

Wie erwartet zeigen die vier Männer dem Butler des Clubs ihre Karten, wechseln einige Worte mit ihm und werden eingelassen. Jetzt ist auch für dich ein guter Zeitpunkt hineinzugehen, denn es ist keine andere Droschke in Sicht. Weiter bei **246**.

311

Major Dillon geht auf die Mitglieder des Rates zu. Vor der maskierten Gruppe steht er stramm und sagt laut: „Bruder Stephen Dillon erbittet die Nachsicht des Rates der Fünf für die Vorfälle, die dem heutigen Abend vorausgingen.“ Du kannst ihn trotz seiner lauten Stimme schlecht verstehen, denn die Mitglieder haben begonnen, sich murmelnd zu unterhalten. Wenn du näher herangehst, weiter bei **383**. Wenn du bleibst, wo du bist, weiter bei **165**.

312

Du erzählst ihm von Jonathan und deiner Ermittlung, aber du verschweigst, daß Sherlock Holmes und Dr. Watson dir geholfen haben. Nicht daß du die Lorbeeren allein ernten möchtest, aber du hast das Gefühl, daß du die beiden nicht ohne ihre Einwilligung in die Sache verwickeln darfst. Außerdem beunruhigt dich an der ganzen Situation etwas. Wähle eine Zahl und zähle deine Schlauheits-Punkte hinzu:

- Ist die Summe 2–7, weiter bei **269**.
- Ist die Summe 8–12, weiter bei **212**.

313

Während du sprichst, fällt dir auf, wie intensiv Dr. Watson dir zuhört. Selbst diejenigen Erlebnisse, die einer, der nicht dabei war, eigentlich kaum glauben kann, scheint er ernst zu nehmen. Er stellt dir präzise Fragen über die Umstände, die zu deiner Gefangennahme und dann zu deiner Flucht geführt haben. Aus seinen Fragen schließt du, daß er die scheinbare Achtlosigkeit, die dir die Flucht ermöglicht hat, für sehr merkwürdig hält. Weiter bei **316**.

314

In Kingston steigst du vom Bahnsteig in den Zug. Als du nach einem Sitzplatz suchst, fällt dein Blick durch das vordere Fenster in den nächsten Waggon, wo Colonel Sterling mit einem seiner älteren Stabsoffiziere sitzt. Etwas beunruhigt fragst du dich, ob der Colonel wohl deine Abwesenheit bemerkt hat. Sherlock Holmes sagt immer, daß winzige Einzelheiten oft große Bedeutung haben, und du mußt ihm zustimmen, wenn du es auch anders meinst als er: Winzige Nebensächlichkeiten, soweit sie den Vorgesetzten auffallen, können eine Militärkarriere beschleunigen oder abrupt beenden. Weiter bei **174**.

315

Von unten hörst du einen gedämpften Schuß. Du trittst zurück und läßt die Polizisten die Türe einschlagen. Weiter bei **332**.

316

„Lieutenant Mores“, sagst du, „mir fällt ein, daß ich Sie gar nicht richtig meinem Vetter Dr. Watson vorgestellt habe.“ Du wendest dich an Dr. Watson. „John, dies ist Lieutenant Neville Mores von der Königlichen Marine.“

„Tatsächlich!“ sagt Dr. Watson voller Interesse. „Bin ein alter Bewunderer der Marine. Welches Schiff, Lieutenant?“

„‚HMS Defiance‘“, antwortet Mores.

„Was Sie nicht sagen“, meint Dr. Watson. „Mir war nicht bekannt, daß die Königliche Marine ein Kriegsschiff dieses Namens besitzt. Vielleicht meinen Sie die ‚HMS Defiant‘.“ Weiter bei **118**.

317

Du folgst ihm bis zum Bahnhof und beobachtest, wie er in den Zug nach Kingston steigt. Weiter folgst du ihm nicht, denn du mußt morgen zur Polizei gehen. Müde schleppst du dich in die Baker Street Nr. 221 B, wo du dich sofort ins Bett fallen läßt. Am nächsten Morgen wachst du früh auf, rasierst dich und ziehst das frische Hemd an, das Dr. Watson für dich bereitgelegt hat. Nach Mrs. Hudsons herzhaftem Frühstück gehst du zu Scotland Yard. Du hättest gerne mit deinem Vetter und Mr. Holmes über Austin und Dillon gesprochen, aber nach Auskunft von Mrs. Hudson sind beide gestern abend ausgegangen und bisher nicht zurückgekehrt. Weiter bei **520**.

318

„Danke, Mr. Holmes“, antwortest du. „Ich nehme Ihre freundliche Einladung an.“ Zu Dr. Watson gewandt fragst du: „Bist du sicher, daß es Mrs. Hudson nichts ausmacht, für eine weitere Person den Tisch zu decken?“

„Natürlich nicht“, sagt Watson strahlend. „Ich zeige dir dein Zimmer, und du kannst dir die Hände waschen, solange

3

Holmes seine freien Mitarbeiter holen läßt. Holmes, erinnere doch Wiggins daran, daß er nicht die ganze Bande mit heraufbringt. Du weißt, was für Zustände Mrs. Hudson bekommt."

Holmes nickt geistesabwesend, und du verläßt mit Dr. Watson den Raum. Weiter bei **297**.

319

Auf der Fahrt nach Kingston machst du deine Pläne. Du weißt, daß die Offiziere des Regiments freitags beim Abendessen traditionell ihre Ausgehuniformen tragen. Vielleicht fehlt an Major Dillons Jacke ein Knopf! Das wäre der Beweis, daß deine Schlußfolgerungen richtig waren. Wähle eine Zahl:
- Wenn 2–8, weiter bei **352**.
- Wenn 9–12, weiter bei **291**.

320

Du marschierst zum Eingang und läutest kräftig an der Glocke. Sofort öffnet sich die Tür, und die steife und abweisende Gestalt des Club-Butlers erscheint.

„Ich bin Lieutenant Charles Watson", stellst du dich vor. „Einer der Offiziere meines Regiments wurde Donnerstagnacht getötet, und ich bin damit beauftragt, seine persönliche Habe zusammenzustellen und an seine Familie zu schicken. Ich habe gehört, er soll hier Mitglied gewesen sein."

„Gewiß, Sir." Das Gesicht des Butlers wird eine Spur freundlicher. „Wie war der Name des Mannes?"

„Lieutenant Jonathan Wheeler."

Der Butler schüttelt bedauernd den Kopf. „Tut mir leid, Sir, aber dieser Name ist mir unbekannt. Der Lieutenant war nicht Mitglied dieses Clubs."

„Ich habe in der Tasche seines Uniformrocks eine Garderobenmarke dieses Clubs gefunden", antwortest du. „Vielleicht war er als Gast hier."

„Ich führe selbst die Kartei mit den Namen unserer Gäste, Sir. Er war weder Gast noch Mitglied. Wie er zu der Garderobenmarke gekommen ist, weiß ich nicht, aber diesen Club hat er nie betreten. Jetzt muß ich mich wieder um meine Aufgaben kümmern.“ Er macht dir die Tür vor der Nase zu. Wenn du in den Club einbrichst, geht es weiter bei **276**. Wenn du zu Sherlock Holmes gehst, weiter bei **146**.

321

Du wartest und wirst mit der Zeit immer ungeduldiger und besorgter. Schließlich geht die Tür auf, und herein kommt kein anderer als Sergeant Major Peter Austin, gefolgt von drei stämmigen Grobianen. Bei deinem Anblick bleibt er stehen und reißt die Augen auf. Du bist genauso verblüfft, fängst dich aber schneller als er.

„Sergeant Major“, rufst du, „was tun Sie hier?“

„Lieutenant Watson! Sind Sie der Eindringling, den der Butler gemeldet hat?“

„Eben der bin ich, Sergeant Major! Aber ich habe hier Wichtiges zu erledigen, und es erleichtert mich, ein freundliches Gesicht zu sehen.“ Sein Gesicht sieht allerdings alles andere als freundlich aus. „Warum hat mich der Butler hier eingeschlossen? Wenn er mißtrauisch war, warum hat er mich nicht einfach am Eingang abgewiesen?“

„Da sind Sie schön ins Fettnäpfchen getreten, Lieutenant. Sie wurden in dieses Zimmer gebracht, weil Sie eine gewisse Karte vorgezeigt haben, die Sie als Nichtmitglied dieses Clubs nicht haben dürften. Es ist meine unangenehme Pflicht, festzustellen, wie Sie in Besitz dieser Karte gekommen sind.“

„Was mich daran erinnert, daß Sie meine Frage nicht beantwortet haben. Was genau tun Sie hier, Sergeant Major? Und warum sollte es diese Leute etwas angehen, ob ich eine von ihren Karten habe?“

4

„Es ist eine vorübergehende Pflicht, Lieutenant, die ich zu erledigen habe, und zwar in meiner Freizeit“, knurrt Austin. „Nicht nur die Herren Offiziere dürfen ein Privatleben führen. Also, kommen Sie freiwillig mit? Oder brauchen Sie diese Männer als Eskorte?“

„Ich komme nicht freiwillig, Sergeant Major“, erklärst du grimmig. „Lieutenant Wheeler hat, glaube ich, diesen Fehler gemacht. Mit mir werden Sie es nicht so leicht haben.“ Du stellst dich auf einen Kampf ein. Notiere Hinweis S. Wähle eine Zahl und zähle deine Fitneß-Punkte hinzu:

- Ist die Summe 2–10, weiter bei **227.**
- Ist die Summe 11–12, weiter bei **149**.

322

Als du die Schachtel in die Hand nimmst, bemerkst du einen kleinen Warnmechanismus, der in eine Ecke der Schublade eingebaut ist. Zum Glück hast du ihn nicht ausgelöst. Notiere Resultat V. Weiter bei **438**.

323

Der Wachtmeister bittet dich, ihm bis zur inneren Absperrung zu folgen. Dort fordert er dich auf, zu warten, und geht, um die Detektive zu holen. Du kannst erkennen, daß der Schaden nicht so gravierend ist, wie ihn die Zeitungen geschildert haben. Nach deiner Vermutung wird die Haltestelle morgen wieder in Betrieb sein. Bald kommt der Polizist in Begleitung eines großen, dünnen Detektivs zurück.

„Ja, Lieutenant“, begrüßt er dich. „Kann ich Ihnen helfen? Mein Name ist Wilson Carpenter.“

„Sie können mir wirklich helfen, Mr. Carpenter“, antwortest du. Mein Colonel hat mich damit beauftragt, Lieutenant Wheelers persönliche Habe zusammenzusuchen und an seine Familie zu schicken. Deshalb würde ich mich hier auf dem

Areal gerne umschauen, wenn ich darf." Wähle eine Zahl und zähle deine Kommunikations-Punkte hinzu:
- Ist die Summe 2–6, weiter bei **143**.
- Ist die Summe 7–12, weiter bei **245**.

324

So unauffällig wie möglich betrittst du den Versammlungssaal und siehst dich um. Er erstreckt sich über die ganze Länge des Gebäudes, von der Straße bis hinten zum Garten. Nach deiner Schätzung ist er über dreißig Meter lang und gut fünfzehn Meter breit. Die Rundbogendecke, die von keramikgekachelten Säulen gestützt wird, erweckt einen kathedralenartigen Eindruck. Schwere Vorhänge, mit goldenen Wappenzeichen bestickt, hängen an beiden Enden vor den Fenstern, während zahlreiche Schlachtenbanner wie verstaubte Wachposten die Seitenwände zieren; dadurch entsteht im Saal eine düstere und gleichzeitig feierliche Atmosphäre.

Viele Mitglieder sitzen hier schon und warten auf den Beginn der Versammlung. Andere schlendern noch umher und tauschen Höflichkeiten aus. Du nützt die Situation zu deinem Vorteil und suchst dir hinten im Saal eine dunkle Ecke mit gutem Blick nach vorne. Wähle eine Zahl und zähle deine Instinkt-Punkte hinzu:
- Ist die Summe 2–6, weiter bei **120**.
- Ist die Summe 7–12, weiter bei **450**.

325

„Guten Morgen, Lieutenant", sagt der Oberinspektor mit einem fröhlichen Lächeln. „Wie kann ich Ihnen heute zu Diensten sein?"

„Eigentlich wollte ich mit Mr. Athelney Jones sprechen, Oberinspektor", sagst du etwas nervös. „Ich habe wichtige Informationen über die Bombenexplosion."

Du hast den Eindruck, daß Sterns Lächeln ein wenig erstarrt. „Nun, vielleicht kommen Sie dann lieber mit mir", meint er. „Mr. Jones habe ich in einer anderen Sache aus der Stadt geschickt, und ich glaube nicht, daß er vor Mittag zurück sein wird."

Du begleitest den Oberinspektor in sein Büro, und nachdem er dir einen Stuhl angeboten und dir von einem Assistenten eine Tasse Tee hat bringen lassen, bittet er dich zu berichten. Du erzählst ihm von Dillon und den Fakten, die du in Kingston und im Leonidas Club herausgefunden hast. Im Lauf deines Berichts wird sein Gesicht immer ernster, und du merkst, daß er dir glaubt. Als du fertig bist, steht er auf, bittet dich zu warten und geht für einen Moment hinaus. Du trinkst deinen Tee aus und willst schon den Assistenten um eine zweite Tasse bitten, da kommt der Oberinspektor mit zwei stämmigen Wachtmeistern ins Büro zurück.

„Nehmen Sie diesen Mann fest", befiehlt er und zeigt auf dich.

- Wenn du Resultat VII notiert hast, geht es weiter bei **109**.
- Andernfalls wähle eine Zahl und zähle deine Kommunikations-Punkte hinzu:
  - Ist die Summe 2–6, weiter bei **109**.
  - Ist die Summe 7–12, weiter bei **371**.

326

Das Verhalten des Colonels kommt dir merkwürdig vor. Für einen Kommandanten, der gerade einen seiner Offiziere verloren hat, benimmt er sich viel zu unbekümmert; insbesondere da die Familie des Toten so mächtige Verbindungen zur Regierung hat. Es scheint dir übertrieben, wie gründlich er sich das Kärtchen angesehen hat. Du hast das Gefühl, das er etwas verbirgt, aber du weißt auch, daß die Karrieren von jüngeren Offizieren, die auch nur indirekt andeuten, daß ein Vorgesetzter gelogen haben könnte, in der Regel sehr kurz sind. Du mußt handfestere Indizien sammeln, bevor du deinen Verdacht aussprechen kannst. Notiere Hinweis C. Weiter bei **340**.

327

Was Major Dillon gesagt hat, kommt dir irgendwie seltsam vor, du weißt aber nicht genau, warum. Weiter bei **340**.

328

„Sergeant“, antwortet der Mann, „als ich vor zehn Minuten in diesem Zimmer nachgesehen habe, war der Lieutenant nicht drin.“ Der Mann ist schlau; er versucht, seine mehr als unzureichende Pflichterfüllung zu vertuschen. Nachlässig wie er war, ist es unwahrscheinlich, daß er dich gesehen hätte, wenn du dagewesen wärst. Du solltest es vielleicht lieber mit einem Offizier versuchen.

„Sergeant“, sagst du und ziehst seine Aufmerksamkeit wieder auf dich, damit er nicht so viel über die Aussage des Wachpostens nachdenkt, „warum lassen Sie nicht den diensthabenden Offizier holen? Ich werde die Angelegenheit mit ihm klären.“

„Sehr wohl, Sir“, stimmt der Sergeant zu. „Also dann, bewegen Sie sich“, sagt er zu einem Gefreiten. Ihr wartet einen Moment, dann kommt der Gefreite mit dem diensthabenden Offizier zurück, und du versuchst dich bei ihm mit deiner Geschichte. Wähle eine Zahl und zähle deine Kommunikations-Punkte hinzu:

- Ist die Summe 2–8, weiter bei **337**.
- Ist die Summe 9–12, weiter bei **474**.

329

Gerade willst du dein Versteck verlassen, da siehst du, wie sich in der Dunkelheit ein Stück weiter die Straße hinunter etwas bewegt. Du schaust genauer hin: Zwischen den nächsten zwei Straßenlaternen kannst du die Umrisse eines Mannes erkennen. Schnell drückst du dich wieder in dein Versteck und rührst dich nicht. Als Dillons Droschke vorbeifährt, läuft der Mann schnell auf die Straße und springt hinten auf das Trittbrett auf, wo ihn der Kutscher nicht sehen kann. Gerade als das Fahrzeug unter einer Laterne vorbeifährt, dreht dir der Mann sein Gesicht zu, und du könntest schwören, Sergeant Major Peter Austin erkannt zu haben. Wenn du mit einer anderen Droschke die Verfolgung aufnimmst, weiter bei **187**. Wenn du zur Polizei gehst, weiter bei **104**.

330

Als du weiter nach vorne gehst, werden deine Arme von hinten festgehalten, und ein harter Gegenstand knallt gegen deinen Kopf. Dir wird schwarz vor den Augen. Weiter bei **115**.

331

„Jetzt erzählen Sie mir mehr von Ihrem Gespräch mit Major Dillon", sagt Holmes, als du ihm den Hefter zurückgibst. „Lassen Sie nichts aus. Eines meiner Prinzipien ist, daß Kleinigkeiten oft das Wichtigste sind."

Du beschreibst das Gespräch so detailliert, wie du kannst, aber beim Reden kommen dir plötzlich Zweifel. In Gegenwart des großen Detektivs erscheint dir dein Verdacht plötzlich gar nicht mehr so überzeugend, und außerdem kennst du Dillon ja nur beiläufig. „Ich weiß, daß meine Indizien schwach sind", sagst du schließlich lahm, „aber ich bin sicher, daß er mehr weiß, als er mir gesagt hat."

„Wie Sie selbst sagen", kommentiert Holmes deinen Bericht, „gibt es keine Indizien, die Ihre Überzeugung unterstützen, daß Lieutenant Wheeler vielleicht nicht durch die Explosion im Bahnhof Paddington ums Leben gekommen ist. Bei diesem Stand der Dinge müßte ich mich auf die Seite der Polizei stellen; es gibt keine überzeugenden Hinweise auf das Gegenteil, obwohl es trotzdem so sein könnte, wie Sie annehmen. Lieutenant Wheeler könnte auf andere Art getötet worden sein, und dieses Verbrechen wäre dann durch die Explosion vertuscht worden. Genau so eine Täuschung ist 1841 in Potsdam im Fall Heist geschehen, und dann nochmals 1878 in Moskau bei der Rossowitsch-Affäre. Aber in diesem Fall denke ich, daß alle Indizien darauf hindeuten, daß der Getötete auf zufällige und tragische Art und Weise am selben Ort wie die Terroristenbombe war.“ Weiter bei **123**.

332

Als die Polizei die Tür aufgebrochen hat, läufst du mit Jones zuerst die Treppe hinunter und durch einen unterirdischen Gang, der in den hinteren Teil des Gebäudes führt. Ihr gelangt an eine Abzweigung: In einer Richtung seht ihr Stufen, die zur Straße hinaufführen, aber in dem anderen Gang findet ihr die Leiche von Major Stephen Dillon. Sowohl Austin als auch die Ratsmitglieder sind entwischt! Weiter bei **339**.

333

Leise steigst du durchs Fenster hinein, und kaum bist du drin, packen dich ein paar starke Arme. Ehe du dich wehren kannst, knallt etwas Hartes gegen deinen Kopf, und alles wird schwarz. Weiter bei **304**.

334

Du gehst auf den Wachposten am Haupteingang zu und befiehlst ihm in offiziellem Ton, die Tür zu öffnen. Wähle eine Zahl und zähle deine Kommunikations-Punkte hinzu:
- Ist die Summe 2–6, weiter bei **345**.
- Ist die Summe 7–12, weiter bei **101**.

2

335

Es klappt! Der Wachposten war im Zimmer, als du den Flur überquert hast. Jetzt mußt du ein unverschlossenes Zimmer im Erdgeschoß finden und dort warten, bis er seine Runde beendet hat; dann kannst du deine Durchsuchung fortsetzen. Wenn du dann in das Büro zurückkehren kannst, wird es ganz dunkel sein, und du wirst eine Kerze anzünden müssen.

- Wenn du trotzdem in Major Dillons Büro zurückkehrst, um die Durchsuchung zu beenden, brauchst du für Möbelstücke, die du bis jetzt schon durchsucht hast, keine Punkte mehr abzuziehen. Weiter bei **463**.
- Wenn du statt dessen lieber gehst und dich um den Leonidas Club kümmerst, weiter bei **426**.

336

„Was tun Sie hier, Lieutenant?" fragt der Detektiv und kommt auf dich zu.

„Ich würde sehr gerne hereinkommen und mich umsehen, Mr. Jones", antwortest du, so freundlich du kannst. „Mein Colonel hat mich damit beauftragt, Lieutenant Wheelers persönliche Dinge zusammenzustellen, und ich muß mich vergewissern, daß nichts vergessen wurde."

„Nun, da ist wohl nichts dagegen einzuwenden", murmelt Jones und befiehlt dem Wachtmeister, dich einzulassen. Weiter bei **449**.

337

„Lieutenant Watson, was genau tun Sie hier?" fragt der diensthabende Offizier, ein Captain, den du flüchtig kennst. „Meines Wissens hat Colonel Sterling Sie von allen anderen Aufgaben entbunden, bis Sie Lieutenant Wheelers Angelegenheiten geordnet haben."

„Das stimmt, Sir", antwortest du und stellst ein Selbstbewußtsein zur Schau, das du nicht empfindest. „Verantwortlichkeiten lösen sich allerdings nicht einfach in Luft auf, wenn man sich nicht mehr um sie kümmert. Wenn Captain Anderson morgen aus Dorset zurückkehrt, rechnet er damit, daß diese Ausbildungspläne fertiggestellt sind, ungeachtet der Anweisungen Colonel Sterlings. Ich beschloß, heute abend das Essen ausfallen zu lassen und sie fertigzustellen.“ Dir selbst kommt diese Ausrede plausibel vor. Hoffentlich bemerkt der Captain nicht, daß die Papiere, die du vor dir hast, die Beschaffungslisten des vergangenen Monats sind.

Er wendet sich an den Sergeant: „Ist in Ordnung, Sergeant. Ich übernehme die Verantwortung.“ Der Sergeant geht mit seinen Männern, aber der diensthabende Offizier bleibt zurück. „Watson“, sagt er und mißt dich mit einem kühlen, distanzierten Blick, „ich kenne Sie nicht sehr gut, aber ich glaube, daß Sie gerade gelogen haben. Mir ist unklar, was Sie mit diesem Täuschungsversuch erreichen wollen, aber seien Sie gewiß, daß die Sache noch nicht ausgestanden ist. In der Zwischenzeit gibt es keinen Grund, unsere Angelegenheit in die Öffentlichkeit zu bringen, also betrachten Sie sich als unter Hausarrest stehend, bis Colonel Sterling Zeit hat, sich mit Ihnen zu befassen.“

Du stehst also unter Hausarrest und kannst deine Untersuchung nicht fortsetzen. Entmutigt gehst du auf deine Stube. Jetzt liegt es an Sherlock Holmes, den Fall zu lösen. Wenn du wieder von vorne anfangen möchtest, geht es weiter bei **308**. Wenn du nur die Lösung lesen möchtest, weiter bei **430**.

338

Du wartest eine volle Minute, dann folgst du ihm. Kaum bist du an der Tür, wirst du von hinten von starken Armen gepackt. Bevor du dich wehren kannst, knallt etwas Hartes an deinen Kopf, und du merkst nur noch, daß du zusammenbrichst. Weiter bei **115**.

339

Du bist mit dem Ergebnis nicht zufrieden. Obwohl Dillon für den Tod deines Freundes mit gleicher Münze bezahlen mußte, sind die eigentlichen Verantwortlichen entkommen. Ihre Verschwörung ist zerschlagen und der Mord aufgeklärt, aber dieser Abschluß des Falles läßt doch einen schalen Nachgeschmack zurück. Ein bescheidener Erfolg ist unbefriedigend, wenn ein Erfolg auf der ganzen Linie so greifbar schien. Wenn du noch einmal von vorne anfängst und den Fall gründlicher lösen willst, weiter bei **308**. Wenn du lieber die Lösung lesen möchtest, weiter bei **430**.

340

Du bist auf dem besten Weg, den Mut zu verlieren. Je mehr du dich anstrengst, dir Informationen über Jonathans Tod zu beschaffen, desto unsicherer wirst du, ob du überhaupt schon irgend etwas erfahren hast. Du merkst, daß du professionelle Hilfe brauchst, aber die Polizei hat ja schon zu erkennen gegeben, daß sie es sich bei dieser Ermittlung leicht machen will. Du benötigst einen unabhängigen Fachmann, der dir dabei helfen kann, die Teile des Puzzles zusammenzusetzen.

Plötzlich erinnerst du dich an den letzten Brief deines Vaters. Er schrieb etwas über einen Verwandten von euch, der zufällig auch in London lebt. Dein Vater hatte dich gebeten, ihm deine Aufwartung zu machen, aber du bist bis jetzt noch nicht dazu gekommen. Jetzt ist eine gute Gelegenheit dazu, da es sich bei deinem Vetter zweiten Grades um Dr. John H. Watson handelt, der mit niemand anderem gemeinsam in einer Wohnung wohnt als mit Sherlock Holmes, dem gefeierten Privatdetektiv! Weiter bei **415**.

341

Der Bücherschrank steht hinter dem Schreibtisch des Majors. Du überfliegst die Titel der Bücher: Es sind hauptsächlich militärische Werke sowie ein paar historische Abhandlungen über Belagerungen. Nichts Wichtiges ist dabei, und du hast nicht die Zeit, die Bücher einzeln aus dem Schrank zu nehmen und durchzusehen. Du konzentrierst dich auf das abschließbare Fach. Es hat eine Doppeltür. Wähle eine Zahl und zähle deine Beobachtungs-Punkte hinzu:

- Ist die Summe 2–7, weiter bei **510**.
- Ist die Summe 8–12, weiter bei **221**.

342

Es gelingt dir zwar, den Verdacht von Oberinspektor Stern zu zerstreuen, aber er besteht darauf, daß du dich in die polizeiliche Untersuchung nicht einmischt. Als du gehst, fragst du dich, ob er dich wohl beschatten lassen wird.

- Wenn du trotz der Warnung des Oberinspektors zum Tatort gehst, weiter bei **240**.
- Wenn du zu Sherlock Holmes gehst:
  - Hast du die Hinweise F und H und Entscheidung 6 notiert? Weiter bei **153**.
  - Hast du entweder Hinweis G oder H *und* entweder Entscheidung 4 oder 5 notiert? Weiter bei **103**.
- Wenn du dem Leonidas Club einen Besuch abstattest, weiter bei **174**.

343

Sobald du den Namen Gladys O'Keefe erwähnst, wird der Barmann mißtrauisch. Er behauptet, Gladys O'Keefe sei ein Einzelkind gewesen. Ein paar Männer mit zornigen Gesichtern bilden einen Kreis um dich. Wähle eine Zahl und zähle deine Kommunikations-Punkte hinzu:

6

– Ist die Summe 2–7, weiter bei **261**.
– Ist die Summe 8–12, weiter bei **479**.

344

In einem Pub auf der anderen Straßenseite wartest du, bis die Polizei ihre Wachposten abzieht und den Tatort räumt. Als du sicher bist, daß kein Polizist mehr da ist, schlüpfst du durch die Absperrungen und betrittst die beschädigte U-Bahn-Station. Du siehst, daß die Explosion doch mehr Schaden angerichtet hat, als du von außen sehen konntest. Die Bombe ist offenbar in der Nähe der Geleise explodiert. Mehrere Sitzbänke an der Wand wurden zertrümmert sowie eine der hölzernen Treppen, die von der Bahnhofshalle hier herunterführen. Die Reparatur der Treppe wurde noch nicht in Angriff genommen, weil die Haltestelle noch mehrere andere Zugänge hat und der Treppe deshalb bisher nur flüchtige Aufmerksamkeit geschenkt wurde. Größeren Schaden hat die Gasbeleuchtung an der Decke genommen. Offenbar wurde das Gaslicht durch die Explosion ausgeblasen, und später entzündete sich dann das ausgeströmte Gas, das sich angesammelt hatte, und dadurch wurden die Stützpfeiler der Decke beschädigt. Hier haben sich die Reparaturarbeiten konzentriert. Weiter bei **517**.

345

„Das muß der Sergeant von der Wache entscheiden, Sir", antwortet der Wachposten. Er ist ein neuer Rekrut und nimmt seine Befehle offenbar sehr genau. Eigentlich ist es für jüngere Offiziere gar nicht so ungewöhnlich, am Wochenende zu arbeiten. Du könntest den Sergeanten von der Wache wahrscheinlich überzeugen, dich einzulassen, aber damit würdest du Aufmerksamkeit auf dich ziehen, und das willst du ja gerade vermeiden. Es wäre besser, diese Sache im Stillen abzu-

12

wickeln und zu versuchen, auf andere Art ins Haus zu kommen. Weiter bei **279**.

346

Jones hört dich an, dann lehnt er sich in seinem Stuhl zurück und schweigt eine Weile – ein seltenes Vorkommnis. Schließlich räuspert er sich. „Lieutenant, ich glaube, ich muß mich bei Ihnen entschuldigen und Ihnen meinen Dank aussprechen. Die Beweise, die Sie zusammengetragen haben, reichen aus, Major Dillon wegen Mordes zu verurteilen, und nebenbei haben Sie auch noch ein Verräternest ausgehoben."

„Mr. Jones", antwortest du, „in diesen Gewässern ist Major Dillon nur ein kleiner Fisch. Aus persönlichen Gründen schmerzt es mich zu sagen, aber ich denke, wir müssen als erstes die Verschwörung zerschlagen und feststellen, wer ihre Anführer sind."

„Auch damit haben Sie recht, Lieutenant. Was schlagen Sie vor?" Weiter bei **141**.

347

„Na schön; schauen Sie, Sir", sagt er, nachdem er sich vergewissert hat, daß keine Detektive in der Nähe sind. Weiter bei **396**.

348

Wenn die Pistole auch wichtig für den Fall ist, so ist sie doch wenig tauglich als Beweismittel: Major Dillon könnte behaupten, Schießübungen gemacht zu haben, und das ließe sich nicht widerlegen. Wenn du bisher das Briefpapier nicht untersucht hast und das jetzt tun möchtest, weiter bei **516**. Andernfalls weiter bei **518**.

349

Mit Hilfe der Methode der schlußfolgernden Beobachtung, von der dir Holmes erzählt hat, findest du heraus, daß der Knopf dicht bei der Bombe gelegen haben muß, wenn er von der Wucht der Detonation so fest unter der Treppe verkeilt wurde. Außerdem muß er kurz vor der Explosion verloren worden sein, denn wenn er während der Stoßzeiten offen dagelegen hätte, wäre er sicher von einem aufmerksamen U-Bahn-Fahrer wegen seines Goldgehaltes aufgehoben worden. Der Knopf stammt nicht von Jonathans Uniform, denn die Knöpfe der Ausgehuniform der „Bengal Lancers“, Jonathans Regiment, unterscheiden sich sehr von diesem hier. Du bist sicher, daß dieser Knopf vom Kavallerie-Regiment in Kingston stammt. Ein Offizier dieses Regiments muß also gestern abend hier gewesen sein!

Du untersuchst den Knopf genau und erkennst, daß er bei irgendeiner schweren körperlichen Tätigkeit von der Uniform seines Besitzers abgerissen wurde. Die Fadenreste auf seiner Rückseite sind glatt durchgerissen, nicht zerschlissen oder dünn durch lange Abnützung. Der Verlierer muß sich in ziemlicher Aufregung befunden haben, wenn er den Verlust dieses doch recht wertvollen Gegenstandes nicht bemerkte, zumal der Knopf gut sichtbar auf dem Fußboden gelegen haben muß, bevor er von der Explosion unter die Treppe geschleudert wurde. Notiere Folgerung 1. Weiter bei **128**.

350

Du hast alle Gegenstände in der Schublade sorgfältig untersucht und deine Schlußfolgerungen gezogen. Jetzt hast du hier nichts mehr zu tun. Weiter bei **518**.

351

Du willst nicht riskieren, sechs zu allem entschlossenen Männern allein zu folgen, also feuerst du zwei Warnschüsse in die Decke, um dir den Weg freizumachen, und läufst nach vorne ins Foyer, wo du noch einmal in deine Trillerpfeife bläst. Athelney Jones sieht dich, ruft seinen Leuten ein paar Befehle zu und stürmt mit einer langen Reihe uniformierter Polizisten im Schlepptau die Versammlungshalle. Weiter bei **290**.

352

Auf deiner Stube machst du dich für das Regiments-Abendessen der Offiziere fertig. Dann gehst du frühzeitig ins Offizierskasino und stellst dich in die Nähe der Tür, wo du ein Auge auf die Hereinkommenden haben kannst. Aber beim Einmarsch der Regimentsherolde, die alle zu Tisch bitten, wird dir klar, daß Major Dillon nicht kommen wird. Du entschuldigst dich und verläßt das Kasino. Weiter bei **126**.

353

Auf dem Rückweg vom Büro des Kommandeurs der Militärpolizei änderst du deine Pläne. Es ist unwahrscheinlich, daß Austin so töricht ist, sich mit belastendem Material in seinem eigenen Wohnhaus in Gefahr zu bringen. Vielleicht solltest du dem Leonidas Club einen Besuch abstatten. Weiter bei **174**.

354

Du versuchst, den betrunkenen Dillon aus dem Weg zu stoßen, aber er fällt dir zusammenbrechend in die Arme, so daß du ein leichtes Ziel für deinen Angreifer abgibst. Das letzte, was du wahrnimmst, bevor sein Knüppel dich bewußtlos schlägt, ist das Gesicht von Sergeant Major Peter Austin. Weiter bei **115**.

355

Du beschließt, Mores mitzunehmen und Sherlock Holmes um Hilfe zu bitten. Du erklärst deinem Zellengenossen deinen Fluchtplan, ohne ihm allerdings dein Ziel zu verraten, woraufhin er halbherzig protestiert und meint, daß sein verletztes Bein über Erfolg oder Mißerfolg entscheiden könnte, und ob es nicht besser wäre, wenn du ihn zurückließest. Du weigerst dich, das überhaupt in Betracht zu ziehen.

Zusammen schlüpft ihr zur Tür hinaus und schleicht die Treppe hinauf ins Foyer. Zum Glück seht ihr rechtzeitig, wie einer der Wärter rückwärts aus der Küche kommt, während er sich noch mit der Köchin unterhält. Ihr könnt euch verstecken. Danach ist es nicht schwer, unbemerkt auf die Straße zu gelangen.

Ihr braucht fast eine Stunde, bis ihr eine Droschke gefunden habt. Das viele Gehen hat Mores erschöpft. Jetzt überlegst du dir, ob du statt in die Baker Street nicht doch gleich zur Polizei gehen solltest. Mit Mores' Hilfe sollte es doch möglich sein, selbst diesen Schwachkopf Jones zum Zuhören zu bewegen. Wenn du zur Polizei gehst, weiter bei **409**. Wenn du lieber in die Baker Street gehst, weiter bei **230**.

356

Nachdem du den Mechanismus entschärft hast, kannst du jetzt ohne Risiko den Inhalt des Geheimfachs untersuchen. Weiter bei **516**.

357

Dein zielsicherer Schuß trifft ihn in die Schulter und rettet Dillon. Die Polizei stürmt vor und nimmt Austin fest; du wendest dich mit Jones in die andere Richtung, wohin die Ratsmitglieder geflohen sind. Wähle ein Zahl und zähle deine Fitneß-Punkte hinzu:

7

– Ist die Summe 2–6, weiter bei **389**.
– Ist die Summe 7–12, weiter bei **374**.

358

Du hattest gehofft, im Kleiderschrank etwas zu finden, aber du wirst enttäuscht. Jetzt mußt du entscheiden, ob du noch ein Möbelstück durchsuchen willst. Je länger du hierbleibst, desto dunkler wird es werden, und Kerzenlicht wäre gefährlich. Sollst du riskieren, noch weiter zu suchen?

– Wenn du gehst, weiter bei **284.**
– Wenn du noch ein Möbelstück durchsuchst, wähle eine Zahl, aber ziehe 1 Punkt ab für jedes Möbelstück, das du schon durchsucht hast (du kannst dasselbe Möbelstück mehr als einmal durchsuchen):
  – Bei 2–4 weiter bei **228.**
  – Bei 5–12 weiter bei **463**.

359

Voller Zorn über die Einstellung der Polizei überlegst du dir deinen nächsten Schritt. Jones, der die Verantwortung für Jonathans Tod den irischen Terroristen in die Schuhe schiebt, weigert sich, Fakten zur Kenntnis zu nehmen, die nicht zu diesem Vorurteil passen. Es ist gut möglich, daß es noch andere Indizien gibt, die er übersehen hat. Du beschließt, die Ermittlung auf eigene Faust fortzusetzen. Notiere Folgerung 7. Weiter bei **425**.

360

„Was tun Sie hier, Lieutenant?“ knurrt der Detektiv und kommt auf dich zu. „Passen Sie auf, daß der Oberinspektor Sie nicht sieht!“ Er schaut sich ängstlich um.

„Ich würde mich sehr gerne hier einmal umsehen, Mr. Jones“, sagst du, obwohl du seine Antwort schon kennst.

[6]

„Das kann ich nicht erlauben! Dies ist eine offizielle polizeiliche Untersuchung. Wir können Sie hier nicht herumtrampeln und Spuren verwischen lassen."

„Ich verstehe vollkommen, Mr. Jones", versicherst du schnell, da du siehst, daß die Polizei mit ihrer Arbeit schon fast fertig ist. „Dann wünsche ich Ihnen einen schönen Tag." Du gehst, denn du glaubst, daß die Polizei den Tatort in ungefähr einer Stunde verlassen haben wird. Weiter bei **344**.

361

Du legst die Pistole zurück und mußt nun entscheiden, was du als nächstes tust. Notiere Hinweis R. Wenn du die Schachtel mit Briefpapier bisher noch nicht untersucht hast, geht es weiter bei **348**. Andernfalls weiter bei **350**.

362

Der Polizist wirft einem der Detektive einen fragenden Blick zu. Der Detektiv schüttelt den Kopf. „Ich fürchte nicht, Sir", antwortet der Wachtmeister. „Das können nur die Detektive erlauben." Du wendest dich wieder der beschädigten U-Bahn-Station zu. Weiter bei **148**.

363

Als die Droschke an dir vorbeifährt, läufst du schnell auf die Straße und springst hinten auf das Trittbrett auf, wo dich der Kutscher nicht sehen kann. Wieder bemerkst du im Schatten zwischen den Straßenlaternen eine Bewegung, aber dann biegt die Kutsche um eine Ecke, und ein Haus verstellt dir den Blick. Weiter bei **429**.

364

Als sich der Wachposten umdreht und den Flur hinuntergeht, schleichst du auf Zehenspitzen zu Colonel Sterlings Büro. Leider hast du vergessen, auf das lose Brett in der obersten Stufe zu achten, und es knarrt so laut, daß davon Tote aufwachen könnten. Du hast kein Recht, dich im oberen Stockwerk aufzuhalten, also wird es peinliche Fragen geben, wenn du entdeckt wirst. Deshalb gehst du lieber ins Büro deiner Einheit zurück, wo du in Sicherheit bist. Wähle eine Zahl und zähle deine Fitneß-Punkte hinzu:

- Ist die Summe 2–7, weiter bei **180**.
- Ist die Summe 8–12, weiter bei **163**.

365

Du trittst einen Schritt vom Schreibtisch zurück und siehst dir die Schublade genau an. Du traust diesem Schreibtisch nicht. Du weißt, daß viele Schreibtische mit Warnmechanismen versehen sind; kleine Vorrichtungen mit Federn, die sich lösen können und die man nur mit einem speziellen Werkzeug wieder spannen kann. Wähle eine Zahl und zähle deine Beobachtungs-Punkte hinzu:

- Ist die Summe 2–5, weiter bei **188**.
- Ist die Summe 6–12, weiter bei **420**.

366

Du ziehst ordentliche Abendkleidung an. Denn wenn du für den Herrenclub unpassend gekleidet bist, rechnest du dir keine Chancen aus, eingelassen zu werden. Weiter bei **174**.

367

Du triffst nicht, aber der Schuß erschreckt Austin. Die Polizei rückt vor; du folgst mit Jones den Ratsmitgliedern, die die andere Richtung genommen haben. Wähle eine Zahl und zähle deine Fitneß-Punkte hinzu:

- Ist die Summe 2–6, weiter bei **389**.
- Ist die Summe 7–12, weiter bei **374**.

368

Jetzt kannst du nur noch eines tun: dich um den Leonidas Club kümmern. Du verläßt das Gebäude und gehst zum Bahnhof. Weiter bei **174**.

369

Ein paar Minuten später kommt Dillons Droschke angerattert. Schwankend steigt er aus, bezahlt und betritt das Bahnhofsgebäude, wo er sich eine Fahrkarte kauft. Kurze Zeit später kommt Austin, der immer noch darauf achtet, nicht entdeckt zu werden.

Dann geht Dillon durch die Sperre auf den Bahnsteig, steigt in den Zug und macht es sich in einem Abteil bequem. Austin beobachtet ihn, bis der Zug abfährt, läuft dann wieder auf die Straße und winkt sich eine vierrädrige Droschke heran. Weiter bei **370**.

370

Du bist brennend daran interessiert, herauszufinden, wem Austin Bericht erstattet. Du springst auf das hintere Trittbrett seiner Droschke und bist gespannt, wohin sie fährt, hast allerdings schon eine Vermutung. Und tatsächlich hält die Droschke eine knappe halbe Stunde später vor dem Leonidas Club. Austin steigt aus und geht ins Haus. Wenn du ihm folgst, geht es weiter bei **209**. Wenn du draußen auf ihn wartest, weiter bei **257**.

371

Bald steckst du in einer kleinen Zelle im Keller von Scotland Yard. Zuerst kannst du gar nichts verstehen. Du warst sicher, den Oberinspektor überzeugt zu haben. Aber dann dämmert dir die einzig mögliche Erklärung: Es ist dir nur zu gut gelungen, ihn zu überzeugen! Er hat dir tatsächlich geglaubt, und gerade deshalb bist du hier. Der Oberinspektor selbst muß zu den Verschwörern des Rates gehören, muß ein Mitglied des Leonidas Clubs sein, und du bist ihm schön in die Falle gegangen!

Du machst einen Versuch, Sherlock Holmes eine Nachricht zukommen zu lassen, aber deine Bewacher haben den Befehl, nicht mit dir zu reden, und deine Bitten werden nicht beachtet. Schließlich wendest du dich verzweifelt an den Mann, der dir dein Essen bringt, und sagst ihm, du seist zu einem Geständnis bereit, aber nur, wenn du es gegenüber Mr. Athelney Jones ablegen dürftest, dem berühmten Detektiv. Der Wachmann schnaubt verächtlich, verspricht aber, Jones zu holen.

Kurz darauf erscheint Jones in deiner Zelle. Verblüfft starrt er dich an. „Was soll das Gerede von einem Geständnis? Was wollen Sie gestehen? Ich bin ein vielbeschäftigter Mann. Ich habe keine Zeit für Possen."

Du erzählst ihm dasselbe wie dem Oberinspektor. An Jones' Gesichtsausdruck merkst du, daß er den Ernst der Lage erfaßt. Dann berichtest du ihm von deinem Verdacht bezüglich Oberinspektor Stern. Wähle eine Zahl und zähle deine Kommunikations-Punkte hinzu:

- Ist die Summe 2–7, weiter bei **395**.
- Ist die Summe 8–12, weiter bei **181**.

372

Zu deiner Überraschung wird Colonel Sterlings Jacke von einer vollständigen Reihe zueinander passender Knöpfe geziert. Du bleibst noch ein Weilchen und schlenderst dann fort. Es sieht so aus, als ob dir jetzt nicht mehr viele Möglichkeiten blieben. Eine davon ist der Leonidas Club. Andererseits hat Colonel Sterling vielleicht belastendes Material in seinem Büro versteckt – etwas, womit du die Polizei überzeugen könntest. Wenn du jetzt gehst, mußt du nicht am Abendessen teilnehmen; deshalb verläßt du unbemerkt das Kasino und gehst auf deine Stube, wo du dich umziehst. Wenn du in den Leonidas Club gehst, weiter bei **174**. Wenn du Colonel Sterlings Büro durchsuchst, weiter bei **446**.

373

Eine Möglichkeit hast du nun ausgeschlossen, wenigstens für heute nacht. Aber es bleibt der Leonidas Club. Du eilst an den Bahnhof und versuchst, deine pochende Kopfverletzung zu ignorieren. Weiter bei **174**.

374

Du findest sie in einer Kammer am Ende des Durchgangs, wo sie gerade ihre Umhänge ablegen, bevor sie zur Straße hinaufsteigen wollen. Weiter bei **408**.

375

Du warst sicher, du würdest im Schreibtisch etwas finden, aber – zumindest diesmal – wirst du enttäuscht. Jetzt mußt du entscheiden, ob du noch ein Möbelstück durchsuchen willst. Je länger du hierbleibst, desto dunkler wird es werden, und Kerzenlicht wäre gefährlich. Sollst du riskieren, noch weiter zu suchen?

- Wenn du gehst, weiter bei **284**.
- Wenn du noch ein Möbelstück durchsuchst, wähle eine Zahl, aber ziehe 1 Punkt ab für jedes Möbelstück, das du schon durchsucht hast (du kannst dasselbe Möbelstück mehr als einmal durchsuchen):
  - Bei 2–4 weiter bei **228**.
  - Bei 5–12 weiter bei **463**.

376

Du mußt Indizien aufspüren, die die Polizei und insbesondere Athelney Jones, diesen aufgeblasenen Windbeutel, dazu bewegen können, Jonathans Mörder nicht nur bei den Terroristen zu suchen. Du bist zu der Überzeugung gekommen, daß ein sehr ernstes Geheimnis hinter dem Mord steckt – etwas so Wichtiges, daß die Leute, die damit zu tun haben, bereit waren, einen Mord zu begehen, um es geheimzuhalten.

Du weißt, daß Jonathan oft unüberlegt handelte und seine Gedanken aussprach, wenn es klüger gewesen wäre, den Mund zu halten. Ihr zwei hattet dadurch schon einige Schwierigkeiten gehabt, und nun hat ihn dieser Fehler vielleicht das Leben gekostet. Du bist entschlossen, diesen Fehler nicht zu begehen – jedenfalls nicht, solange du den Feind noch nicht kennst. Da du glaubst, die entscheidenden Hinweise in Dillons Wohnhaus zu finden, begibst du dich sofort nach Kingston. Notiere Resultat IV. Weiter bei **232**.

377

Der Wachtmeister wirft dir einen forschenden Blick zu. „Wohl von derselben Einheit, hm?“ fragt er. Du nickst, und er fragt weiter: „Freund von Ihnen?“ Wieder nickst du.

„Dachte ich mir“, seufzt er voller Mitgefühl. „Ganz üble Sache, das. Tut mir leid, Lieutenant, aber da gibt’s wirklich wenig zu erzählen. War ’ne Nitroglyzerin-Bombe, haben unsere Detektive gesagt. Der Bahnhof ist völlig demoliert. Noch keine gesicherten Erkenntnisse. Das Ganze riecht verdammt nach diesen terroristischen Bombenlegern, wenn Sie mich fragen. Mehr gibt’s im Moment nicht zu sagen.“ Er sieht dich kurz an. „Tut mir leid mit Ihrem Freund.“

In diesem Augenblick kommen zwei Männer herein und bleiben in der Vorhalle stehen, während sie sich unterhalten. „Mit denen müssen Sie sprechen“, sagt der Wachtmeister und

9

lehnt sich vertraulich vor. „Der Dicke ist Mr. Athelney Jones, der Detektiv, der mit dem Fall betraut wurde.“ Sein Blick zeigt auf einen großen, kräftigen Mann, den man schon fast fett nennen könnte. Zwei kleine, aber helle Augen leuchten unter seinen geschwollenen Lidern hervor.

„Wer ist der andere?“ erkundigst du dich und zeigst mit einer Kopfbewegung auf den zweiten Mann, eine mittelgroße, makellos gekleidete Erscheinung mit der Ausstrahlung eines Gentleman.

„Das ist Oberinspektor Maxwell Stern, der Vorgesetzte von Mr. Jones – und meiner auch.“ Athelney Jones kommt auf euch zu, und der Polizist nimmt Haltung an.

„Probleme, Wachtmeister?“ fragt er.

„Nein, Sir“, antwortet dieser. „Der Lieutenant hier ist wegen einer Auskunft über die Bombe gestern gekommen.“

Du stellst dich vor, aber es wird sofort deutlich, daß Jones wenig Interesse daran hat, dir weiterzuhelfen. Ziemlich hochnäsig läßt er dich wissen, daß die Polizei keine Auskünfte über eine laufende Ermittlung gibt, dreht sich auf dem Absatz um und stolziert davon. Weiter bei **410**.

378

Du läßt dich mit der Menge hineintreiben und versuchst, dir dein Erstaunen über das eichengetäfelte Foyer und den zweiseitigen Treppenaufgang aus Marmor nicht anmerken zu lassen, der in den ersten Stock zu einem Versammlungssaal hinaufführt. Die Mitglieder strömen in den Saal. Du folgst deinen neuen „Freunden“ die Treppe hinauf; einer von ihnen unterhält sich mit dir wie mit einem Kameraden, den er lange nicht mehr gesehen hat. Zusammen betretet ihr den Versammlungssaal. Weiter bei **243**.

379

„Ja“, sagst du ehrfürchtig. „Major Dillon, der Regimentsadjutant, paßt genau auf die Beschreibung.“ Notiere Folgerung 2. Weiter bei **432**.

380

Du hörst ruhig zu, als der Anführer der irischen Fraktion die Zwecke erläutert, die hinter den Aktivitäten dieser Gruppe stehen, und ihre Verbrechen im Namen eines höheren Zieles rechtfertigt. Nach einer Weile steht er auf und erklärt, daß er überzeugt davon ist, daß du keinen Schaden anrichten wolltest. Du darfst gehen.

- Wenn du die Ermittlung auf eigene Faust fortsetzt, weiter bei **425**.
- Wenn du zur Polizei gehst, notiere Entscheidung 6, dann geht es weiter bei **390**.
- Wenn du zu Sherlock Holmes gehst, weiter bei **404**.

381

„Mr. Holmes“, sagst du, „wenn ich auch auf Ihre Meinung in dieser Angelegenheit großen Wert lege, kann ich doch nicht guten Gewissens sitzenbleiben und auf die Morgenzeitungen warten. Ich glaube nicht, daß diese Terroristenbande so diszipliniert ist, wie Sie annehmen. Und ich kann doch auch noch andere Maßnahmen ergreifen. Vielen Dank für Ihr großzügiges und gastfreundliches Angebot, aber ich werde jetzt gehen und Sie Ihr Abendbrot in Ruhe essen lassen. Haben Sie beide Dank für Ihre Hilfe, und es würde mich freuen, John“, sagst du zu Dr. Watson gewandt, als du aufstehst, „wenn ich dich ein andermal besuchen dürfte.“

„Ja, gewiß“, erwidert Watson und steht auf, um dich hinauszubegleiten, „natürlich, mein Junge. Du mußt in dieser Sache tun, was du für richtig hältst, aber ich glaube doch, daß du ein bißchen zu impulsiv vorgehst. Mein guter Holmes ist manchmal ein wenig direkt, aber unrecht hat er selten. Bitte denk doch noch einmal darüber nach."

Beim Abschied schüttelst du beiden die Hand. „Es tut mir leid, daß ich nicht warten kann, John, aber mein Kommandant hat mir nur wenig Zeit für diese Sache gelassen, und ich fürchte, daß er selbst diese wenige Zeit noch kürzen könnte." Du gehst mit einem unguten Gefühl. Du hast zwar zwischen dir und Sherlock Holmes nicht gerade das Tischtuch zerschnitten, aber ein wenig eingerissen hast du es schon!

- Wenn du zur Polizei gehst, weiter bei **198**.
- Wenn du zum Tatort gehst, notiere Entscheidung 3, dann geht es weiter bei **240**.
- Wenn du dich in den Kneipen im East End umsiehst, über die das Gerücht umgeht, daß es Treffpunkte der irischen Verschwörer seien, weiter bei **306**.

382

Mit dieser wirren Stellungnahme endet die Versammlung. Die Mitglieder haben sich erhoben und schauen Dillon nach. Auch du bist aufgestanden und reckst deinen Hals, um zu sehen, was aus den fünf Anführern geworden ist, aber als es dir gelingt, über die Menschenmenge hinwegzuschauen, sind sie verschwunden. Die Mitglieder schlendern aus dem Saal.

Du hast erreicht, was du wolltest. Du weißt, wer Jonathan getötet hat! Du weißt es aus dem Mund des Mörders selbst! Aber so sehr es dich auch schmerzt, das zuzugeben, Jonathans Tod ist jetzt nicht mehr das Wichtigste. Bei dieser finsteren Organisation handelt es sich um eine Verschwörung, die Hochverrat plant!

Du könntest mit deinem Wissen zur Polizei gehen, aber würde sie dir glauben? Oder würde sie nicht vielmehr greifbare Beweise für das verlangen, was du gehört hast? Heute

4

abend sind hier sicherlich wichtige Leute versammelt, und die Maskierung des Rates deutet darauf hin, daß bekannte Gesichter darunter stecken. Wenn es dazu käme, daß dein Wort gegen ihres stünde, würde deines sicherlich nicht viel zählen. Aber du weißt jetzt, wo du weiterarbeiten mußt, und bist entschlossen, dir den nötigen Beweis zu besorgen. Wähle eine Zahl und zähle deine Schlauheits-Punkte hinzu:

- Ist die Summe 2–4, weiter bei **441**.
- Ist die Summe 5–12, weiter bei **105**.

383

„Bruder“, beginnt das Ratsmitglied in der Mitte, „du wurdest hierher zitiert zur Erörterung einer sehr schwerwiegenden Angelegenheit. Es geht um dein vorschnelles Handeln im Zusammenhang mit dem Tod des Kandidaten Bruder Wheeler. Solches Handeln ohne Genehmigung durch den Rat ist tadelnswert. Was hast du dazu zu sagen?“

„Führer, ich war es gewesen, der ihn als Mitglied vorgeschlagen hatte, und es lag in meiner Verantwortung, diesen Irrtum zu korrigieren“, antwortet Dillon. „Wir müssen unsere Sache geheimhalten, koste es, was es wolle.“

„Bruder, es gibt die Auffassung, daß dein Urteilsvermögen durch dein starkes Trinken getrübt sei“, bemerkt der Anführer streng. „Ferner gibt es die Meinung, daß dein Fehlurteil in dieser Sache nur das letzte und schwerwiegendste in einer ganzen Reihe von ähnlichen Vorfällen im vergangenen Jahr sei. Es stellt sich nun die Frage, ob du noch in der Lage bist, deine Position zu bekleiden.“

„Führer“, antwortet Dillon mit vor Zorn rotem Nacken, „mein Trinken geht nur mich selbst etwas an, und niemand sonst sollte sich darum kümmern. Es hat keinerlei Auswirkung auf meine Pflichterfüllung. Das könnten alle, die mich kennen, bestätigen, wenn Ihr sie fragen wolltet. Meine Erge-

6

benheit gegenüber unserer Sache steht hier ja wohl nicht zur Debatte. Ich gebe zwar meinen Fehler in diesem Fall zu; das sollte aber kein schlechtes Licht auf meine vergangenen Dienste werfen, und es wäre falsch, es als Anzeichen für nachlassende Fähigkeiten zu deuten. Ich habe dieser Sache zwanzig Jahre lang gedient. Dieser eine Zwischenfall hat keine weiterreichende Bedeutung."

„Wie kannst du so etwas sagen?" fragt der Anführer mit wachsender Skepsis. „Weißt du nicht, daß unsere Organisation Gefahr läuft, wegen deiner voreiligen Maßnahme die Unterstützung gewisser einflußreicher Persönlichkeiten zu verlieren? Das würde für unsere Sache die vollkommene Katastrophe bedeuten! Lieutenant Wheelers Familie hat machtvolle Verbündete in der Regierung, Verbündete, die wir dringend brauchen. Besonders einer von ihnen verlangt nach deinem Kopf, und ich zumindest bin keinesfalls davon überzeugt, daß wir ihn ihm nicht geben sollten!"

„Führer", spottet Dillon unbeirrt, „wir kamen gut genug voran, bevor wir uns auf diese politischen Manöver einließen. Und wir brauchen sie auch jetzt nicht. Ihr und die anderen Ratsmitglieder habt durch euer Bestreben unsere Organisation in die Politik zu verstricken, eure Existenzberechtigung verloren!"

„Hüte deine Zunge, Bruder!" antwortet der Anführer. „Wenn du es auch nicht zu erkennen vermagst, verfolgen wir unseren Zweck doch mit Weisheit. Denkst du, wir könnten es allein mit dem Parlament aufnehmen? Wenn wir nicht über die Gewaltmittel verfügen, unsere Wünsche durchzusetzen, werden unsere Köpfe bald die Speerspitzen an der Mauer des Tower zieren!

Für viele bedeutet das, was wir hier planen, Verrat", fährt er fort. „Wir sind zwar durch unseren uralten Eid verpflichtet, die Fäulnis auszumerzen, von der unser Land befallen ist, aber wir werden dabei auf Widerstand stoßen, machtvollen Widerstand. Wir können dir nicht erlauben, unsere Widersacher durch gedankenlose Taten zu stärken. Du wirst dich den Entscheidungen des Rats der Fünf beugen oder der Strafe ins Auge blicken müssen!"

„Und ich sage, was ich tat, war notwendig!" beharrt Dillon dickköpfig und in scharfem Ton. „In anderen Angelegenheiten werde ich mich den Entscheidungen des Rats beugen, und ich übernehme die volle Verantwortung dafür, den Verräter hierher gebracht zu haben! Es war mein Vergehen, also mußte ich es auch wieder in Ordnung bringen. Wenn es sein muß, so bestraft mich dafür. Wenn wir überleben wollen, muß unsere Sache geheim gehalten werden!" Damit dreht er sich auf dem Absatz um und stolziert aus dem Saal, und jede seiner Bewegungen spiegelt seine trotzige Haltung wider. Notiere Hinweis T. Weiter bei **382**.

384

„Ich kann mich zwar täuschen, aber ich würde sagen, daß dies eine Garderobenmarke vom Leonidas Club ist", bemerkst du und gibst Holmes die Karte.

„Da täuschen Sie sich nicht", stimmt Holmes dir zu. „Ich habe letztes Jahr eine Abhandlung über Eintrittskarten, Fahrkarten, Garderobenmarken usw. veröffentlicht. Die Polizei hat mit ihrer Hilfe schon eine Fälschung aufgedeckt. In Ihnen steckt etwas, Lieutenant." Er zieht einen Ordner aus dem Schrank hinter sich und gibt ihn dir. Er enthält eine Unzahl von Mustern der verschiedensten Karten, und du kannst die vermutete Herkunft des roten Kärtchens bestätigen.

- Wenn du Hinweis C notiert hast, weiter bei **166**.
- Wenn du Hinweis D notiert hast, weiter bei **413**.
- Wenn du Hinweis E notiert hast, weiter bei **331**.
- Andernfalls weiter bei **281**.

12

385

Hat Bosworth nun recht oder nicht? Vielleicht ist die Karte tatsächlich nichts weiter als eine Quittung von einer Droschkenfirma. Wenn du es nur sicher wüßtest! Weiter bei **340**.

386

Du versuchst, Mores einem Verhör zu unterziehen, aber er starrt dich nur schweigend an, und du bist nicht bereit, ihn mit den Techniken seiner Freunde zum Reden zu bringen.

Schließlich schlägt Dr. Watson vor, ihn auf verborgene Waffen zu durchsuchen. Waffen hat er zwar keine bei sich, aber in seiner Rocktasche findet ihr einen vierfach gefalteten Zettel, der aus dem Briefpapier des Rats der Fünf stammt. Darauf scheint eine Art verschlüsselte Botschaft geschrieben zu sein, denn alle Wörter haben genau fünf Buchstaben und ergeben keinen Sinn.

Während deiner Dienstzeit hast du schon mit Geheimschriften zu tun gehabt. Vielleicht ist dir dieser Kode vertraut. Du setzt dich an Holmes' Schreibtisch und machst dich an die Arbeit. Wähle eine Zahl und zähle deine Wissens-Punkte hinzu:

– Ist die Summe 2–6, weiter bei **111**.
– Ist die Summe 7–12, weiter bei **108**.

387

Der Butler macht keinen Versuch, die Tür zuzudrücken und deinen Fuß zu zerquetschen. Statt dessen zieht er an einer Klingelschnur. Dabei blockiert er nach wie vor die Tür, während du weiter auf ihn einredest, dich doch einzulassen. Er antwortet dir nicht einmal, sondern wartet geduldig, daß du gehst. Diese unentschiedene Situation dauert an, bis du von innen Schritte hörst.

„Gibt es ein Problem?" erkundigt sich hinter der Tür eine tiefe und ernste Männerstimme.

5

„Ein Eindringling, Sicherheitsoffizier", erklärt der Butler. „Er will ohne Eintrittskarte hereinkommen und möchte dringend einen gewissen Colonel Sterling sprechen. Ich habe ihm gesagt, daß dieser Mann nicht Mitglied bei uns ist, aber er will nicht gehen."

„Ich kümmere mich darum, lassen Sie nur." Der Butler nickt dankbar und tritt beiseite. Der andere Mann kommt nach vorne. Die Tür geht ganz auf, und du stehst vor der vertrauten Gestalt von Sergeant Major Peter Austin. Verblüfft starrt ihr einander an. Er faßt sich als erster. „Lieutenant Watson!"

„Guten Tag, Sergeant Major", antwortest du ein wenig verlegen.

„Lieutenant, ich weiß nicht, worum es Ihnen geht, aber ich kann Sie nicht hereinlassen. Der Club steht nur seinen Mitgliedern zum privaten Gebrauch zur Verfügung. Der Butler hat recht; Colonel Sterling ist hier nicht Mitglied. Sie sollten in Kingston mit ihm sprechen."

„Aber was tun Sie hier, Sergeant Major? Man sollte doch meinen, das wäre etwas unter Ihrer Würde."

„Bin hier nur vorübergehend. Ein Freund von mir wurde verletzt, und ich springe abends für ihn ein, bis er seinen Posten wieder einnehmen kann." Du mußt dich im Augenblick geschlagen geben, aber es kommt dir seltsam vor, daß Austin dich nicht einläßt. Notiere Hinweis S. Wenn du in den Leonidas Club einbrechen willst, geht es weiter bei **234**. Wenn du zu Sherlock Holmes gehst, weiter bei **435**.

388

Der Kommandeur der Militärpolizei glaubt dir nicht und befiehlt dir, auf deine Stube zu gehen und die offizielle Untersuchung dieser Angelegenheit abzuwarten. Du stehst praktisch unter Hausarrest und kannst deine eigene Ermittlung nicht mehr fortsetzen. Sie ist fehlgeschlagen, und jetzt liegt es an Sherlock Holmes, den Mord an Jonathan aufzuklären. Wenn du noch einmal von vorne beginnst, weiter bei **308**. Wenn du lieber die Lösung lesen willst, weiter bei **430**.

389

Als du in eine Kammer am Ende des Durchgangs gelangst, mußt du feststellen, daß dir die Ratsmitglieder entwischt sind. Sie haben hier ihre Umhänge und Masken abgelegt und sind zur Straße hinaufgestiegen. Weiter bei **397**.

390

Du fährst mit einer Droschke in die Baker Street Nr. 221B. Den Kutscher bittest du zu warten. Mrs. Hudson begrüßt dich an der Tür; sie sagt dir, daß Dr. Watson frische Kleider für dich bereitgelegt hat. Er hat damit gerechnet, daß du kommen würdest, da er wußte, daß du heute nicht nach Kingston zurückfahren wolltest. Schnell ziehst du dich um, steigst wieder in die Droschke und läßt dich zu Scotland Yard fahren.

- Wenn du die Hinweise F und H notiert hast, weiter bei **497**.
- Wenn du Hinweis G oder F, nicht aber Hinweis H notiert hast, weiter bei **211**.
- Andernfalls weiter bei **301**.

391

Als du durch den Flur läufst, kommt der Wachposten aus dem Zimmer. Er hat es nur flüchtig überprüft. Er sieht dich und schlägt Alarm. Du bist von einem Wachposten wegen dessen Nachlässigkeit ertappt worden! Wähle eine Zahl und zähle deine Fitneß-Punkte hinzu:

- Ist die Summe 2–6, weiter bei **136**.
- Ist die Summe 7–12, weiter bei **192**.

392

Du verläßt den Pub und gehst zum Club hinüber. Eine vierrädrige Kutsche fährt vorbei, hält an, und vier Männer steigen aus, die gerade vor dir die Stufen zum Eingang des Clubs hinaufgehen. Sie sind offensichtlich leicht angetrunken. Wenn du versuchst, dich ihnen anzuschließen, weiter bei **224**. Wenn du sie vorgehen läßt, weiter bei **310**.

393

Viele Möglichkeiten bleiben dir nicht mehr: entweder kannst du in die Garnison „Bergfried" zurückkehren und Dillons Büro durchsuchen, oder du fährst nach London und versuchst dein Glück beim Leonidas Club. Wenn du Resultat IV *nicht* notiert hast und in die Garnison zurückkehrst, geht es weiter bei **295**. Wenn du Resultat IV notiert hast *oder* wenn du zum Leonidas Club gehst, weiter bei **174**.

394

Es gelingt dir, ins Büro zu schlüpfen, ohne den oberen Wachposten auf dich aufmerksam zu machen. Du ziehst die Vorhänge vor und durchsuchst das ganze Büro gründlich, findest aber nichts. Weiter bei **407**.

395

Du siehst den Zweifel in Jones' Gesicht und merkst, daß deine Verdachtsmomente nicht ausreichen, ihn davon zu überzeugen, daß sein Vorgesetzter mit Kriminellen im Bunde ist. Du änderst deine Taktik und drängst ihn, die Indizien zu untersuchen, die du aufgedeckt hast, und Dr. Watson und Sherlock Holmes zu sagen, wo du bist. Er ist einverstanden.

Weit davon entfernt, mit der Entwicklung der Ereignisse zufrieden zu sein, weißt du doch, daß eine Chance besteht, den Verschwörern einen Strich durch die Rechnung zu ma-

2

chen. Jones hat die Informationen, die du ihm gegeben hast, und beschäftigt sich mit der Sache. Du traust ihm zwar nicht viel zu, aber er hat dir versprochen, mit Holmes und deinem Vetter Kontakt aufzunehmen, und wenn diese beiden die Spur aufnehmen, werden die Verschwörer des Rats nicht weit kommen! Wenn du den Fall noch einmal aufrollen willst, geht es weiter bei **308**. Wenn du lieber die Lösung lesen möchtest, weiter bei **430**.

396

Du öffnest den Korb und überprüfst seinen Inhalt. Du findest einen Zigarrenstummel (Hinweis I), Papierfetzen von fünf verschiedenen Zeitungen (Hinweis J), eine Bruyèrepfeife, einen zerbrochenen Schirm, einen Schuh, eine Münze (Hinweis K) und etwas, das wie ein Bündel Altpapier aussieht. Notiere die Hinweise I, J und K. Wähle eine Zahl und zähle deine Wissens-Punkte hinzu:

- Ist die Summe 2–7, weiter bei **462**.
- Ist die Summe 8–12, weiter bei **262**.

397

Du bist mit dem Ergebnis deiner Maßnahmen nicht zufrieden. Obwohl Dillon für den Tod deines Freundes mit gleicher Münze wird zahlen müssen, sind die eigentlich Verantwortlichen entkommen. Ihre Verschwörung wurde zerschlagen und der Mord aufgeklärt, aber dieser Abschluß des Falles läßt doch einen schalen Nachgeschmack zurück. Ein bescheidener Erfolg ist eine bittere Pille, wenn ein Erfolg auf der ganzen Linie so greifbar schien. Wenn du noch einmal von vorne anfängst und den Fall gründlicher lösen willst, weiter bei **308**. Wenn du die ganze Lösung lesen möchtest, weiter bei **430**.

398

Du beschließt, vor Einbruch der Dunkelheit Major Dillons Büro zu durchsuchen; später wäre es zu gefährlich. Du bist zwar berechtigt, dich im Gebäude aufzuhalten; aber bei Dillons Wohnhaus wäre das nicht der Fall.

Du mußt jetzt eine weitere Entscheidung treffen. Wenn du deine Suche geheimhalten willst, mußt du dich ins Hauptquartier hineinschleichen. Du kannst es aber auch offen betreten und behaupten, du hättest dort im Zusammenhang mit Jonathans Tod zu tun, was in gewisser Weise sogar wahr ist. Der Wachposten könnte dir allerdings den Zutritt verweigern, da die Dienststunden vorbei sind. Das wäre unangenehm, da es viel zu auffällig wäre, den wachhabenden Offizier rufen zu lassen, der die Befugnis hätte, dich einzulassen.

Wenn du Entscheidung 9 noch nicht notiert hast, tu es jetzt. Wenn du versuchst, offen das Hauptquartier zu betreten, weiter bei **334**. Wenn du dich lieber hineinschleichst, weiter bei **279**.

399

„Nein, Sir, er wollte kein Wort darüber sagen", antwortet Corporal Bosworth auf deine Frage, „obwohl ich ihn extra danach gefragt habe."

„Haben Sie bei Lieutenant Wheeler schon einmal eine solche Karte gesehen?" Du zeigst sie ihm.

„Nein, Sir, kann ich nicht behaupten. Ist sicher eine Droschkenfahrkarte. Zeigen Sie mal, was sind denn da für Buchstaben drauf? L. C., heißt sicher „London Coach", ein großes Droschkenunternehmen. Vielleicht das größte." Du bedankst dich bei Bosworth und steckst das Kärtchen wieder in die Tasche. Wähle eine Zahl und zähle deine Instinkt-Punkte hinzu:

- Ist die Summe 2–7, weiter bei **385**.
- Ist die Summe 8–12, weiter bei **340**.

6

400

Das Briefpapier muß für Dillons persönlichen Gebrauch dasein. Wahrscheinlich für Familienangelegenheiten. Gut, daß du die Wichtigkeit dieser Sache nicht falsch eingeschätzt hast. Deiner Meinung nach würde Sherlock Holmes dies einen klassischen Fall von falscher Fährte nennen. Weiter bei **496**.

401

Du räumst das Büro auf, gehst auf deine Stube zurück, ziehst dir etwas geeignetere Kleidung an und eilst zum Bahnhof Kingston, um zum Leonidas Club zu fahren. Weiter bei **174**.

402

Du ziehst dir dunkle, aber anständige Kleidung an und machst dich auf den Weg in den Ort Kingston. Hoffentlich sind Major Dillon und seine Frau nicht zu Hause. Dann könntest du das Haus richtig durchsuchen. Weiter bei **132**.

403

Der Wachtmeister bittet dich, ihm bis zur inneren Absperrung zu folgen. Dort fordert er dich auf, zu warten, und geht, um die Detektive zu holen. Du kannst erkennen, daß der Schaden nicht so gravierend ist, wie ihn die Zeitungen geschildert haben. Du vermutest, daß die Haltestelle morgen wieder in Betrieb sein wird. Bald kommt der Polizist in Begleitung von Oberinspektor Maxwell Stern zurück! Wenn du Resultat I notiert hast, geht es weiter bei **406**. Andernfalls weiter bei **285**.

404

An der Tür von Baker Street Nr. 221 B wirst du von Mrs. Hudson begrüßt. Oben findest du Sherlock Holmes.

– Wenn du die Hinweise F und H und Entscheidung 6 notiert hast, weiter bei **153**.

- Wenn du einen der Hinweise G und H *und* eine der Entscheidungen 4 und 5 notiert hast, weiter bei **103**.
- Andernfalls weiter bei **130**.

405

Mit Jones fährst du in einer Droschke vom Bahnhof Kingston zu Dillons Wohnhaus, aber als ihr dort ankommt, müßt ihr feststellen, daß die Polizei schon da ist. Jones bittet dich zu warten, steigt aus und geht zu dem Polizeidetektiv, der im Hauseingang steht. Er spricht mit ihm ein paar Minuten lang und kommt dann zurück.

„Schlechte Nachrichten, fürchte ich", erklärt er. „Major Dillon wurde ermordet. Seine Frau kam von einem Besuch bei ihrer Schwester nach Hause und fand ihn tot auf dem Boden liegen, mit einer Pistole in der Hand. Nach dem Zustand des Hauses zu urteilen, meint der Detektiv, kam Dillon gestern abend spät nach Hause und überraschte einen Einbrecher. Aber wir beide wissen ja, daß es wohl nicht so war."

„Ja", antwortest du, „sie haben ihn umgebracht, weil er ein Risiko für sie war. Jetzt kommt es ihnen darauf an, sich die Unterstützung wieder zu beschaffen, die er sie gekostet hat. Das sind wirklich schlechte Nachrichten. Haben Sie eine Idee?"

„Ich denke nicht, daß es uns etwas nützen würde, die Sache von Scotland Yard aus weiterzuverfolgen", überlegt Jones langsam. „Ich kann im Augenblick dem Oberinspektor nicht gegenübertreten. Weil ich Sie freigelassen habe, ist jetzt meine eigene Position gefährdet."

„Dann bleibt uns nur eine Alternative."

„Ja", sagt Jones und verzieht das Gesicht. „Sherlock Holmes." Weiter bei **493**.

406

„Warum sind Sie hier, Lieutenant?" fragt der Oberinspektor wütend. „Ich denke doch, ich habe mich Ihnen gegenüber heute schon deutlich genug ausgedrückt. Halten Sie sich aus dieser Ermittlung raus! Können Sie mir vielleicht einen Grund nennen, warum ich Sie nicht wegen Behinderung der Justiz festnehmen lassen sollte?"

„Ja, Oberinspektor", knurrst du zornig zurück, „ich denke, das kann ich schon! Ihre Untersuchung dieses Verbrechens ist von Anfang an verpfuscht. Statt sich von den Indizien zur richtigen Lösung führen zu lassen, haben Sie sich auf eine Lösung festgelegt und ignorieren nun alles, was nicht zu Ihrem Vorurteil paßt. Ich werde an Lieutenant Wheelers Vater schreiben und ihm von der himmelschreienden Unfähigkeit der Polizei bei der Aufklärung der Todesumstände seines Sohnes berichten. Mr. Wheeler hat Verbindungen zur Regierung und wird der Sache zweifellos mit all den ihm zur Verfügung stehenden Mitteln und Einflußmöglichkeiten nachgehen. Habe ich Ihre Frage damit beantwortet?" Wähle eine Zahl und zähle deine Kommunikations-Punkte hinzu:

- Ist die Summe 2–9, weiter bei **488**.
- Ist die Summe 10–12, weiter bei **455**.

407

Du verläßt das Büro und das Gebäude. Eine Möglichkeit hast du nun ausgeschlossen. Jetzt ist der Leonidas Club an der Reihe! Du mußt schnell zum Bahnhof. Weiter bei **174**.

408

Du machst einen Schritt in die Kammer hinein und zielst mit deiner Pistole auf die unmaskierten Mitglieder des Rats der Fünf. Sieh mal einer an, denkst du. „Keine Bewegung, Colonel Sterling, wenn ich bitten darf", befiehlst du. „Und auch die anderen Herren bleiben ganz ruhig stehen. Sie haben alle einen Termin bei Scotland Yard, und zwar nicht in Ihrem Zimmer, Oberinspektor Stern." Weiter bei **506**.

409

Du fast den Entschluß, jetzt die Polizei einzuschalten, bevor die Mitglieder des Leonidas Clubs noch mehr Unheil anrichten können. Du hast zwar keine direkten Beweise, mit denen die Anführer verurteilt, ja noch nicht einmal identifiziert werden könnten, aber schnelles Handeln könnte wenigstens einen Mörder zur Strecke bringen und die Pläne des Clubs verhindern. Das weitere Vorgehen willst du der Polizei überlassen. Schließlich ist sie, wie sie dich immer wieder erinnert, für die Untersuchung solcher Dinge qualifiziert.

Ihr nehmt zusammen eine Droschke und fahrt zu Scotland Yard. Als ihr dort ankommt, ist die Sonne gerade aufgegangen. Du läßt Mores in der Droschke schlafen, gehst hinein und fragst nach Athelney Jones. Seine Bürotür ist abgeschlossen. Ein Polizist, der gerade vorbeikommt, meint, daß Jones noch nicht da sei. Du denkst, daß du inzwischen hinausgehen, die Droschke bezahlen und Mores hereinholen könntest. Als du vor das Haus trittst, ist die Droschke samt Mores verschwunden. Du überlegst noch, wie du auf diese neue Lage reagieren sollst, da hält eine andere Droschke vor dir und Oberinspektor Stern steigt aus. Weiter bei **325**.

410

Es ist klar, daß die Polizei nicht gewillt ist, deine Fragen zu beantworten – jetzt nicht, und vielleicht auch später nicht. Du fährst zurück nach Kingston. Kaum hast du deine Stube betreten, als die Ordonnanz des Regiments-Kommandanten an deine Tür klopft.

„Colonel Sterling läßt sich empfehlen, Sir", sagt der Bursche. „Wären Sie so freundlich, ihn jetzt gleich in seinem Dienstzimmer aufzusuchen?"

Du nickst, fährst mit der schwarzen Polierbürste kurz über deine Stiefel und machst dich auf den Weg zum Hauptquartier des Regiments. Es ist ein braunes, zweistöckiges Gebäude mit rotem Ziegeldach. Es hat dir von Anfang an nicht gefallen. Da du fast dein ganzes Leben in Indien verbracht hast, fühlst du dich in der offenen, weitläufigen Architektur der britischen Kolonien mehr zu Hause. Bei diesem trutzigen Block dagegen hast du bei der Parade immer das Gefühl, daß er düster und bedrohlich wie ein Gefängnis über dir schwebt.

Du betrittst das Dienstzimmer von Colonel Sterling. Da du weißt, daß er sehr auf die äußeren Formen Wert legt und auch bei den kleinsten Pflichtverletzungen recht unangenehm werden kann, gehst du sofort in Hab-Acht-Stellung und salutierst so perfekt du nur kannst.

„Da sind Sie ja, Watson", sagt Sterling, sieht zerstreut zum Fenster hinaus und reagiert auf dein Salutieren mit einem Wink seiner Reitpeitsche, die er in der Hand hält. „Wußte gar nicht, wo Sie steckten."

„Tut mir leid, Sir", antwortest du. „Ich war in der Stadt, um mir über Lieutenant Wheeler Informationen zu beschaffen."

„Ah ja. Genau deswegen wollte ich Sie sprechen." Er dreht sich zu dir um. Colonel Sir Edward Harrison Sterling, Träger mehrerer hoher Ehrentitel Ihrer Majestät der Königin, ist ein großer, hagerer Mann, der alle schlimmen Eigenschaften der englischen Aristokratie in sich vereinigt. Seine kalten blauen Augen und sein eisgraues Haar strahlen zurückhaltende Würde aus, und durch seine geringschätzige Art, mit Untergebenen umzugehen, hat er sich den Ruf der Unnahbarkeit verschafft. „Ob Sie wohl so gut wären, die Aufgabe zu übernehmen, Wheelers Angelegenheiten in Ordnung zu bringen, Watson. Seine Habe zusammensuchen und sie seiner Familie schicken und dergleichen. Ich habe in der Sache schon an seinen Vater geschrieben."

„Selbstverständlich, Sir", antwortest du, da du des Colonels Art, Befehle zu geben, kennst. „Wann soll ich anfangen?"

„Sofort, wenn es geht. Ich habe den Sergeant Major schon davon in Kenntnis gesetzt, daß Sie bis zur Erledigung dieser Aufgabe von jeder anderen entbunden sind. Halten Sie eine Woche für ausreichend?"

„Gewiß, Sir", antwortest du mit leichtem Erstaunen darüber, daß er dir so viel Zeit gibt. –

Später am Abend kontrollierst du Jonathans Kleider. Dazu gehört auch der Uniformrock der Ausgehuniform, den du seltsamerweise auf seinem Bett fandest, als du in die Stube zurückkamst. Plötzlich erinnerst du dich, daß Jonathan am Abend zuvor diesen Rock getragen hat. Als du ihn zu dir herziehst, rutscht ein kleines Stück rote Pappe aus einer Innentasche. Du nimmst es in die Hand, um es dir genau anzuschauen. Es ist rechtwinklig, höher als breit, und an einer Schmalseite abgerissen. Auf dem nicht-abgerissenen Ende steht „L. C." und darüber die Zahl „1104". Notiere Hinweis A. Wähle eine Zahl und zähle deine Wissens-Punkte hinzu:

- Ist die Summe 2–10, weiter bei **131**.
- Ist die Summe 11–12, weiter bei **440**.

411

Der Lichtstrahl von der Laterne des Polizisten leuchtet in den Keller herunter und fällt auf ein Stück Papier, das auf einem Bierfaß neben den Resten einer billigen Kerze liegt. Du nimmst den Zettel in die Hand und stellst fest, daß der Entwurf einer Botschaft der Terroristen an die Polizei daraufsteht, in der sie die Verantwortung für das Attentat in Paddington abstreiten. Du steckst ihn ein und gehst nach oben. Notiere Hinweis G.

5

- Wenn du weiter auf eigene Faust ermittelst, weiter bei **425**.
- Wenn du zur Polizei gehst, notiere Entscheidung 6, dann geht es weiter bei **390**.
- Wenn du Sherlock Holmes um Hilfe bittest, weiter bei **404**.

412

In der Entfernung siehst du undeutlich, wie Peter Austin Major Dillon durch den unterirdischen Gang zerrt. Sie kommen in eine kleine Kammer mit Wänden aus rohem Stein, und Austin bleibt stehen, um eine Kerze anzuzünden. Du bleibst ebenfalls stehen, damit er dich nicht sieht, ziehst deine Pistole und schleichst dich dann ganz vorsichtig näher.

Plötzlich packt Austin Dillon an der Schulter und wirft ihn mit dem Rücken gegen die Wand. Dann knurrt er etwas, das du nicht verstehen kannst, zieht eine Pistole und spannt gleichzeitig mit einer schnellen Bewegung ihren Hahn. Er hebt die Pistole. Du kannst nicht schießen, denn Dillon steht in deiner Schußlinie.

Du stößt einen Schrei aus, um Austin abzulenken, und rufst dann Dillon zu, sich auf den Boden zu werfen. Wähle eine Zahl und zähle deine Fitneß-Punkte hinzu:
- Ist die Summe 2–7, weiter bei **418**.
- Ist die Summe 8–12, weiter bei **414**.

413

„Erzählen Sie mir jetzt mehr über Ihr Gespräch mit Sergeant Major Austin“, sagt Holmes, als du ihm den Hefter zurückgibst. „Und lassen Sie nichts aus. Es ist ein alter Grundsatz von mir, daß kleine Dinge oft die wichtigsten sind.“

Du berichtest ihm so ausführlich wie möglich von der Unterhaltung, aber beim Sprechen kommen selbst dir Zweifel. In der Gegenwart dieses großen Detektivs klingen deine Verdachtsmomente nicht sehr überzeugend, und deine Einschätzung Austins beruht größtenteils auf deiner persönlichen Erfahrung im alltäglichen Umgang mit ihm. „Ich weiß, daß ich wenig Anhaltspunkte habe“, sagst du schließlich lahm, „aber ich bin sicher, daß er etwas weiß. Für sich genommen ist mein Verdacht vielleicht nicht viel wert, aber zusammen mit allem anderen könnte er bedeutsam sein.“

„Wie Sie sagen“, bemerkt Holmes, „geben die Anhaltspunkte wenig her zur Untermauerung Ihrer Vermutung, daß Lieutenant Wheeler nicht durch die Explosion im Bahnhof Paddington getötet wurde. Ich müßte mich hier auf die Seite der Polizei stellen; es gibt keine schlüssigen Beweise für das Gegenteil, obwohl es durchaus so sein könnte, wie Sie meinen. Lieutenant Wheeler könnte auf andere Art getötet worden sein, und dieses Verbrechen wäre dann durch die Explosion vertuscht worden. Genau so eine Täuschung ist 1841 in Potsdam im Fall Heist geschehen und dann nochmals 1878 in Moskau bei der Rossowitsch-Affäre. Aber in diesem Fall denke ich, daß alle Indizien darauf hindeuten, daß der Getötete auf zufällige und tragische Art und Weise am selben Ort wie die Terroristenbombe war.“ Weiter bei **123**.

414

Austin gibt einen Schuß auf dich ab, der an deinem Ohr vorbeipfeift. Major Dillon geht in Deckung, so daß du jetzt selbst schießen kannst. Du zielst gut und erwischst Austin an der Schulter. Seine Pistole fliegt ihm aus der Hand, und er fällt auf den steinigen Boden. Schnell gehst du zu ihm, stellst seine Pistole sicher und wartest auf Athelney Jones. Weiter bei **422**.

415

Du kehrst auf deine Stube zurück und durchwühlst deinen Schreibtisch, bis du den Brief deines Vaters gefunden hast. Schnell liest du ihn nochmals durch. „Da haben wir es ja schon", sagst du zu dir selbst. „Die Anschrift ist Baker Street Nr. 221B, in der Nähe von St. John's Wood." Du überlegst schnell: Mit dem nächsten Zug von Kingston könntest du gegen vier Uhr nachmittags am Bahnhof Waterloo ankommen. Bis Sonnenuntergang könntest du die Wohnung deines Vetters erreichen, früh genug vor dem Abendessen. Du nimmst dir vor, die Gastfreundschaft von Dr. Watson nicht über Gebühr zu beanspruchen, aber hoffst schon, daß er sich die Zeit nimmt, dich anzuhören.

Du ziehst dir Zivilkleidung an und eilst zum Bahnhof. Zum Glück hat der Zug fast zehn Minuten Verspätung, so daß du ihn gerade noch erwischst. Beim Einsteigen siehst du, daß Major Dillon, auch in Zivil, in einen anderen Wagen steigt. Er bemerkt dich nicht. Du siehst keinen Grund, ihn im Zug aufzusuchen und zu begrüßen.

Nach einer ereignislosen Fahrt kommst du am Bahnhof Waterloo an und nimmst eine Droschke in die Baker Street. Deine Berechnung hat gestimmt: Als die Droschke vor der Wohnung deines Vetters vorfährt, geht gerade die Sonne unter. Du siehst auf deine Taschenuhr und stellst fest, daß es eine gute Zeit für einen Besuch ist, also steigst du die Stufen hinauf und klopfst an die Tür.

Nach einem kurzen Augenblick wird sie geöffnet; auf der Schwelle steht eine ältere Frau und fragt dich nach deinen Wünschen. Als du ihr sagst, daß du deinen Vetter Dr. Watson besuchen möchtest, hellt sich ihr Gesicht auf, und sie stellt sich als Mrs. Hudson vor.

„Ich dachte schon, Sie wären wieder so einer von den Leuten, die Mr. Holmes besuchen", sagt sie mit verächtlicher Miene und läßt dich herein. „Sie glauben ja nicht, was für ein Gesindel ständig durch diese Tür geht. Oben die zweite Tür", sagt sie und geht murmelnd und kopfschüttelnd in ihre Küche zurück. Du gehst die Treppe hinauf und klopfst.

9

Ein großer, schlanker Mann in einer Hausjacke öffnet dir. Als erstes fallen dir seine Augen auf, mit denen er dich scharf und durchdringend wie ein Raubvogel mustert; dieser Eindruck wird noch verstärkt durch seine lange Adlernase. Einen Moment lang hast du das Gefühl, seinem Blick wie im Scheinwerferlicht ausgesetzt zu sein – dann ist dieser Eindruck wieder weg. Er schenkt dir ein dünnes, aber freundliches Lächeln und streckt dir seine Hand entgegen.

„Willkommen, Lieutenant Watson", sagt er. „Ich bin Sherlock Holmes. Kommen Sie doch herein. Unser lieber Doktor wird sich über Ihren Besuch freuen. Er fühlt sich heute nicht besonders gut."

Du bekommst weiche Knie. Woher weiß dieser vollkommen fremde Mensch deinen Namen? „Guten Tag, Mr. Holmes", antwortest du erschüttert. „Ich hoffe, ich störe Sie nicht." Du betrittst das Zimmer und siehst dich um. Es ist groß, hell, luftig und gemütlich eingerichtet.

„Gütiger Himmel, Holmes!" hörst du eine Stimme, und ein anderer Mann steht von einem Sessel beim Kamin auf. „Sagtest du Lieutenant Watson?" Er ist nicht so groß wie Holmes, aber etwas kräftiger und trägt einen buschigen Schnurrbart. Das muß dein Vetter Dr. Watson sein.

„Ja, das sagte ich", antwortet Holmes. „Lieutenant Watson, darf ich Ihnen Ihren Vetter Dr. Watson vorstellen. Wie ich sehe, Watson, gehört der Lieutenant zu deinem alten Regiment."

„Sehr gut, sehr gut", sagt Dr. Watson, kommt zu dir und schüttelt dir kräftig die Hand. Er hat wohl deine Verwirrung bemerkt, denn er fährt fort: „Zerbrich dir nicht den Kopf über Holmes. Das macht er immer so."

„Ja, aber wie?" fragst du, immer noch verunsichert. „Meines Wissens habe ich keinen von euch bis heute jemals getroffen."

7

„Da mußt du Holmes selbst fragen“, sagt Dr. Watson kopfschüttelnd. „Mich verblüfft er stets aufs neue.“

„Es ist nicht so schwierig, wie es aussieht, Lieutenant“, bemerkt Holmes und geht zu einem Buffet hinüber, wo er sich daranmacht, seine Pfeife zu stopfen. „Wenn ich es Ihnen sage, wird es Ihnen selbstverständlich erscheinen, was es auch tatsächlich ist. Oft ist es sogar schwieriger zu erkären als auszuführen. Die meisten von uns schauen sich die Leute an, ohne sie wirklich zu sehen; ich versuche, sie zu sehen und dann aus der Beobachtung die möglichen Schlüsse zu ziehen.“

„Ja, schon“, sagst du, „aber ich verstehe immer noch nicht, wie diese Methode Ihnen erlaubt hat, mich mit solcher Treffsicherheit zu identifizieren. Ich wußte nicht, daß mein Vater über mich an Dr. Watson geschrieben hat.“

„Falls er das hat, wußte ich nichts davon und brauchte auch nichts davon zu wissen.“ Holmes unterbricht sich für einen Augenblick und zündet seine Pfeife an. „Es ist wirklich recht einfach. Sie sehen unserem lieben Doktor sehr ähnlich, was einem Außenstehenden mehr auffällt als einem von euch beiden. Am Mittelfinger Ihrer linken Hand tragen Sie einen Siegelring mit dem Familienwappen der Watsons. Kürzlich hat mir der Doktor erzählt, daß er keine in England lebenden Verwandten habe, aber das schließt ja solche im Ausland nicht aus. Ihre Haut ist braungebrannt, obwohl Sie in letzter Zeit der Sonne nicht stark ausgesetzt waren. Wenn ich jetzt noch die Säbelnarbe auf Ihrer Wange hinzunehme, dann deutet das alles auf den Krieg in Afghanistan hin und Ihren Dienst in Indien. Sie tragen die Regimentskrawatte der Fünften Northumberland Füsiliere, haben das Auftreten eines Offiziers und müßten Ihrem Alter nach zu schätzen Lieutenant sein. Da ich weiß, daß Dr. Watson keine Neffen hat, auf die Ihre Beschreibung passen würde, müssen Sie sein Vetter sein. Wie gesagt, alles recht einfach.“

2

„Jetzt, da Sie es erklärt haben, klingt es wirklich einfach", erwiderst du. „Aber ich bezweifle, daß das Ableiten der Schlußfolgerungen so einfach ist wie ihr anschließendes Nachvollziehen."

„Möglich", gibt Holmes zu. „Es stimmt sicherlich, daß nur wenige Menschen bereit sind, sich auf einen Gegenstand, eine Person oder eine Situation lange genug zu konzentrieren, um zu sehen, was zu sehen ist."

„Genug davon", mischt sich Watson ein, „wir vergessen ja ganz, wie man sich einem Gast gegenüber benimmt, Holmes. Setz dich doch zu uns ans Feuer – Charles ist dein Vorname, nicht? Du bleibst natürlich zum Abendessen. Mrs. Hudson bekocht uns hier wirklich gut. Heute gibt es gebratene Schnepfe, wenn ich mich nicht sehr täusche."

„Ich würde mit Vergnügen mit euch essen", nimmst du die Einladung dankbar an, „aber ich fürchte, daß dies nicht nur ein Höflichkeitsbesuch ist. Ich bin gekommen, um euren Rat in einer ernsten Angelegenheit einzuholen, in die ihr euch aber selbst möglicherweise nicht verwickeln wollt."

„Bitte, sprich weiter", ermutigt dich Dr. Watson interessiert. Holmes sagt nichts, aber du merkst, daß er schon gespürt hat, daß dich etwas beunruhigt, und nur darauf wartet, daß du davon anfängst.

„Vielleicht habt ihr von dem gestrigen Bombenattentat in Paddington gehört", beginnst du, und die beiden nicken. „Eines der Opfer war Lieutenant Jonathan Wheeler, mein bester Freund. Ich bin zu der Überzeugung gekommen, daß die offizielle Version davon, was sich zugetragen hat, wahrscheinlich nicht stimmt, und daß die Polizei zu schnell den irischen Bombenlegern die Schuld gibt." Du berichtest alles, was du weißt, und zeigst ihnen am Schluß das rote Kärtchen. Wenn du Hinweis B notiert hast, geht es weiter bei **384**. Andernfalls weiter bei **242**.

8

416

Du wartest auf die Wachablösung und hoffst, daß die nächste Schicht weniger aufmerksam sein wird. Dann machst du einen Versuch, wieder in Dillons Büro zu kommen. Es gelingt dir auch, unbemerkt durch die Tür und die Treppe hinaufzugehen, aber wie es das Unglück will, sieht dich der obere Wachposten und schlägt wieder Alarm. Noch einmal mußt du Fersengeld geben, und du schwörst dir, nie wieder nachts den Dieb zu spielen. Mit deinen Grundsätzen kannst du es ohnehin nicht vereinbaren, und bei dem Pech, das du ständig hast, wäre deine Karriere auch schnell zu Ende! Notiere Resultat IX. Wenn du das nächste Mal aufgefordert wirst, eine Zahl zu wählen, ziehe von der gewählten Zahl 1 Punkt ab. Weiter bei **192**.

417

Du verläßt das Haus, überquerst die Straße und postierst dich an einer dunklen Stelle zwischen zwei Straßenlaternen. Du wartest auf Major Dillon. Wenn du ihn allein erwischst, bekommst du vielleicht den Beweis, den du brauchst. Wähle eine Zahl und zähle deine Beobachtungs-Punkte hinzu:

– Ist die Summe 2–7, weiter bei **203**.
– Ist die Summe 8–12, weiter bei **205**.

418

Austin gibt einen Schuß auf dich ab, der an deinem Ohr vorbeipfeift. Major Dillon geht in Deckung, so daß du jetzt selbst schießen kannst. Du hast auch nicht besser gezielt als Austin, aber dein Schuß hat ihn erschreckt, und du kannst einen zweiten Schuß abgeben. Wähle eine Zahl und zähle deine Fitneß-Punkte hinzu:

– Ist die Summe 2–6, weiter bei **434**.
– Ist die Summe 7–12, weiter bei **457**.

419

Du betrittst ein Zimmer im zweiten Stock auf der Rückseite und schließt hinter dir die Tür. Das Zimmer ist groß, aber offensichtlich für den Gebrauch einer Einzelperson eingerichtet. Die Möbel sind geschmackvoll; du kannst dir vorstellen, daß man als Clubmitglied hier sehr komfortabel wohnen kann. Leider wird das Zimmer zur Zeit nicht bewohnt.

Leise verläßt du den Raum wieder, aber gerade als das Türschloß hinter dir zuschnappt, steht plötzlich der Butler vor dir. Er schlägt Alarm; du mußt fliehen! Wähle eine Zahl und zähle deine Fitneß-Punkte hinzu:

– Ist die Summe 2–7, weiter bei **220**.
– Ist die Summe 8–12, weiter bei **169**.

420

Mit äußerster Vorsicht bewegst du die zwei Gegenstände in der Schublade hin und her. Dachtest du es dir doch! Hinter der Schachtel in der Ecke der Schublade entdeckst du einen kleinen Warnmechanismus. Zum Glück hast du ihn nicht ausgelöst. Wähle eine Zahl und zähle deine Schlauheits-Punkte hinzu:

– Ist die Summe 2–7, weiter bei **499**.
– Ist die Summe 8–12, weiter bei **431**.

421

„Ja, Sergeant, ich habe ihn gesehen“, sagt der Mann eifrig. Offensichtlich will er seine Unsicherheit überspielen. Du kannst nur hoffen, daß er seine Lüge später nicht widerruft. Auf jeden Fall hast du keine Chance mehr, heute abend hier noch etwas herauszufinden. Du mußt dir deine nächsten Schritte überlegen.

– Wenn du zum Leonidas Club gehst, weiter bei **155**.
– Wenn du Entscheidung 10 *nicht* notiert hast, kannst du in

den Ort Kingston gehen und Major Dillons Wohnhaus durchsuchen. In diesem Fall notiere Resultat IV, dann geht es weiter bei **110**.

422

Während du wartest, stellst du Austin Fragen über seine Beteiligung an der Sache. Aber er antwortet nicht, sondern starrt dich nur feindselig an. Du kannst dir gut vorstellen, daß es nicht einmal Scotland Yard gelingen wird, ihn zum Reden zu bringen. Weiter bei **195**.

423

Du merkst, daß Dillon kurz davor ist zu ersticken. Wenn du ihm nicht hilfst, wird er sterben! Wähle eine Zahl und zähle deine Wissens-Punkte hinzu:
- Ist die Summe 2–6, weiter bei **159**.
- Ist die Summe 7–12, weiter bei **256**.

424

Als du die Schachtel mit dem Briefpapier in die Hand nahmst, gab es ein leises Geräusch, das du bisher ignoriert hast. Jetzt nimmst du die Schachtel aus der Schublade und entdeckst einen kleinen Warnmechanismus mit einer Feder, der in einer Ecke der Schublade angebracht ist. Leider hast du ihn ausgelöst, und er kann nur mit einem Schlüssel wieder gespannt werden, den du aber nicht besitzt. Dillon wird erfahren, daß jemand hier gewesen ist! Notiere Resultat VI. Weiter bei **438**.

425

Du fährst mit einer Droschke in die Baker Street Nr. 221 B. Mrs. Hudson begrüßt dich an der Tür; sie sagt dir, daß Dr. Watson frische Kleider für dich bereitgelegt hat. Er hat damit gerechnet, daß du kommen würdest, da er wußte, daß du heute nicht nach Kingston zurückfahren wolltest. Schnell ziehst du dich um, rufst dir eine andere Droschke und läßt dich an den Tatort fahren. Weiter bei **240**.

426

Als du am Bahnhof ankommst, fährt der Zug gerade ab! Du rennst ihm auf dem Bahnsteig nach und kannst gerade noch auf die Plattform des letzten Wagens springen. Wenn du Glück hast, bist du in weniger als zwei Stunden in London. Weiter bei **174**.

427

„Leider“, fährt Holmes fort, „werde ich Ihnen bei Ihrem Vorhaben nicht helfen können, da ich im Augenblick von einem anderen Fall in Anspruch genommen werde.“

„Na, Holmes“, läßt Watson hören, „du kannst doch sicherlich etwas Zeit für den jungen Mann aufbringen. Er ist schließlich mein Vetter.“

„Das stimmt schon, Watson“, antwortet Holmes, „ich werde tun, was ich kann, aber ich habe einfach nicht die Zeit dazu, dem Lieutenant ganze Stunden oder gar Tage zu opfern. Du weißt sehr gut, daß der Fall, den ich zur Zeit bearbeite, wie ein Rennen ist, das ich bis zur Ziellinie durchhalten muß. Auch wenn ich euch enttäusche – ich muß ablehnen.“

„Aber Holmes, du kannst doch Charles sicher wenigstens ein paar gute Ratschläge geben, falls er weitere Hinweise entdecken sollte. Das ist deine berufliche Pflicht!“ argumentiert Dr. Watson.

„Sicher, das kann ich tun“, stimmt Holmes zu, „vorausgesetzt, daß es meine eigene Ermittlung nicht beeinträchtigt. Also dann, an die Arbeit!“ fährt er resolut fort, nachdem er dir die Grenzen seiner Hilfe klar gemacht hat. „Mein Vorschlag wäre, daß Sie bei den Terroristen beginnen. Sie sollten

2

mit ihnen sprechen. Ah, ich merke, Sie haben schon eine Frage", unterbricht er sich, als du dich in deinem Sessel nach vorne beugst.

„Mr. Holmes", sagst du, „halten Sie mich bitte nicht für unverschämt, aber Ihr Rat verblüfft mich etwas."

„Wie meinen Sie das?" fragt Holmes.

„Nun, Sir, wie können Sie von mir erwarten, daß ich mit einer Geheimgesellschaft Kontakt aufnehme, die Scotland Yard in jahrelanger intensiver Fahndungsarbeit nicht aufspüren konnte?"

„Ach, das sind Ihre Bedenken?", erwidert Holmes. „Sie sollten wissen, Lieutenant, daß man beim Betreten eines Kaninchenstalls am besten vermeidet, nach Jagdhund zu riechen."

„Wenn ich Sie recht verstehe, glauben Sie, daß ich gegenüber der Polizei im Vorteil bin. Ich sehe eigentlich nicht, wieso, Mr. Holmes. Ich bin für solche Unternehmungen nicht ausgebildet, und ich wüßte gar nicht, wo ich anfangen sollte."

„Lieutenant, die Antwort ist zumindest teilweise offensichtlich." Erschreckt stellst du fest, daß in Holmes' Stimme eine Spur von Ungeduld hörbar wird. „Wenn die Terroristen für diese Schandtat verantwortlich sind, werden sie nicht zögern, sich zu dieser Verantwortung auch öffentlich zu bekennen. Das tun sie immer. Die Morgenzeitungen würden dann ihre Stellungnahme enthalten. Wenn sie nicht verantwortlich sind, könnten diese Verbrecher die Tat trotzdem auf ihr Konto verbuchen wollen, aber die Verwirrung in ihren eigenen Reihen würde sicherlich dafür sorgen, daß sie einige Zeit dafür brauchen. In diesem Fall würde ihr Bekenntnis erst in einigen Tagen erscheinen. Schließlich besteht die Möglichkeit, daß sie nicht verantwortlich sind und aus irgendwelchen Gründen auch nicht verantwortlich gemacht werden wollen. Dann würden sie es rundheraus abstreiten.

Im ersten Fall wäre es gefährlich, mit ihnen Kontakt aufzunehmen, aber die Zeitungen würden Sie vorwarnen, und Sie hätten dann ohnehin keinen Grund mehr, der Sache weiter nachzugehen. Im zweiten Fall könnten Sie durch schnelles Handeln die Wahrheit herausfinden, bevor mit allen Mitgliedern der Gruppe Rücksprache gehalten wurde. Im dritten Fall wäre es denkbar, daß die Terroristen die Gelegenheit sogar begrüßen würden, gegenüber der richtigen Person ihre Verantwortung abzustreiten – vorausgesetzt, das würde ihrer Sache dienen.

Ob der erste Fall vorliegt. wird sich in wenigen Stunden herausstellen, ohne daß Sie irgend etwas dazu tun müssen. Die Fälle zwei und drei erfordern, daß Sie in direkten Kontakt mit den Attentätern treten. Das wird nicht ohne persönliches Risiko und einige Schwierigkeiten beim Herstellen des Kontaktes abgehen. Ich denke aber, daß ich bei Letzterem behilflich sein könnte."

„Und wie, Holmes?" fragt Dr. Watson besorgt.

„Natürlich mit der Abteilung Baker Street der städtischen Polizeidetektive", erklärt Holmes mit einem dünnen Lächeln.

„Was?" fragst du und verstehst gar nichts mehr.

„Das sind Gassenjungen", erklärt Dr. Watson. „Holmes stellt sie manchmal an, um Informationen einzuholen."

„So ist es, Watson", bestätigt Holmes. „Sie haben oft Möglichkeiten, die mir selbst nicht zur Verfügung stehen. Ich werde dem kleinen Wiggins, ihrem Anführer, Anweisung geben, für morgen ein Treffen mit einem der führenden Köpfe der irischen Verschwörer zu arrangieren. Sie können hier übernachten, Lieutenant. Mrs. Hudson hat ein Gästezimmer, in dem Sie sich wohl fühlen werden." Wenn du Hinweis C, D oder E notiert hast, geht es weiter bei **318**. Andernfalls weiter bei **381**.

6

Entschuldigungen murmelnd, schiebst du dich durch die Menge nach vorne. Die Männer sind so auf die Zeremonie fixiert, daß sie dich kaum wahrnehmen. Schließlich bist du nahe genug, daß du die Worte aller Beteiligten verstehen kannst.

Das Ritual nimmt seinen Lauf. Ja, du bist Zeuge eines Aufnahmerituals neuer Mitglieder. Du beobachtest, wie die Kandidaten von den maskierten Figuren, vor denen sie stehen, Anweisungen erhalten und dann einen Eid schwören müssen. Hinter den Kandidaten stehen ihre Bürgen mit blanken Schwertern in den Händen – ein Hinweis auf das Schicksal derer, die in früheren Zeiten das Ritual nicht in zufriedenstellender Weise absolvierten. Du vermutest allerdings, daß die Drohung jetzt nur noch symbolischen Charakter hat, denn die Schwerter haben keine scharfen Klingen, sondern sind stumpfe Zierwaffen.

Der mittlere der fünf Maskierten beginnt: „So wisset denn, daß wir *Die Eroberer* sind, mit deren Blut die Könige dieses Landes ihre ruhmreichen Siege erringen – wir, das Werkzeug ihres furchtbaren Willens. Es ist unser Schicksal zu dienen, jeder auf seine Weise und nach besten Kräften. Wie die Vier Reiter der Apokalypse reiten wir gegen jeden, der das verwüsten will, was wir zu schützen geschworen haben. Es ist unser Schicksal, die Nation, die wir im Herzen tragen, vor den Wilden zu beschirmen, die vor unseren Toren stehen. Wir werden sie nicht eindringen lassen – wie Leonidas, der heldenhafte König von Sparta, der bis zuletzt bei den Thermopylen aushielt!“

Ein zweiter Anführer löst ihn ab: „Wir, *Die Eroberer*, sind ein uralter Bund. Wir stammen aus den Tagen der Kreuzzüge, als unsere Ritterbrüder danach trachteten, die herandräuende Finsternis mit dem einzigen Mittel zurückzudrängen, das sie besaßen, nämlich mit ihrem Blut. Mit ihm tränkten sie geheiligten Boden. – Aber als die Könige sich gegenseitig in nichtigem Streit zerfleischten, als sie aus kleinlichem Anlaß das Leben ihrer Lehensmänner verschwendeten und deren Opfer nicht achteten, da schlossen die Heerscharen einen Pakt."

Ein dritter maskierter Anführer ergreift das Wort: „Wir folgen unseren Königen, aber nicht blindlings. Führen sie uns auf die Straße der Erfüllung des Schicksals Englands, dann folgen wir ihnen mit Ergebenheit und fraglosem Gehorsam. Aber wenn unsere Könige den Schwüren, die sie vor Gott und England abgelegt haben, den Rücken kehren, sollen wir dann unsere höhere Bestimmung verraten? Niemals! Denn unsere höhere Bestimmung ist unsere erste Pflicht, und sie besteht im Dienst an unserem Vaterland. Diese Bestimmung werden wir nicht verraten. Und nicht einmal Könige werden wir durch die Thermopylen unserer Pflicht eindringen lassen."

Ein vierter nimmt den Kandidaten ihre Schwüre ab: „Schwört ihr, unserer höheren Bestimmung treu zu sein und unser Erbe zu verteidigen, das eure Brüder mit ihrem Blut erworben und uns anvertraut haben?"

„Wir schwören", kommt im Chor die Antwort der Kandidaten.

„Seid ihr bereit, im Dienst am Vaterland euer Leben zu opfern?"

„Wir schwören."

„Schwört ihr, eurer Königin von Gottes Gnaden zu folgen, solange sie im höchsten Interesse der Nation handelt?"

„Wir schwören."

„Und schwört ihr dem Rat der Fünf Gefolgschaft in allen Fragen, in denen das Interesse der Nation auf dem Spiel steht?"

„Wir schwören", kommt aus rauhen Kehlen die Antwort von fünf der Kandidaten. Aber einer der Marineoffiziere zögert, offensichtlich verstört von dem Eid, der ihm abverlangt wird. Plötzlich ist der Saal wie elektrisch geladen vor Spannung. Aber sein Bürge flüstert dem jungen Mann schnell etwas zu, und er vollendet das Ritual. Ein allgemeiner Seufzer der Erleichterung geht durch die Versammlung.

Langsam ergibt all dies einen Sinn für dich. Du siehst Jonathan vor dir, wie er hier in seiner Ausgehuniform steht, voller Stolz, diesem renommierten Club beizutreten. Aber der dickköpfige Jonathan hätte niemals einen Eid geschworen, mit dem er nicht einverstanden gewesen wäre – gleichgültig, welche Konsequenzen eine solche Weigerung nach sich gezogen hätte. Du weißt, daß er diesen Eid nicht geschworen hat; und die Konsequenz seiner Weigerung war sein Tod.

Dann nimmt der mittlere Vermummte die Kandidaten feierlich als Mitglieder auf. Auf seinen Befehl wenden sie sich zum Publikum, das sie mit donnerndem Applaus im Club willkommen heißt. Den neuen Mitgliedern werden ihre Plätze in der ersten Reihe angewiesen, und der Anführer wendet sich in ernstem Ton an die Versammlung und verkündet, daß ein tragisches Vorkommnis besprochen werden müsse. Er gibt ein Zeichen, die Doppeltür schwingt noch einmal auf, und aus dem hellen Licht marschiert die vertraute Gestalt von Major Stephen Dillon in den düsteren Saal hinein.

- Wenn du Hinweis Q notiert hast, wähle eine Zahl und zähle deine Instinkt-Punkte hinzu:
  - Ist die Summe 2–6, weiter bei **156**.
  - Ist die Summe 7–12, weiter bei **288**.
- Andernfalls weiter bei **311**.

429

Die Droschke fährt nur drei Straßen weit, dann murmelt ihr betrunkener Fahrgast undeutlich einen Befehl, und sie hält vor einem Pub, der trotz der seit einiger Zeit verschärften Sperrstundengesetze noch geöffnet ist. Dillon steigt aus, bezahlt den Kutscher und torkelt auf den Pub zu. Das ist die Gelegenheit für dich. Du gehst von hinten auf ihn zu und packst ihn an der Schulter. „Augenblick mal, Major Dillon", sagst du und drehst ihn um.

Seine trüben Augen suchen nach deinem Gesicht. Gerade will er etwas sagen, da bleibt sein Blick plötzlich starr an einem Punkt über deiner rechten Schulter hängen. Wähle eine Zahl und zähle deine Instinkt-Punkte hinzu:

– Ist die Summe 2–6, weiter bei **244**.
– Ist die Summe 7–12, weiter bei **107**.

430

Erst fast eine Woche später hast du Gelegenheit, die Baker Street Nr. 221B zu besuchen. Der Anlaß ist ein Abendessen zur Feier deines Erfolges. Mrs. Hudson hat zu deinen Ehren einen regelrechten Festschmaus vorbereitet. Nach dem Essen begleitest du Sherlock Holmes und Dr. Watson in ihr Wohnzimmer, wo du Zeuge des umständlichsten Pfeifenstopf-Rituals wirst, das du jemals gesehen hast. Als die Pfeife schließlich zu Holmes' Befriedigung gefüllt ist, macht ihr drei es euch in den Sesseln beim Kamin bequem. Dr. Watson reicht dir einen Kognakschwenker. Du lehnst dich zurück und siehst deine neuen Freunde an, deren Gesichter vom Tabakrauch umwölkt sind. Dann wandern deine Gedanken zu Jonathan, und du hebst dein Glas. „Auf abwesende Freunde", sagst du, und Holmes und Dr. Watson folgen deinem Beispiel. „Mögen sie in Frieden ruhen." Es folgt ein Augenblick respektvoller Stille, bevor Dr. Watson das Wort ergreift.

„Du hattest also von Anfang an recht. Die Bombe hatte mit den irischen Terroristen nichts zu tun. Ich glaube nicht, daß es oft vorkommt, daß diese Burschen an einer Sache unschuldig sind, die ihnen vorgeworfen wird! Sehr scharfsinnig, findest du nicht auch, Holmes?"

3

„Ja, durchaus", antwortet Sherlock Holmes. „Ein richtiger Jagdinstinkt. Und es beweist nur, was ich immer schon gesagt habe, nämlich, daß es die kleinen Dinge sind, die über Erfolg oder Fehlschlag einer Ermittlung entscheiden."

„Der Knopf und die abgerissene Garderobenmarke", stimmst du zu. „Sie haben recht: Ohne den Knopf wäre es sehr schwer gewesen, Major Dillon als den Mörder zu identifizieren. Und ohne die Garderobenmarke hätte ich nie etwas vom Leonidas Club und seinem Geheimbund erfahren."

„Die beiden Kleinigkeiten haben dich auf die Spur des Rats der Fünf gebracht", sagt Dr. Watson, „und zu der Verschwörung zum Sturz des Parlaments. Bemerkenswert, höchst bemerkenswert."

„Ich habe aber doch eine Frage, Mr. Holmes", sagst du. „Ich kann nicht verstehen, wie diese Organisation glauben konnte, ihr Ziel tatsächlich zu erreichen. Mir kommt ihr Plan töricht vor. Sie wäre doch höchstens in der Lage gewesen, einen Bürgerkrieg zu entfesseln."

„In einer Atmosphäre des Schreckens können sich ehrgeizige Naturen entfalten", antwortet Holmes. „In ruhigeren Zeiten wäre ihr Plan verrückt gewesen. Der gute Doktor kann das besser erklären; er verfolgt das politische Tagesgeschehen aufmerksamer als ich."

„Ja", antwortet Dr. Watson, „es ist richtig: Politik ist größtenteils verantwortlich für die Verschwörung."

„Wie das?" fragst du.

„Als Mr. Gladstone die irische Selbstregierung vorschlug, waren viele Mitglieder seiner Partei mit seiner Führungsrolle nicht mehr einverstanden. Einige wanderten zu den Tories ab, aber einige hatten andere Pläne, wie wir wissen. Wußtest du, daß der Vorsitzende des Rats der Fünf niemand anderes als Stuart Blackpool war, ein Minister ohne Geschäftsbereich in der Regierung?"

6

„Nein“, antwortest du, „das wußte ich nicht. Ich habe mich nie besonders für Politik interessiert.“

„Hört, hört!“ ruft Holmes und macht eine leichte Verbeugung in deine Richtung.

„Trotzdem“, fährt Dr. Watson unbeirrt fort, „war es nun einmal die Politik, die das Motiv für dieses Verbrechen lieferte: ein paar ehrgeizige und listige Menschen weigerten sich, dem demokratischen Prozeß zu vertrauen. Ich fürchte, sie waren dem Erfolg näher, als ihr beide glaubt.“

„Das kann schon sein, Watson“, versetzt Holmes, „aber in den Zeitungen habe ich von der Gefahr eines Bürgerkriegs nie etwas gelesen.“

„Das ist meiner Meinung nach ja gerade das Interessante“, erwidert Dr. Watson.

„Ah ja“, mischst du dich wieder ein, als du den nachdenklichen Ausdruck auf Holmes' Gesicht bemerkst. „Da könntest du recht haben. Ich muß zugeben, so habe ich über die Sache noch gar nicht nachgedacht.“

„Nun, alles in allem eine feine Ermittlungsarbeit“, meint Holmes. „Sie haben das Zeug zu einem Detektiv! Ich hoffe, Sie sind nicht zu enttäuscht darüber, daß Athelney Jones in der Presse alle Lorbeeren einheimst“, lächelt er trocken. „Das ist der Preis des Erfolgs, fürchte ich. Aber wie ich Dr. Watson kenne, wette ich, daß er schon wieder an einer Schrift arbeitet, in der die Ehre dem zuteil wird, dem sie gebührt.“

Ein größeres Kompliment kann man von Sherlock Holmes nicht bekommen, das weißt du. Du bist so geschmeichelt, daß du fast Watsons Antwort verpaßt.

„Es stimmt, daß ich an einer Erzählung arbeite, aber ich glaube, daß es sehr lange dauern wird, bis sie in Druck gehen kann.“

„Wieso, Watson?“ erkundigt sich Holmes.

„Ich muß zugeben, daß ich euch beiden bis jetzt eine Information vorenthalten habe“, antwortet Watson. „Sie mußte warten, bis der rechte Moment gekommen war.“ Sorgfältig stellt er seine Pfeife auf den Ständer neben seinem Sessel und geht zu einem Bücherschrank. Hinter einer Reihe Bücher holt er ein Paket hervor. Er gibt es dir und geht zu seinem Sessel zurück. Nachdem er seine Pfeife wieder an sich genommen hat, fährt er fort. „Ich hatte heute nachmittag Besuch. Seitdem weiß ich, daß ich den Fall der U-Bahn-Bombe in nächster Zeit nicht veröffentlichen darf, wenn überhaupt irgendwann einmal.“

„Und was ist das?“ fragst du und schaust dir das kleine, in schlichtes Papier gewickelte Paket in deinen Händen an.

„Es ist für dich“, antwortet er verschmitzt. Du siehst Holmes an, aber er scheint diesmal genauso wenig zu wissen wie du. Achselzuckend öffnest du das Paket. Unter dem Packpapier findest du eine kleine, samtbezogene Schachtel. Darin liegt eine Pergamentrolle auf einem Orden – einem Orden, den du kennst, aber bisher nur selten gesehen hast: das Viktoriakreuz! Auf der Rückseite ist dein Name eingraviert. Mit zitternden Händen entrollst du das Pergament und liest:

Unserem treuen Diener
Lieutenant Samuel Charles Watson.
Wir haben vernommen, daß er der Krone einen äußerst wertvollen Dienst erwiesen hat. Wir sind bekümmert darüber, daß er für seine tapferen und selbstlosen Taten keine öffentliche Anerkennung genießen wird, aber Unsere Minister haben Uns von einer öffentlichen Verleihung in diesen unruhigen Zeiten abgeraten. Zu einem späteren Zeitpunkt mögen diese Angelegenheiten vielleicht der Öffentlichkeit bekannt werden. Inzwischen wird es ihm möglicherweise ein gewisser Trost sein zu wissen,

daß seine Königin die Bemühungen, die er Ihretwegen unternommen hat, überaus zu schätzen weiß.

Viktoria
R
Von Gottes Gnaden
Königin des Vereinigten Königreichs
von England und Irland

Damit ist dein Abenteuer zu Ende.

431

Sorgsam hebst du die Schachtel ein kleines Stückchen hoch, so daß du den Auslöser des Warnmechanismus' anschauen kannst. Du siehst ein kleines Loch, gerade groß genug für eine Nadel. Das dient Major Dillon sicherlich zum Entschärfen des Mechanismus', wenn er selbst die Schublade öffnet. Du ziehst eine andere Schublade auf und suchst nach den Nadeln, die in der britischen Armee zum Zusammenheften von Papier gebräuchlich sind. Du findest auch bald eine und entschärfst mit ihr die Vorrichtung. Notiere Resultat V. Wenn du den Inhalt der Schachtel untersuchst, geht es weiter bei **356**. Wenn du lieber den Revolver untersuchst, weiter bei **199**.

432

Du hast das ganz bestimmte Gefühl, daß Major Dillon eine wichtige Schlüsselrolle in diesem Fall spielt, aber du brauchst noch einen Beweis, der die Polizei überzeugen kann. Auch fehlt dir noch jeder Hinweis auf die Umstände von Jonathans Tod. Du verabschiedest dich von Holmes und fährst mit dem nächsten Zug nach Kingston. Wenn du Folgerung 2 noch nicht notiert hast, tu es jetzt. Weiter bei **319**.

433

„Und ich sage, du hast kein Recht, Führer, so eine Entscheidung eigenmächtig zu treffen!“ sagt Major Dillon zornig. Dann dreht er sich zu den Mitgliedern um und fährt fort: „Hört mich an, Brüder. Unsere Sache ist zum Scheitern verurteilt, wenn der Rat der Fünf es sich erlauben kann, so eine Maßnahme gegen einen Bruder ohne Zustimmung der ganzen Mitgliederschaft zu beschließen.“ Dillons Argumentation ist bemerkenswert. Sein Leben hängt vom Ausgang dieser Debatte ab, aber er bestreitet gar nicht, daß er den Tod verdient hat, sondern kritisiert die Verfahrensweise, mit der seine Hinrichtung beschlossen wird. Weiter bei **201**.

434

Du läßt dich auf den Boden fallen und feuerst noch einmal. Wieder triffst du daneben. Felsstückchen splittern aus der Wand neben Austins Kopf. Dann antwortet er mit einem Schuß aus seiner Pistole. Wähle eine Zahl und zähle deine Fitneß-Punkte hinzu:

- Ist die Summe 2–5, weiter bei **451**.
- Ist die Summe 6–8, weiter bei **443**.
- Ist die Summe 9–12, weiter bei **436**.

435

Jetzt hast du genügend Indizien, um Holmes' Appetit zu wekken, und solltest ihn davon überzeugen können, daß du mit einer sehr ernsten Angelegenheit zu tun hast. Mit einer Droschke fährst du in die Baker Street Nr. 221B, wo Holmes dir auf dein Klopfen selbst öffnet. Er bittet dich hinauf, und schnell erzählst du ihm alles, was du herausgebracht hast. Du hattest recht: Holmes ist fasziniert. Mit funkelnden Augen stellt er dir eine präzise Frage nach der anderen. Damit gelingt es ihm, Informationen aus dir herauszuholen, von denen du

3

gar nicht wußtest, daß du über sie verfügst. Schließlich lehnt sich Holmes in seinem Sessel zurück, nimmt seine Pfeife aus dem Ständer, stopft sie und zündet sie an. Eingehüllt von Rauch, der sich zur Decke hinaufkräuselt, denkt er nach.

„Sie hatten ganz recht, zu mir zu kommen, Lieutenant Watson", meint er dann. „Sie haben sich in diesen Fall verbissen wie eine Bulldogge, und es ist auch wirklich ein einzigartiger Fall. Ich bin Feuer und Flamme.

Ich glaube, daß Lieutenant Wheelers Tod mit einer viel weitreichenderen Sache verknüpft ist, aber ich weiß noch nicht, um was es sich dabei handelt", fährt der große Detektiv fort. „Sie haben sich jetzt allerdings kompromittiert und können sich nicht mehr frei bewegen, denn diese Leute wissen, wer Sie sind. Sie müssen hierbleiben. Gehen Sie keinen Schritt vors Haus. Zeigen Sie sich nicht am Fenster. Und vor allem, sprechen Sie mit niemandem. Ich werde Ihre Ermittlung zu Ende bringen und die Schurken überführen, was auch immer sie vorhaben." Wenn du noch einmal von vorne anfangen willst, weiter bei **308**. Wenn du lieber die Lösung dieses Falles lesen möchtest, weiter bei **430**.

436

Du wirfst dich auf die Seite und spürst, wie die Kugel an deiner Wange vorbeipfeift. Du schießt wieder und denkst diesmal daran, den Abzug ruhig nach hinten zu ziehen statt daran zu reißen. Das Schicksal führt deine Hand. Wähle eine Zahl und zähle deine Fitneß-Punkte hinzu:

- Ist die Summe 2–4, weiter bei **453**.
- Ist die Summe 5–12, weiter bei **459**.

437

Du springst aus deiner Droschke und bezahlst mit ungeduldigem und überheblichem Gehabe den Kutscher, um etwaigen

2

Beobachtern den Eindruck zu vermitteln, du wärst mit einem enorm wichtigen Auftrag unterwegs. Dann marschierst du eilig zum Eingang und läutest kräftig an der Glocke. Sofort öffnet sich die Tür, und die steife und abweisende Gestalt des Club-Butlers erscheint.

„Schnell, Mann!“ rufst du. „Ich muß mit einem Ihrer Mitglieder sprechen. Es ist eine Sache von äußerster Dringlichkeit.“

„Und mit welchem Mitglied wünschen Sie zu sprechen, Sir?“ erkundigt sich der Butler frostig.

„Colonel Sterling“, erklärst du, als ob du deiner Sache sicher wärst.

„Der Name ist mir unbekannt, Sir“, antwortet der Butler und macht Anstalten, die Tür zu schließen.

„Er muß aber hier sein“, lügst du. „Ich habe ihn vor fünf Minuten hier hereingehen sehen. Ich muß ihn sprechen. Es ist dringend!“

„Colonel Sterling ist hier nicht Mitglied, Sir“, erwidert der Butler bestimmt. „Wenn Sie jetzt bitte gehen wollen.“ Du stellst deinen Fuß in die Tür, so daß der Butler sie nicht schließen kann.

„Ich muß darauf bestehen“, sagst du und versuchst, wilde Entschlossenheit in deine Stimme zu legen. Weiter bei **387**.

438

Als du die Visitenkarte aus der Schachtel mit Briefpapier nimmst, fällt die unterste auf den Schreibtisch. Major Dillons Name steht darauf. Wenn du meinst, das Briefpapier sei wichtig für die Lösung des Falls, weiter bei **172**. Wenn du es für unwichtig hältst, weiter bei **400**.

439

Wieder richtet sich der Anführer der Terroristen in seinem Stuhl auf, aber diesmal kocht er vor Zorn. „Sie, Sir, sind ein

10

Narr!“ zischt er ganz ruhig. „Ein eingebildeter englischer Narr! Wahrscheinlich ist es ein Fehler, wenn ich Sie leben lasse, aber ich werde es tun, denn Ihre Ermittlung kann unseren Zwecken nur dienlich sein. Aber machen Sie sich eines klar, Sir: Wenn Sie noch einmal hierher kommen, ist Ihr Leben keinen Pfifferling mehr wert.“ Er stapft hinaus und läßt dich allein im Keller zurück.

– Wenn du die Untersuchung auf eigene Faust fortsetzt, weiter bei **425**.
– Wenn du zur Polizei gehst, notiere Entscheidung 6, dann geht es weiter bei **390**.
– Wenn du zu Sherlock Holmes gehst, weiter bei **404**.

440

Irgend etwas in deinem Gedächtnis rührt sich, als du die rote Karte siehst. Du erinnerst dich daran, daß Jonathan seine Ausgehuniform trug, als er gestern fortging – selbst für ihn eine ziemlich förmliche Bekleidung. Über seine Pläne hatte er sich unklar ausgedrückt, aber dir fällt ein, daß sein Vater zu einem exklusiven Londoner Herrenclub gehört hatte, der nach einem Helden des klassischen Griechenland benannt war. Dein Wissen über das griechische Altertum ist nur bruchstückhaft, aber es kommt dir Leonidas in den Sinn, der König von Sparta, der bei den Thermopylen den Heldentod starb. Die Buchstaben könnten Leonidas Club bedeuten. Notiere Hinweise B. Weiter bei **308**.

441

Du bist noch nicht an der Tür, da packen dich von hinten starke Arme. Du versuchst dich umzudrehen und dich gegen deine Angreifer zu wehren, aber etwas Hartes knallt an deinen Kopf und du stürzt zu Boden. Weiter bei **115**.

2

442

Du willst nicht auf die Polizei warten. Der Rat der Fünf könnte sonst entkommen. Du schlüpfst durch die Geheimtür, bevor sie sich schließt, klemmst etwas hinein, damit sie offen bleibt, und folgst den Anführern durch den Geheimgang. Weiter bei **289**.

443

Du zuckst zusammen, als Austins Schuß dir die Pistole aus der Hand schlägt. Aber nach einer Schrecksekunde wirfst du dich schnell auf ihn, bevor er wieder schießen kann. Wähle eine Zahl und zähle deine Fitneß-Punkte hinzu:

- Ist die Summe 2–6, weiter bei **468**.
- Ist die Summe 7–12, weiter bei **465**.

444

Als du die Pistole in die Hand genommen hast, gab es ein leises Geräusch, das du bisher ignoriert hast. Jetzt nimmst du die Pistole aus der Schublade und entdeckst einen kleinen Warnmechanismus mit einer Feder, der in einer Ecke der Schublade angebracht ist. Leider hast du ihn ausgelöst, und er kann nur mit einem Schlüssel wieder gespannt werden, den du aber nicht hast. Notiere Resultat VI. Wenn du die Pistole mitnimmst, weiter bei **150**. Wenn du sie zurücklegst, weiter bei **361**.

445

Du bemühst dich, den Verdacht des Oberinspektors zu zerstreuen, aber das macht ihn nur noch unnachgiebiger. „Lieutenant“, sagt er kalt, „vielleicht sind Sie, was Sie sagen, aber Sie können jedenfalls nicht abstreiten, daß Sie einer sehr gefährlichen Verbrecherbande Hilfe und Unterstützung zukommen lassen, indem Sie unsere Ermittlung behindern. Ich werde Sie beobachten lassen. Natürlich nur zu ihrem eigenen Schutz. Guten Tag."

- Wenn du zum Tatort gehst, weiter bei **240**.
- Wenn du lieber zu Sherlock Holmes gehst:
  - Wenn du die Hinweise F und H und Entscheidung 6 notiert hast, weiter bei **153**.
  - Wenn du entweder Hinweis G und H *und* entweder Entscheidung 4 oder 5 notiert hast, weiter bei **103**.
  - Andernfalls weiter bei **130**.
- Wenn du zum Leonidas Club gehst, weiter bei **174**.

446

Der Wachposten am Eingang des Gebäudes kennt dich. Als du behauptest, im Haus arbeiten zu müssen, läßt er dich ohne Fragen ein. Statt aber ins Büro deiner Einheit zu gehen, wie der Posten annimmt, schleichst du die Treppe hinauf und versuchst, ungesehen am oberen Posten vorbeizukommen. Wähle eine Zahl und zähle deine Schlauheits-Punkte hinzu:

- Ist die Summe 2–6, weiter bei **364**.
- Ist die Summe 7–12, weiter bei **394**.

447

Vorsichtig öffnest du die Tür und betrittst den Saal. Er ist leer. Seltsam! Von außen konntest du doch beide Eingänge sehen! Hat Austin nur eine Nachricht hinterlassen? Du drehst die Öllampe ein wenig höher und riskierst sogar, eine der Gaslampen anzuzünden, aber du findest keine Spur einer Nachricht.

Du drehst die Lampen wieder aus und verläßt den Saal. Du glaubst nicht, daß du heute nacht noch irgend etwas erfahren kannst, also machst du dich müde auf den Heimweg in die Baker Street Nr. 221 B, wo du dich sofort ins Bett fallen läßt.

Am nächsten Morgen stehst du früh auf, rasierst dich und ziehst das frische Hemd an, das Dr. Watson für dich bereitge-

6

legt hat. Nach Mrs. Hudsons herzhaftem Frühstück gehst du zu Scotland Yard. Du hättest die Geschichte mit Dillon und Austin gerne mit deinem Vetter und Mr. Holmes besprochen, aber nach Auskunft von Mrs. Hudson sind beide gestern abend ausgegangen und bisher nicht zurückgekehrt. Weiter bei **520**.

448

Du beschließt, auf die Rückkehr von Sherlock Holmes zu warten. Er kann den Kode sicher entschlüsseln. Inzwischen fragt dich Dr. Watson, ob es dir etwas ausmacht, wenn er sich an der Geheimschrift versucht. Verlegen mußt du zusehen, wie er den Kode in nur wenigen Minuten knackt. Er zwinkert dir zu: „Ich gebe zu, daß ich von Afghanistan her einige Erfahrung mit Geheimkodes habe." Weiter bei **112**.

449

Aus dem nachmittäglichen Sonnenschein steigst du in die Düsternis der U-Bahn-Haltestelle hinunter. Öllampen, die von den Reparaturtrupps aufgestellt wurden, sind die einzigen Lichtquellen und lassen alles in scharfem Hell-Dunkel-Kontrast erscheinen. Die Stellen, an denen gearbeitet wird, sind hell erleuchtet, aber sonst ist die Haltestelle in dunklen Schatten getaucht.

Nach einem Augenblick überlassen dich die Detektive dir selbst, und du schlenderst herum. Du erkennst, daß die Explosion doch mehr Schaden angerichtet hat, als du von außen sehen konntest.

Die Bombe ist offenbar in der Nähe der Geleise explodiert. Mehrere Sitzbänke an der Wand wurden zertrümmert, sowie eine der hölzernen Treppen, auf denen man von der Bahnhofshalle hier herunter gelangt. Die Reparatur der Treppe wurde noch nicht in Angriff genommen, weil die Haltestelle noch mehrere andere Zugänge hat und der Treppe deshalb bisher nur flüchtige Aufmerksamkeit geschenkt wurde. Schlimmeren Schaden hat die Gasbeleuchtung an der Decke erlitten. Offenbar wurde das Gaslicht durch die Explosion ausgeblasen, und später entzündete sich dann das ausgeströmte Gas, das sich angesammelt hatte, und dadurch wurden die Stützpfeiler der Decke beschädigt. Hier konzentrieren sich die Reparaturarbeiten.

Als du ein Stück weitergehst, siehst du einige Polizisten, die etwas wegpacken, das wie ein Korb mit Beweismaterial aussieht. Wenn du darum bittest, in den Korb schauen zu dürfen, geht es weiter bei **461**. Wenn du dich alleine umsiehst, weiter bei **148**.

450

Kaum hast du dich gesetzt, scheint die Versammlung auch schon eröffnet zu werden. Die Mitglieder, die bisher noch gestanden sind, gehen entweder nach hinten, wobei sie dir teilweise die Sicht nach vorne nehmen, oder sie setzen sich. Das Stimmengemurmel ebbt ab, es wird ganz still. Vorne im Saal, in Blickrichtung der Versammelten, bemerkst du ein Podium, auf dem ein mit einem weißen Tuch bedeckter Tisch steht. Darauf liegen verschiedene Gegenstände, die du aber aus der Entfernung nicht erkennen kannst. Die Gaslampen werden gelöscht, und es wird noch dunkler im Saal. Nur noch zwei Kandelaber auf massiven Ständern und einige Kerzenleuchter an den Wänden verbreiten ein flackerndes Licht.

Es herrscht tiefe Stille, als plötzlich eine große Doppeltür an einer Seitenwand aufschwingt und sechs Männer hereinmarschieren. Vier von ihnen tragen Ausgehuniformen der renommiertesten Regimenter der britischen Armee. Die anderen zwei sind Marineoffiziere, auch in Ausgehuniformen. Sie gehen den Mittelgang hinunter, an dir vorbei auf das Podium zu.

4

Als dein Blick auf das Podium fällt, siehst du hinter dem Tisch bewegungslos fünf Männer stehen, die kurz vorher noch nicht dort gewesen waren. Sie sind maskiert und tragen lange, kunstvoll bestickte und juwelenbesetzte Umhänge: Rubine und Saphire leuchten rot und blau im Widerschein des Kerzenlichts. Die Embleme auf den Umhängen kannst du nur schwer erkennen, aber es scheint sich dabei um die Zeichen von Kreuzrittern und die Wappen von einigen der ältesten Adelsfamilien Englands zu handeln.

Die Offiziere bleiben direkt vor den maskierten Gestalten stehen. Sechs Paar Stiefelabsätze knallen zusammen, die Männer stehen stramm.

Du hörst ein leises Murmeln. Einer der Maskierten scheint zu den Uniformierten zu sprechen, denn du siehst, wie sich sein Mund hinter der Maske bewegt.

„Wir schwören“, antworten drei der sechs Soldaten mit lauter Stimme. Du bist zu weit entfernt, um den Rest des Gesprochenen zu verstehen. Wenn du versuchst, weiter nach vorne zu kommen, weiter bei **142**. Wenn du bleibst, wo du bist, weiter bei **161**.

451

Es fühlt sich an, als würdest du einen Schlag mit einer Eisenstange bekommen, als dich die Kugel in die Schulter trifft. Alles beginnt sich zu drehen; du sinkst zu Boden. Weiter bei **476**.

452

Mit einem Ruck wird die Tür aufgerissen; du hebst den Kopf. Auf der Schwelle steht der Sergeant von der Wache; hinter ihm kannst du mehrere seiner Leute erkennen.

„Ja bitte?“ fragst du, Verwirrung heuchelnd. „Was ist los, Sergeant?“

„Ein Eindringling“, antwortet er. „Wie lange sind Sie schon

hier, Sir? Mir wurde nicht gesagt, daß sich hier jemand aufhält."

„Ich bin schon fast eine Stunde hier, Sergeant. Dieser Wachposten", du zeigst auf ihn, „hat hier vor zehn Minuten seine Runde gemacht. Er muß mich gesehen haben." Der Sergeant schaut den Posten an. Du hoffst, daß sich die Nachlässigkeit des Mannes zu deinen Gunsten und nicht zu deinem Nachteil auswirken wird. Wähle eine Zahl und zähle deine Kommunikations-Punkte hinzu:

- Ist die Summe 2–6, weiter bei **328**.
- Ist die Summe 7–12, weiter bei **421**.

453

Dein Schuß schlägt ihm die Pistole aus der Hand, und du hältst ihn in Schach, bis Unterstützung eintrifft. Weiter bei **422**.

454

Als du hörst, wie der Butler die Eingangstür öffnet, weißt du, daß du im Augenblick in Sicherheit bist. Er kann nicht ahnen, daß du dich noch im Gebäude aufhältst. Das gibt dir Zeit, zur Hintertür hinauszuschlüpfen und durch die Hintergasse zu entkommen. Dann könntest du Sherlock Holmes berichten, was du herausgefunden hast. Aber du könntest auch dableiben und dich wieder unter die Versammlungsteilnehmer mischen.

- Wenn du wieder zur Versammlung gehst, weiter bei **324**.
- Wenn du zu Sherlock Holmes gehst, weiter bei **435**.

455

Zu deinem grenzenlosen Erstaunen gibt Oberinspektor Stern nach. Er tut es heuchlerisch, als wäre es selbstverständlich, aber er steckt zurück. Du darfst den Tatort betreten. Weiter bei **449**.

456

Du rennst los, aber kaum hast du ein paar Schritte gemacht, biegt um eine andere Ecke ein anderer Wachposten. Und damit nicht genug – dieser Mann kennt dich auch noch! Du versuchst, mit einem Trick an ihm vorbeizukommen:

„Lieutenant Watson!“ ruft er erstaunt.

„Schnell, Mann“, antwortest du. „Ist er nicht an Ihnen vorbeigelaufen?“

„Vorbeigelaufen? Wer, Sir?“

„Der Eindringling, der versucht hat, ins Haus von Sergeant Major Austin einzubrechen. Er ist dort zwischen den Bäumen hindurch gerannt.“ Du zeigst zu der Stelle, wo du von der anderen Wache gesehen wurdest. „Ich wollte ihn gerade dingfest machen, als jemand rief und er in die Bäume floh. Sie haben ihn doch sicher gesehen!“

„Nein, Sir, das habe ich nicht“, antwortet er zweifelnd. „Würden Sie mit mir zum Sergeant von der Wache kommen? Er weiß sicher, was zu tun ist.“

Beim Sergeant wiederholst du deine Geschichte. Wähle eine Zahl und zähle deine Kommunikations-Punkte hinzu:

– Ist die Summe 2–7, weiter bei **124**.
– Ist die Summe 8–12, weiter bei **200**.

457

Du wirfst dich auf den Boden, schießt noch einmal und denkst diesmal daran, den Abzug ruhig nach hinten zu ziehen statt daran zu reißen. Weiter bei **525**.

458

Du läufst auf demselben Weg, den du gekommen bist, und überlegst, was du als nächstes tun sollst. Du kannst entweder Dillons Büro in der Garnison „Bergfried“ durchsuchen oder dich in London um den Leonidas Club kümmern. Wenn du zum Leonidas Club gehst, weiter bei **174**. Wenn du Major Dillons Büro durchsuchst, weiter bei **398**.

459

Dein Schuß wirbelt ihn hoch und wirft ihn wie eine Puppe an die Wand. Einen Augenblick lang denkst du, er sei tot. Dann stöhnt er und versucht, sich aufzusetzen. Weiter bei **422**.

460

Lange brauchst du nicht zu warten. Es sind drei kräftige Männer, die nicht gerade so aussehen, als ob sie Streit vermeiden wollten. Sie bringen dich in einen anderen Raum im Keller – etwas größer und besser beleuchtet. Hinter einem Tisch mit einer Öllampe sitzt ein maskierter Mann.

„Kommen Sie, Lieutenant Watson", sagt er. „Ich bin der Vorsitzende des Rats der Fünf. Wir interessieren uns sehr für Sie, aber vor allem wüßten wir gerne, warum Sie sich so für uns interessieren."

„Weil Lieutenant Wheeler mein Freund war", antwortest du.

„Dachte ich mir schon", sagt er, wenig beeindruckt. „Eine persönliche Angelegenheit. Aber Sie sind zu weit vorgedrungen und wissen zu viel – für jemanden, der mit Ermittlungsarbeit keine Erfahrung hat. Jemand hat Ihnen geholfen, und ich will die Namen Ihrer Freunde wissen."

„Ich hatte keine Hilfe", lügst du. „Es war nicht so schwierig, wie Sie vielleicht glauben, bis zu Ihnen vorzudringen. Ich hatte eine Menge Spuren, denen ich nur nachzugehen brauchte und die mich zu Ihnen führten."

„Das glaube ich nicht", bemerkt der Vorsitzende mit geistesabwesender Stimme. „Aber wir werden ja sehen."

Was folgt, ist schmerzhaft und unangenehm. Aber du hast früher schon Schläge hinnehmen müssen. Diese Männer sind Experten und fügen dir keinen bleibenden Schaden zu. Du gibst keinen Laut von dir. Schließlich stößt der Anführer einen enttäuschten Seufzer aus und läßt dich von deinen Peinigern in deine Zelle zurückbringen. Weiter bei **210**.

461

„Wachtmeister“, fragst du, „würde es Ihnen etwas ausmachen, wenn ich für einen Augenblick in den Korb schaute?“ Wähle eine Zahl und zähle deine Kommunikations-Punkte hinzu:

- Ist die Summe 2–7, weiter bei **362**.
- Ist die Summe 8–12, weiter bei **347**.

462

Du prüfst den Inhalt des Korbes, aber nichts Außergewöhnliches fällt dir auf. Es ist nur Abfall und Kleinkram, wie man ihn auf jedem Bahnhof auflesen kann. Wenn du gehst, notiere Resultat III, dann geht es weiter bei **128**. Wenn du bleiben und dich weiter umsehen willst, weiter bei **148**.

463

Du beschließt, eine weitere Durchsuchung zu riskieren. (Du kannst jedes Möbelstück mehrmals durchsuchen.) Welches Möbelstück soll es sein:

- der Schreibtisch? Weiter bei **489**.
- der Kleiderschrank? Weiter bei **481**.
- der Bücherschrank? Weiter bei **341**.
- das Regal mit den Aktenordnern? Weiter bei **475**.

464

Nach einiger Zeit fällt dir auf, daß jeder Ankömmling nicht nur an der Tür seine Karte zeigt, sondern auch noch etwas zum Butler sagt – offensichtlich eine Art Losung, aber wie kannst du sie erfahren? Du beobachtest verschiedene Gruppen von Gästen beim Hineingehen – immer das gleiche Verfahren. Dann wird deine Geduld belohnt, als eine lärmende Gruppe vor dem Club aus einer vierrädrigen Droschke steigt. Die Abendessenszeit liegt schon etwas zurück, und diese Gruppe hat wohl dem Alkohol zu lange zugesprochen. Mit viel Getöse nähern sich die Männer der Tür – sie werden es kaum merken, wenn du dich ihnen anschließt. Das ist eine ausgezeichnete Gelegenheit für dich, die Losung zu erfahren. Weiter bei **224**.

465

Es gelingt dir, ihn zu packen, bevor er noch einmal schießen kann. Du entwindest ihm die Pistole, stellst ihn mit den Armen an die Wand und hältst ihn in Schach, bis du Unterstützung bekommst. Weiter bei **422**.

466

Du drehst die Zeitung um – es ist die heutige Ausgabe des *Standard*. Beim flackernden Licht eines Streichholzes blätterst du die Zeitung durch und findest auf der Seite mit den persönlichen Kleinanzeigen, mit Bleistift angestrichen, die Ankündigung einer allgemeinen Mitgliederversammlung des Leonidas Clubs. Warum sollte sich Austin für so einen vornehmen Herrenclub interessieren? Das willst du herausbekommen und gehst zum Bahnhof. Weiter bei **174**.

467

Kaum hast du die Rückseite des Hauses erreicht, als du jemanden rufen hörst. Du bist entdeckt worden! Du mußt schnell verschwinden, bevor man dich identifizieren kann. Wähle eine Zahl und zähle deine Fitneß-Punkte hinzu:

- Ist die Summe 2–6, weiter bei **456**.
- Ist die Summe 7–12, weiter bei **299**.

468

Er weicht dir aus, aber es gelingt dir, ihm die Pistole aus der Hand zu schlagen, bevor er wieder feuern kann. Während du noch damit beschäftigt bist, seine Pistole sicherzustellen, entwischt Austin durch eine Tür in der Kammerwand und verkeilt sie von der anderen Seite. Weiter bei **195**.

469

Du machst dich darauf gefaßt, den Auslöser zuschnappen zu hören. Hoffentlich ist deine Entdeckung nichts Gefährlicheres als ein einfacher Warnmechanismus. Wenn es jetzt einen Alarm gäbe – eine entsetzliche Vorstellung. Vorsichtig bewegst du die Pistole und hörst den Mechanismus leise schnappend einrasten. Erleichtert atmest du aus. Major Dillon kann jetzt zwar feststellen, daß du hiergewesen bist, aber bis dahin hast du vielleicht schon genügend Beweise, um die Polizei einzuschalten.

Du hebst die Pistole aus der Schublade und riechst an ihrem Lauf. Sie ist kürzlich abgefeuert worden! Wurde Jonathan mit dieser Waffe getötet? Notiere Resultat VI. Wenn du die Pistole mitnimmst, geht es weiter bei **150**. Wenn du sie zurücklegst, weiter bei **361**.

470

Der Polizist sieht dich einen Augenblick an und schüttelt dann bedauernd den Kopf. „Tut mir leid, Sir", sagt er barsch, „ich darf über laufende Ermittlungen nichts verlauten lassen. Der Oberinspektor würde meinen Kopf fordern, wenn ich es täte." Dann scheint er kurz nachzudenken. „Lieutenant", sagt er etwas freundlicher, „kommen Sie in ein paar Tagen wieder und fragen Sie nach Mr. Athelney Jones. Er ist der Detektiv, der mit dem Fall betraut ist. Vielleicht kann er Ihnen helfen."

3

In diesem Augenblick kommen zwei Männer herein und bleiben miteinander redend stehen. Der Wachtmeister lehnt sich vertraulich vor. „Da ist er; der Dicke. Das ist Mr. Athelney Jones." Sein Blick zeigt auf einen großen, kräftigen Mann, den man schon fast fett nennen könnte. Zwei kleine, aber helle Augen leuchten unter seinen geschwollenen Lidern hervor.

„Wer ist der andere?" erkundigst du dich und weist mit einer Kopfbewegung auf den zweiten Mann, eine mittelgroße, makellos gekleidete Erscheinung mit der Ausstrahlung eines Gentleman.

„Das ist Oberinspektor Maxwell Stern, der Vorgesetzte von Mr. Jones – und meiner auch." Athelney Jones kommt auf euch zu, und der Polizist nimmt Haltung an.

„Probleme, Wachtmeister?" fragt er.

„Nein, Sir", antwortet dieser. „Der Lieutenant hier ist wegen einer Auskunft über die Bombe gestern gekommen."

Du stellst dich vor, aber es wird sofort deutlich, daß Jones wenig Interesse daran hat, dir weiterzuhelfen. Ziemlich hochnäsig läßt er dich wissen, daß die Polizei keine Auskünfte über eine laufende Ermittlung gibt, dreht sich auf dem Absatz um und stolziert davon. Weiter bei **410**.

471

Nach Mores' Flucht klopfst du dir den Schmutz von den Kleidern. Watson steht am Fenster und hantiert vorsichtig mit den Glasscherben.

„Ist alles in Ordnung mit dir, John?" fragst du.

„Ja, sicher, mein Junge, mir könnte es nicht besser gehen."

„Ich zahle natürlich das zerbrochene Fenster", sagst du verlegen. „Das ist ja das mindeste."

„Nein, nein, das ist nicht nötig. War ja nicht dein Fehler. Mich hat er genauso hereingelegt. Aber wenn Holmes hierge-

2

wesen wäre – ich wette, dann säße der Bursche jetzt so sicher verschnürt wie eine Weihnachtsgans vor uns."

„Ich bestehe aber darauf, den Schaden zu bezahlen", sagst du. „Ich war ja so dumm, ihn mitzubringen. Und das Schlimmste ist, daß er jetzt weiß, wer du bist. Wenn er seinen Auftraggebern Bericht erstattet, seid ihr beide, du und Holmes, in Gefahr." Du gehst durchs Zimmer, um einen umgeworfenen Stuhl wieder aufzustellen. Dabei fällt dir ein Zettel ins Auge, der auf dem Boden liegt.

„He, was haben wir denn hier", rufst du und hebst ihn auf. Es ist ein Stück vom Briefpapier des Rats der Fünf. Major Dillons Name und seine Anschrift in Kingston stehen darauf.

„Was hältst du davon, John?" fragst du und gibst ihm den Zettel. „Mores muß ihn beim Kampf verloren haben."

Dr. Watson schaut sich den Zettel an und kommt zum selben Schluß wie du. „Ich glaube, daß dieser Mores für den Rat der Fünf spioniert und möglicherweise tötet", meint er. „Und wahrscheinlich hat er den Befehl, Dillon zu ermorden, sobald sein Auftrag, der mit dir zusammenhängt, beendet ist." Weiter bei **100**.

472

Der nächste logische Schritt ist ein Besuch im Leonidas Club. Du hast jetzt gute Gründe zu glauben, dort den Schlüssel zu dem Rätsel zu finden.

Du weißt sehr wenig über den Leonidas Club selbst. Die meisten der besseren Londoner Clubs stehen ausschließlich ihren streng ausgewählten Mitgliedern offen. In einem solchen Club kann man nur Mitglied werden, wenn man von anderen Mitgliedern dazu aufgefordert wird; manche Clubs haben lange Wartelisten. Einige sind so begehrt, daß die Mitgliedschaft zusammen mit dem Familienbesitz vom Vater auf den Sohn vererbt wird.

9

Wie viele andere ist das Gebäude des Leonidas Clubs von außen unauffällig. Es macht den Eindruck würdevoller Gelassenheit und zurückhaltender Eleganz. Es ist Teil eines Blocks Londoner Reihenhäuser, steht zwischen einem Hotel und einem privaten Wohnhaus und hat wie diese vier Stockwerke. Nur eine kleine Messingplatte an der Glocke identifiziert das Haus als Sitz eines Clubs.

– Wenn du versuchst, mit einem Trick hineinzugelangen, weiter bei **437**.
– Wenn du die Karte aus Major Dillons Schreibtisch benutzt, um hineinzukommen, weiter bei **246**.
– Wenn du dich in der Nähe postierst und den Eingang beobachtest, weiter bei **298**.

473

Du springst aus deiner Droschke und bezahlst mit ungeduldigem und überheblichem Gehabe den Kutscher, um etwaigen Beobachtern den Eindruck zu vermitteln, du wärst mit einem enorm wichtigen Auftrag unterwegs. Dann marschierst du eilig zum Eingang und läutest kräftig an der Glocke. Sofort öffnet sich die Tür, und die steife und abweisende Gestalt des Club-Butlers erscheint.

„Schnell, Mann!“ rufst du. „Ich muß mit einem Ihrer Mitglieder sprechen. Es ist eine Sache von äußerster Dringlichkeit.“

„Und mit welchem Mitglied wünschen Sie zu sprechen, Sir?“ erkundigt sich der Butler frostig.

„Colonel Sterling“, erklärst du, als seist du deiner Sache ganz sicher.

„Der Name ist mir unbekannt, Sir“, antwortet der Butler und will die Tür wieder schließen.

„Er muß aber hier sein“, lügst du. „Ich habe ihn vor fünf Minuten hier hineingehen sehen. Ich muß ihn sprechen.“

„Colonel Sterling ist hier nicht Mitglied, Sir", erwidert der Butler bestimmt. „Wenn Sie jetzt bitte gehen wollen." Er macht dir die Tür vor der Nase zu. Wenn du versuchst, in den Club einzubrechen, weiter bei **276**. Wenn du zu Sherlock Holmes gehst, weiter bei **146**.

474

„Lieutenant Watson, was genau tun Sie hier?" fragt der diensthabende Offizier, ein Captain, den du flüchtig kennst. „Meines Wissens hat Colonel Sterling Sie von allen anderen Aufgaben entbunden, bis Sie Lieutenant Wheelers Angelegenheiten geordnet haben."

„Das stimmt, Sir", antwortest du und stellst ein Selbstbewußtsein zur Schau, das du nicht empfindest. „Verantwortlichkeiten lösen sich allerdings nicht einfach in Luft auf, wenn man sich nicht mehr um sie kümmert. Wenn Captain Anderson morgen aus Dorset zurückkehrt, rechnet er damit, daß diese Ausbildungspläne fertiggestellt sind, ungeachtet der Anweisungen Colonel Sterlings. Ich beschloß, heute abend das Essen ausfallen zu lassen und sie fertig zu machen." Dir selbst kommt deine Ausrede plausibel vor. Hoffentlich bemerkt der Captain nicht, daß die Papiere, die du vor dir hast, die Beschaffungslisten des vergangenen Monats sind. Zu deinem Glück scheint er sich nicht dafür zu interessieren.

Er wendet sich an den Sergeant: „Ist in Ordnung, Sergeant. Ich übernehme die Verantwortung." Der Sergeant geht mit seinen Männern, aber der diensthabende Offizier bleibt zurück. „Watson", sagt er und mißt dich mit einem kühlen, distanzierten Blick, „ich kenne Sie nicht gut, aber ich glaube, daß Sie gerade gelogen haben. Mir ist unklar, was Sie mit diesem Täuschungsversuch erreichen wollen, aber seien Sie gewiß, daß die Sache noch nicht ausgestanden ist. Inzwischen gibt es jedoch keinen Grund, unsere Angelegenheit in die Öffentlichkeit zu bringen.“

„Ja, Sir“, antwortest du. Etwas anderes fällt dir nicht ein. Er geht und läßt dich allein mit deiner Entscheidung, was du als nächstes tun sollst:

- Wenn du Entscheidung 10 *nicht* notiert hast, kannst du Major Dillons Wohnhaus durchsuchen. In diesem Fall notiere Resultat IV, dann geht es weiter bei **121**.
- Wenn du dich um den Leonidas Club kümmerst, weiter bei **266**.

475

Das Regal mit den Aktenordnern steht auf einer Seite des Schreibtisches und verhindert, daß man auf dieser Seite um ihn herum gehen kann. Es ist fast so groß wie der Kleiderschrank, und auch fast so häßlich. Du öffnest es und durchsuchst den Inhalt. Wähle eine Zahl und zähle deine Beobachtungs-Punkte hinzu:

- Ist die Summe 2–7, weiter bei **508**.
- Ist die Summe 8–12, weiter bei **491**.

476

Du erwachst mit festen Bandagen um Brust und Schulter im Krankenhaus. Später erfährst du, daß Athelney Jones dich neben der Leiche von Major Dillon gefunden hat. Austin ist entkommen. Weiter bei **195**.

477

Am Nachmittag wird Dillon aus Kingston ins Büro von Athelney Jones gebracht. Du konfrontierst Dillon mit deinen Untersuchungsergebnissen und erzählst ihm von Mores' Auftrag, wobei du ihm auch die verschlüsselte Botschaft zeigst. Zuerst scheint Dillon unbeeindruckt und weigert sich, über die Sache zu sprechen, aber dann bittet er um Bedenkzeit und Gelegenheit, nachzudenken. Jones ist einverstanden und läßt Dillon wegbringen.

Du bist gerade dabei, mit Dr. Watson und Jones euer weiteres Vorgehen zu besprechen, als ein Wachtmeister an die Tür klopft und aufgeregt berichtet, daß Major Stephen Dillon in einer Zelle im Untergeschoß tot aufgefunden worden sei. Bald stellt sich heraus, daß Dillon durch einen unglücklichen und unbegreiflichen Zufall zu dem ehemaligen Lieutenant Mores in eine Zelle gesteckt worden war. Mores ist jetzt verschwunden. Einen Augenblick lang überlegst du, ob es den Verschwörern gelungen sein könnte, Scotland Yard zu unterwandern, aber dann kommt dir das doch zu absurd vor.

„Dann bleibt uns nur eine Alternative."

„Ja", sagt Jones und verzieht das Gesicht. „Sherlock Holmes."

Deine Ermittlung endet mit einem Teilerfolg. Mit dem Faktenmaterial, das du bis jetzt gesammelt hast, wird es Sherlock Holmes schnell gelingen, den Fall zu lösen. Die Verschwörung gegen das Königreich wird fehlschlagen, aber die Indizien reichen nicht aus, um die Verschwörer vor Gericht zu stellen. Der Mörder, Dillon, ist tot, aber die Umstände von Jonathans Tod werden nie bekannt werden. Wenigstens kannst du Jonathans Vater schreiben, daß sein Sohn ehrenvoll gestorben sei und sich geweigert habe, sein Land zu verraten. Wenn du den Fall noch einmal von vorne aufrollen willst, geht es weiter bei **308**. Wenn du nur die Lösung lesen willst, weiter bei **430**.

478

Bei einer der Schubladen im linken Sockel fällt dir auf, daß sie innen flacher ist, als man von außen vermutet. Du nimmst einen Stoß Aktendeckel heraus und legst ihn auf den Schreib-

4

tisch. Dann siehst du dir das Innere der Schublade genauer an. Du entdeckst tatsächlich, daß sie einen doppelten Boden hat. Vorsichtig hebst du ihn mit deinem Taschenmesser ein Stück hoch und schaust in das Geheimfach darunter. Darin liegen ein Dienstrevolver und eine Briefpapierschachtel!

- Wenn du die Schachtel öffnest, weiter bei **484**.
- Wenn du den Revolver untersuchst, weiter bei **247**.
- Wenn du beide Gegenstände untersuchst, ohne sie herauszunehmen, weiter bei **365**.
- Wenn du die Schublade schließt und wieder gehst, weiter bei **518**.

479

Du erzählst dem Barmann, daß du in der Zeitung über das Attentat gelesen hast und gerne mehr darüber wissen willst, damit du deinen irischen Verwandten zu Hause in Amerika davon erzählen kannst. Er sieht dich scharf an, scheint aber zufrieden mit deiner Auskunft. Weiter bei **521**.

480

Du rennst durch den unterirdischen Gang, den fliehenden Gestalten auf der Spur. Jetzt hörst du weit hinter dir die Schritte der Polizisten. Athelney Jones ruft deinen Namen, aber du antwortest nicht, weil du dich den Ratsmitgliedern nicht verraten willst.

Dann hörst du ganz in der Ferne hinter dir einen Pistolenschuß und einen Schrei. Das bedeutet sicher, daß die Polizei Austin und Dillon eingeholt hat. Der Schuß bringt dich auf den Gedanken, ob die Ratsmitglieder wohl bewaffnet sind. Weiter bei **490**.

481

Wie ein massiges Ungetüm aus Mahagoni erstreckt sich der Kleiderschrank über eine ganze Wand. Es muß sich um ein regierungseigenes Möbelstück handelt, denn du kannst dir nicht vorstellen, daß sich jemand so ein Monstrum zum persönlichen Gebrauch kauft. Er ist nicht abgesperrt, also öffnest du ihn und stehst vor verschiedenen Uniformen, einem Schirm, Stiefeln und einem Mantel aus Öltuch. Unten im Schrank sind zwei Schubladen, die du sorgfältig durchsuchst. Wähle eine Zahl und zähle deine Beobachtungs-Punkte hinzu:

- Ist die Summe 2–7, weiter bei **358**.
- Ist die Summe 8–12, weiter bei **122**.

482

Auf Austin paßt Holmes' Beschreibung zwar nicht, aber du glaubst, daß im „Bergfried" nur wenig ohne Wissen des Sergeant Majors des Regiments passiert. Es wäre sogar leicht vorstellbar, daß er wie eine Spinne im Zentrum eines Netzes aus Intrigen sitzt und sogar seine Vorgesetzten in der Hand hat. Du willst ihn genauer unter die Lupe nehmen, dankst Holmes und nimmst den nächsten Zug zurück nach Kingston. Weiter bei **307**.

483

Du machst dich darauf gefaßt, den Auslöser zuschnappen zu hören. Hoffentlich ist deine Entdeckung nichts Gefährlicheres als ein einfacher Warnmechanismus. Wenn es jetzt einen Alarm gäbe – eine entsetzliche Vorstellung. Vorsichtig bewegst du die Schachtel und hörst, wie der Mechanismus leise schnappend einrastet. Erleichtert atmest du aus. Major Dillon kann jetzt zwar feststellen, daß du hiergewesen bist, aber bis dahin hast du vielleicht schon genügend Beweise, um die Polizei einzuschalten. Notiere Resultat VI. Weiter bei **516**.

484

Du greifst in das Geheimfach der Schublade und holst die Schachtel heraus. Langsam nimmst du den Deckel ab und schaust hinein. Erst als du einen Seufzer der Enttäuschung ausstößt, wird dir bewußt, daß du den Atem angehalten hattest. Die Schachtel enthält nichts als Briefpapier. Neugierig nimmst du einen Briefbogen zur Hand. Ein merkwürdiges Symbol ist als Briefkopf in den Bogen geprägt. Es zeigt eine Krone und ein Zepter über einem Wappenschild, auf dem ein zum Sprung bereiter Löwe zu sehen ist. Rechts danben stehen in kleiner gotischer Schrift die Buchstaben ‚RV'. Außer den Briefbögen liegen noch Briefkarten und kleine, unbedruckte Visitenkarten in der Schachtel. Alle haben das seltsame Wappen eingeprägt. Notiere Hinweis Q. Wähle eine Zahl:

– Ist die Summe 2–7, weiter bei **424**.
– Ist die Summe 8–12, weiter bei **322**.

485

Ihr folgt Dr. Watson ins Haus. Mit eurer Hilfe gelingt es Mores, die Treppe hinaufzusteigen. Im Wohnzimmer läßt du ihn in einem bequemen Sessel Platz nehmen, während dein Vetter in der Küche einen Tee aufsetzt.

„So", verkündet Dr. Watson resolut, „ich habe Mrs. Hudson einen Zettel geschrieben, daß sie gleich ein kräftiges Frühstück zubereitet, sobald sie kommt. Inzwischen werde ich die Verletzungen deines Kameraden untersuchen, und dann deine, mein Junge."

„Machen Sie sich keine Mühe, Doktor", wehrt Mores ab, „nein, wirklich, ich brauche Ihre Hilfe im Augenblick nicht. Ich habe nichts Schlimmes abgekriegt und müßte mich eigentlich nur mal tüchtig ausruhen. Der Tee, ein gutes Frühstück und eine Runde Schlaf werden mich dank Lieutenant Watson sicher schnell wieder auf die Beine bringen."

12

Dr. Watson wirft ihm einen schnellen Blick zu, dann zuckt er mit den Achseln, nimmt dir gegenüber Platz und fragt dich, wie du zu deinen Verletzungen gekommen bist. Du berichtest von deiner Gefangennahme und der anschließenden Flucht, und je länger du sprichst, desto unglaublicher kommt dir selbst diese Kette von Ereignissen vor. Wähle eine Zahl und zähle deine Instinkt-Punkte hinzu:

- Ist die Summe 2–7, weiter bei **313**.
- Ist die Summe 8–12, weiter bei **260**.

486

Als du die Pistole in die Hand nimmst, bemerkst du in der Ecke der Schublade einen kleinen eingebauten Warnmechanismus. Zum Glück hast du ihn nicht ausgelöst. Notiere Resultat V. Wenn du die Pistole mitnimmst, geht es weiter bei **150**. Wenn du sie zurücklegst, weiter bei **361**.

487

Du wartest, bis die meisten Mitglieder den Versammlungssaal durch eine Tür linker Hand betreten haben, dann läufst du zielstrebig die Treppe hinunter und in die Bar am rechten Ende des Flurs. Wie erwartet führt auch von dort eine Tür in den Saal. Als du einen Blick hineinwirfst, scheint die Versammlung eben zu beginnen. Weiter bei **243**.

488

Oberinspektor Maxwell Stern ist sein Zorn kaum anzumerken, als er sich zu dem Wachtmeister umdreht und befiehlt: „Verhaften Sie diesen Mann." Dann sagt er zu dir: „Vielleicht finden Sie im Gefängnis von Newgate genug Zeit, Ihren Brief zu schreiben."

Du wirst ins Gefängnis gesteckt und dort wochenlang festgehalten werden. Fluchend mußt du dir eingestehen, daß du deine Ermittlung nicht fortsetzen kannst, und daß es jetzt ganz an Sherlock Holmes liegt, den Fall zu lösen. Wenn du noch einmal von vorne anfängst, geht es weiter bei **308**. Wenn du gerne die Lösung lesen möchtest, weiter bei **430**.

489

Du beschließt, den Schreibtisch zu durchsuchen: ein schweres, massives Möbelstück. Er hat insgesamt sieben verschlossene Schubladen: jeweils drei in den Sockeln links und rechts, und eine in der Mitte. Dillon trägt einen Schlüssel an seiner Uhrkette, und du rechnest nicht damit, daß es einen Zweitschlüssel gibt. Du mußt es riskieren, das Schloß aufzubrechen.

Du schiebst die Klinge deines Taschenmessers unter das Schloß der mittleren Schublade und drückst nach unten: es klickt, und die Schublade springt auf! Das alte Schloß greift nicht mehr richtig, und die Schublade läßt sich auf- und zuschieben, ohne daß das Schloß zuschnappt. Weder Schloß noch Schreibtisch sind beschädigt, dein Einbruch wird keine sichtbaren Spuren hinterlassen. In der mittleren Schublade findest du einen Schlüssel: Wirst du mit ihm die seitlichen Schubladen öffnen können? Ja! Schnell durchsuchst du sie, findest aber nichts! Wähle eine Zahl und zähle deine Beobachtungs-Punkte hinzu:

– Ist die Summe 2–5, weiter bei **375**.
– Ist die Summe 6–12, weiter bei **478**.

490

Vor dir hörst du Stimmen und kannst einige Gesprächsfetzen aufschnappen. Du gehst jetzt langsam und vorsichtig weiter, um möglichst nahe an die Sprechenden heranzukommen, ohne entdeckt zu werden. Du möchtest beim Licht der Laterne einen Blick auf sie werfen. Wähle eine Zahl und zähle deine Beobachtungs-Punkte hinzu:

- Ist die Summe 2–6, weiter bei **512**.
- Ist die Summe 7–12, weiter bei **505**.

491

Du warst sicher, du würdest im Regal mit den Aktenordnern etwas finden, aber du wirst enttäuscht. Jetzt mußt du entscheiden, ob du noch ein Möbelstück durchsuchen willst. Je länger du hierbleibst, desto dunkler wird es werden, und Kerzenlicht wäre gefährlich. Sollst du riskieren, noch weiter zu suchen?

- Wenn du gehst, weiter bei **284**.
- Wenn du noch ein Möbelstück durchsuchst, wähle eine Zahl, aber ziehe 1 Punkt ab für jedes Möbelstück, das du schon durchsucht hast (du kannst dasselbe Möbelstück mehr als einmal durchsuchen):
  - Wenn 2–4, weiter bei **228**.
  - Wenn 5–12, weiter bei **463**.

492

Du lügst zwar, aber irgendwie gelingt es dir, den Kommandeur der Militärpolizei davon zu überzeugen, daß du die Wahrheit sagst. Er übernimmt die Verantwortung dafür, dem Colonel das Vorkommnis zu erklären, und du kannst gehen. Weiter bei **523**.

493

Deine Ermittlung endet mit einem Teilerfolg. Mit dem Faktenmaterial, das du bis jetzt gesammelt hast, wird es Sherlock Holmes schnell gelingen, den Fall zu lösen. Die Verschwörung gegen das Königreich wird fehlschlagen, aber es gibt nicht genug Indizien, um die Verschwörer vor Gericht zu stellen. Der Mörder, Dillon, ist tot, aber die Umstände von Jonathans Tod werden nie öffentlich bekannt werden. Wenigstens kannst du Jonathans Vater schreiben, daß sein Sohn ehrenvoll gestorben

2

sei und sich geweigert habe, sein Land zu verraten. Wenn du den Fall noch einmal von vorne aufrollen willst, geht es weiter bei **308**. Wenn du nur die Lösung willst, weiter bei **430**.

494

Du wartest ein paar Minuten und folgst Dillon dann in die Bar. Hier ist es ziemlich voll; du schiebst dich durch die Menge und findest schließlich ein Tischchen an der gegenüberliegenden Wand, von wo aus du ihn sehen kannst. Der Major steht ganz alleine an der Bar. Du hat den Eindruck, daß niemand mit ihm gesehen werden will. Er kippt einen Whisky. Erschöpfung beginnt sich auf seinem Gesicht abzuzeichnen. Dann sieht es so aus, als ob er sich einen Ruck gibt: Er richtet sich auf und bahnt sich seinen Weg zur Tür. Weiter bei **338**.

495

Einen Augenblick lang bist du so schockiert, daß du nicht mehr denken kannst. Du hast einen Menschen getötet. Es war zwar nicht deine Absicht gewesen, und er seinerseits hatte es gewiß auf dein Leben abgesehen. Aber du hast noch nie zuvor jemanden umgebracht. Sogar die Narbe auf deiner Wange hättest du damals vor ein paar Jahren vermeiden können, wenn du deinen Widersacher erschossen hättest, statt ihn lebend gefangenzunehmen. Dr. Watson versichert dir, daß er die Auseinandersetzung mit der Polizei auf sich nehmen will, aber du hörst ihn kaum.

Schließlich schlägt Dr. Watson vor, die Leiche zu durchsuchen. Ihr findet keine Waffen, aber in der Rocktasche steckt ein vierfach gefalteter Zettel, der aus dem Briefpapier des Rats der Fünf stammt. Was darauf geschrieben ist, scheint eine Art Geheimbotschaft zu sein, denn alle Wörter haben genau fünf Buchstaben und ergeben keinen Sinn.

Während deiner Dienstzeit hast du schon mit Geheimschrif-

ten zu tun gehabt. Vielleicht ist dir dieser Kode vertraut. Du setzt dich an Holmes' Schreibtisch und machst dich an die Arbeit. Wähle eine Zahl und zähle deine Wissens-Punkte hinzu:
- Ist die Summe 2–6, weiter bei **111**.
- Ist die Summe 7–12, weiter bei **108**.

496

Du kommst zu der Überzeugung, daß es keinen Sinn hat, hier weiter zu ermitteln. Du mußt endlich herausfinden, an welcher Stelle alle Fäden dieses Falles zusammenlaufen, und hast zunehmend den Eindruck, daß du dazu den Leonidas Club unter die Lupe nehmen mußt. Du verläßt das Haus und nimmst den nächsten Zug nach London. Weiter bei **174**.

497

Du hast jetzt so viele Indizien, daß du glaubst, die Polizei überzeugen zu können, ihre Untersuchung nicht auf die irischen Terroristen zu beschränken. Du fragst nach Mr. Athelney Jones, dem Detektiv, der die Ermittlung leitet. Zuerst sträubt er sich gegen deine Argumente, aber schließlich gelingt es dir, ihn auf deine Seite zu ziehen. Er will seinen Vorgesetzten Oberinspektor Maxwell Stern verständigen und bittet dich zu warten. Weiter bei **158**.

498

Beim Verlassen des Zimmers fragst du dich, was dich an dem Gespräch mit Major Dillon gestört hat. Du bist sicher, daß er etwas über das Kärtchen weiß – etwas, das er für sich behalten hat. Und du hattest den Eindruck, daß der Anblick der Karte ihn erschreckt hat. Wäre es möglich, daß er lügt? Ohne guten Grund kannst du einen vorgesetzten Offizier kaum beschuldigen, Informationen zurückzuhalten. Aber du wirst dir die Sache merken. Notiere Hinweis E. Weiter bei **340**.

499

Du schiebst die Schachtel nur ein kleines bißchen auf die Seite, um dir den Auslöser des Warnmechanismus' besser anschauen zu können. Leider kannst du ihn nicht so gut sehen, daß du herausfinden kannst, wie er entschärft wird. Wenn du unvorsichtig bist, schnappt er vielleicht zu, und dann wird Major Dillon gewarnt, denn es würde dir sicher nicht gelingen, ihn wieder zu spannen, ohne die Schublade zu beschädigen.

- Wenn du die Untersuchung der Schachtel trotzdem fortsetzt, weiter bei **483**.
- Wenn du die Untersuchung der Pistole trotzdem fortsetzt, weiter bei **469**.
- Wenn du die Schublade nicht mehr berühren willst, weiter bei **229**.

500

„Mr. O'Grady", sagst du im Bewußtsein, wieder seinen Zorn herauszufordern, „mir ist klar, daß Ihr Volk große Sorgen hat, aber mir steht nur wenig Zeit zur Verfügung. Ich persönlich glaube Ihnen, aber ich brauche mehr als Ihr Wort, daß Sie die Bombe nicht gelegt haben. Ich brauche einen Beweis, der die Polizei überzeugen kann." Wähle eine Zahl und zähle deine Kommunikations-Punkte hinzu:

- Ist die Summe 2–6, weiter bei **439**.
- Ist die Summe 7–12, weiter bei **503**.

501

Du gehst zu der Versammlung und hast eine Pistole und eine Trillerpfeife dabei, die du von Jones erhalten hast. Außerdem weißt du, daß der Club von Polizisten in Zivil umstellt ist.

Zur verabredeten Zeit fährst du mit Major Dillon in einer Droschke vor dem Club vor. Es besteht immer die Möglichkeit, daß du von jemandem erkannt wirst, aber dieses Risiko mußt du eingehen, wenn du dieses Verbrechen aufklären und alle Schurken der Gerechtigkeit übergeben willst. Und da du ja Dillon bei dir hast, solltest du zumindest mit dem Club-Butler keine Schwierigkeiten haben.

Es ist kurz vor Beginn der Versammlung. Eine große Zahl von Mitgliedern betritt gerade den Club, und das Personal ist so beschäftigt, daß es sicher keine Zeit hat, einzelnen Personen große Aufmerksamkeit zu schenken. Du gehst mit Dillon auf die Tür zu. Wähle eine Zahl und zähle deine Schlauheits-Punkte hinzu:

– Ist die Simme 2–4, weiter bei **186**.
– Ist die Summe 5–12, weiter bei **183**.

502

Du mußt dich jetzt rasch entscheiden. Wenn du eine der Visitenkarten an dich nimmst und gehst, weiter bei **472**. Wenn du die Schachtel mit dem Briefpapier wieder in das Fach zurücklegst, so wie es war, und dann gehst, weiter bei **518**.

503

Wieder richtet sich der Anführer auf, entspannt sich aber dann. „Sie sind hartnäckig“, lacht er. „Nun ja, gehen Sie dieser Sache ruhig auf den Grund, das kann *meiner* Sache nur nützen. Ich denke, ich kann Ihnen den Beweis liefern, den Sie verlangen. Sehen Sie, Gladys O’Keefe war eine von uns. Keine Anführerin, wohlgemerkt, aber sie hat uns jahrelang gute und treue Dienste geleistet. Ihre Aufgabe bestand darin, die Nachtzüge in Paddington zu beobachten und festzustellen, welche und wie viele Leute transportiert wurden, und sogar gelegentlich eine rasche Fluchtmöglichkeit für unsere Leute zu organisieren, wenn sie von der Polizei verfolgt wurden.

Mittwochnacht war sie auf ihrem Posten, als ihr eine Reihe

6

von Männern in dunklen Überziehern auffiel, die aus einem der letzten Züge stiegen. Sie trugen die Leiche eines Mannes, eines jungen Mannes, der mit einer hellen Uniform bekleidet war. Seine Brust war blutverschmiert. Sie setzten den Leichnam auf eine Bank und machten sich dann mit etwas zu schaffen, das sie nicht sehen konnte.

Dann mußte sie sich entfernen, damit sie nicht entdeckt wurde, und benutzte die Gelegenheit, den Vorfall ihren Vorgesetzten zu melden, bevor sie wieder zur U-Bahn zurückkehrte. Den Rest kennen Sie."

„Konnte sie die Männer beschreiben?" fragst du.

„Sie trugen leider Masken", sagt O'Grady und faßt dann an seine eigene. „Das scheint irgendwie Mode zu sein."

„Gab es noch etwas?" fragst du.

„Ja, eines noch. Nach dem Bericht von Gladys O'Keefe wurde der Anführer der Gruppe von einem der anderen mit ‚Major' angesprochen." Notiere Hinweis H.

- Wenn du die Ermittlung auf eigene Faust fortsetzt, weiter bei **425**.
- Wenn du zur Polizei gehst, notiere Entscheidung 6, dann geht es weiter bei **390**.
- Wenn du Sherlock Holmes aufsuchen willst, weiter bei **404**.

504

Du entscheidest dich dafür, Major Stephen Dillon zu befragen, den Regiments-Adjutanten. Dillon müßte es wissen, wenn Jonathan zu einer offiziellen Festlichkeit eingeladen war. Du hättest dann vielleicht den Grund dafür gefunden, warum Jonathan seine Ausgehuniform trug. Das Dienstzimmer des Majors liegt an der Rückseite des Hauptquartier-Gebäudes, gegenüber dem Raum Colonel Sterlings. Du gehst durch das kleine Vorzimmer, wo der Sekretär des Majors sitzt, und in das Dienstzimmer. Dillon ist offensichtlich sehr beschäftigt; du mußt ein Weilchen warten, bis er deine Anwesenheit zur Kenntnis nimmt. Schließlich schaut er auf.

„Ja, ja, Watson, worum handelt es sich?" fragt er zerstreut.

„Verzeihen Sie, daß ich Sie störe, Sir", sagst du. „Es geht um Lieutenant Wheeler."

„Was ist mit ihm?" fragt Dillon und schenkt dir seine volle Aufmerksamkeit.

„Nun, in seinem Rock habe ich dies hier gefunden", antwortest du und zeigst ihm das Kärtchen. „Ich dachte mir, es könnte ein Hinweis darauf sein, warum er gestern abend seine Ausgehuniform trug. Wissen Sie, ob er vielleicht bei einer offiziellen Feier war?"

„Nein, das weiß ich nicht", stellt er nachdrücklich fest. „Ich bin ja wohl nicht verantwortlich dafür, was Lieutenant Wheeler in seiner dienstfreien Zeit tut, Watson. Ich fürchte, ich kann Ihnen da nicht helfen." Er kramt in den Papieren auf seinem Schreibtisch herum und schaut dann wieder auf, als wundere er sich, daß du noch da bist. „Gibt es noch etwas?" fragt er.

„Nein, Sir", erwiderst du, nimmst die Karte wieder an dich und wendest dich zum Gehen.

„Watson", ruft Dillon, als du zur Tür gehst. Du drehst dich zu ihm um. „Schließen Sie die Tür hinter sich, ja?" Wähle eine Zahl und zähle deine Instinkt-Punkte hinzu:
- Ist die Summe 2–7, weiter bei **327**.
- Ist die Summe 8–12, weiter bei **498**.

505

Sieh mal einer an, denkst du. Du hast sogar schon ein- oder zweimal daran gedacht, ob dieser Herr hier nicht vielleicht auch Mitglied ist. „Bleiben Sie stehen, Colonel Sterling, wenn ich bitten darf", befiehlst du und richtest deine Pistole auf ihn. „Und auch Sie, meine Herren, bleiben ganz ruhig stehen. Sie haben alle einen Termin bei Scotland Yard, und zwar nicht in Ihrem Büro, Oberinspektor Stern.“ Weiter bei **506**.

506

Du hältst die Anführer der Verschwörung fest, bis Athelney Jones auftaucht. Er ist nur ein kleines bißchen beleidigt, daß du es warst, der die Verhaftung vorgenommen hat. Als er die unmaskierten Gesichter der Anführer sieht, fallen ihm fast die Augen aus dem Kopf. Dann schaut er dich an, als ob er von dir noch einmal bestätigt haben wollte, was er gesehen hat. Mit grimmiger Genugtuung nickst du und freust dich auf dein nächstes Zusammentreffen mit Sherlock Holmes. Weiter bei **430**.

507

Austins Verhalten kommt dir seltsam vor. Du weißt aber nicht recht, warum. Weiter bei **340**.

508

Du warst sicher, du würdest im Regal mit den Aktenordnern etwas finden, aber du wirst enttäuscht. Jetzt mußt du entscheiden, ob du noch ein Möbelstück durchsuchen willst. Je länger du hier bleibst, desto dunkler wird es werden, und Kerzenlicht wäre gefährlich. Sollst du es riskieren, noch weiter zu suchen?

- Wenn du gehst, weiter bei **284**.
- Wenn du noch ein Möbelstück durchsuchst, wähle eine Zahl, aber ziehe 1 Punkt ab für jedes Möbelstück, das du schon durchsucht hast (du kannst dasselbe Möbelstück mehr als einmal durchsuchen):
  - Bei 2–4 weiter bei **228**.
  - Bei 5–12 weiter bei **463**.

509

Du betrittst das Vorzimmer des Schreibers, das zwischen dem Korridor und Major Dillons Büro liegt. Leise gehst du durch den kleinen Raum. Die Tür zu Dillons Büro ist verschlossen. Du überlegst fieberhaft: So benebelt, wie Dillon morgens oft noch ist, vergißt er sicherlich von Zeit zu Zeit seinen Schlüssel. Also müßte der Schreiber hier im Vorzimmer eigentlich einen Zweitschlüssel aufbewahren. Und dieser müßte in greifbarer Nähe sein, denn Dillon ist schnell ungehalten, wenn er einen Fehler gemacht hat.

Du setzt dich an den Schreibtisch und siehst dich um. Unter der Schreibunterlage findest du nichts. Dasselbe Ergebnis bringt eine Durchsuchung des Blumentopfs auf der Schreibtischecke und auch der Schublade. Dann bemerkst du einen Ständer mit zwei kleinen, gekreuzten Fahnen auf dem Bücherregal hinter dem Schreibtisch. Du hebst ihn hoch: wie vermutet ist er hohl, und darunter liegt der Schlüssel. Du nimmst ihn und schließt die Tür auf.

Dillons Büro ist klein und schmucklos eingerichtet. Es gibt nur vier Möbelstücke: einen riesigen Schreibtisch, einen Kleiderschrank, einen Bücherschrank mit einem abschließbaren Fach und ein kleines Regal mit Aktenordnern. Das Licht schwindet schnell; dir bleibt nur genug Zeit, um eines davon zu durchsuchen, bevor du eine Kerze benötigen wirst. Vor dem Fenster hängen keine echten Vorhänge, sondern nur Attrappen, die sich nicht zuziehen lassen; selbst das Licht einer einzigen Kerze würde also die Wahrscheinlichkeit erhöhen, daß die Wachen auf dich aufmerksam werden. Was willst du also durchsuchen:

– den Schreibtisch? Weiter bei **489**.
– den Kleiderschrank? Weiter bei **481**.
– den Bücherschrank? Weiter bei **341**.
– das Regal mit den Aktenordnern? Weiter bei **475**.

10

510

Du warst sicher, du würdest im Bücherschrank etwas finden, aber du wirst enttäuscht. Jetzt mußt du dich entscheiden, ob du noch ein Möbelstück durchsuchen willst. Je länger du hier bleibst, desto dunkler wird es werden, und Kerzenlicht wäre gefährlich. Sollst du es riskieren, noch weiter zu suchen?

- Wenn du gehst, weiter bei **284**.
- Wenn du noch ein Möbelstück durchsuchst, wähle eine Zahl, aber ziehe 1 Punkt ab für jedes Möbelstück, das du schon durchsucht hast (du kannst dasselbe Möbelstück mehr als einmal durchsuchen):
  - Bei 2–4 weiter bei **228**.
  - Bei 5–12 weiter bei **463**.

511

„Lieutenant Mores", sagst du, „mir fällt ein, daß ich Sie meinem Vetter Dr. Watson noch gar nicht richtig vorgestellt habe." Du wendest dich an Dr. Watson. „John, dies ist Lieutenant Neville Mores von der Königlichen Marine."

„Tatsächlich!" sagt Dr. Watson voller Interesse. „Bin ein alter Bewunderer der Marine. Welches Schiff, Lieutenant?"

„HMS Defiance", antwortet Mores.

„Lieutenant Mores", mischst du dich mit plötzlichem Herzklopfen ein, „ich bin sicher, daß Sie mir gesagt hatten, Ihr Schiff sei die ‚HMS Defiant'." Weiter bei **118**.

512

„Keine Bewegung, meine Herren", befiehlst du. Dann bleibt dir bei den Gesichtern, die du siehst, vorübergehend die Luft weg. Sieh mal einer an, denkst du. Du hast sogar schon einmal daran gedacht, ob dieser eine Herr hier nicht vielleicht auch Mitglied ist. „Bleiben Sie stehen, Colonel Sterling, wenn ich bitten darf", sagst du zu ihm und richtest deine Pistole auf ihn. „Und auch Sie, meine Herren, bleiben ganz ruhig stehen. Sie haben alle einen Termin bei Scotland Yard, und zwar nicht in Ihrem Büro, Oberinspektor Stern.“ Weiter bei **506**.

513

Colonel Sterlings Einstellung irritiert dich. Gerade hat er einen seiner jungen Offiziere verloren, und es scheint ihm überhaupt nichts auszumachen. Ist das nur ein weiteres Beispiel für die Verachtung, mit der er seinen Untergebenen begegnet? Weiter bei **340**.

514

„Unmöglich!“ schreit Dr. Watson und zieht seinen Dienstrevolver. Weiter bei **626**.

515

„Jetzt haben wir ihn!“ schreit Holmes und springt aus seinem Sessel. Weiter bei **611**.

516

Du greifst in das Geheimfach der Schublade und holst die Schachtel heraus. Langsam nimmst du den Deckel ab und schaust hinein. Erst als du einen Seufzer der Enttäuschung ausstößt, wird dir bewußt, daß du den Atem angehalten hattest. Die Schachtel enthält nichts weiter als Briefpapier. Neugierig nimmst du einen Briefbogen zur Hand. Ein merkwürdiges Symbol ist als Briefkopf in den Bogen geprägt. Es zeigt eine Krone und ein Zepter über einem Wappenschild, auf dem ein zum Sprung bereiter Löwe zu sehen ist. Rechts daneben stehen in kleiner gotischer Schrift die Buchstaben „RV“. Außer den Briefbögen liegen noch Briefkarten und kleine, unbedruckte Visitenkarten in der Schachtel. Alle tragen das seltsame Wappen.

4

Als du die Visitenkarten in die Hand nimmst, fällt die unterste auf die Schreibtischplatte. Der Name Major Dillons steht darauf. Notiere Hinweis Q. Wenn du das Briefpapier für wichtig für die Lösung des Falles hältst, geht es weiter bei **172**. Wenn du denkst, daß es unwichtig ist, weiter bei **400**.

517

Vorsichtig schleichst du durch das zerstörte Gebiet und schrickst jedesmal zusammen, wenn du ein Geräusch hörst. Du zwingst dich dazu, dich auf die Untersuchung des Geländes zu konzentrieren. Wähle eine Zahl und zähle deine Beobachtungs-Punkte hinzu:

- Ist die Summe 2–5, weiter bei **250**.
- Ist die Summe 6–12, weiter bei **218**.

518

Hier kannst du nichts weiter herausfinden. Was willst du als nächstes tun? Wenn du Entscheidung 10 *nicht* notiert hast, kannst du Major Dillons Wohnhaus durchsuchen. In diesem Fall notiere Resultat IV, dann geht es weiter bei **132**. Wenn du dich um den Leonidas Club kümmerst, weiter bei **401**.

519

Du stehst in einem der möblierten Zimmer, die der Club für seine auswärtigen Mitglieder bereithält, wenn sie in London sind. Im Augenblick scheint es nicht bewohnt zu werden. Du gehst zur Tür und öffnest sie einen Spalt. Niemand ist im Flur zu sehen; vorsichtig schleichst du zur Treppe. Als du über das Geländer zum nächsten Stockwerk hinuntersehen willst, knallt etwas Hartes an deinen Hinterkopf, und alles um dich herum wird schwarz. Weiter bei **115**.

520

Eine Droschke bringt dich zu Scotland Yard, und während sie über das Kopfsteinpflaster holpert, denkst du über dein weiteres Vorgehen nach. Es wird nicht leicht sein, die Polizei davon zu überzeugen, daß du geistig gesund bist und es ernst meinst. Von den Detektiven, mit denen du bisher zu tun hattest, bist du nicht sonderlich beeindruckt. Sherlock Holmes hält Athelney Jones für einen herablassenden und angeberischen Wichtigtuer, und Oberinspektor Maxwell Stern ist, trotz seines weltmännischen Gebarens, noch schlimmer. Du beschließt, dich an Jones zu halten – das kleinere Übel.

Die Droschke hält vor Scotland Yard, du springst hinaus und eilst zu Jones' Büro hinauf. Seine Tür ist verschlossen, und von einem Wachtmeister erfährst du, daß Jones noch nicht da ist. Du überlegst noch, was du tun sollst, da kommt Oberinspektor Stern um eine Ecke und sieht dich. Weiter bei **325**.

521

Der Barmann geht auf deine Annäherungsversuche ein und scheint gewillt zu sein, deine Fragen zu beantworten. Ab und zu geht er am Tresen hin und her, bedient die Gäste und wechselt ein paar Worte mit ihnen. Schließlich gelingt es dir, das Gespräch auf die Attentäter zu lenken, und du fragst ihn, ob er ein paar von den Terroristen persönlich kennt. Er sieht sich theatralisch um, beugt sich dann langsam über den Tresen und flüstert dir zu: „Und wieso interessiert dich das?" Plötzlich ist es in der Kneipe sehr still geworden.

„Weil ich gern mit einem Vertreter der irischen Fraktion sprechen würde", antwortest du. Du weißt, daß du dich den Verschwörern jetzt unwiderruflich ausgeliefert hast.

„Na, dann sag eben, was du zu sagen hast", antwortet er spöttisch. „Sie sind ja alle da." Du siehst dich um und merkst,

4

daß sich die Kneipe inzwischen geleert hat. Viele Gäste sind gegangen, statt dessen haben sich einige kräftige, unfreundlich dreinblickende Kerle eingefunden, die nicht gut auf dich zu sprechen zu sein scheinen. Der Barmann hat also nicht nur die Gäste bedient, sondern auch dafür gesorgt, daß keine Außenstehenden mehr anwesend sind. Alle, die jetzt noch da sind, gehören zu den Verschwörern, und du sitzt in ihrer Falle!

„Ich bin nicht gekommen, um eine Rede für die Mitglieder zu halten", sagst du so mutig du kannst. „Ich möchte mit einem Anführer sprechen."

„Hältst dich wohl für was Besseres und sprichst nicht mit unsereinem, was?" fragt der Barmann sarkastisch. Jede Spur von Freundlichkeit ist aus seiner Stimme gewichen.

„So ist es", bestätigst du fest.

„Dann komm", antwortet er und klappt den Tresen hoch. Er geht vor dir her zu einer Tür, die in den Weinkeller hinunterführt, und winkt dich durch. Vorsichtig steigst du eine dunkle Wendeltreppe hinunter. Langsam passen sich deine Augen dem schummrigen Licht an. An einer Wand steht ein Bierfaß und darauf eine Kerze, deren flackerndes Licht die Düsterkeit etwas aufhellt. Dahinter sitzt auf einem Stuhl ein maskierter und in einen Umhang gehüllter Mann.

„Hier herüber, bitte." Die Stimme des Mannes klingt gebildet und angenehm. Er spricht mit dem typischen Oxford-Akzent der britischen Elite und steht auf, als du nähertrittst. „Meine Hand werde ich Ihnen nicht anbieten. Wir wissen beide, daß das eine leere Geste wäre. Auch meinen Namen brauchen Sie nicht zu wissen. Sie können mich aber Sean O'Grady nennen, wenn Sie wollen. Diesen Namen habe ich schon öfters benutzt."

Verunsichert setzt du dich. „Ich nehme an, daß es meine Chancen erhöht, diesen Raum lebend zu verlassen, wenn ich Ihren Namen nicht weiß."

3

„Stimmt", erwidert die seidenweiche Stimme. „Sofern sich nicht andere Gründe für das Gegenteil ergeben. Sagen Sie mir jetzt, warum Sie gekommen sind."

Du läßt deine Verstellung fallen und erzählst dem Mann von deinen Zweifeln bezüglich des Attentats. Von anderen Überlegungen, die du angestellt hast, sagst du ihm nichts.

„Und waren Sie damit schon bei der Polizei?"

„Ja."

„Und was hat die gesagt?"

„Sie wollte mir nicht glauben", gibst du zu.

„Das dachte ich mir", seufzt er. „Es wäre sinnlos zu dementieren. Uns wird doch die Schuld in die Schuhe geschoben. Da können wir auch gleich das Beste daraus zu machen versuchen."

„Mr. O'Grady, heißt das, daß Sie den Bahnhof nicht gesprengt haben?"

„Stimmt. Das waren nicht wir."

„Wäre es möglich, daß eine andere Fraktion Ihrer Gruppe dafür verantwortlich ist?" hakst du nach.

„Ich habe mich erkundigt", antwortet er, „und ich glaube nicht, daß das der Fall ist."

„Mr. O'Grady", sagst du nach einem tiefen Atemzug, da du der Versuchung nicht widerstehen kannst, eine Frage zu stellen, die dir auf der Zunge liegt. „Sie sind doch ein vernünftiger und gebildeter Mann. Wie kommt es, daß Sie und die anderen Mitglieder Ihrer Gruppe immer wieder diese rücksichtslosen Attentate verüben?"

Sofort merkst du, daß du einen Schritt zu weit gegangen bist. Der Mann, der sich dir als Sean O'Grady vorgestellt hat, richtet sich auf; in unbändigem Zorn bohren sich seine Augen aus den Schlitzen seiner Maske in die deinen. Du darfst nicht vergessen, daß du es mit einem Anführer der gefährlichsten Terroristenbande des Landes zu tun hast. Seine Manieren mögen noch so zivilisiert sein – in seiner Brust schlägt das Herz eines Mörders. Nach einem Augenblick, der dir sehr lang erscheint, entspannt er sich und lehnt sich wieder zurück.

„Es ist wohl eher Ignoranz als Arroganz", sagt er leise zu sich selbst. „Und die englische Ignoranz ist unser schlimmster Feind. Sagen Sie, waren Sie schon einmal in Irland?"

„Nein", antwortest du. „Ich bin in Indien geboren und aufgewachsen und lebe erst seit einem Jahr in England. Ich weiß wenig von Irlands Problemen. Aber ich habe gehört, daß es ein sehr schönes Land ist."

„Es geht nicht um Irlands Schönheit", sagt O'Grady mit einer Spur von Bitterkeit. „Ich möchte, daß Sie über das irische Volk Bescheid wissen. Sind Sie für die Sklaverei?"

„Natürlich nicht", erwiderst du empört. „Kein zivilisierter Mensch ist das. Sie ist fast überall abgeschafft."

„Und doch werden in Irland viele Menschen meines Volkes mit dem Land, auf dem sie leben, gekauft und verkauft wie im Mittelalter. Wie Sklaven sind sie das Eigentum von Grundherren, die weit weg im Ausland leben. Und von einer Kirche, die nicht die ihre ist, werden sie in bitterer Armut gehalten. Ist es so verwunderlich, daß wir euch los sein möchten?"

„Was? Sie übertreiben doch", antwortest du. „England ist doch nicht Ausland. Schließlich gehört Irland zum Vereinigten Königreich."

„Das ist die Sprache der Eroberer", versetzt er grimmig. „Wenn Irland euch Engländer mit Füßen treten würde, dann sähen Sie das ganz anders."

Das Gespräch ist von deinem eigentlichen Anliegen abgekommen. Notiere Hinweis F. Wenn du den Anführer der Terroristen weiterreden läßt, notiere Entscheidung 4, dann geht es weiter bei **380**. Wenn du einen Beweis dafür verlangst, daß die irischen Verschwörer nichts mit der Bombe zu tun hatten, notiere Entscheidung 5, dann geht es weiter bei **500**.

7

522

Du kehrst auf deine Stube zurück und wartest. Wenn du erkannt worden bist, wäre jeder Fluchtversuch sinnlos. Es würde dich nur im schlechtesten Licht erscheinen lassen. Nach fast einer Stunde atmest du auf. Jetzt fühlst du dich sicher. Was willst du als nächstes tun?

- Wenn du versuchst, noch einmal in das Gebäude zu gelangen, weiter bei **282**.
- Wenn du Entscheidung 10 *nicht* notiert hast, kannst du Major Dillons Wohnhaus durchsuchen. In diesem Fall notiere Resultat IV, dann geht es weiter bei **376**.
- Wenn du dich um den Leonidas Club kümmerst, weiter bei **283**.

523

Du kannst dein Glück kaum fassen, bist aber gleichzeitig etwas beunruhigt darüber, wie leicht dir das Lügen fällt. Hier kannst du jedenfalls heute abend nichts mehr unternehmen. Aber noch hast du dich nicht um den Leonidas Club gekümmert! Du eilst an den Bahnhof und versuchst, das Pochen deiner Kopfverletzung zu ignorieren. Weiter bei **174**.

524

Nachdem der Colonel deine Erklärung angehört hat, entspannt er sich. „Dachte mir schon, daß es sich um so etwas handelt. Trotzdem, Watson, das war strengstens verboten. Holen Sie sich das nächste Mal eine Erlaubnis, oder ich muß Ihnen in Ihrem nächsten Führungszeugnis einen schweren Tadel erteilen." Weiter bei **373**.

525

Du hast gut gezielt. Dein Schuß erwischt ihn an der Schulter, seine Pistole fliegt quer durch die Kammer, und er selbst taumelt gegen die Steinwand. Du eilst zu ihm, nimmst seine Pistole an dich und hältst ihn in Schach, bis Athelney Jones euch gefunden hat. Weiter bei **422**.

6

PERSÖNLICHKEITS-MERKMALE

Name:

Fähigkeit	Punkte	Ausrüstung:
Fitneß	______	1)
Schlauheit	______	2)
Instinkt	______	3)
Kommunikation	______	4)
Beobachtung	______	5)
Wissen	______	6)
		7)
Geld: ______ Pennies		8)
______ Schillinge		9)
______ Guineen		10)
______ Pfund		11)

Notizen:

PERSÖNLICHKEITS-MERKMALE

Name:

Fähigkeit	Punkte	Ausrüstung:
Fitneß	______	1)
Schlauheit	______	2)
Instinkt	______	3)
Kommunikation	______	4)
Beobachtung	______	5)
Wissen	______	6)
		7)
Geld: ______	Pennies	8)
______	Schillinge	9)
______	Guineen	10)
______	Pfund	11)

Notizen:

Die Deutsche Bibliothek – CIP-Einheitsaufnahme
Ein Titeldatensatz für diese Publikation
ist bei Der Deutschen Bibliothek erhältlich

Gerald Lientz/Milt Creighton:
Das 2. große KrimiAbenteuerSpielBuch
Aus dem Amerikanischen von Hans Bangerter
ISBN 3 522 17462 3

Der vorliegende Sammelband beinhaltet
folgende Originalausgaben:

Gerald Lientz
The Crown vs Dr. Watson

First published by
Berkley Books, New York, 1987

Milt Creighton
The Dynamiters

First published by
Berkley Books, New York, 1988

Mit freundlicher Genehmigung von Dame Jean Conan Doyle

Umschlaggestaltung: Michael Kimmerle, Stuttgart,
unter Verwendung einer Illustration von Daniel Horne
Schrift: Times Antiqua
Reproduktion: Die Repro, Tamm
Druck und Bindung: Friedrich Pustet, Regensburg

Thienemann im Internet: www. thienemann.de

Leseprobe

»Arthurs Alptraum« von Manfred Witte

»Pass auf dich auf!«, hat Kommissar Schmidt gemeint, und ich soll ihn anrufen, wenn ich … Aber ich kann ihm doch nichts anderes sagen, als ich ihm schon gesagt habe! »Nichts sagen! Gar nichts!« …

Arthur merkte selbst, dass seine Gedanken zerfaserten. In alle möglichen Richtungen sprangen sie, er konnte sie einfach nicht sammeln. Ihm war schwindlig und übel. Es kostete ihn beinah Überwindung, den Lokalteil aufzuschlagen. Mit zitternden Fingern blätterte er die Seiten um. Was er dann schließlich las, übertraf seine ärgsten Befürchtungen:

Grausiger Fund nach Brand in ehemaligem Hotel

Im Keller des bis auf die Grundmauern niedergebrannten »Hotel des Roses« entdeckte die Feuerwehr nach Abschluss der Löscharbeiten einen stark verkohlten Leichnam. Zunächst war angenommen worden, dass sich in dem seit langem leer stehenden Gebäude zur Zeit des Brandes niemand aufgehalten hatte. Umso größer war die Betroffenheit über den schrecklichen Fund. Nach Auskunft der Polizei handelt es sich wahrscheinlich um die Leiche eines Mannes. Hinweise auf seine Identität sowie auf die Todesursache erhofft man sich von der auf heute Vormittag angesetzten Obduktion.

Nach bisherigen Ermittlungen brach das Feuer gegen 16 Uhr 30 aus. Seine rasche Ausbreitung lässt nach Auffassung der Kriminalpolizei auf Brandstiftung schließen. Bestärkt wird dieser Verdacht durch die Aussage eines sechzehnjährigen Schülers, der nahezu zeitgleich mit dem Ausbruch des Feuers auf der Georgstraße angefahren wurde. Der Fahrer des PKW flüchtete, ohne sich um den Schwerverletzten zu kümmern. Wie der Schüler einem Reporter dieser Zeitung anvertraute, sei es kein Unfall gewesen. Man habe vielmehr versucht ihn auszuschalten.

»Ich war Zeuge eines grauenvollen Verbrechens«, sagte der völlig verstört wirkende junge Mann wörtlich. Was das war, wollte er nicht sagen. Er deutete jedoch an, dass es im Zusammenhang mit dem »Hotel des Roses« stehe.

Der Schüler, der zurzeit bei seiner Tante, einer ehemaligen Staatssekretärin im Landwirtschaftsministerium, lebt … Falls seine Angaben sich bestätigen sollten … Die Staatsanwaltschaft …

Die Buchstaben verschwammen vor Arthurs Augen. Er fühlte, wie kalter Schweiß ihm in dünnen Rinnsalen über den Rücken lief. Um Gottes willen!, dachte er. Wo bin ich da reingeraten! Wie komme ich da bloß wieder raus!

DAS TEAM greift ein!

Mike Stuart
Das Team –
Die Karibik-Piraten
240 Seiten, ab 12 Jahren
ISBN 3 522 17406 2

Während des Urlaubs in der Karibik wird Jonas' Vater das Notebook mit streng geheimen Daten gestohlen. Diese dürfen unter keinen Umständen in die falschen Hände geraten. Ein Fall für das Team!

Mike Stuart
Das Team –
Das Camp der Vergessenen
240 Seiten, ab 12 Jahren
ISBN 3 522 17407 0

In einem Flüchtlingscamp in Westafrika wird ein Junge von Militärs gefangen genommen und zwangsrekrutiert. Dass es in dem Flüchtlingscamp nicht mit rechten Dingen zugeht, weiß das Team längst. Nun greift es ein ...

THIENEMANN